AF325562

ARBETEN UTGIFNA MED UNDERSTÖD AF
VILHELM EKMANS UNIVERSITETSFOND, UPPSALA
6.

ÉTUDE

SUR

L'ANCIEN DIALECTE LÉONAIS

D'APRÈS DES CHARTES DU XIIIᵉ SIÈCLE

PAR

ERIK STAAFF

UPPSALA
ALMQVIST & WIKSELL

LEIPZIG
RUDOLF HAUPT

IN KOMMISSION

ÉTUDE

SUR

L'ANCIEN DIALECTE LÉONAIS

D'APRÈS DES CHARTES DU XIIIᵉ SIÈCLE

PAR

ERIK STAAFF

PUBLICATION FAITE AVEC LES FONDS
DU LEGS VILHELM EKMAN

UPPSALA
ALMQVIST & WIKSELL

LEIPZIG
RUDOLF HAUPT

IN KOMMISSION

UPSAL 1907
IMPRIMERIE ALMQVIST & WIKSELL

Préface.

La présente publication a un double but: compléter, par
la reproduction fidèle d'un certain nombre de chartes léonaises,
les matériaux d'étude en somme très restreints dont disposent
ceux qui s'occupent des anciens dialectes espagnols, et contri-
buer par l'examen de ces chartes à fixer les caractères de
l'ancien dialecte léonais. On ne trouvera représentées dans
l'étude grammaticale que la phonétique et la morphologie, les
deux parties de la grammaire qui, lorsqu'il s'agit de recherches
de ce genre, sont les plus importantes. J'ai laissé de côté
l'examen lexicographique de mes documents, me bornant à
relever, dans le chap. III, certains mots qui me paraissent dignes
d'attention. Une étude sur les noms propres de personnes
figurant dans mes documents et tout particulièrement sur les
changements que subissent, pour des raisons appartenant à la
phonétique syntactique, certains d'entre eux, sera sous peu
publiée à part.

Mon travail ne prétend qu'à être un modeste essai de dialec-
tologie espagnole. Le temps trop court dont j'ai disposé pour
rassembler les matériaux, ne m'a pas permis d'en faire une collection aussi riche que je l'aurais désiré. Certaines chartes qui
entrent dans cette collection, n'ont que relativement peu d'intérêt, et des recherches prolongées m'auraient sans doute permis
de les remplacer par des documents plus précieux. J'ai l'intention de remédier à ces défauts par des études ultérieures sur
certaines régions du léonais.

Malgré tout, j'espère que mon livre pourra rendre quelques
services, et, dans cet espoir, j'ose adresser l'expression de ma
vive gratitude à Monsieur Ramón Menéndez Pidal, qui a d'abord
dirigé mon attention et mon intérêt vers le vaste champ de

travail qu'offre le léonais et qui m'a fait maintes fois profiter de ses éminents conseils.

Je tiens aussi à remercier sincèrement Monsieur Juan Martínez de la Peña, à qui je dois la copie de quelques documents et qui a eu l'obligeance de contrôler une dernière fois toutes mes copies en collationnant les épreuves sur les originaux conservés aux Archives historiques de Madrid.

Upsal, août 1907.

CHARTES

DE

SAHAGUN

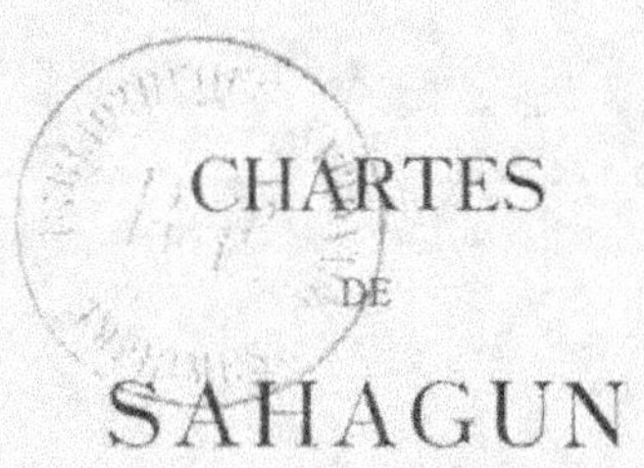

I.

1171.

S. P. 896. Indice 1658, p. 382.

Hec est noticja delos ortos del camino. Don Aparicjo . iiij .
ff . ꞇ . i . *dinero*. El orto de Domi*n*go P*e*rez . ‖ que fu tintrero . ij .
ff. El orto de Micholas Bazolin ꞉ xj . ff. El orto de Pedro
gallego q*ue* fu꞉ ‖ . viij . ff. El orto de don B*a*rtolome dela Uar-
ziela . vj . ff. El orto de Martin Reuiel . iiij . ff. El orto ‖ q*ue* fu 5
de Martin sac*r*istano . v . ff ꞉ medio. El orto delos pellit*er*os .
vi . *dineros*. El orto de don Polo . ij . ff. ‖ El orto q*ue* fu del
obispo don Fernando . vi . ff꞉ El orto dEsteuan Rocha . v . ff . ꞇ .
iiij . *dineros*. El orto ‖ de don Polo . viij . *dineros*. El orto de
Pedro P*e*rez que fu . iij . ff. El orto de Muza . ij . ff. El orto 10
q*ue* fu ‖ de Pedro ferrero . vi . ff. El orto de Pedro Micholas . i
. ff. El orto de don Diego i . ff. El orto ‖ que fu de don Cubo .
ij . ff. El orto de Micholas tozino . viii ff. El orto q*ue* fu de Pela
de Me‖dina . v . ff. El orto de Alfonso Duxel . viiij . ff . ꞉ medio
El orto de Pela de Uilla uerde . vii . ff ‖ El orto de Guilem Al- 15
meri*n* . v . ff . ꞉ medio. El orto de Micael pie lado . ij . ff . ‖

Delos ortos dela uarga. Ela ti*er*ra dEsteuan roca . viij . ff.
Ela ti*er*ra de dona Sibilia . vij . ff. ‖ El orto de Bocha plata . i .
mor*auedi*. Don Luchas . x . ff. Don Polo . viij . ff. Pedro nariz ‖
que fu ꞉ vii . ff. menos una meaya. El orto q*ue* fu de don Xi- 20
mon . v . ff. El orto q*ue* fu de Mico ‖ las bel . xv . *dineros*. El
orto q*ue* tien Johan dEscobar . ij ff. El orto q*ue* fu de Martin
esqujerdo . iij . ff. ‖ El orto de don Micolas . xiij . ff. El orto
dAluar Garcia . xij . ff. El orto de don Galindo . ij . ff. ‖ El orto
de Pedro Abrueyo . ij . ff. Elos ortos dEsteuan Rocha . vi . ff. El 25
orto de Johan Polo ‖ . ij . ff. El orto de Domingo Martinez . medio
mor*auedi*. El orto q*ue* fu de don Elias . ij . ff . ꞇ . iij . *dineros* ‖
Enos ortos del espinar. El orto de Martin Ruberte . xiij . *di-*
neros. Elos ortos de Garcja ‖ P*e*rez . ij . mor*auedis* ꞉ . vi . ff ꞉ . iiij .

30 *dineros*. El orto de don Johan delas azenias . iiij . ff. El orto
de ‖ don Micael de maestre Pere . iij ff ꝫ medio. El orto de Domingo Moro . i . ff. El orto de ‖ don Fagunt . i . ff. El orto q*ue*
fu de Domingo peon . i . ff. El orto de don Siluestre . ij . ff. ꝫ ‖
medio. El orto de Roy cabeza . v . ff. El orto de Garcja P*er*ez
35 el meryno . i . mor*auedi*. El orto del*os* ‖ fiyos de Pedro Fagundez . iij . ff. Elos ortos delos cl*er*igos . vij . ff. ꝫ medio. El orto
de Gon‖zaluo P*er*ez fiyo de Pedro Pelaz . v . ff. El orto de Arnal
rox . viiij . ff El orto de dona Pero‖niela . xij . ff. El orto de
dona Maria muyer de don Pelegrin . iiij . ff ꝫ medio. El orto de ‖
40 Domingo Lagartos . viiij . ff. El orto de Domingo fumero . ij .
ff. ꝫ medio. El orto q*ue* fu de ‖ don Alin . x . ff. ꝫ . vii . *dineros*.
El orto de Espinel . v . ff. ꝫ una meaya. El orto de Roy mal
pelo ‖ . i . ff. El orto de Domingo Pelaz . ij . ff. El orto q*ue* fu
de don Johanin de Mercado . iij . ff ‖ ꝫ . iij . *dineros*. El orto q*ue*
45 fu de Mofomate Menuzada . v . ff. ꝫ . viij . *dineros*. El orto de don
Gil . xiiij . ‖ ff. ꝫ . i . *dinero*. El orto de Merlin . xi . ff. El orto d*e*
Johan saluero . iiij . ff ꝫ . vij . *dineros* . ꝫ meaya. ‖ El orto del nieto
de Espinel . xviiij . *dineros* . ꝫ meaya. El orto de Johan delas azenias . iij . ‖ ff . ꝫ . viij . *dineros*. El orto de Abdalla sal aca fuera .
50 iij . ff. ꝫ iij . *dineros*. El orto de don Alfonso . tiene ‖ Merlin . ꝫ este
por medir. El orto de Micael de Uilla Martin . iij . ff. El orto
de Guile*m* ‖ Peraza . vi . ff. ꝫ . iiij . *dineros*. El orto de Melch . ij
. ff. El orto de don B*a*rtolome dela Ualencia . xij . ff. ‖ El orto
de don Luchas . ij . ff. El orto de Roy P*er*ez . xxij . *dineros*. El
55 orto de Pedro B*er*nalguin ‖ . xi . ff. Era m*ª*cc*ª*ix.

352 × 252 mm. Écriture très grande et distincte. La date est écrite avec
une encre beaucoup moins foncée que le document.

II.

1185, 6 juillet.

S. P. 936. Indice 1698 p. 391.

(Chrisme) In nom*i*ne ꝫ individue trinitatis uidelic*et* patris ꝫ
filij ꝫ spi*ritus* sanc*ti*. Am*en*. Ego Pet*r*o Arloth ꝫuxor m*e*a dona

I*u*sta, uob*is* don Pet*r*o Pelaiz de Arnales ‖ ɀ uxor u*est*ra Tarexa
Nune*z* ! facim*us* karta*m* uendicionis d*e* n*os*tra h*e*reditate pr*o*pr*i*aque
habem*us* d*e* conpara in Matela pr*o* n*omi*nato . inripa d*e* Aradoy . 5
vntre Castro ‖ nouo ɀ Merendela . que conparam*us* de Pet*r*o Gonzaluez ɀ de sua mulier Exemena Diaz . ɀ de suo irmano Gil Gonzaluez.
Elas suas casas ela media ‖ torre . ɀ duos solares circa que ten*et*
se ela casa ɀ suo orto que stetit ontre ela sua porta ɀ riio. alio
orto in ripa del riio de sursu*m* circa ‖ que co*n*parou Ioha*n*e Pedrez 10
Michael Roderigez. Alios duos solares circa dela eccl*es*ia. Ela
quarta dela eccl*es*ia. Ela diuisa Pet*r*o Gonzaluez. Elas uineas ‖
que abeba*m* ibi pr*o* n*omi*natas des Riuio sicco ales pino . alia uinea
que fuit d*e* Domi*n*go Arimondez. Alt*er*a uinea dela serna . *et*
una iugaria deboues q*uantum* ‖ possint arare ela folia adilla . ɀ 15
una cuba . *et* ista h*e*reditate dam*us* nos auob*is* por toto beneficio
dela u*est*ra eccl*es*ia de s*an*c*t*o Pet*r*o de Paliares . ɀ p*or* . iij. mora-
b*etinos* ‖ ɀ por .vij. annos . *et* ista h*e*reditate dam*us* cu*m* totos
suos exitos . ad fontes . ad mo*n*tes . ad eras . ad muradales ad
faceras ad eccl*es*ia ad pascuis pradib*us* egressus ɀ regres ‖ su*s*. 20
Si q*ui*sq*ue* ta*n* de gen*er*e m*e*o q*uam* de alieno hoc n*ost*ru*m* factu*m* u*el* ista*m* karta*m* infring*er*e uoluerit ! sit maledict*us* ɀ excomunicat*us* . ɀ cu*m* Iuda d*omi*ni traditore ‖ ininferno dapnat*us* . ɀ
pectet i*n* cauto . ccc . morab*etinos* medios ad rege*m* ɀ medios ad
rancuso . *et* ipsa h*e*reditate duplata u*el* triplata*m* i*n* tali loco u*el* 25
melior . facta kar*ta* ‖ in m*en*se iulij . ij . nonas . sub . ERa . m*a* .
cc*a* . xx*a* . iij. Regnante d*omi*no rege Fernando . in Legione i*n*
Gallecia i*n* Asturias . i*n* Zamora . i*n* Astremadura . Tenente .
Thoro . ‖ ɀ Salamanca. Comite don Pet*r*o. Pet*r*o Pelaiz. Pelai
tauladelo i*n* Castro nouo. Ferna*n* Gascon i*n* Uilalpando i*n* 30
Castro uiride. Merino del rege Bernalportero. ‖ Vilelm*us* *epis*-
*cop*us zemore*n*sis ‖ Petr*us* archi*episcop*us eccl*es*ie s*an*c*ti* Jacobi ‖
Fernand*us* *episcop*us astoriscensis ‖ Amalric*us* *episcop*us legione*n*sis ‖ Vitalis *episcop*us salamentin*us* ‖ Petrus *episcop*us ciuitatensis ‖
                                                                          35
    Ego Pet*r*o Arloth ɀ uxor mea dona I*u*sta hoc scriptu*m*
qu*od* fieri iussim*us* pr*o*prias man*us* n*os*tre roboram*us* ɀ co*n*firmam*us* ɀ
co*n*cedim*us* vobis ‖ Pet*r*o Pelaiz d*e* Arnales. Tarexa Nunez tota*m*
ipsa*m* h*e*reditate*m* sic resonat i*n* hanc kartula*m*. Q*u*i pr*e*sentes
fueru*n*t uideru*n*t ɀ audier*unt* ‖ Michael Roderigez . *fir*m*at*. Roderigo 40

Ioha*nes* . f.   Pet*r*o Michaeliz . f.   Roma*n* Michaeliz . f.   Ioha*n*
Pedrez . f. don Stepha*n*o . f.   Domin‖go caluo . f. don Amberte .
f. firmas d*e* Castro nouo . de Matela . Pet*r*o Sinado . f. Ioha*n* Gi‑
maraz . f. don Lope . f. ‖ Garcia Irmílldiz . f. de Mirindela . don
45 Laurencio . f. Ioha*n* Ioha*nes* . f. Michael Ioha*nes* . f. flere don
Pelagio . f. ‖ Garcia Diaz . f. Pet*r*o Uelasquez . f. Domi*n*go Cape‑
la*n* . f. don Marti*n* abb*ate* . f. Ferna*n* Fernandez . f. ‖ Cid *testis*
Vellid *testis* Annaya *testis* ‖ Ioha*nes* pr*es*by*ter* purtugalensi sc*r*ipsit.

172 × 450 mm. Les lignes 31—35, à partir de *Vilelmus* jusqu'à *ciuitatensis*
inclus, forment une colonne à gauche sous le texte précédent. Ce qui suit
forme un morceau occupant à peu près les trois quarts de la largeur du parche‑
min et placé à droite en regard de la colonne précitée, dont il est séparé par
un blanc. Ligne 8, devant le mot *torre*, on voit la syllabe *to* supprimée par
un trait vertical. Ligne 19 le mot *eras* porte par erreur un signe d'abrévia‑
tion (') entre *a* et *s*, signe que le notaire a supprimé à l'aide d'un trait vertical.

III.

1186.

S. P. 942. Indice 1704, p. 392.

Jn d*e*i nomine Ego Monio Rodriguez auob*is* Pet*r*o Pelaez de
Arnales ꞇ uxor tua domna Taresa facio uob*is* karta de pignus
de hereditate quanta habeo in Feres . p*r*o octoginta ‖ morabetinos .
d*e* kalendas ianuarij usq*ue* ad nouem annos . que nola saq*ue* de
5 aq*ue*stos noue annos adelantre sela q*u*isiere sacare sacala por
asi ꞇ ꞇ no*n* por aotro . ꞇ si el morire ‖ saq*ue*la Pet*r*o Rodriguez so
germano . ꞇ sino*n* Martin Pet*r*iz . so tio . ꞇ si ellos moriren saq*ue*lla
sos fillos el q*u*i primero diere estos morabetinos . ꞇ istos homines
q*ue* aq*u*i su*n*t nominatos ‖ enesta karta q*ue*la an asacar. que
10 por bona fe nola saq*ue*n por aotro seno*n* por asi . ꞇ sila q*u*isiere*n*
uender q*u*anto otro om*n*e dier por ela por uertat ꞇ dallo do*n* Petro
osua mulier do*n*n aTaresa . ‖ facta karta. ERa . m*a*cc*a*xx*a*iiii*a* Pela
Tauladiella *confirmat*. Roi Martiniz *conf*. Roi Go*n*zaluiz *conf*.

Garcia Diaz *conf*. Johan Petriz *conf*. Johan Ciprianez *conf*.
Lucas *presbyter* *conf*. ‖ Johan Royo *conf*. Micahel Johan*es* *conf*. 15
Do*n* Tome *conf*.

65 × 340 mm. — Dans le manuscrit, *noue*, ligne 5 est écrit *nouē*, l. 7
l'*i* de *moriren* paraît avoir été un *e* qui a été corrigé en *i*. Ligne 5 devant
sacare, on lit *sel* supprimé à l'aide d'un trait vertical et ligne 8, on lit au-dessus
de la ligne, entre *primero* et *diere*, un *q̇*.

IV.

1197, 20 juin.

S. P. 1008. Indice 1770, p. 406.

(Chrisme) In d*e*j nomine. Ego Justa Diez fago co*n*uenientja
plete con do*n* Pedro Pelaiz de Arnales ‖ econ elos co*n*frar*es*
dela co*n*freria de Cannizo. Nos co*n*frar*es* damos auos Iusta Djez
q*u*anta ‖ heredat nos auemos de t'ras ede uineas ed*e* casas que
fu de Micael Fagundiz . ‖ en q*ue* uiuades en uostros djes. E re- 5
manga ala casa . pos uostros dies. *Et* ego Iusta ‖ Diez auos *con-*
*frar*es fago plete . edo auos ela . tercia . de mio auer moble . ꝫ de
heredat ‖ t'ras eujneas . ꝫ ortos . ꝫ casas . ꝫ moljnos . ꝫ p*r*ados . ꝫ de
q*u*anto habeo uel d*e*beo abere. ‖ *Et* ego que uiua enella en meos
djes . ꝫ post de m*e*os dies . remanga ela medja ‖ desta . iii*ª* ala *con-* 10
freria . ꝫ elotra medja as*anct*i Saluatoris de uilla Cethe. Si aliquis
‖ homo uel femina . *con*tra hoc factu*m* n*os*tru*m* ad irru*m*pendu*m*
uen*e*rit sedeat maledictus ‖ ꝫ excomunicatus ꝫ cu*m* Iuda traditore
patjatur penas ininferni. *Et* pectet uob*is* in ‖ coto . c . morab*e*d*is* .
Facta *karta* donatjo*n*is. Sub era . m*ª*cc*ª*xxx*ª*v*ª* *Et* quod du*m* 15
qu*o*d erit ‖ . xii . *kalendas* iulij. Regnante rex Alfonsus inLegione
ꝫ inGalletja. Ep*iscopus* Manrichus in sede ‖ legionensis. Epis-
copus Martjn*us* insede zamorensis. Confirmatores q*uo*d uideru*n*t
ꝫ au ‖ dier*unt*. Gil Uelasquez *conf*. El p*r*ior do*n* Petro d*e* Uilla
Cethe *conf*. Gartja Diez *conf*. Man ‖ tin Diez *conf*. do*n* Iohan*es* 20
merino . *conf*. don Martj*u* d*e* Martha Dominici. *conf*. Petro escu-

dero. *conf.* don Michael filjo de *Dom*inico Michaelliz *conf.* Pedro
Pelaiz d*e* Arna‖les *conf.* Dominicus *pr*esbit*er* abas *conf.* Petro
Petriz. *conf.* Pedro t*e*rrero. *conf.* Mart*j*n ‖ Rodriguiz *conf.* deTolla-
25 nos Pelai Uermudez *conf.* Mart*in* Petriz. *conf.* ‖ Con*fratres* econ-
cilju*m* de Cannizo conf. Ego Iusta Diez auob*is* con*fratre*s hanc
kartam donatjo*n*is ‖ roboro . ꝫ *confi*rmo . ꝫ signum fatjo *(seing)* Michael notuit. ‖ Petrus. ts. ‖ Johanes. ts. ‖ Pelagius. ts.

175 × 190 mm. — Les noms des trois témoins forment une colonne à
droite sous *Michael notuit* — Ligne 3, le mot *Nos* est suivi d'un *o* à peine li-
sible, indiquant probablement que le notaire avait d'abord l'intention d'écrire
nosotros.

V.

1199, 4 février.

S. P. 1018. Indice 1780, p. 408.

(Chrisme) In nom*in*e dom*in*i no*st*ri Ihesu Chri*st*i Amen.
Notum sit om*nibus* pr*e*sentib*us* ꝫ futuris. Quod ego Petr*us* Ioha-
*n*es Pixa Feliz ‖ uendo auos don Martin sacristan ꝫ uxor u*est*ra
domna Florentia . tres uineas que sunt pr*o*nominato ‖ ene pago
5 de Oterolo . edetis mi*hi* in pr*e*cio . v . mora*bedis* emedio inter-
pr*e*cio ꝫ albaroc ꝫ so detodo pagado . delapri‖mera uinea frontera
Martin sacristan . dela . II.ª parte uinea de Michael pescador . de
t*e*rcia parte uinea de ‖ donDurant Elegano . de q*u*arta parte uinea
de Martin Assensio . de s*ecun*da uinea front*ero* Martin sac*ri*stano .
10 ‖ de s*ecun*da parte elsend*ero* que uadit aUal maor. ‖
de t*e*rcia uinea front*ero* Martin sac*ri*stano . de s*ecun*da parte
uinea delabodega . ‖
Siquis aute*m* de meis uel de extraneis ista carta ‖ frangere
uel mutare uolu*er*it ꞁ sit maledict*us* ꝫ excommunicat*us* ꝫ cu*m* Iuda
15 *domin*i traditore in inferno damp‖nat*us* ꝫ pectet in cocto . x . mora-
betinos ꝫ illas uineas duplatas in meliori loco . facta carta . II.ª nonas febroarij . ‖ ERa m.ªcc.ªxxx.ªvii.ª Regnante rege Aldefonso cum
uxore sua regina Alienors inToleto *et* in Castella . ‖ Gonzaluo Roiz

maior dom*us* regi. Didac*us* Luppi del Faro alſierez regi. Me-
rini maiori Guter Diaz . Ep*iscopu*s Aman‖ricus legionensis . Abbas 20
Petri in ſanc*ti* Facundi. Alfonso Telet tenente Graiar. Merin*us*
in ſanc*ti* Facundi ! Bon ‖ baron . eDomingoth . Sagiones D*omi*nico
manga . eGuilelmo. Qui ibi fuer*unt* testimonias ! Fernan pelegrin t. ‖ Vincenth elZapat*ero*. t. Fernan Mela. t. Pedro deBurgo
nouo t. Joanin filio deCibrian caluo t. ‖ Martin pelitre t. Arnal 25
ierno de Petro Duranth t. Petro Martinet filio de Martin redondo. t. ‖ Gonzaluo ſilio de Petro Guiraldez t. Pedro Lopez t.
D*omi*nico azadon t. D*omi*nico ſilio de Martin dela ‖ enfermeria.
t. Don Boso. t. Joha*nes*. no*tuit*

197 × 210 mm. — Les vides correspondent aux vides de l'original où
pourtant le passage *de tercia* etc. n'occupe qu'à peu près les trois quarts d'une
ligne et où le passage suivant *Siquis* etc. commence au milieu de la ligne
prochaine. Les mots *Johes N°* se trouvent encadrés d'une espèce de paral-
lélogramme dont les côtés du bas et de droite sont arrondis, le tout formant
probablement le seing du notaire.

VI.

1211, juin.

S. P. 1065. Indice 1827, p. 419.

Jn d*ei* nomine . Sciant pr*e*sentes ꞇ futuri . Que Petro Ioha*nes*
una *con*fratibus meis . scilic*et* Go*n*zaluo . ꞇ Mari Ioha*nes* la muger
‖ de don D*omi*ngo . ꞇ Ilana mulier de Joha*n* refoyo . uendemos a
uos don Pascal ꞇ uxor ue*st*ra . do*n*na Urraca un pra‖do q*ue* auemos a ſanc*ta* Maria de Paramo . por x . mor*abedis* ond somos 5
bien pagados depr*ecio* ꞇ de albaroc. Et ‖ hab*et* affro*n*tationes.
Jn 1ª part ! pr*a*do de Petro bueno . de IIª ! prado de D*omi*ngo
B*er*mudez . de IIIª ! prado de ñros ‖ h*er*manos . de IIIIª ! el
arroyo. Si alguno de ñros o de agenos est ſecho q*ue* nos
ſemos demudar q*ui*sier sea ma‖lito e descomu*n*gado e c*um* Iudas 10
traidor en in*f*ierno da*n*nado ꞇ peche en coto . xxx . mor*abedis* .
ſecha la carta en iunio ‖ Era MªCCªXL.VIIII. Regna*n*te rex Alde-

fonso cum regina Elionor et infans Fernando inToleto ꞇ Castella.
Ele‖cto TelTelliz. Alferiz Aluar Nunnez . Maiordomus ꞇ Gonzaluo
15 Roiz . tenente medietatem Carrionis . alteram medietatem ꞇ Rode-
rico‖Roderici. Merino maior ꞇ Garci Roiz Sub manu eius ꞇ Johanes Petri. Isti sunt testes . Johan Uincentet . conf. ‖ Petro Steuanet
el de los monges conf. Don Polo conf. Don Iohan fide Petro
Petriz‖ Don Pascal fide Iohan Dominguez conf. Don Alario conf.
20‖ Domingo Monioz conf. ‖ Domingo fide Domingo Sanchez conf.
Andreas titulauit ‖ conceio de Cestielos ueedores ꞇ oidores ꞇ con-
firman.

125 × 207 mm. La largeur diminue vers le bas et le bord inférieur ne
mesure que 198 mm.

VII.

1213, novembre.

S. P. 1076. Indice 1838, p. 421.

Jn dej nomjne . Cosa cognozuda sea . Qve hyo don Mjcolas
carnjcero . ꞇ mjmugjer dona Lionor. Vendemos a uos‖ don Pasqual .
ꞇ a uuestra mugjer donna Urracha . i . tierra que hauemos cabel prado delos monges . precjo nombrado por . x . morabedis‖On somos
5 bien pagados de precjo . ꞇ de aluaroc . ꞇ non reman nada pordar .
ꞇ esta tjerra á affrontacjones de . ‖ prima part ꞇ tierra de don Guzbert el bufon. De . II.ª part ꞇ el prado delos monges. De . III.ª tierra
de don Ujdal quefo . ꞇ es‖ agora de don Pasqual. De IIII.ª part .
el arrojo que ua aCestjelios. Si alguno de nuestros o destrannos
10 demudar‖ ó chrebantar quesier ꞇ sea maljcto edescomungado con
Judas trajdor en jnfierno damnado epeche encoto ala‖ parte del
rej . L . morabedis. E duple esta tierra en otro tambon logar á
estos conpradores. Facta carta en el mes de nouen‖bre . ERa .
M.ªCC.ªL.ªI.ª Regnando el rej don Alfonso . con su mugjer . dona
15 Ljonor . ꞇ con su fijo el ifant don En‖rin . en Toledo . ꞇ in Castella.

Don Tello es obispo en Palencja . Alfieret AluarNunnez. Major
domus Gonzaluo ‖ Rojz , Etjne lamjtat de Carrion. El otra mejtat
Rodrigo Roiz . su hermano. Merino major Petro Ferrandet . ‖
So su mano en Carrione . Ferrad Iohanes. Los otros merjnos
Martjn Dominiget . ɂ Ferrand Iohanes. Sajones . don ‖ Gil . ɂ Ali- 20
sandre . ɂ Pasaqual. Pesquisas quiloujoron . ɂ quílo odioront . don
Johan el maestro. ‖

1ʳᵉ colonne. Don Ferujon *conf.* Don Johan Annaz *conf.* Pedro
             Abril *conf.*
2ᵉ colonne. Johan de ujlla Muza *conf.* Steuan Romjo. *conf.* 25
             Pedro frescho *conf.* don Danjel.
3ᵉ colonne. Johan Camjnal . don Rodrigo el sobrino don Johan
             el maestro . don Perrot
                     Petro Lopez escriba . ɂ *conf.*

155 × 210 mm. — Le nom du notaire est écrit plus bas et un peu à
droite. Un morceau du parchemin mesurant 65 × 43 mm. a été enlevé au
coin de gauche en bas.

VIII.

1222, 4 décembre.

S. P. 1103. Indice 1865, p. 427.

Jn dei nomine . Notum sit omnibus tam presentibus quam
futuris. Quod ego Didacus Gonzaluiz . cum meis filiis . ‖ Gutier
Diaz . Maria Diaz . Sancia Diaz . Damos a aquela nina . Urraca
Gonzaluiz . ɂ ad Fernan Gon‖zaluiz . mios criados . Damos les ɂ
otorgamos les . io ɂ mios filios . por ñras almas . ɂ por alma de 5
Gonzal‖uo Diaz mio filio. aquela heredidat que conpre dedonBriz .
tierras . ɂ uineas . ɂ prados . Con aquelo que conpre de ‖ donBriz ɂ
conplimoles ɂ damoles . una iugueria de boes . in Uilla noua de
sancto Mantio. Damos les la ‖ era de Cardenosa . que tiene Ro-
derico Iulian mi uassalo . ɂ ela tierra dela moneca que ua al 10
regato ɂ otra ‖ tierra cabedon Briz . ɂ ela tierra del cascaio . ɂ otra

aPozuelos cabe dona Taresa . ꞇ otra iluego *que* fu de Ioha*n*
Giraldiz . aquent la carrera ꞇ otros dos pedazos *que*fur o*n* de Iohan Giraldiz . ꞇ otra *que* fu de Petro ries‖co . *que* exe ala carrera
15 dEscobar . otra faza *que* ua cabe la carrera de Palacios . otra çabe Gu-
tier loza‖no en cuerno del mo*n*te . otra *que* camio con Domi*n*go Ro-
maniz . otra *que* fu de Mari Galindez . ‖ cabel filio de Dom*i*nico Pedriz .
Otra en Ualdoruan ꞇ *que* parte con dona Taresa . otra *tierra* cabel
orto de ‖ don Micael . carrera de Uerrozes la faza *que* fu de Ioha*n*
20 Monioz . ꞇ aquende el q*ua*drielo *que* fu ui‖nea aPeniela . la *que*
parte condona Taresa . adelant ꞇ la *que* fu de Ioha*n* caruaio . carrera de Uerrozes ‖ la *que* fu de Lorente . la carrera *que* ua de
Tamariz a Medina . el carril . aquent la carrera ot*r*a faza . ‖ otra
cabe don Roman en ualde Ontio . otra *que* parte condona Ta-
25 resa en ualdOntio . Otra *que* fu de Petro Galin‖dez *que* exe
a la carrera . ꞇ el arnal *que* iaze cabel maiolo dedon Diego *que*
fu de Petro Petriz ala uea . ‖ la *tierra* d'Erdemestaio . la friera
que fu dedon Melendo . ꞇ amas las uineas delos uales . ꞇ amas las
ui‖neas de fonte Fizara . ꞇ ela parte del orto de la Nora . ꞇ aq*ue*l
30 ferrenal *que* iaze cabeMartin Ioha*n*is . oson‖las tapias nouas ꞇ
otorgamos aq*ue*la heredad supradicta ꞇ el fructo quesent leua*n*-
tare . desne ‖ oy maes . De moeble ꞇ delas dos cubas *que* a don
Diego en Uerrozes . daiela menor . ꞇ doles unboe ‖ *que* fu de Dom*i*-
nico Garcia co*n* so apareiamie*n*to . uno carro uieio . un trilo . ꞇ v .
33 oueias maiores . ꞇ v ‖ menores . x cargas de trigo . x cargas de
ordio . ꞇꞇ porcos . ꞇ dedos archas ꞇ doiel la menor . ‖ Siqu*ier* de
nostris uel de extraneis *contra* ista carta uinier ꞇ sea maldicto ꞇ
descomunicato ꞇ co*n* Iudas ‖ *traditore* i*n* inferno damp*n*ado ꞇ ꞇ
pectet en coto . c . mor*abedis* . ꞇ ista hereditad duplada en tal logar
40 ‖ o en meior . Facta carta pridie non*as* decembr*is* . Era m.ᵒcc.ˢlx.ᵒ
Rex Ferna*n*d*us* *cum* regina Beatrice ‖ regnat i*n*Toleto ꞇ i*n* Castela .
Maior dom*us* ꞇ Go*n*zaluo Rod*er*icj . Alfierez ꞇ don Lope . Merin*us*
maior ‖ Ferua*n* ladro*n* . Ep*iscopus* Palentine ꞇ Tel Telez . H*ec* *sunt*
firmas ꞇ Prior *Sancti* Ma*n*cij dompn*us* Martin*us* *cum* sociis ‖ suis .
45 Dompn*us* Ioha*n*es prior *secundus* . dompn*us* Sanci*us* . Do*n* Marti*n*
de Saldana . do*n* Bartolome , *Johan* de Castro . *Pedro* ‖ de *sancta*
Coloma . Pedro de Ual uerde . Go*n*disalu*us* Petri . De *secularis* .
Garcia Rod*er*ici . de Medina . Joha*n* ‖ Monioz . Go*n*zaluo Monioz
Rod*er*ici Pet*r*i . Co*n*cilio de Uilla noua *Sancti* Ma*n*cij . uisitores *et*

audito|res . io don Diego con mios filios . Gutier Diaz . Maria Diaz . 50
Sancia Diaz . metemos istos ninos . Fernan | Gonzaluiz . Vrraca
Gonzaluiz en poder del pispo de Palencia don Telo . ꞇ dedon
Alfonso . ꞇ dedon Suero . | ꞇ del abade sancti Facundi . ꞇ del prior
sancti Mancij ꞇ del conuento . que los defendant . ꞇ los amparen .
io | don Diego con mios filios mandamos aestos ninos que el que 55
morire primero que herede el otro . ꞇ si amos | finaren ꞇ non dexa-
ren filio ꞇ tornes la hereditad aestos quila dioron . oen sos filios .
ꞇ si esta | eredat quisieren dar ꞇ dena aestos qui iadioron . ꞇ non
aotre . Si la quisieren uender . uendana aquestos | por c morabedis
ꞇ non aotre so lauor alzado . Si estos ninos desne que seso oui- 60
eren demandaren ouoz | otorgaren pecten L morabedis.

330 × 190 mm — Charte partie, les lettres sont visibles en haut. En
bas de petits trous.

<h1 style="text-align:center">IX.</h1>

1229, 9 juin.

S. P. 1115. Indice 1877, p. 430.

(Chrisme) En el nomne de dios . Cosa conoçuda sea alos
qui son ꞇ e alos qui seran . que yo Martin couo . do ye otorgo .
el mio maiuelu | delas uegas . alos clerigos de Sancta Maria de
Piasca por mi alma . pora so comun . sobre tal plet . ke cada annu
fagan oficiu | plenu por mi alma . del entroydo ata la pascua . hi 5
el dia que lu fezieren . hayan . I . morauedi en pescadu é . vi
quarteros de pan . | tres de trigo é tres de centeno poralos po-
bres . é tres pozales debuen uinu . Esta uinna tenga el capellan
del altar . con otru clerigu | delos mayorales de casa · con con-
segu de sos conpaneros . de que cunplan aquesto . Si algun omne 10
esti pletu quisier crebantar . sea maldictu . ye | descomungado . ye
con Iudas traidor en infiernu dannadu . ye peche en cotu . Lxª
morabedis . al sennor de la tierra . Facta carta | sub eRA . mªccª

lx.ª vii.ª v.º idᵤs iunij. Regnaᵮdo el re doᵮFernaᵮdo . coᵮ la
15 reyna dona Beatriz . enToledo . é en Castiella. ‖ DoᵮLop alfieraz
del re. GarciFernaᵮdiz mayordomu del re. DoRodrigo hobispu
en Leoᵮ. DonGonçaluo . dueᵮnu de la tierra. ‖ Johaᵮ de Piliella .
merinu del re . en Lieuana . hy en Pernia . hi en Caᵮpo . hy en
Asturias . prior de Piasca . do Yuaᵮnes de ‖ Aguilar . los qᵤi foreᵮ
20 presentes. DiaGutierriz. ts. Rottelliz. ts. GarciAluariz. ts. Gon-
caluoRoiz. ts. Gocaluo ‖ Pedriz de Cabeçoᵮ. ts. MartiᵮPobla-
ciones capellaᵮ del altar . coᵮfirma. DoᵮIohaᵮ de Ubriezo . sagri-
staᵮ . conf. DoᵮMar‖tino de Boyezo . conf. DoᵮGarcia de Lanu .
conf. DoᵮDomiᵮgo de Perrozo . conf. Domiᵮgo Pumar . delos
25 couos. ts. Yuaᵮuaroᵮ. ‖ ts. Martiᵮ de saᵮct Illan. ts. Yuaᵮ
Domiᵮguiz de Ubriezo. ts. Martiᵮcaluo ts. Johaᵮ de Pedrieuas.
ts. Coᵮçeiu de los Couos. ‖ ts. Coᵮceiu de Piasca . ts. Martiᵮ
Martiniz el clerigu . coᵮfirma ‖ peDromaRtiniz. DE FRama . mescRiuio ꞇ e coᵮfiRMA.

215 × 315 mm. — Après le nom du dernier témoin, un ornement remplit
le reste de la ligne. La signature du notaire se trouve un peu au dessous
à droite, écrite en minuscules mêlées de grandes lettres.

X.

1232, mai.

S. P. 1121. Indice 1883, p. 432.

Jn dei nomine Ameᵮ. Conocida cosa sea aquantos esta carta
uiereᵮ como yo don Gar‖cia hostalero de sanFagund. Coᵮ-
camio una terra con PedroMigaielez ‖ esta tierra iaz alos cascayares. Son fronteros d . Iª parte lera . de . iiª parte ‖ Pedro-
5 Migaielez . de . iiiª parte MartinRrocin. Por esta tierra qᵤe nos
damos ‖ danos el una uiᵮna en Ualle iusto. Son fronteros .
de . Iª parte Gonzali‖uanes . de . iiª parte nos. Facta carta in
meᵮse madij. Anno ab incarna‖cione domini . m.º cc.º xxx.º ii.º
Regnaᵮte rege Ferdinaᵮdo cum regina Beatri‖ce . jn Castella ꞇ

in Toleto in Legione ꞇ in Galletia. Maiordomo regis ‖ RoiGon- 10
zaluez. Merino maior. Aluarroyz. Diuiseros. RodrigoRrodri ‖
guez ꞇ sos parientes.

120 × 110 mm. Charte partie. On voit l'*abc* en haut. En bas du parchemin un petit trou. — L. 1, le mot *carta* est écrit au-dessus de la ligne.

XI.

1232.

S. P. 1123. Indice 1887 p. 432.

(Chrisme) Cognocida cosa seja alos que son ꞇ seran . que io don
Domjngo filio de dona Iusta ‖ de Arojo *con*camjo la mjo *tie*rra que
es carera de Ledigus . de *p*rima pars Rodrigo ‖ Gon͂zaluet . de la
segunda Pedro Martjnet el fardido . dela *ter*cera *tie*rra del hostal.
Esta ‖ *tie*rra *con*camjo hio con don Garcja el hostalero de sant 5
Fagund . por un cornejal ‖ de la feren del hostal . que es en medja
ujlla . de *p*rima pars doJuanes filjo de ‖ de don Lorente, de la
segunda don Domjngo ierno de don Gon͂zaluo . de la *ter*cera la
‖ la cal de media ujlla . de la q*u*arta el hostal. Facta carta anno
ab incarna‖cione d*omi*nj. Mº CCº XXXº IIº Regnante rege Ferdi- 10
nando in Castella . ꞇ in Toleto . ‖ ꞇ in Gallecia . cum regina dona
Beatrice ‖ Merjno maior don Albaro Roit. Erederos en Arroio
ꞇ in ual de Mjrjel Rod‖rigo Gon͂zaluet ꞇ Rodrigo Rodriguet ꞇ sos
parientes . ꞇ hab*b*ad don Gujlelmo ‖ en sand Fagund. Istj sunt qui
uiderunt. Domjngo Antoljnet de Arrojo. Petro ‖ caluo de Goigo. 15
Petro Andres de ujlla Ordon . don Lobaton filjo de Martjn Cor‖
nex de ujlla Falcon. *Pedro* Pedret filio de Petro Crjstoualet
de Coujelas. Micahel ‖ Pilado de sant Fagund . *con*cilio de Arçoio
audientes ꞇ uidentes . Dominic*us* Iohannes scripsjt

110 × 137 mm. Charte partie, les lettres en bas du parchemin. — Lignes
7 et 9, les mots *de* et *la* qui finissent les lignes sont répétés au commencement
de la nouvelle ligne et l. 12, on lit dans l'original devant *merjno* les mots

istj sunt qui uiderunt, supprimés par le notaire. Le *C* de *cognocida* est presque effacé ainsi que le chrisme, dont on ne voit que faiblement les contours. — La signature du notaire ressemble à celle du doc. V (voir p. 9).

XII.

1233, 16 février.

S. P. 1126. Indice 1888, p. 432.

Jn dei no*mi*ne am*en*. Co*n*nozuda cosa sea á todos aqu*e*los qu*e* esta carta uire*n* qu*e* yo don Pedro moro fr*a*de de Morerola . p*or* mandado del abbat ye del co*n*uento de ‖ esse mismo lugar fago auene*n*cia p*or* tal pleito co*n* do*n* Elo ermana de Monio
5 Rodriguez . ye co*n* sos fiyos Roy Pedrez . ye Domi*n*go Pedrez . ye Iolia*n* Pedrez ye ‖ Marina Pedrez . ye co*n* dona Sancha otrosi ermana de Monio Rodriguez . ye co*n* sos fiyos . Marti*n* Pelaz ye Roy Pelaz . q*ue* les do el pan q*ue* auie Monio Rodriguez . ye ‖ las ti*er*ras . ye otorgo les ela t*er*cia parte delas debdas negadas
10 q*ue* trobamos de Monio Rodriguez . fora todas aqu*e*las q*ue* manifesto . ye q*ue* son sc*ri*ptas . ye ‖ elas q*ue* otorgo alos frades de Morerola por q*ui*tar elas suas mandas ꞏ ye por fazer ela claustra de esse mismo lugar . ye esta auene*n*tia fago co*n* elos p*or* tal plei‖to . q*ue* elos leal m*en*te nos aiude*n* a demandar todas elas
15 debdas . asi elas negadas q*uo*mo elas otras q*ue* son manifestadas . ye elos todos meter ela t*er*cia p*ar*te delas cos‖tas q*ue* despendire*n* en demandar elas debdas negadas . Ye sobre todo aq*ue*sto don Elo ye do*n*na Sancha ermanas de Monio Rodriguez . en sembla co*n* todos sos fiyos ‖ elos q*ua*les de susu son dichos .
20 otorga*n* todas elas mandas q*ue* Monio Rodriguez á Morerola . ye á todos elos otros lugares ꞏ asi q*uo*mo las mando . ye por estas cosas ‖ q*ue* les diemos . fica*n* pagados ye q*ui*tos de todo so auer de Monio Rodriguez q*ue* auia . ye deuia auer . ye q*ue* al no*n* demande*n* alos frades de Morerola . ye se el abbat ‖ de Morerola
25 o dalguno de sua p*ar*te esta carta q*ue*sier q*ue*bra*n*tar . ye don Elo co*n* sos fiyos . ye do*n*na Sancha otro si co*n* sos fiyos . q*ua*l

quier de ambas elas *partes* qu*e* esta carta q*u*isier ‖ qu*e*bra*n*tar *!* peche . ccc . mor*abedis* . en coto al rei. Fecha ela carta su la era de mil . ye . cc.⁰ˢ ye . Lxxi . a*n*no . xiiij k*alend*as de marcio. Reg-na*n*do el rei do*n* F*er*nando co*n* ela reina do*n*na Beat*r*iz ‖ en Leon 30 ye en Castiella. Reina do*n*na Beri*n*guella se*n*nora de uilla Al-pando. Tenie*n*te uilla Alpando *!* Lop Diez. Electo en Leon *!* Marti*n* Alfonso. Obispo en Çamora *!* don Marti*n* Rodri‖guez. Obispo en Astorga *!* don Nu*n*no. Maordomo del rei *!* Garcia F*er*nandez. Merino maor en Leo*n !* Garcia Rodriguez. Merino 35 maor en Castiella *!* Aluar Rodriguez. ‖ Firmas qu*e* uiro*n* ye qu*e* odiro*n*. F*er*nan Domj*n*guez. DoRrodrigo fiyo de Marti*n* mella. Migael Morape. Do*n* Domi*n*go del arcip*re*ste. Joha*n* Ioha*n*nes. DoIua*n*nes fiyo de Marti*n* Ro‖manez. Lope f*r*anco. Pedro Martinez. Do*n* Pedro emielgo. Pelay Lorie*n*cez. Pelay aluo. Pedro F*er*nandez 40 fiyo de F*er*nan galego. Pelao sobrino de Ioha*n* Ioha*n*es. Roy Gut*ie*rrez ‖ canonigo de sancto Ysidoro. Garcia Martinez. Pedro moro. Fre Ram*os*. Fre Joha*n* criado. Ye yo Pedro moro frade de Morerola . p*or* mandado del abbat ye del con‖ue*n*to . ye yo don Elo co*n* mios fiyos . ye yo do*n*na Sancha co*n* mios fiyos. 45 aqu*e*sta carta roboramos ye *con*firmamos . ye aqu*e*ste signo en ela mandemos fazer. ‖ *(seing)* Firmas qu*e* uiro*n* ye odiro*n* otorgar esta carta. F*er*nan Domj*n*guez. Marti*n* Martinez alcalde. Don Pedro emielgo . ye so ‖ ermano do*n* Martino. Do*n* Micholao. Do*n* Domj*n*go del arcip*re*ste. Domj*n*go Pedrez gago. Don 50 Roma*n* alcalde. F*er*nan Martinez de Marti*n* ‖ moro alcalde. Marti*n* Pelaz merino. Pelay Lorie*n*cez. Joha*n* uozina . fre Domj*n*go crespo. Domj*n*go Ramos.

158 × 225 mm. Charte partie. En haut les lettres, en bas de petits trous, indiquant probablement que le document a été joint par une couture à d'autres chartes.

XIII.

1233.

S. P. 1127. Indice 1889, p. 433.

Jn nominj *sancte* ꞇ indiujdue trinitatis am*en*. Saban los q*ui*
agora son ꞇ los q*ue* han por séer. Que yo F*err*andIuanes de San
Felizes de Ceya ꞇ mie ‖ madre Maria Fagundez fazemos atal plecto
ꞇ atal firmamento a Maria Domi*n*guez mie mulier. Damos le por
5 arras ꞇ por . XL. . q*ue* recebimos del‖la luego ꞇ por q*ue* ella amedia
ami otro ssi en q*ua*nta heredat ella ha en Bouadiella ꞇ en Teya-
diello t*ie*rras ꞇ uj*n*nas ꞇ casas. Damos la méétad de q*ua*n‖to que
auemos moueble ꞇ h*e*redat mio ꞇ de mie madre fueras dos linares
en Aradoy que fincan a mie madre en sue ujda . post de so fin
10 Maria Do‖minguez haya sue meetad enos linares. Esta h*e*redad
es por nomrada mientre q*ua*nto q*ue* auemos de n*ue*s*t*ro auolengo
en t*e*rmino de Barriales ꞇ en Butel‖lo ꞇ en todo logar o q*ui*er q*ue*
lo auemos. En todestol damos ꞇ atorgamos la méétad . ꞇ enel
p*re*stamo de San Felizes . assi cuemo es ast*i*prado . damos gelo ‖
15 assi cuemo es ya dicho . q*ue* lo aia por heredat por siemp*re* en
ujda ꞇ en morte . ꞇ q*ue* da q*ui* adelantre faga dello lo q*ue* q*ui*sier .
cuemo de sue heredat . ꞇ assi q*ue* por ne*n*‖guna p*en*a ni*n* por
ni*n*gun falago q*ue*l yo pueda faz*er* que no*n* me lo pueda dar .
ni*n* qujtar ni*n* yo ni*n* otro alguno de mios parie*n*tes no*n* gelo
20 podamos dema*n*dar ‖ ni*n* por fuero de t*ie*rra ni*n* por fuero scripto.
Et si yo o alguno otr*o* de n*ue*stros ode extranjos ujniesse en
algun tie*n*po co*n*tra este pleito ꞇ co*n*tra este firmam*en*to q*ue* ‖ fazemos a Maria Domi*n*guez pechel en cocto . c . mor*a*b*edis* . ꞇ sobre
esso el firmam*en*to ꞇ el plecto ste firme ꞇ uala. Et q*ue* este plecte
25 haya mayor fir‖medumbre. Mandamos fazer duas kartas partidas
por abecedario ꞇ cada uno tenga la sue carta. Et yo F*err*and
Iuanes p*ro*meto a bona fe ‖ ꞇ me obligo co*n* mie madre Maria
Fagundez de tener ꞇ de gardar este plecto q*ue* fiz escriujr enesta
karta. Et si p*or* aue*n*tura lo q*ue* no*n* sera si di‖os q*ui*sier mie
30 madre Maria Fagundez se dessaujnjes . de ueujr co*n* nosco ꞇ
q*ui*siesse ueujr en so cabo q*ue* yo F*err*andIuanes ꞇ Maria Domin-
gujz seamos ‖ tenidos de dar cada anno tres cargas de trigo . ꞇ

. vi . canadielas de ujno al dia de san Martin. Et asso finamiento
de . Maria Fagundez que den por ‖ sue alma . xij . morabedis. Facta
carta anno ab in carnatione dominj . mº ccº xxx.iiiº Regnante 35
rege Ferdinando cum so madre dona Berin‖guela ꞇ con sue mulier
rejna dona Beatriz en Toledo ꞇ en Castiela ꞇ en Leon ꞇ en Gallicja.
Alfierez del rej Don Lob Diaz. Maiordomus Don Rodri‖go
Gonzaluez. Merino mayor Don Moriel. Obispo en Leon. Don
Arnal. Electo en san Fagunt. Don Guillem. Prior mayor. Don 40
‖ Pedro. Sacristan FerrandIuanes. Don Tel Alfonsso tenente
Ceya. Merino sobre uillas. Roy Petri. Merino en san Felizes.
Pela Rodrj ‖ guez. Leida la carta ꞇ otorgada Presentes estos
testigos. Don Johanes fit algo presbyter. ts. Domingabat de
Barriales. ts. Martin ‖ Johanes. ts. Pela Rodriguiz. ts. Martin 45
Lopez. ts. Petrluanes. ts. Don Domingo de uillaLuero. ts. De
Barriales. Martin Io‖hannes de Barriales. ts. Don Sauastian. ts.
Pedro Martiniz. ts. Garcia Rodrigujz. ts.

218 × 264 mm. Charte partie, les lettres en haut, en bas de petits trous.
Ligne 11, l'o du mot auolengo peut être un e et ligne 17, les lettres en du
mot pena sont effacées.

<h2 style="text-align:center">XIV.</h2>

1235, 24 octobre.

S. P. 1129. Indice 1891, p. 433.

Jn nomine domini amen. Conocida cosa sea alos que son
ꞇ alos que an por uenir . que yo don Pedro Ponz do en Arras
ela meetad del diezmo de Melgar. ‖ ꞇ de Castro Caluon . ꞇ de Alixa
. ꞇ de todas las otras heredades que ey ꞇ auer deuo poru quier
esean . ꞇ delas noue partes que fican . do ꞇ uendo Auos mia ‖ mulier 5
dona Aldonza Alfonso . por uostros derechos que uos non conpli.
por mulas ꞇ por selas . ꞇ por panos preciosos . ꞇ por penas veras .
ꞇ arminias . ꞇ por ‖ moros ꞇ moras . ꞇ por piel folbez . ꞇ por todos los
derechos que uos oue adar . en Casamiento . ꞇ non uos los diey.

10 Do : uendo toda la meetad delas noue par‖tes q*u*e ey : auer deuo .
en aq*u*elos logares q*u*e de suso son dichos . : en todos los otros
logares q*u*e ey : auer deuo . Que de este dia endelantre sea de
mio ‖ iuro raida . : desapoderada . : en uostro senorio co*n*firmada .
q*u*e aades poder dela uender : dela donar . : de fazer della lo
15 q*u*isierdes como de u*ostr*o h*e*redamiento . et ‖ esto sea en na uida
asi como ena morte . Et yo don Pedro Ponz p*or*atal pleito uos
dou estas arras . : uos uendo esta h*e*redat . q*u*e uos do*n*na Aldonza Al‖fonso no*n* mela podades uender . nen dar . por falago .
nen por amenaza . q*u*e uos yo faga . menos de dous pr*o*pinquos
20 uostros delos maorales q*u*e ouierdes . Et se p*or*a ‖ uentura yo
don Pedro Ponz o om*n*e por mi . o de mia parte o de estrana .
co*n*tra este mio firmamiento q*u*isier uenir . sea maldito . : descomungado . : con ‖ Judas traidor sea en enfierno dampnado . : q*u*anto
demandar . tanto duple . en atal logar o en melor . con otro tan
25 bon lauor . : sobre todo esto peche al Rey ‖ en coto . c . libras .
de oro puro . : toda uia fique la carta firme en sou robramiento .
Fecha hye la carta en Pon ferrada . VII . dies por andar de ‖
ochubre . ERA . m*a*cc*a*LXX*a*III*a* Regnaua el Rey don Ferrando en
Toledo . : en Castella . : en Leon . : en Gallizia . Los freires del
30 te*m*ple tenian ‖ la honor d*e* Pon ferrada . Garcia Rodriguiz yhe
maor merino en tierra de Leon . Estos furon pr*e*sentes don . Bernaldo arçobispo d*e* Santiago . Don Nuno ‖ obispo d*e* Astorga .
don Laurenz obispo de Orens . don Migael obispo d*e* Lugo . don
Martino obispo d*e* Mendonedo . don . Esteuan obispo de Tuy .
35 Don Rodrigo ‖ Ferna*n*dez d*e* Valdornia . don Rodrigo Gomez . don
Ferna*n* Gut*ierr*iz . don Aluar Ferna*n*dez fillo del con don Ferna*n*do . Diego Gonzaluez fillo del con don Gonzaluo . ‖ Pedro Ferna*n*dez d*e* Tiedra . Pelay Arias . Pedro Fernandez arcediagano
d*e* Astorga : capelan del Rey . Yo don Ferna*n*do p*or* la gra*ci*a
40 de Dios Rey d*e* Castiella . ‖ : d*e* Toledo . d*e* Leon . : d*e* Gallizia
por tal q*u*e esta carta fusse mais co*n*firmada . : sempre remanecisse en sou firmedomne . mandey en ela poner mio scello . Yo ‖
Pedro Ponz aq*u*esta carta q*u*e mandey fazer robro : co*n*firmo :
pongo en ella mio scello .

238 × 285 mm. En bas un pli de 5 mm. avec deux trous. Déchirure
en bas du trou de droite.

XV.

1236, 14 décembre.

S. P. 1130.   Indice 1892, p. 434.

Jn dei *nomi*ne . Connozuda cosa sea a todos los om*ne*s q*ue*
son agora *!* : alos q*ue* son por uenir . Quemo nos don Abril Garcia . : do*n*na T*er*esa Ffernand*ez* mj mugier . de n*ue*s*t*ras bonas ‖
uolu*n*tades por saluamie*n*to de n*ue*s*t*ras almas : de n*ue*s*t*ros parientes. Damos auos do*n* Guillem abbad : al Conuie*n*to del mone-   5
st*er*io de sant Fagunt *!* q*u*anto q*ue* nos auemos : auer ‖ deuemos
en Villada . Casas . T*ier*ras . Vinnas . prados . Molinos . Montes . fuentes . uassallos . Sennorios . diuisas . aguas . entradas . Exidas . yer-
mo . : poblado . en tal ‖ ma*n*era q*ue* depues de n*ue*s*t*ra uida o de
qual se quier de nos *!* q*ue* fagades a cada uno de nos so anni- 10
u*er*sario . al dia de so finamiento . : que aya el Conuiento por
cada u ‖ no . x . mor*a*b*e*d*is* en pita*n*za . : nos do*n* Guillem abbad
enuno co*n* el conujento . atendiendo la buena deuotio*n* q*ue* uos
auedes contra nos : el bien q*ue* ouo el monest*er*io de uos ‖ : de
u*ue*s*t*ro linnage . estos anniu*er*sarios uos otorgamos por i*n*p*er*pe- 15
tuum auos : a do*n*na Teresa . : establecemos : otorgamos uos . nos
do*n* Guillem abbad : el co*n*uje*n*to ‖ que en aq*ue*lla capiella q*ue*
uos feches sobre u*ue*s*t*ro padre : sobre u*ue*s*t*ros ermanos *!* q*ue*
aya por i*n*p*er*petuum un mo*n*ge del monest*er*io q*ue* cante por
u*ue*s*t*ras almas . de uos . : de todo ‖ u*ue*s*t*ro linnage . : otro si q*ue* 20
tengamos otro capellan enel ospital q*ue* cante siempre por uos *!* :
por u*ue*s*t*ro linnage . : si por auentura ante uos finassedes q*ue*
fiziesse ‖ des esta deua*n*t dicha capiella *!* q*ue* nos tengamos un
capellan q*ue* toda uja diga missa por u*ue*s*t*ras almas : por u*ue*s*t*ro
linnage . q*ue* cante al altar de sa*n*c*t*a Maria fata ‖ q*ue* sea la ca- 25
piella fecha . : toda uja q*ue* uos seades tenudos de la fazer al
mays ayna q*ue* pudieredes . o qual quier q*ue* fique de uos . o de-
lexar tanto al moneste ‖ rio de q*ue* se pueda bien fazer . : demas
otorgamos uos . q*ue* esto q*ue* uos . nos auedes dado en Villada *!*
q*ue* uos : do*n*na T*er*esa lo tengades de n*ue*s*t*ra mano . en tal ma- 30

|nera q*ue* qual quier de uos q*ue* ante fine *z* q*ue* nos por n*ues*tra
auctoridad q*ue* podamos entrar q*u*anto q*ue* uos e do*n*na T*er*esa
nos diestes en Villada . *z* nos q*ue* cu*n*plamos aq*ue*llos anniu*er*sarios . *z* las missas assi quemo es deua*nt* dicho en esta carta . *z* si
35 pora ue*n*tura meiorami*en*to alguno meioraredes en aq*ue*l logar o
co*n*|pra alguna fizieredes . q*ue* depues de uida del uno de uos *z*
todo finq*ue* enel monest*er*io . con todo q*u*anto hy fuere . F*ac*ta
carta in m*en*se decemb*ri* in Crastino s*an*c*te* Lu|cie . Anno ab in-
carnatio*n*e do*min*j *z* m.º cc.º xxx.º vj.º Sub era m.º cc.ºLxx.ºIIII.º e de-
40 ste fecho son fechas dos Cartas . partidas por abece . e el una
dellas . |fico al monest*er*io . *z* ellotra ha . Don Abril . e por q*ue*
este pleyto sea mays firme nos Do*n* Guillem por la gr*aci*a de
dios abbad de Sant Ffagunt hy el co*n*uj|ento deste mismo lo-
gar *z* fazemos las seellar co*n* nuestros sellos . e yo Do*n* Abril *z*
45 fiz hy poner mio sello . *z* yo do*n*na Teresa Ffernandez por q*ue*
seyello p*ro*prio|no he *z* fiz hy poner el seyello del Conceyo de
Sant Ffagunt . e a mayor firmedu*m*bre de esta cosa *z* fiziemos
seellar estas cartas *z* co*n* el seyello|de do*n*na Hurraca Garciez
abbadessa de P*er*ales.

215 × 295 mm. Charte partie. En haut l'*abc*, en bas de petits trous.

XVI.

1236.

S. P. 1131. Indice 1893, p. 434.

(Chrisme) Jn dei nomine amen. Conocida cosa sea alos
que son presentes ye alos que han por uenir . que yo Don Fer-
nando carpentero|con mie muyer Dona María por salud de
ñras animas offerezemos nos con q*u*anto q*ue* hauemos al hospi-
5 tal de sant Fagund . mo|ueble e no*n* moueble . Esto es un orto
q*ue* co*n*pramos de Steuan Daent e de Marti*n* Denis por . c. mor-
abedis . con . IIII . pares de casas q*ue* hauemos ena|uilla de sant

Fagund las casas cerca la puente pedrena *que* furon de do*n* Polo
calero . casas de dona Maria enas tenerias *que* furon de dona ‖
Sebilia casas enbario de sant Pedro *que* furon de don Bertho- 10
lote . casas de dona Maria en barrio de Sant *que* furon de Domingo el atala ‖ yero . e quanto agora hauemos . e ganaremos mas
en toda ñra uida . e p*r*ometemos *que* seamos fieles *con*fessos
del hospital de sant Fagund . e uiuamos por manda ‖ miento del
almosnero *que* fur enlos hospital . equel seamos obedientes e u*er*- 15
dad*er*os familiares e fieles *con*fessos . E yo don Joha*n*es halmos-
nero maior de sant Fagu*nd* ‖ con uoluntad de don Pedro pri*o*r
del monesterio . e de Joha*n*es camarero maior . e de Remon senor
dela obra administradores de mandado del Abbad e de to ‖ do el
conuiento . reçibo auos don Fernando carpentero e aūra 20
muyer dona Maria aseruito*res* del hospital entodos ūros dias .
e establezco uos por racion del ‖ hospital . XX . II . mor*abedis* e X .
cargas de t*r*igo cadano . yel frucho de q*u*antos uos offereçedes
al hospital conuosco . assi q*ue* yo almosn*er*o tenga a*n*no e dia . e
de poys q*ue* uos do*n* Fer ‖ nando e ūra muyer dona Maria ⁄ q*ue*lo 25
tengades de ñra manu . co*n*la otra merced q*ue* uos del hospital .
E q*u*alquier *que* de uos fine p*r*imero . el otro que haia ⁄ XXVI . ‖
mor*abedis* , e . V . cargas de t*r*igo . e no*n* se case ⁄ sin mandamiento del almosn*er*o . e si casar . o otra orden tomar ⁄ q*ue* luego
pierda todo sin q*ue*rella . assi lo suio ⁄ como lo q*ue* ‖ tien del al- 30
mosna. E si alguno de parte del monest*er*io . Abbad . o Almosn*er*o .
o otro alguno . no*n* q*u*isier tener este pleyto q*ue* deçimos e p*r*o-
metemos a don Ferna*n* ‖ do e asue muyer dona Maria ⁄ q*ue*les pechen .
c . mor*abedis* yel pleyto q*ue* sea tenudo . e estable . e firme.
Facta carta . Anno abincarnacione do*m*ini m°cc°xxx°VI° ‖ Isti sunt 35
testes q*ui* uideru*n*t ⁊ audieru*n*t Don Pedro p*r*ior del monest*er*io .
Don Nicholao mo*n*ge claustral. Ferna*n* Pedrez de Calzada . Johan
Marti*n* dela puente de ‖ Aradoy . Don Aparicio fijo d*e* don Denis .
Ferna*n* Garcia fijo de Cabezaluo . Domi*n*go Matheo . Domi*n*go
Pedrez, yerno de do*n* Diego elcano . Do*n* Iacob fijo d*e* do*n* ‖ na 40
Perronella . Pedro Pedrez fijo d*e* dona Maior . Do*n* Anaya . Pedro
Minguez fij d*e* Domi*n*go deUal . Domi*n*gIuanes d*e* Cornudiellos .
Juan d*e* uiila ‖ Pezeni*n* . do*n* Pedro yerno d*e* Domingo d*e* Ledigos .
Pedro Martinez marido d*e* dona Floria . Domi*n*gIuanes d*e* Uilla
Pezeni*n* . Juan d*e* Berçianos . Do*n* Caluo . Pedro Gu*n*zaluez d*e* uilla 45

Orege . do*n* Rodrigo feltrero . do*n* Migael *de* uilla Peçeni*n* . Do*n*
Thome *de* Ualde Miriel . Migal *de* Toro . Pedriuanes fijo deJua*n*
de uilla ‖ Pezeni*n* . Fagu*n* Cortes . Ferna*n*dIuanes *merchan* . do*n*
Garcia remendo*n* . Do*n* Pedro mo*n*tanero . Do*n* Pelayo asturiano .
50 Marti*n* asturiano . Jua*n* crespiello . Rodrigo Mun‖nero . Don Rodrigo *de* uilla Carlon.

337 × 310 mm. Le chrisme est richement ornementé ainsi que l'*abc*
qu'on voit en haut. En bas quelques petits trous. — Ligne 42 le *d (de
Ual)* est à tort pourvu d'un signe d'abréviation.

XVII.

1237, novembre.

S. P. 1133. Indice 1895, p. 434

In dei *nomine* am*en*. Notu*m* sit omn*ibus* tam *presentibus*
q*uam* futuris . ‖ *Quod* ego dompn*us* Petr*us* Ponc*ij* mitto inpignore
Do*m*pne Aldonçe ‖ Alfonsi uxori méé Alixa . ː ela Nora . ː ela Noue-
na de Cas‖tro Gauo*n* . ː pobladura . *pro* mille ː Dcc. mora*betinos* in-
5 pignos . ‖ ː Melgar *pro* D ː L mora*betinos* . ː Vabia in sembla co*n*
istas otras *heredades* . ‖ ː se *por* aue*n*tura eu do*n* Petro morro ante
que do*n*na Aldoza ‖ me*a* mulier ː filio u*el* filia no*n* habeo della ː teuer
do*n*na Al‖donça ela *heredade* ata q*uele* pague*n*t istos mora*bedis*
que *sunt* ‖ nomrados . ː q*u*amto fructu seleuantar desta *here*‖dade .
10 leuarlo todo do*n*na Aldonça ata q*uele* page*n* to‖dos istos mora-
bedis · ː se *por* aue*n*tura q*u*iser dema*n*dar ‖ aquel aq*u*iem ficar mea
bona u*el* om*r*e *de* otra par‖te . sacar ista *heredade* p*or* degredo ː
mando q*u*i fiq*uen* ‖ elos fruchos destas *heredades* libres ː q*u*itas
por adon‖na Aldonça . ː q*ue* nu*n*q*u*a recuda dellos a om*r*e del
15 mu*n*do . Facta ‖ carta ap*u*t Castro Toraf in me*n*se nouembr*i* . ERA .
m.ª cc.ª Lxx.ª v.ª ‖ Petro *Fernando* portogal . conf. *Fernan* Go*n*sauiz
de Ueniamores . *conf.* ‖ Go*n*saluo Mora*n* . conf. Petro Muniz gro*n* .
conf. Aluar Rode*r*içj *de* Solis . conf. ‖ Nu*n*no Elias . conf. Joha*n*
Uelasq*u*is de Barretos . Sancho *Fernando* . conf. Joha*n* ‖ Nicholas *de*

Cubellos . Pet*r*o Marti*n* . *F*ernan Petri D*e* Toro . Mo*n*nio Ioha*n*is . 20
Pet*r*o Alfo*n*so . P*é*lai Ioha*n*is . Magi*ste*r D*om*inico . Marti*n* Garçia.
Notuit.

228 × 130 mm. Une partie du sceau pendant reste encore, représentant d'un côté un quadrupède (taureau?), tandis que l'autre est composé de petits carreaux, formant comme un échiquier. Le ruban du sceau est de soie jaune et rouge.

XVIII.

1239, 18 mai.

S. P. 1134. Indice 1897, p. 435.

Jn dei nomine . Connocida cosa sea alos omnes qui agora son e seran adelant ! Cuemo yo don Guilhem Gomez en uno con mi mugier dona Mayor ! ‖amos demancomun fazemos camio con uusco don Juan Dominguez capellan de sant Iuan. E yo don Juan Dominguez capellan nombrado . do auos do*n* Guilhe*m* 5 Gomez‖e au*ue*s*t*ra mugier dona Mayor ! dos tierras que hé á Pedradiello. Ela una tierra há affrontaciones . de prima part ! tierra de uos don Guilhem Gomez . de *secun*da part ! la carrera de Palentia . de t*e*rcia part ! tierra de don Pere Renalt ! é tierra de Guilhem Gonçaluez de Saldanha . de quarta part ! t*ie*rra de 10 *sanc*ta MaRia de dentro Castro . ‖Ela otra tierra há affrontaciones de prima part ! tierra de Marti*n* quadra e desu mugier dona Marina . de *secun*da part ! tierra de don Juan del Pont . de tercia part ! ‖tierra que fo de Sancha payan . de quarta part ! el sendero que ua á Villardixo. Quanto estas affrontaciones encierran 15 con entradas . é con salidas . é co*n* todas‖sus p*er*tinentias ! todo uos lo do sin ningun entredicho . é otorgo uos que de oy día enadelant ! que lo ayades de derecho heredamiento . é que fagades dello a u*ue*s*t*ra‖guisa ! en uida hì en muert. Eyo don Guilhem Gomez en uno co*n* mi mugier dona Mayor ! damos á uos don 20 Juan Dominguez capellan pornombrado ! un solar‖que auemos cerca la u*ue*s*t*ra bodega . é há affrontaciones de prima part ! el

u*n*estro cellero . de se*cun*da part ! solar que fo de don Paris . de
te*r*cia part ! la cerca dela uilla . ‖ de quarta part ! la carrera q*ue*
25 ua a sa*nct*a Maria del camino . Quanto estas affrontaçiones encierran con entradas e con salidas e con todas sus p*er*tinencias !
todo uos ‖ lo do sin ningun entredicho . é otorgo uos que de oy
dia enadelant ! que lo ayades de derecho heredamiento . é que
fagades dello á u*n*est*r*a guisa ! en uida hi en muert. ‖ Edemas da-
30 mos uos . xxx . mor*abedis* . en meioria.   E si alguno de nuestros
ó de estrannos este n*u*es*t*ro fecho que nos fazemos quisies demudar ó quebrantar ! sea maldito . é aya ‖ la ira de dios omni-
potent plenera mient . é peche en coto al Rey . L. mor*abedis* . hi
el danno que hi uinies duplado ! hi este h*e*redamiento duplado
35 en tan buen logar o en ‖ meior.   Fecha es la carta dimiercoles .
xviij . dias andados del mes de Mayo . Sub ERA . m^a cc^a Lxx^a
vii.   Regnando el Rey don Ferrando con su mugier la Reyna ‖
dona Joana . é con su madre la Reyna dona Berenguiella ! en
Castiella hi en Toledo . en Leon hi en Gallizia hi en Cordoua .
40 Obispo en Palentia ! don Tello. Alfie ‖ rez del Rey ! don Diago
Lopez . Mayordomo del Rey don Rodrigo Gonçaluez é tenient
la méétad de la uilla de Carrion . ela otra méétad don Rodrigo ‖
Rodriguez . Merino mayor del Rey ! don Moriel.   So su mano
merino en tierra de Carrion ! Ferrand Yuanes . Pesquisas ! don
45 Bienuenist capellan *conf.* ‖

    1re colonne. Pedriuanes fijo de dona Arminha *conf.*   Roy Do-
               minguez *conf.* Domingo Martinez çapat*ero* *conf.*
               Pedro grand alfayat *conf.*   Don Munno carpentero
               conf.
50 2^e colonne. Juan Melendez *conf.*   Migael Çaroa texedor *conf.*
               Pedro Corona *conf.*   Daniel zapatero *conf.*   Garcia
               el ferrero *conf.*
    3e colonne. dou Gonçaluo del era *conf.*   Juan Bocudo carni-
               cero *conf.*   Julian *conf.*   Juan espingador *conf.*

55   Joha*n*es Geraldi sacerdos scripsit ꞇ *con*firmat ! ꞇ hoc signum
(*seing*) fecit.

    200 × 280 mm.   Charte partie.   En haut de larges découpures sur l'*abc*.
La signature du notaire se trouve un peu au dessous des trois colonnes.

XIX.

1239, 9 novembre.

S. P. 1135. Indice 1898, p. 435.

Jn dei nomine. Notum sit omnibus tam presentibus quam
futuris. Cuemo yo don Pedro Gonzaluez en uno con myo ‖
mulier dona Eua por remission de ñros peccados: por remedio de ñras almas. Nos de ñras proprias uoluntades
offe‖recemos ñros cuerpos ye ñras almas al monesterio de 5
sant Fagunt. ye. damos luego pora seruicio de dios ye pora
fazer ‖ el hospital delos pobres. ccc. morabedis en dineros ye
quanta heredat auemos en sant Fagunt ye ennas Gujmaras
tjerras: ‖ ujnnas. Ye esta heredat que nos damos que la tengamos nos ye que nos siruamos dela en toda ñra uida ye de 10
pues de ‖ ñros dias con toda la meyoria que nos en esta
heredat aprouecharemos o acrecjremos que todo remanezca salua
: quita ‖ al hospital de sant Fagunt ye non seamos poderosos da
qui adelantre deuender nj de empenar tierra nj ujnna de esta ‖
heredat. E nos don Guillelme por la gracia de dios abbat de sant 15
Fagunt en uno con el conuento desmismo logar ueyendo: ‖ entendiendo la ñra bona uoluntad yela bona deuocion que auedes
spirital myentre damos uos en todos ñros dias de ambos ‖
ados aquel molino que perteneze al almosna. asi que el pan delos
pobres quese muela hy sin maquila ye sin alphadia ye damos 20
uos ‖ una racion de pan ye de ujno que uos de el almosnero
menor sobre aquela que ante auiedes.: otorgamos uos todo el
bien ‖ quelos otros uos ante prometioren spirital myentre. : des
pues de ñros dias que uos escriuan en la regla de uermeyon
‖ cuemo auno de ñros conpaneros. Facta carta. Era. mˢ.ccˢ 25
Lxxˢ.viiˢ. Anno abincarnatjone domini mˢ.ccˢ xxxˢ.viiiiˢ v. Idus ‖
nouenbris.

175 × 195 mm. En haut l'abc découpé, en bas de petits trous.

XX.

1240, 4 mai.

S. P. 1137. Indice 1900, p. 436.

Jn dei nomine. Conocida cosa sea alos que son ye alos que seran que io don Johanes Prior major de sant Fagund con ‖ consejo delos conpaneros en cuja guarda lexo el abbat el monesterio . ye con consejo de don Ffernando celerizo major ‖ ye con
5 atorgamiento del Conuiento des mejsmo logar . damos auos don Polo fijo de don Pedro Nariz que ‖ andedes sobrel mercado ye que requirades los derechos del Cellerizo major fiel mientre por todos uros ‖ dias. Ye io don Polo por esta mercet ye por el bien que espero toda uia del Conuiento ye por mi alma do ‖ ᵹ atorgo
10 auos don Fernando celerizo ye atodos uros successores que despues de uos uernan . x . morabedis . en el mio ‖ uuerto que iaz sobrel camino despues mios dias ye de mi mugier . ye se io finar antes de mi mugier ‖ que mi mugier de cada anno . V. morabedis . al cellerizo . ye depues de dias de mi mugier aja el Cellerizo . x . mo-
15 rabedis ‖ en aquel mio uuerto de sobrel camino que dicho yes . ye estos . x . morabedis sean dados cada anno pola pascha ‖ Facta carta . IIIIº nonas maj. Anno ab incarnatjone domini . mº ccº xlº ‖

1ʳᵉ colonne. Johanes prior major conf. Johanes operarius D. cantor conf. Johanes hostalarius conf.
20 2ᵉ colonne. Domnus Garsias conf. Dominicus prior secundus conf. Petrus infirmarius conf.
3ᵉ colonne. Petrus camerarius conf. Fernandus cellerarius conf. Petrus Didaci sacrista conf.

140 × 190 mm. Charte partie. L'abc en haut sur de larges découpures.

XXI.

1243, février.

S. P. 1138. Indice 1901, p. 436.

Conozuda cosa sea quantos esta carta uiren . Como yo don Garcia hospitalero de ‖ de san Fagun . fago con canbio de una

feren . que a lospital en uila Toquit . con Domingj uanes . ‖ ꝛ con
su muier Mari Fagundez . Por esta ferren queles damos nos .
dan elos al hospital en con carbio . media obblada de tierra . en 5
Corrales . fronteros de prima . parte . tierra de dona Eluira . De .
ii.ª parte . tierra de Mari uanes . de . iii.ª parte . tierra de fiios de don Domingo . ꝛ dan un . morabedi en meioria . facta carta . ERa . m.cc.l.xxx.
pri . m . a . Jn mense februario . Isti sunt qui uiderunt ꝛ audierunt .

165 × 150 mm. — Le parchemin est coupé en rond du côté droit. Largeur en bas: 130 mm. Charte partie avec les lettres en haut. Le mot de,
ligne 2, est répété au commencement de la ligne suivante. L. 3 le mot a est
écrit au-dessus de la ligne. L. 9, le notaire a écrit febriario, qu'il a ensuite
corrigé en écrivant un u audessus de l'i.

<h1 style="text-align:center">XXII.</h1>

1243. 6 septembre.

S. P. 1139. Indice 1902, p. 436.

(Chrisme) Conoçuda cosa sea alos que son ꝛ seran . Como
yo don Remon . prior de Nogar . Con conseyo de don ‖ Domingo
el monge e con los clerigos . Con Pedro Gutjerez . e . Don Ximon .
e . Don Galarde . e . Pedro Diaz . e ‖ Domingo abad . ꝛ con los
otros que y son . Fago pleyto con Martjn loçano de Goçon . 5
e . con so mujer dona . Ylana . ‖ De la ñra heredad que nos auemos . y . de tierras . e . de uinnas . et . de casas . E de las sos casas
ꝛ de la so heredad . del ꝛ de so ‖ mujer donna . Ylana . o quier quelo
ayan . boluemos lo ñro . e . lo suio . ꝛ damoielo por . x . annos . que
lo labre amedias . ‖ et que tenga y tres yugos de bues suios . e . 10
que lo labre con toda so mision . e . que de anos en saluo la
meatad . tan bien delo so ‖ como de lo ñro . e . nos damosle en
ayda la meatad del diezmo que nos copiere enna ecclesia de san
Migel de Goçon . et que more ‖ en las ñras casas . e . que las con-
tenga . et . que nolas dexe tan bien fechas como yelas damos . 15
acabo de . x . annos . et de las sos ‖ casas que nos de la meatad
dela renda quanto . y . uiniere . ꝛ desta heredat que deuant dicha
es . si alguna cosa mascabas de labrar . ‖ nos que nos entregemos

en lobien labrado . ꞓ . nos damosle . v. uigadas de buena paya
20 menuda . *et* los baruechos q*ue* y aue‖mos . y el q*ue* nos dexe tantos barbechos . y tan buenos . como agora son . ꞓ dela so h*ere*dad
del ꞓ de so mugier q*ue* no ayan po‖der de uender ni de enpenar
fata aq*ue*l plaço amenos de n̄ro placer . ꞓ del estierco q*ue* y fuere
q*ue* eche cada a*n*no la meatad‖enla n̄ra h*ere*dat . ꞓ la meatad
25 enla suya . e . q*ue* de al prior cadano una iantar . e . q*ue* dexe e*n*na
casa . un iugo de bues con‖so aperamiento de q*ue* seamos nos
pagados . o viij . mor*abedis* . ꞓ dos aradros de q*ue* seamos nos
pagados . o una tercia de . mor*abedi* . ‖ una mesa ꞓ una coçina ꞓ un
rastro ꞓ una pala . de q*ue* seamos nos pagados . o tres . sl' . una
30 caral de q*ue* seamos nos pa‖gados . o un . mor*abedi* . Dos trilos con
sos camiços de q*ue* seamos nos pagados . o vi . sl' . e q*ue* nos dexe .
v . iugadas de buena‖paia menuda . ꞓ un caro de fornia . ꞓ una cara-
da delas cepas de canpos ꞓ eneste medianedo si alguno delos finar
‖que uaya el prior o so mandado por el . e q*ue* . le lieuen asoterar
35 asanÇaluador ꞓ tragan con el cuerpo . x . mor*abedis* . ꞓ sy el prior‖
q*ui* *t*ouiere el logar se repintjere deste pleyto . peche . xxx.ª mo-
rabedis . e conplir cabadelant . E si Martj*n* locano o so mujer‖
se repintjeren deste pleyto q*ue* peche*n* . xxx . mor*abedis* . ꞓ conplir
cabadelant ꞓ q*ue* dexe unas ruedas de caro buenas . Facta carta
40 ‖Svb eRa millesima . cc.ª Lxxx.ª i.ª vi. dias andados del mes de
setember . Pesquisas do*n*na Vraca Telez E Pedro Uiçe*n*‖tez el
clerigo ꞓ Fernad . ·abad el clerigo . *e* fRe Martj*n* frayre de santa
Cruz . fre Mate de *sancta* Cruz . Don Goncal‖uo . Pedro Garcia .
Don Yla*n* . Migel Caro . Do*n* Ferna*n*do . Domi*n*go P*ere*z .

240 × 260 mm. Le chrisme richement ornementé est en partie caché par la reliure. En haut du parchemin l'*abc* sur de larges découpures. En bas des trous. Ligne 6, *heredad* porte à tort un signe d'abréviation, et ligne 36, la première lettre de *touiere* est cachée par un pâté. — L. 19, *uigadas* est probablement écrit par erreur pour *iugadas*.

XXIII.

1244, octobre.

S. P. 1140. Indice 1903, p. 436.

IN d*e*i nom*in*e. Cognozuda cosa sea á qua*n*tos esta carta
uiren . com*m*o yo Don Joha*n* clerigo d*e* san G*er*uas d*e* Saldana

ente*n*die*n*do ‖ qua*n*to bien es almosna fazer : ↄ qual m*er*ito recibra
d*e* dios quila fiziere ꞓ fago almosna al hospital delos pobres d*e*
sand Fagund . ‖ de todas las mies ui*n*nas qu*e* yo co*n*pre ye he ₅
en sand Fagund . ↄ qu*e* me costaro*n* . c . c . c . ↄ x . m*o*rab*e*dis .
Estas son las ui*n*nas . el mayuelo qu*e* fu de ‖ Ped*r*o Moro . Ela
ui*n*na qu*e* fue d*e* do*n* Polo el zapat*e*ro . ↄ otras vj . vi*n*nas qu*e*
furo*n* d*e*la oio alua . La prim*er*a ui*n*na destas es alas fuessas
d*e* los iodios . ‖ La iiᵃ cabo do*n* Guillem P*er*aza . La t*er*cera cerca ₁₀
do*n* Ped*r*o d*e*la Mota . La qu*a*rta cerca d*e*l camarero . La qui*n*ta
cerca d*e*l sacristano . La vjᵃ cerca de ‖ don Joha*n* fiyo d*e* Domi*n*go dAlmanza . Estas ui*n*nas é todas las otras qu*e* é ↄ co*n*pr*e*
en sand Fagund . *c* nos do*n* Garcia p*er*la graci*a* de dios ‖ abbad
d*e* sand Fagund ↄ doYua*n*nes prior mayor . ↄ do*n* Remond almos- ₁₅
n*er*o . co*n* uolu*n*tad d*e* todo co*n*ue*n*to des mismo logar ↄ p*or* esta
almosna ‖ qu*e* uos do*n* Joha*n* dades al hospital ꞓ damos por en
todos uros dias auos ꞓ qu*e* ayades cada a*n*no . xxx . m*o*rabedis burgaleses . á vii . sl'. ↄ ‖ medio el m*o*rab*e*dj . en la egrisia
d*e* sand Ped*r*o . ↄ estos m*o*rab*e*dis qu*e* uos los de el cl*er*igo ꞓ qu*e* ₂₀
touiere la eglisia . La méétad ala pasqua la otra ‖ méétad al sand
Migael . ↄ si estos m*o*rab*e*dis no*n* uos los diere el cl*er*igo ꞓ qu*e* sea
tenido el almosn*er*o ↄ el ospital ꞓ por dar uollos a estos ‖ plazos
d*e* suso dichos . ↄ si do*n* Joha*n* ó so mandado certero uiniere*n*
por estos m*o*rab*e*dis a estos plazos . ↄ no*n* yelos diere*n* ꞓ todas ₂₅
las costas ‖ ↄ las missiones qu*e* fizier el sea creido e dar gelas .
e qua*n*do do*n* Joha*n* el cl*er*igo uinier al monest*er*io qu*e* sea
recebido bien ↄ darle ra‖cio*n* commo a un monie . esto p*or* sos
dias ↄ despues d*e* sos dias ꞓ finqu*e* todo quito al monest*er*io .
Ffacta carta . mense octubris . ‖ Anno domi*n*j . millesimo . ccᵒ ₃₀
xL.ᵒ iiijᵒ Testes D*o*mi*n*go Fagundez m*er*ino . Do*n* Abril sellero .
Do*n* Ordo*n*no so suegro . Do*n* Fagund ‖ Torro*n*no . Do*n* B*er*nal
bel o*n*e . Do*n* Ioha*n* Guillelmez fid*e* Guillem P*er*aza . Do*n*
Ped*r*o Campo . Do*n* Marchos . Don Joha*n* Simo*n* ‖ alcalde . Do*n*
Esteua*n* B*er*nal . Do*n* Pedro Migaelles sayon . ₃₅

---

155 × 195 mm. Charte partie, l'*abc* en haut. Ligne 1, *I* et *N* sont en-
lacés l'un dans l'autre. L. 17 le *m* d'*almosna* est déchiré et l. 32 le *t* de
Torroño peut à la rigueur être un *c*.

XXIV.

1245, janvier.

S. P. 1141. Indice 1904, p. 437.

JN dei Nomine. Conosada cosa sea a quantos esta carta uiren . commo yo don Remond almosnero del ospital de san ‖ Ffagund . con uoluntad del abbad don Garcia . fago carta de concamja con Pedro Palencia ː con so muyer dona Ysabel . yo
5 do aellos . 1 . solar que fu de don Bartolome fide Domingo caluo que á bien . xiiij . annos que non fizo ‖ fuero al monesterjo . ː los almosneros sobieron commo yera del monesterjo . ː quitaron se del . ː dexaron le pora los ‖ poures del ospital . ː este solar iaz en logar pornonbrado ː enlas tenerias sobre la presa . ː alledanjos
10 de pri‖ma parte: Pedro Palencia fazedor de la concamja . de . ii.ª parte: don Pedro el frenero ː fide Migal remendon . ‖ de . iij.ª parte . la presa que ua pora la uarga . de . iiij.ª parte . Pedro Symon . ː yo Pedro Palencia ː mj muyer donna ‖ Ysabel . damos auos don Remond ospitalero . I.ª casa en barrio de sand Pedro . ː
15 alledanjos de prima . parte . ‖ casa del ospital . de . ij.ª parte . la calle que uade san Pedro pora las tenerias . de . iij.ª parte . ː de iiij.ª parte ː Pedro ‖ Palencia fazedor de la concamja . Et si alguno contra este fecho uinjer . el abbad de san Fagund ‖ que sea tenjdo de sanar este solar de todo ome a Pedro Palentja o a sos here-
20 dadores . ffacta . ‖ carta . mense januarij . Anno dominj . m.º cc.º xL. v.º Testigos ː Pedro Johan . Pedro Simon . Pedro ‖ Martinez de Medjna . Johan de san Pedro . Pedriuannes fide Yuan de Uilla Pecenjn . Pedro Gonçalez de uilla Orex . ‖ Fagund Fuertes . Domingo Marfina . Pedro ruujo capatero . Don Caluo capatero .
25 Martin gallego . ‖ Migal sarrano . Don Tome capatero . Pedro maton . Domingo Perez de Uilla Zand . Martin Perez ostalero . ‖ Garsias Garsie notujt . ts.

135 × 185 mm. Charte partie, l'abc en haut.

XXV.

1245, mai.

S. P. 1142. Indice 1905, p. 437.

In nomine sancte ᛁ individue trinitatis uidelicet patris ᛁ filij
ᛁ spiriti sancti amen. Cognozuda cosa sea a todos los‖oms alos
presentes é alos auinideros. Como yo Don FernandIuanes é
mi muyer Mari Dominguez de San‖Felizes ofrecemos cuerpos é
almas . é damos quanto auemos en san Felizes . é enBarriales . 5
é enBustielo‖por ñras almas e de ñros parientes . ala lumi-
naria de san Fagund é de San Felizes . fueras ende x.‖morabe-
dis que demos a ñros finamientos ó nos quisiermos . e todo
lo al todo lo damos sin condicion ninguna. Ca‖sas . uuertos .
linares . prados . tierras . uinas . entradas é salidas . é nos que ui- 10
uamos enelo en todos ñros dias.‖E yo Don FernandIuanes
é mi muyer Mari Dominguez que non seamos poderosos de
uender nin de empenar.‖nin de mal meter ninguna cosa delo.
Fueras tanto que les quitamos quanto fuero an de fazer de serna
é de‖enfurcion. Qui contra este fecho quisier uenir . se quier 15
de ñros parientes . o de estranos sea maldito e des‖comun-
gado é con Iudas traidor en enfierno dampnado é peche en
coto . c. morabedis . é esta eredat doblada ental‖logar ó en
meyor . é toda uia este pleite finque firme. Facta carta mense maij
Era . mᵃccᵃ lxxxᵃiiiᵃ Reg‖nante el re don Fernando con la rina 20
dona Iohana . é con so madre la rina dona Beringuela. En Toledo. En‖Castiela. En Leon. En Galizia. En Cordoua. En Murcia. Maordomo del re don Rodrigo Gunzaluez. Alfierez Don‖
Diego Lopez. Merino maor Don Fernan Gunzaluez de Reges.
Chanceler Don Iohan obispo de Burgos.‖Obispo en Palencia 25
Don Telo. Don Alfonso Telez teniente Cea ᛁ Graiar. Eleyto en
sant Fagund Don Pedro‖Diez. Merinos Domingo Fagundez é
don Beneyto Terrin. Sayones Pedro Migaielez é don Iago. Qui
presentes‖fuerunt uiderunt ᛁ audierunt. Don Iohan prior maor.
conf. Don Garcia de Melgar conf. Don Fernando es‖criuan del 30

eleyto. Don Iohan ostalero Don Do*m*i*n*go sacristano maor. Don
Adame clerigo dela Mota. Do*m*i*n*go ‖ abbad capelan de *sancta*
Maria Magdalena. Don Do*m*i*n*go, port*er*o maor. Don Rodrigo
port*er*o. Don Do*m*i*n*go carpentero ‖ dela sacristania. — Don Pe-
35 dr*i*uanes m*er*ino de sant Felizes. Do*m*i*n*go Fernand*e*z. Johan
Cabeza. Marti*n* de Ualda‖uida. Do*m*i*n*go Fagund*e*z el menor.
Martiuanes fide Yua*n* nieto. ‖

Don Alfonso scriuan no*tuit* ‖

Auos abbat do*n* *Garcia* de Sa*n*fagu*n* beyzo manos . ⁊ pias .
40 qu*o*mo hasenior del ‖ corpo . ⁊ Delanjma . ⁊ enqu*e* espero muchas
mercedes . ⁊ *Que* q*u*ier ‖ qu*e*me ma*n*dedes soy uostra merced ⁊
felo debona u*o*lluntad.

260 × 165 mm. Charte partie, en haut l'*abc* découpé, en bas quatre
petits trous. Ligne 15, le mot que nous avons transcrit par *enfurcion* est très
endommagé par la reliure, on n'en voit que . . . *f* . . . *io*. Dans le mot *Fagundez*, lignes 27 et 36, et dans *Fernandez* l. 35, il n'y a pas de signes d'abréviation indiquant la suppression d'un *e*. — Le morceau commençant par *Auos
abbat* a été ajouté postériemement après le texte de la charte; il est d'une
écriture beaucoup moins parfaite que celle-ci.

XXVI.

1245, septembre.

S. P. 1144. Indice 1907, p. 437.

Jn dei nomine am*en*. Cognocida cosa Sea a qu*a*ntos esta
carta ujre*n* . como yo don Garcia por la gr*aci*a de dios abbad
de san Fagund co*n* uolu*n*tad del co*n*uiento des mismo lo‖gar ⁊
damos auos Do*m*i*n*go ferron . ⁊ a uuestra muyer dona Mioro . ⁊
5 a u*n*est*r*o fijo Pedro abbad la n*u*estra casa qu*e* yes del hospital
de Auastas de yuso co*n* todas lasheredades . ‖ uertas . ⁊ uinas . ⁊
ferrenes . ⁊ quanto a ena Neuza . ⁊ en uila Toquit . ⁊ en uila Lum-
broso . ⁊ co*n* quanto deue auer: por tal pleyte qu*e* seades uassalos
⁊ filigreses . ⁊ fami‖liares del hospital de sant Fagund sin otro
10 senor . ⁊ ternedes en casa siempre . iii . yugos de bues buenos .
co*n* qu*e* labredes la heredat n*u*est*r*a ⁊ uuestra ⁊ se mi*n*guas ‖ destos .
iii . yugos de bues ⁊ quanto minguar mingue enla uuestra racion .

z todo lo al que dierdes a laor ! partiremos nos z uos por medio.
Las uinas labraredes || bien de sus laores . z daredes la metad a
nos en saluo . la nuestra metad meteremos enas meiores cubas . 15
z mientre coyeren el pan . z el uino ! estara hy *nuestro* || om*n*e z
gouernaledes uos. La eglisia seruiredes bien de lumbrera z de
todas cosas necessarias . al obispo . z al arcidiagano . z al arciprestre
los derechos *que* deue*n* || auer ! dargelos edes . z de diezmo dela
eglisia de pan z de uino ! z de legumbre ! daredes toda la metad 20
en saluo al hospital . z desta eglisia z destas heredades || deuandi-
chas son *que* uos non padades uender ni empenar ! ni mal meter
ni ayenar . ni en otra p*er*sona lo meter . z selo fiziessedes *que*
perdissedes la casa ela || eglisia ela heredat . z nos tomar todo lo
nuestro . ala fin del p*r*imero ! traer uuestro cuerpo co*n* la meetad 25
de quanto ouierdes al hospital . otrasi el otro quando || finar !
traher so cuerpo con quanto ouier al hospital . fueras la heredat
que finq*ue* en quie*n* uos quisierdes . z uos *que* non seades pode-
rosos de uender nin de empe|nar las uuestras heredades sin
nuestra uoluntad . z todas las preseas *que* uos nos dexaremos en 30
casa . cubas z todo lo al *que* asi finq*ue* como uos lo damos . elo
que || uos diermos pornemos en carta quanto uos diermos. Facta
Carta mense SeptembeR. Era m.ªcc.ª Lxxx.ª iii.ª Qvi presentes
fuerunt uid*er*unt z audierunt. ||

Esta es la reme*n*brancia delas p*r*eseas *que* lexa Mart*i*n 35
Paris enne mo*n*ast*er*io de Auasta de yuso. Ena bodega . vi .
cubas . las . iii . mayores. Las dues son de . viii . palmos el otra
es carral . vna mesa . vn pozal || vna ferrada . iiii . aradros . con v
rexas. Dos yugos consos cornales z consus melenas. Dos trillos
con sos Camizos . vi . palas de Era. xii cestas pora seruir. iiii . 40
fozes podad*er*as iiii arreyadas. Dos || azadas . ii. Payares xenos
de paya menuda. Bona tenada de sarmjentos. Buen uuerto
poblado de Colos z de Puerros. Esto todo *que* es p*or*nombrado
delexo enguarda a Domjngo Ferron z aso fijo Pedro || abbad.
ERa m.ªcc.ª Lxx.ª iii.ª Ena eglisa dexo i archa z i acetre pora 45
seruir la eglisa . vna colodra pora tomar la offerenda.

185 × 292. Charte partie, en haut *l'abc* est visible sur des pointes découpées. Le *t* du mot *uertas* l. 6 ressemble à un *r*. — La *remembrancia*
qui se trouve à 5 mm. au dessous de la charte même, est écrite d'une autre
main.

XXVII.

1245, septembre.

S. P. 1145. Indice 1908, p. 438.

Connocuda cosa sea a los *que* son : a los *que* an de seer.
Que yo don Johan ostalero de San Fagu*n* Con ‖ uoluntat de don
Garcia el abbat : del conuie*n*to des mismo logar. Fago camio
5 de una ferre*n* Con ‖ don Migael el cl*e*rigo de San Roma*n* Lin
deros de la ferre*n*. Corral de Pedro P*e*rez de . ii* par‖te ferren
de San Pedro de las duenas . de . iij* parte casa de don Migael
el cl*e*rigo. Dame ‖ por ela una ui*n*na enas Quintanas. Linderos
de la ui*n*na. De i parte . fijos de don Furtado. ‖ De . ii . parte
10 Abril Carrio*n*. De . iij . parte ui*n*na de San Fagun. Si por
auentura . el os‖talero o ome por el este pleyto quisier desfazer .
peche . x . mo*r*abedis . : el pleyte este firme Otro‖si si por auentura Don Migael o ome por el este pleyte quisier desfazer .
peche . x . mo*r*abedis . ‖ : el pleyte este firme. Fa*c*ta Carta mense
15 Setemp*br*is. ERa m* cc* lxxx . iij* Testes ‖ Don Johan ostal*e*ro .
Don Pedro camarero mayor. Don Ferrando celerizo mayor.
Don Gar‖cia camarero del abbat. De San Roma*n*. Don P*e*dro
del monest*e*rio. P*e*dro Migaelez fide *Martin* Fa‖gundez. Juan
Formigo. Martin Uezino. Pedro Coria. Pedro Martinez de la
20 paliza.

124 × 204 mm. Charte parti*e*, en haut l'*abc* découpé.

XXVIII.

1246, 6 février.

S. P. 1146. Indice 1909, p. 438.

Cognocida cosa sea á todos aq*ue*los *que* esta carta ujren .
que contienda fu moujda ante nos Don Mo*n*njo Aluarez pela

gracia de dios Bispo de Leon. Entre don Apparicio prior de
Beluer . z Johan Martiniz clerigo de Vilardiga. Sobrela mjtat
dela egrisia de San Miguiel de Vilardiga z con suas pertenencias. 5
que pertenez Al monesterio de san Fagún. E sobrela ocháua
dessa misma egrisia. E dela heredat que fu delas donnas de
Almaráz . que don Martino so padre de Johan Martiniz auja
offerezido por sua alma Al monesterio de Sán Fagun. Ala
porfin de plazer de ambas las partes con otorgamjento del Abat 10
don Garcia z del Cónuénto de San Fagun z atal corposicion uenie-
ron. Que por aquela mjtat dela egrisia deuandicha con suas
pertenencias . e polas costas que el prior auja fechas andando
en este pleito. E pola renda que non auja pagada. Johan Martiniz de . vii . annos z deue adar. Johan Martiniz cada ánno enna 15
fiesta de Sancta Maria de setenbrio al prior de Beluer . viii.º
morabedis . dela moneda de Leon z enencienso . Retenjendo el
prior poral monesterio de San Fagun ela deuandicha ochaua
dela egrisia de San Miguiel conna heredat que fu delas donnas
de Almáraz z que el deuandicho don Martino padre de Johan 20
Martiniz auja offerecido z al monesterio de San Fagun E se
dalguna cosa ha menos desta heredat deuandicha z Johan Martiniz ye tenudo dela entregar al prior por si z z por suas bónas.
E fazer las casas dela egrisia bonas . z conuenjentes z ata dos annos.
E Johan Martiniz deue luago presente entregar esta ochaua dela 25
egrisia conna heredat deuandicha z Al prior don Apparicio de Beluer. Sobre todo esto yo. Johan Martiniz prometo z otorgo de
atender todas las oltras conuenencias que óue conno Abat don
Guilelme . z conno conuento de San Fagun. Assi commo sie escripto
enna carta que he con ellos . fuaras ende ii morabedis . toledanos 30
que non deuo adar que uan enna cuenta destos . viij.º morabedis .
leoneses que deuo a dar cada anno. Se yo . Johan Martiniz
deuandicho estas conuenencias que he conno prior non atendir
assi commo ye puasto en esta carta z plaz me z otorgo que el
prior z el conuento de San Fagun entren sua egrisia . con suas 35
pertenencias z sien toda contradicha. E se el prior ó el conuento contra esta carta venjeren z pechen á Johan Martiniz . L.
morabedis de xáno . ela carta remanezca firme . E por esto seer
mais firme atodo tienpo z yo deuandicho prior de Beluer . z yo .
Johan Martiniz clerigo fiziemos esta carta partida por a. b. c. E 40

roguemos al bispo don Mo*n*njo Aluarez *que* posiese en estas
cartas so seelo. Facta carta . viii° || idus februarij. Sub era .
m.ª cc.ª lxxx.ª iiii.ª *Qui* pr*e*sentes furo*n*. El Arcidiagano do*n*
Martín Fernandez. Gonzaluo Pedrez Arci*diagano* de Oujedo.
45 Don Pedriuanes thesorero. Ro||drigo Rodriguiz canoligo. Go*n*-
zaluo Pedrez Giro*n*. Fernant Abril racionero. Maestre Assensio.
Alfonso Yuanes cl*e*rigo del bispo. Maestre Miguiel. Rodrigo
|| Yuanes capellan del bispo. Miguiel Abril pr*e*sb*y*t*e*r . ɔ Domi*n*go
Mar*t*iniz qu*e*las fizo.

193 × 310 mm. En bas un pli de 36 mm. à droite et de 5 mm. à gauche,
au milieu du pli des trous larges dans lesquels reste le cordon des sceaux.
Charte partie, en haut les lettres. Ligne 46, la fin du mot *racionero* et tout
le mot suivant sont cachés par une tache dans l'exemplaire de cette charte
que nous avons copié. Ils sont pourtant lisibles dans l'autre exemplaire, S. P.
1147, Indice 1910.

XXIX.

1246, 9 février.

S. P. 1148. Indice 1911. p. 438.

Cono*ç*uda cosa sea a todos los o*m*s q*u*i esta carta uiere*n*
como nos conceio de villa Garcia . co*n* alcaldes ɔ co*n* iurados ɔ
con || todos los o*m*s q*ue* a *n*ro *con*ceio p*er*tenece*n* . fazemos
pleyte ɔ bona auene*n*cia con don Domi*n*go q*ue* dize*n* de Cala-
5 traua p*r*ior de villa || Garcia por parte del monast*e*rio . sobre
dema*n*das q*ue* fazia el co*n*ceio de villa Garcia al*os* mo*n*ges de
sant Fagu*n*d de eredades || que canbiaro*n* a pro de rey ɔ a meioria
de co*n*ceio co*n* abbat ɔ co*n* mo*n*ges de sant Ffagu*n*d . q*ue* doy a
delant les otorgamos ɔ les || sanamos a todas guisas . ti*e*rras . vi*n*-
10 nas . vertos . casas . corrales . molinos . pr*e*sas . cesped*e*ras . ɔ exidas
ɔ ent*r*adas . ɔ eglesias ɔ q*u*antas || ot*r*as cosas eredan . ɔ eredoro*n* . ɔ
eredar deuen en t*e*rmino de villa Garcia por q*u*al guisa q*ue* ellos
lo ouiero*n* o lo ganaron. || fata el dia de oy q*ue* lo ayan saluo
ɔ q*u*ito p*or* todas las guisas del mu*n*do. Assi q*ue* ne*n*gun om'e
15 de villa Garcia o dotra parte || por so mandado ni p*or* so co*n*-
seio no*n* sea osado delos co*n*tradezir ni*n* delos enbargar co*n*

rey . ni con merino . ni con otro ome del‖mundo : nenguno
quelo fiziesse mandamos : otorgamos : ponemos sobre nos coto que
peche . c . morabedis . al rey : el dano doblado‖alos monges . :
toda uia este pleyto sobre dicho que fique : a todas guisas uala . : 20
Otro si el prior sobre dicho : los monges de‖sant Fagund si al
guna querella an o ouieron del conceio de villa Garcia por cosas
que fata agora fizieron contra los mon‖ges : todo lo quitan : lo
perdonan al conceio de villa Garcia por dios : por mesura dessi .
: por fazer con ellos bona uida : bo‖na uezindat . : de maes por 25
que faze la presa del molino de iuso que es al uado enuargo
por passar el pan : el vino‖que es ala naua io prior deuan dicho
por mi : porlos otros que uergan de pos de mi : prometo que
abramos la presa de . viii . dias ante‖de sant Iuanes fata . viii .
dias de pos de san Migael o maes quando ouiere menester . 30
Facta carta . era mª ccª lxxxª‖iiiiª ix dias andados del mes de
febrero . : por que non auiamos estonç seyello proprio . seellamos
estas cartas con el‖seyello del conceio de Oter de Fumos . : de
Vruna . : del abbat del Espina.

98 × 210 mm. En bas un pli de 18 mm, déchiré au milieu. Fragment
d'un sceau pendant à gauche. Ligne 29, le mot *de* après *presa* est écrit au-
dessus de la ligne. Il en est de même de la lettre *o* de *ouiere* l. 30. L.
32, le mot *non* est presque effacé.

XXX.

1246.

S. P. 1150. Indice 1913. p. 439.

JN dei nomine . Cognocida cosa sea alos que son : que seran .
Que yo don Pedro Diaz de Trezenno offrezco mj cuer‖po : mi Alma
. : fago me fradre en muerte : en uida de sancta Maria de Piasca .
: do y en Almosna a este‖logar de sancta Maria . la eglisia de
sant Felizes de Pesaguero . : do y la otra heredat que he eneste 5
logar mis‖mo . a este monesterio deuandicho quanto he : deuo a
auer de mj : de mis hermanas . conuien a saber uassa‖los poblados : por poblar . heredades . exidas : entradas . deuisas . montes :

fontes . aguas . ː todas cosas *qua*nto ‖ he y . ː deuo a auer . ː amj
10 finamie*n*to a *sancta* Maria de Piasca co*n* mj cuerpo . xx . uacas
. o q*ue*lo uala . ː yo ‖ do*n* Garcia *por*la *gracia* de dios abbat de
sant Ffagund co*n* uoluntat del co*n*uiento desmismo logar . ente*n*-
diendo ‖ la u*ue*stra bona uoluntad q*ue* auedes contral monest*er*io
de S*a*ncta Maria de Piasca ː damos uos q*ue* tengades en p*re*sta
15 ‖ mo los n*ue*stros uassalos q*ue* auemos en Redondo . elos q*ue* auemos en Lores . ː los q*ue* auemos en *sancta* Olaia de Pobla ‖ ciones ː elos q*ue* auemos en Lorizo ː los de Camarcho . ela serna de
sancta Locadia ː x miedros de uino . ó ‖ xv moios de trigo . qual
mas uos quisier dar el p*r*ior de *sancta* Maria de Piasca ː qu*e*los
20 tengades por u*ue*stros ‖ dias . ː que pobledes . ː q*ue* ensanchedes . ː
nolos saqu*e*des de sos fueros . ː qu*e*los defendades ː quelos man-
paredes . ‖ *E* pos de uuestros dias ː fincar todo al monest*er*io de
sancta Maria de Piasca quito assi como estidier a u*ue*stra ‖ fin .
ː que non seades poderoso de uender ni*n* de empenar ni*n* de
25 enayenar . en otra p*er*sona ni*n*guna . ː qu*a*nto ‖ ganardes ː comprardes ː ensanchardes sobresto q*ue* uos damos q*ue* todo finq*ue* a
este logar deuandicho . Et ‖ si alguno contra este fecho quisier
uenir q*ue* don Pedro Diaz faz ː fijo ni*n* fija ni*n* pariente ni*n*-
guno ː q*ue* sea maldito ː descomu*n*gado . ː co*n* Judas en enfierno
30 dampnado . ː peche en coto al monesterio ː al ‖ abbat . d . *mera*-
*bedi*s . Ffacta Carta . Anno do*min*j . m.º cc.º xl.º vi.º ERa . m.ª cc.ª l
xxx . v.ª Testes . Yua*n* de Castro ‖ prior maor . Don Garcia de
Melgar bodeguero maor . Domi*n*go Martin*ez* camarero del abbat .
‖ Roy Ffernández . Ffernan Ffernandez . Joha*n* Ximo*n* . Joha*n* Ter-
35 ri*n* . Don Fagund carpent*er*o . Don Pedro Terri*n* . ‖ Do*n* Micolas
B*a*rtolome . Do*n* Esteua*n* Daent . Don P*er*e Daente . do*n* Arnal
Costa . Ffernan P*er*ez . Gonzalo Roiz ‖ fide Roy Ffernandez . Domi*n*go Ffagund*ez* m*er*ino . Roy Garcia de sant Ander . Esteua*n*
Bernal . D*o*mi*n*go ‖ Martin*ez* chapusador . Yua*n* Domi*n*gu*ez* chapu-
40 sador . Marti*n* ferrero . Domi*n*go Pelaz pedrero . Pedro Mar ‖ tin*ez*
fide Marti*n* mercha*n* . Joha*n* Marti*n* corro*n*no . E yo do*n* Pedro
Diaz por q*ue* non he seielo atte*n* ‖ tico ː fago meter enesta carta
el seiello de don Gonzalo Gonzalu*ez* Giron.

210 × 190 mm. Le parchemin ne mesure en bas que 170 mm. de largeur. Pli de 22 mm. avec deux trous. Dans celui de gauche reste un mor-

ceau de ficelle. En haut l'*abc* sur le bord découpé. Après *corronno* l. 41 un
ornement. — Ligne 18, le mot que nous avons transcrit par *miedros* est peut-
être *nuedros*. Voir l'Indice de M. Vignau p. 622. — Pour la date de ce document, il faut observer que selon l'indication de l'ère l. 31, il serait de 1247 et
non de 1246.

XXXI.

1247.

S. P. 1151. Indice 1914 p. 439.

(Chrisme) Jn dei nomine. Notum sit om*n*ib*us* presentib*us* :
futuris. Qve yo don ‖ Joha*n* Paschual. co*n* mi mugier dona Mioro. ffacemos Carta de vendicjo*n*. ‖ auos don Pedro Aymar.
Prior segundo de sant Ffagunt : al Conuiento ‖ desmismo logar.
De un Orto *que* auemos al espinar. De prima parte. iaz ‖ orto ₅
de Gonçaluo Gom*e*z. De ij.ª parte orto del Conuiento. De iij.ª
parte ‖ orto del moro. De. iiij.ª parte Carrera *que* ua alos ortos.
Este orto sobre ‖ dicho uos uendemos por precjo *que* anos ye auos
bien plogo. Conuie*n* a saber. ‖ por c. : xx. *morabedis*, entre *precio*
ie aluaroch. : de todo somos bien pagados. : no*n* ‖ finca nada por ₁₀
dar. Assi *que* de oy dia endelantre sea de ñro poder tolido. : ‖
en ūro sen*n*orio metido. Ayades : dedes : fagades del lo *que* uos
quesierdes por siempre. ‖ Se alguno de ñros o de estranios contra
esta Carta uenir quesier mudar sea maldito ‖ : descomu*n*gado. :
con Judas Traidor en enfierno dampnado. : peche auos Conuiento ₁₅
. ‖ cc. : xl. *morabedis*. en coto. : este Orto doblado en tal logar o
en meyor co*n* semeyable lauor ‖ FActa Carta. ERA. m.ª cc.ª lxxx.ª
v.ª Regna*n*te el Rey don Ff*errando* co*n*la Reyna dona Johana ‖ En
Castiella. En Toledo. En Leon. : en Galiçia. En Cordoua : en Murçia : en Gehen. ‖ Alfierez del Rey. Diago Lop*e*z. Merino major ₂₀
de Castiella Ff*errando* Go*n*zaluez de Roges. Abbat en ‖ Sant Ffagunt Don Garcia. Merinos enla villa. Don Elias. : Domi*n*go Fagu*n*dez. Sayones ‖ Pedro Migaelez. : don Yago. Estos fuero*n* presentes q*ua*ndo metioro*n* al p*r*ior segundo e*n*me uuer ‖ to.

25 1re colonne. Don Joh*an* de Castro, P*r*ior major . |Don F*f*erra*ndo*,
celerizo maior . |Migael Rod*r*igu*ez* . Bodeguero me-
nor . |Don Domi*n*go el portero major . |Don Dom-
i*n*go dela sac*r*istania . |Domi*n*go Bocache . |Joh*an*
farriquoque el ortolano . Martin bocca el ortolano . |
30 Don Tyllo el Carni*çe*ro . |Don Joh*an* . yerno de Fer-
mosino . |Pedro Carayuelo . |Marti*n* h*er*mano de As-
sensio . |Pedro fiyo de Marie Bueso . |Joh*an* P*ere*z
zapat*ero* fiyo de Pedro Juanes . |Lope el moro
Pedro gordo . |Marti*n* sob*r*ino de Farriquoqu*ez* . |Jo-
35 h*an* rasca vieyas . |Ffagu*nt* P*ere*z de Mⁿ Migael
de Leo*n* qu*e* esta *con* el abad

2^e colonne. Isti su*n*t testes q*ui* uid*er*u*nt* ꞇ audieru*nt* . Quando |
Dona Mioro otorgo la ue*n*diçio*n* del uuer|to ꞇ fizo
p*er*son*ero* asso marido Joh*an* Paschual . |Jua*n* negro
40 carni*çe*ro Pedro Pelaz de G*r*aliar |Don Micholas
carni*çe*ro . fide Domi*n*go Pelaz . |Pedro Marti*nez* ,
alphayate . |G*ar*cia Martin*ez* sobrino de Ruj Pe-
dez . |Do*n* Migael ma*n*ga damor . |Do*n* Migael
m*er*chan qu*e* fue teyero . |Do*n* Antoli*n* h*er*mano
45 de D*ie*go Steuanez el cl*er*igo . |Domi*n*go Pe-
drez carpentero . |Isti su*n*t testes q*ui* uid*er*u*nt* ꞇ
audieru*nt* qu*ando* Mioro roblo |la esta carta an*te*
so puerta . Do*n* Polo fili*us* de do*n* |Fagu*n* pesca-
dor . ꞇ so ermano . Do*n* P*edr*o Fagundez . Mar|ti*n*
50 Domi*n*guez ermano de Mioro . Joa*n* de Ribiella . |
Roi Ti*n*noso muln*ero* . ꞇ Joan Pascual de Mon-
ges . |do*n* Fernando cell*er*izo maior . Michael Ro-
d*r*iguez.

275 × 160 mm. Chrisme richement ornementé en rouge foncé. En bas
des trous pour les sceaux. Ligne 38, un petit ornement devant *Isti*. Le *r*
de *Martin* l. 49 est presque invisible dans l'original.

XXXII.

1247.

S. P. 1152   Indice 1915, p. 440.

Jn nomine domini Amen . Conocida cosa sea a todos quan-
tos esta carta uiren . que nos don | Garcia por la gracia de dios
abbat e conuiento del monesterio de sant Fagunt fazemos con|
cambio con uusco Garci Pedrez de las casas que auedes en la
Mota e nos dades por tres | vinnas que auemos en el pago de 5
Ranero . las quales vinnas furen de Pedro Pedrez nieto de | Garci
de Perales . e que estas vinnas sean bien sabidas e conocidas .
dezimos que las fronteras | que son cerca ellas son estas . Cerca
la una vinna . en la primera parte es la vinna de Gonçaluo | Fer-
nandez . de la otra parte vinna de Pedro pan e agua . de la 10
tercera parte . vinna de Diego | Simon . de la quarta parte yes .
vinna del clerigo don Fernando de Ledigos . Cerca la segunda
vinna : | es vinna de Migael Sarrano en la prima parte . De
la segunda parte es el sendero por que uan a Sant | Migael
de Ranero . de la tercera parte yes vinna de don Domingo car- 15
pentero . de la quarta parte yes vinna | de don Adam clerigo .
Cerca la tercera vinna yes la carrera por que uan pora Requexo .
de la segunda | yes vinna de don Martin . de la otra parte yes
vinna de Johan Pedrez ortolano . Estas vinnas | deuant dichas uos
damos a uos Garci Perez por las casas deuant dichas que las 20
ayades . por siempre | e fagades dellas lo que quisierdes uos e
uuestros herederos depues de uos o otro aqui uos | las dierdes .
e recebimos otra si las casas deuant dichas por otro tal pleyte
qual auos da | mos las vinnas . E si alguno por la nuestra parte
o por la uuestra . o otro qual quier estranno da | qui en adelantre 25
este concambio quisiere contrariare . e desfazere . o demandare .
peche . LXXXX . | morabedis . al defendedor por coto . e estas casas
o estas vinnas que furen demandadas dobladas en tal | logar . o
en meyor . E yo Garci Perez do los mias casas deuant dichas .
Auos sennores abbat . e | conuiento . e recibo deuos las vinnas que

30 me dades por essas casas . assi como dicho yes de suso en ‖ esta
carta .⁑ye atorgo q*u*anto en ella yes . escripto e dicho . Data in
cap*itu*lo *sanc*ti Facundi ‖ Anno d*o*m*i*ni . m.º cc.ᵃ xl.ᵃ vii.º

190 × 158 mm. Charte partie, en haut des découpures sur l'*abr*, en bas quatre trous. Ligne 9, *vinna* est écrit en toutes lettres, mais le dernier *n* porte par erreur un signe d'abréviation.

XXXIII.

1248.

S. P. 1153. Indice 1916, p. 440.

In dei nomine amen . Conoscida cosa sea alos q*ue* son ꞉ que
seran . Como yo don Vicente p*r*ior de Nogar con volu*n*ctat de
don Garcia porla g*ra*c*i*a de dios Abbat de Sant Ffagunt ‖ ꞉ el
Conuie*n*to desmismo logar . Damos auos dona Johana Roiz mu-
5 gier q*ue* fu de don Gomez Diaz dela serna . La nuestra villa q*ue*
diçen Mina*n*nas por todos uostros dias . co*n* q*u*anto y auemos ‖
o deuemos a auer · Aquesto es vassallos poblados ꞉ por poblar .
꞉ Damos uos h*er*edat pora dos Jvgos de bues . vi*n*nas . Prados .
Montes . efue*n*tes . deuisas . entradas e salidas . ꞉ todo q*u*anto y
10 aue ‖ mos ꞉ deuemos auer . Esto uos damos por tal pleicte . q*ue* no*n*
seades poderosa delo uender . nj*n* enpe*n*mar . ne*n* malmeter . nj enagenar en otra p*er*sona . ꞉ silo feçiessedes q*ue* lo p*er*dissedes esto
q*ue* uos ‖ damos . E alos uassallos q*ue* nolos saquedes dessos fueros . elos q*ue* son por poular . q*ue* los pobledes ꞉ q*ue*los deffen-
15 dades ꞉ q*ue*los amparedes . ꞉ que fagades y bonas Casas ꞉ que uos
aiude el p*r*ior de ‖ Nogar a fazellas . Je a uostra fin las Casas con todo
esto q*ue* uos damos . ꞉ con pan uerde ye secco . ye vino . ꞉ co*n*
ganado ꞉ co*n* preseas . ꞉ con q*u*anto mueble y oujer q*ue* todo finque ‖
libre y quito ala Casa de sant Saluador de Nogar . sin contradicha
20 ne*n*guna . Et damos uos demas la tercia del diezmo de Mina*n*nas
assi comola ha el p*r*ior de Nogar . Je yo dona ‖ Joha*n*a Roiz
atorgo q*u*anto es dicho enesta Carta . ꞉ p*r*ometo delo complir
leal mientre . E por este pro ꞉ por esta merçed q*ue* me uos fa-

çedes . do en offerenda por mi alma ꞇ de mio ma‖rido don Gomez Diaz vna tierra que diçen la serna de dona Johana e quito 25
me luego della . Esta serna ha affrontaciones . De prima parte .
ffiyos de don Gomez ꞇ de dona ‖ Johana Roiz . De segunda parte
Garcia Roiz de Villa Moronta . De tercera parte Johan Saluadorez dela serna . Dela quarta parte . El prado de fiyos de don Gomez . Et si fiyos de ‖ don Gomez se aiunctaren todos ꞇ dieren . c. 30
morabedis al prior de Nogar que les tome . ꞇ sila tierra fuer sembrada . el prior de Nogar alze el frucho della . ꞇ se fuer baruecho
que la sem‖bre el prior ye lieue el frucho della es anno . ꞇ depues ques parta della . Todo esto sobre dicho uos damos ye atorgamos fueras ende la Egesia que non uos damos . Mas damos 35
uos la tercia ‖ que leuaua el prior ende . Je se uos non conplis-
sedes todo aquesto assi como es sobre dicho enesta carta . el
prior de Nogar amonestando uos tres uegadas enolo emendas-
sedes quelo perdades . Jela offeren‖da yela donacion que fiçiestes
dela tierra . remanezca ala Casa de sant Saluador libre ye quita 40
sin contradicha nenguna Je yo dona Johana Roiz atorgo quanto
sta enesta carta . ye do ‖ mio cuerpo en vida ye en muerte a sant
Saluador de Nogar . ꞇ depues de mie fin . mios fiyos nin mios parientes non ayan poder de dar mio cuerpo en otra parte . Quisquier ‖ que contra este fecho fuere que enesta carta es sobre dicho . 45
peche en coto . cc. morabedis . ala otra parte . Et por que esta
carta sea mas firme . nos Abbat ye Conuiento . ponemos y ñros
‖ seellos . Je yo dona Johana Roiz . ruego al abbat de Bimbiure
que ponga y so seello . en testimonio por mj . ffacta carta Era
m.ᵃ cc.ᵃ lxxx.ᵃ vi.ᵃ Anno dominj . m.º cc.º xl.º viii.º 50

150 × 300 mm. En bas un pli troué de 23 mm. de largeur. Le bord
supérieur du parchemin découpé sur l'*abc*. Ligne 1, *In* est disparu ainsi que ꞇ
ligne 3, *N* de *Nogar* ligne 15 et l'*r* de *marido* ligne 24. Tout cela dépend
de la reliure.

XXXIV.

1250, juillet.

S. P. 1154. Indice 1917, p. 440.

In dei nomine . Conoscida cosa sea aquantos esta carta uiren
como yo don Martin ostalero de sant Ffagund conca‖mio vna
ferren con Johan Calleia . en san Roman enel barrio dela parte . ꞇ
esta ferren a fronteras‖de prima parte . Pedro . Migaellez fide
5 Migal Ffagundez . de iiª parte fijos de Gonçalo Yuannes . de la‖
tercera orto de don Rodrigo . de la quarta la calle . ꞇ por esta fferren que nos damos a el danos el‖vna fferren ꞇ vna vinna . la fferran
iaz enel orto de casa . ꞇ son fronteras de las dos partes nos‖mis-
mos . de la terçera fijos de Roy Monnoz . de la quarta Johan be-
10 zerro . la vinna iaz ala uega son‖fronteras de las tres partes nos
mismos . de la quarta parte la reguera . ffacta carta mense Julij
ERa‖mª ccª lxxxª viiiª Regnante rege Fferdinando cum Regina
Johanna . in Castella . in Legione . in‖Galliçia in Toledo in Cordoua in Sebilia in Murcia ꞇ in Jahen . Maiordomus Regis Rodericus
15 ‖Gundisaluj . Maiorinus maior regis Fferdinandus Gundisaluj . Abbas Sancti Ffacundi dompnus Garsias .‖Testes Pedro Migaellez
fide Migal Ffagundez . Martin Ffernandez . Pedro Minguez . Pedro
Condessa .‖Johan Teiado . Martin calabaça . Domingo Iuuannes
fide Febrero . Benaito asturiano‖. Garsias scripsit.

120 × 185 mm. Charte partie. En haut des découpures sur l'abc, en
bas des trous. Le nom du notaire se trouve un peu au-dessous de la dernière ligne, au milieu du parchemin.

XXXV.

1250, juillet.

S. P. 1155. Indice 1918, p. 440.

In dei nomine . Conocida cosa sea a quantos esta carta uiren
Como yo Don Mar‖tin hostalero de sant Ffagunt concamio vna

ferren co*n* Ffernan Furtado d*e* sant Roma*n* ‖ ꝛ esta ſerren iaz enel
barrio dela parte : ſon front*er*os d*e* iª parte : ſiyos d*e* Johan ‖ Tal-
lera . d*e* iiª parte fijos d*e* don Pelayo . d*e* iiiª parte don Yago . 5
d*e* iiiiª parte . la ‖ calle . ꝛ por esta ferren qu*e* nos le damos danos
el . ii . vi*n*nas ꝛ vna tierra . ‖ la vna vi*n*na es al gramal . front*er*as
delas . ii . partes nos mismos . d*e* la t*er*çera ‖ parte Joha*n* P*er*ez
ela otra vi*n*na iaz al Xamello . d*e* las dos partes nos mismos ‖
d*e* la t*er*cia parte la carrera . ela tierra iaz al pico*n* front*er*as d*e* 10
las dos partes ‖ nos mismos d*e* la t*er*çera parte . Migal sob*r*ino .
ffacta Carta me*n*se Julij . ERA ‖ mª ccª lxxxª viiiª Regna*n*te Rege
Fferdinando cum Regina Joha*n*na i*n* ‖ Castella , i*n* Legio*n*e , in
Gallicia in Toleto i*n* Cordoua i*n* Sebilia i*n* Murcja ꝛ ‖ i*n* Jah*e*n .
Maiordom*us* regis Rod*er*ic*us* Gundisalui . Maiorin*us* maior regis 15
Fferdi ‖ nand*us* Gundissalui . Abbas Sanc*h* Ffacundi do*m*pnus Garsias . Testes P*edr*o Migaellez ‖ ſid*e* Migal Ffagundez . Marti*n* Ffer-
nandez . P*edr*o Minguez . P*edr*o Condessa . Joha*n* ‖ Teiado . Marti*n*
calabaça . D*omin*go Yua*n*nes ſid*e* Febrero . Benaito asturiano . ‖
Garsias scripsit.   20

130 × 187 m*m*. Charte partie, en haut l'*abc* sur le bord découpé, en
bas des trous. — Ligne 4, l'*o* final de *front*eros peut être *a*. A partir du mot
Testes l. 17, le texte est écrit avec une encre plus foncée que le reste et pareille à celle employée pour l'*abc*.

XXXVI.

1250, août.

S. P. 1156. Indice 1919, p. 440.

Jn d*ei* nom*i*ne . Ego Sancha Mames comeus filius Pedro Rodriguez . ꝛ Yua*n* Rodriguez e co*n* mja ſiya Marina ‖ Rodriguez fazemos cartulam u*en*dicionis u*obis* Pedro Garcia de qu*a*nto abem*os*
ꝛ debem*os* abere e*n*nas casas qu*e* fure*n* de ‖ Rodrigo Rod*r*iguez con
so uorto co*n* arbores co*n* coral co*n* exidas . co*n* entradas ꝛ co*n* 5
qu*a*nto anos hy p*er*tenez p*r*oprecio inomina ‖ to . viii . mor*a*bet*ino*s
i*n*t*er* precium ꝛ aluaroc unde sum*us* iam bene pacat*us* ꝛ no*n* remanez nada por dar . ſfro*n*teras deste suelo ‖ de prim*er*a parte la

cal. De ii^a parte ꞃ . iii. Eluira Florez . De . iiii^a parte filius de
10 Ruy Petri ꞃ Eluira Florez . De hodie ‖ in antea sit iste solo de
nostro iuro lib*er*ato ꞃ in u*est*ro poderio co*n*firmato abeatis eam uen-
datis pronoretis . detis ꞃ faci ‖ atis q*ui*quit u*obis* placuerit ꞃ *progenies*
u*est*ras post uos . Siq*ui*s a*utem* istas cartula*m* de no*st*ris u*el* destra-
neis uoluerit fra*n*gere sit ‖ iste maledict*us* ꞃ excomunicat*us* e co*n*
15 Iudas traditore in inferno dabnat*us* . ꞃ pectet in coto . xvi . mor-
abetinos . ꞃ iste solo co*n* sus casas ‖ ꞃ co*n* su uorto assi como uos
lo uendimos assi sea doblado en tal luga*r* o meyor co*n* su lao*r* .
Facta carta e*n*no mes de ago ‖ sto . ERA . m^a cc^a lxxx^a viii^a Re-
nante re do*n* Ferna*n*do co*n* rina do*n*na Iuhana en Toledo in
20 Castiella in Leo*n* , in ‖ Galizia . en Cordoua . in Murcia . in Siuilia .
Maordomo del rey Rod*er*ico Go*n*çaluez . Alfierez Diego Lopez .
Merino mayor ‖ Ferna Gonçaluez . Ep*iscopo* en Leo*n* Monialua-
rez . Abat en sa*n*t Fagu*n* do*n* Garcia . Alffonsso Telez tenje*n*te
Çea ꞃ Grayar . Deuj ‖ seros en Galeguielos . Eluira Frolez . Jua*n* Gar-
25 cia . Go*n*çaluo Gutierez fili*us* de Roy Pet*r*i . Fili*us* de Gut*ier* Ro-
derici . Q*ui* presentes ‖ fueru*n*t ꞃ audieru*n*t . Petriuanes p*res*bit*er* .
Garcia P*er*ez . D*ie*go Micola . D*ie*go Io*han* ꞁ Yua*n* merino . D*ie*go
Cezilia . *conf.* Marcos . Gutier coxo ‖ *conf.* Micolas corneyon . D*ie*go
Joha*n* descalço *conf.* Do*n* Bartolome caluo . Yua*n* Sancho *conf.*
30 Yua*n* monazino . *conf.* Do*n* Gil el calça ‖ dor de Leo*n* . *conf.* D*ie*go
Geruas . Franco so h*er*mano . *conf.* Barata . *conf.*

120 × 268 mm. En bas des trous. Ligne 4, *Rodriguez* est écrit *rod
guez* sans signe d'abréviation, ligne 14, *iste* porte les traces d'un grattage, ligne
24, l'o de *Frolez* peut être un *a*.

XXXVII.

1251, 2 juillet.

S. P. 1137. Indice 1920 p. 441.

(*Chrisme*) Jn d*ei* Am*en* . Co*n*nuzuda cosea aq*u*antos esta carta
ujre*n* ꞃ la oujre*n* . Como yo do*n* ‖ Mart*in* ostal*er*o de sand Ffa-

gund . Con consejo del abbad don Garcia z con plazer‖del conuentu des mjsmo logar . Concamiamos una fferren en la ujlla de
sand‖Roman Con Migael Perez el de los mozos . Et son ffronte-5
ros dela fferren que nos damos‖a el . Dela primera part Martin
Ffernandez Dela iiᵃ fferren de don Rodrigo . De iiiᵃ‖part Mar-
tholome . De iiii part la cal . Et por esta fferren que nos le damos
‖danos el una ujnea . en las Quintanas . ffronteros de iᵃ part z de
ijᵃ nos mis‖mos . Dela iijᵃ don Rodrigo De iiijᵃ part fijos de 10
don Olaja . Si al‖guno ōe ujnisse dela ūra part . qui esta carta
ho este ūro fecho . quisiesse‖contradezir . Pechasse xxx morabedis z esta carta z este ūro fecho este bien fir‖me . z otra si dela
ūra parte este pleyto . ffacta carta . eRa mᵃ‖ccᵃ octogesima Noña
vi nonas julij . Regnante rege domino‖Fernando jnToleto z in 15
Castella . Jn Legione in Galljcja . Jn Cordoua . in Seujlia‖in Murcja in Jahen . Et regina Johana cum eo . Roderjcus Gundjsaluj
ma‖majordomus regis . Majorinus major regis . Fferdinandus
Gundi saluj . Testes‖Don Domingo de Calatraua z prior de Nogar .
Ffernan Perez z prior de sand‖Pedro . Pedro Perez bodeguero . 20
De sand Roman testes . Pedro Mjgaelez fide‖Migal Fagundez
Pedro Condessa . Juan Tejado . Martin calabaza . Don Appa‖ricjo
de monesterjo . z alij qui ujderunt z audierunt . Domnus Micael
scripsit.

178 × 130 mm. En bas 102 mm. de largeur. En haut des découpures
sur l'*abc*, en bas des trous. Ligne 1, *carta* et ligne 13, *fecho* sont écrits au-
dessus de la ligne. Ligne 18, *Ferdinandus* est écrit *ffertjdnj* et l. 22, l'*o* final
de *Apparicjo* manque. — La signature du notaire est entourée d'un ornement
ayant la forme d'un bras avec la main vers la droite.

XXXVIII.

1252, octobre.

S. P. 1159. Indice 1922, p. 441.

(Chrisme) Jn dei nomine . Notum sit omnibus hominibus Tam
presentibus quam ffuturis . Como yo Don Diego Martinez z mi

mugier Do||na Marina . Deuiemos al conuento de san Manzo . c.
oueyas : xx. mor*abedi*s cada anno de renta dellas . *E* por *que* el
5 con*uento fuese || seguro destas oueyas : destos . mor*abedi*s . diemos
les por fiadores a M*arti*n de Moral : a do*n* Ffernando fiyo de
Joha*n* pardal . : a mj || co*n* elos todos tres demancomu*n* : cada uno
por todo . *E* yo D*ie*go M*arti*n*ez* : mi mugier Dona Marina deuan-
dichos no*n* podiemos dar || estas oueyas ni estos . mor*abedi*s . al
10 con*uento alos plazos q*ue* auiemos postos co*n* elos . Rogamos les
p*or* nos : p*or* om̄s bonos q*ue* posiesemos || precio al ganado . :
entregarlos yemos enlo q*ue* auiesemos . *E* feciemos cuncta q*ue*
ualie . XXXVII. mor*abedi*s : por estos morabedis : por los otros de ||
la renta monta . L.v. mor*abedi*s . *E* yo D*ie*go M*arti*n*ez* : mi mugier
15 Dona Marina de n̄ras bonas uoluntades : sin p*re*mia neguna . :
por q*ui*tar auos : || a n̄ros fiadores q*ue* no*n* ueniesemos afru-
enta ni á otro mal . Damos les por entrega destos . mor*abedi*s . al
con*uento ti*er*ras : ui*n*nas . Damos les una || ti*er*ra en Pozuelos .
front*er*as desta ti*er*ra . de . j* parte do*n* Joha*n* Pardal . de . ij* p*ar*t
20 Do*n* Ramiro . de . iij* parte fiyos de Migal . G*ar*cia . E la ti*er*ra
otra || enes t*er*mino mismo . de . j* p*ar*t carrera de Simancas . de .
ij* parte . And*re*s granielo . de . iij* p*ar*t . G*ar*cia fiyo d*e* D*ie*go
Cibrianez . E otra ti*er*ra enes t*er*mino . d*e* || j*parte . carrera de
Bel monte : sale ala de Simancas . d*e* ij* p*ar*t . P*edr*o grifon *E*
25 logo y otra ti*er*ra d*e* j* parte . P*edr*o Grifon . de . ij* p*ar*t la
carrera d*e* || Simancas . *E* una vinna en Pozuelos de j* parte Joha*n*
pardal . de . ij* p*ar*t carrera d*e* Bel monte q*ue* sale a la de Si-
mancas . de iij* p*ar*t el || andado d*e* P*edr*o Gayan . de . iiij* p*ar*t
P*edr*o grifon . E la otra ui*n*na es e*n*la uea . de . j* parte carrera
30 de san Clodio . de . ii* p*ar*t fiyos de Jua*n* Domi*n*guez || de . iij*
p*ar*t . Do*n* P*edr*o . el diegano . *E* todas estas ti*er*ras : estas vi*n*nas
deuandichas : una egua . : una cuba Damos yelo por tal plecto ||
q*ue* sea suyo co*m*prado : n̄ro uendido . *E* este plecto atorgamos yo D*ie*go M*arti*n*ez* : mi mugier Dona Marina . : estos fia-
35 dores sobredichos . || E metemos enesta h*er*edat a Do*n* M*arti*n
p*r*ior de san Manzo . : a Do*n* Joha*n* de Barriales mayordomo de
con*uento . Si alguno de n̄ros ó || delos fiadores q*ue*siere*n* de-
mandar esta h*er*edat o traelos en alguna rebolta peche en coto
A Rey . C. mor*abedi*s : a elos el da*n*no doblado . || ye ela h*er*edat
40 en tales logares o en meyores . Regnante el Rey Do*n* Alffonso

coñla reyna Dona Violante en Castiela . en To‖ledo . en Leon .
en Galicia . eu Cordoua . en Seuila . en Murcia . Alfierez del Rey
Don Diego. Merino mayor Don Fernan Gonzalez. ‖ Obispo en
Palencia Don Rodrigo. Abbat en san Fagund Don Nicholas.
ffacta carta mensse octubris. ERA . m.ª cc.ª Lxxxx.ª Anno ‖ ab 45
incarnacione domini . m.º cc.º L.º ij.º huius Rey sunt testes. De
monachis . el prior Don Martin. Don Nicholas. Don Ffernando
‖ sacristano. Don Martin. Don Exidro Don Paschal. Don Johan de Barriales . clerigos Don Esteuan. Don Ffagund. Martin
agraz merino. Alcay‖des Johan pardal. Don Nicholas. Diego 50
moro. Pedro Johan. Juan de Moral. Don Juanes delas Man-
cebas. Don Antolin. Roy sanze ‖ Pedro Diego Ponce Pedro
Agudo. Mancio. ‖ Yo Diego Martinez ꞇ mi mugier Dona Marina
que esta carta mandemos facer con ñras manos la ‖ roblamos
ꞇ este signo facemos . *(seing)*.   55

267 × 250 mm. Le signe, une jolie étoile, coupe l'avant-dernière ligne
en deux. Entre cette ligne *(Yo Diego* etc.) et la précédente, il y a l'espace
d'une ligne vide. — L. 20—21, le notaire a indiqué par un signe de trans-
position que les mots *tierra* et *otra* doivent changer de place. — A partir
de ces mots, le document est écrit avec une encre beaucoup plus foncée que
la partie précédente.

XXXIX.

1252.

S. P. 1160. Indice 1923. p. 441.

In dej nomine Amen. Saban todos los omis que esta
Carta ujren como sobre demanda que auje don Juan Moniz prior
de Piasca contra fiyos ꞇ nietos de do Garcia Perez de Lano.
Aquestos son Johan Garcia ꞇ ‖ fiyos de Marie Garcia so hermana .
ꞇ sobre esta contienda . ꞇ sobre esta demanda . furon ante don Ni- 5
cholas por la gracia de dios electo de sant Ffagunt . ie el electo
oydas las rezones de ambas las partes . con conseyo de ‖ los

buenos oms . ꞇ de sos *conpaneros* . dio por iujzio ꞇ mando *que*
Juan Garcia ye sos sobrinos pelgassen aquella heredat de Migujel
10 Esana ye la mostrassen al prior de Piascha . ꞇ que la partissen
por medio . ye ‖ el prior que la touiesse anno ye dia la sue metat .
de pues a quella heredat que la touiessen don Domingo ꞇ sos
fijos . ye Johan Garcia ꞇ sos sobrinos por en sos dias . á áquel
pleyte *que* tenien la heredat ‖ de Palatio . ye depues de sos dies
15 de don Domingo ꞇ de sos ffiyos ꞇ de Johan Garcia ye de sos
sobrinos *que* fique libre ye quita al monesterio de sancta Maria
de Piascha sien contrasta nenguna . ye *que* ellos ‖ non sean poderosos de lo uender . ne empennar . ne malmeter . ne enaienar en
otra persona ne enotro senorio . ye se lo fiziessen que lo per-
20 dissen . Despues desto el prior ye don Domingo ye Johan
Garcia ꞇ sos sobrinos furon ‖ ááquel lugar ó era la heredat . ye
partiron la por medio . assi como mando el electo . ye entegraron
al prior sue méétat para la casa de santa Maria de Piasca *que*
la tenga anno ꞇ dia por tal pleyte . . . . . cabo del anno don ‖ Do-
25 mingo ꞇ Johan Garcia ꞇ sos fiyos ꞇ sos sobrinos entren aquella heredat . ye la tengan assi como sobre dicho es . ye que den cada
anno en renda al prior de Piascha medio morauedi . De mas
desto . . . . . el electo que ‖ aquella serna *que* es entre las casas
ela de la loya . que dizien ellos que andaua conla heredat de
30 Palatio . que la touiessen don Domingo ꞇ Johan Garcia ꞇ sos fiyos
por sos dias . ye que diessen de la so quarto . ffue‖ras ende se
por auentura el prior de Piasca la quesiessedes laurar con sos
bues opoblar las . Je por que aqueste pleyto fusse puesto áámor
ꞇ a paz . Don Domingo ye Johan Garcia ye sos fiyos dioron ‖ en
35 seruicio al prior de Piascha . x . morauedis . Je por *que* este
pleite sea firme ye estable de ambas las partes ꞇ fazemos estas
Cartas partidas por A . B . C . Fecha la carta ye roborada en el
cabildo de sancta ‖ Maria de Piascha . Delantre el prior de
Piascha don Johan Moniz . Et don Domingo Martin prior clau-
40 strero de sant Ffagunt . ye don Michael Perez uez de armario
de sant Fagunt . ye don Juan Martin ‖ companero del prior de
Piascha . ye otros clerigos ꞇ otros oms buenos largos . Eston
son Don Domingo de Perroço . Petrus Pelaz el clerigo . Petrus
Minguez de Celoca . Don Domingo de Lano . Martin Iuanes ‖
45 de Lombrana . Juan ferrero de Lombrana . Steuan de sant Mames .

Pela Iuanes cl*erigo* de Piascha. Petrus Pedrez cl*erigo*. Domi*n*go
Iua*n* sacristano de Piasca. Do*n* Iuanes cl*erigo* de sant Andres.
‖ Domi*n*go Mernes, merino de Pjasca. Estos son los o*m*s *que*
lo odiro*n* ɛ louiro*n*. Esto fu fecho en dia de sant Geruas en
palatio ɛ in *con*ceyo. Jn Era m.ª cc.ª Lxxxx.ª Anno ab incarnatio*n*e 50
‖ domini millesimo cc.º L.º ii.º

145 × 390 mm. Charte partie, en haut les lettres découpées. Un trou
dans le parchemin a enlevé, ligne 24, la fin du mot pl*eyte*, quelques mots
suivants, probablement *que al*, et le commencement de *cabo* ainsi que, ligne 28,
un mot, probablement *mando* entre *desto* et *el*. Ligne 19, on lit *entro*, le notaire ayant oublié le *o* de *otro*. L. 39 (entre *Moniz* et *et*), se trouve un *L*
supprimé par le notaire.

XL.

1252.

S. P. 1161. Indice 1924, p. 442.

Jn dei nomi*n*e Amen. Conocida cosa sea a todos quantos
esta Carta uiren. Como sobre portalgo ‖ *que* tomauamos ⁊ nos
don Nicholas p*or*la gra*cia* de dios Abbat é el Conuiento de
sant ‖ Ffagunt. A los uassalos de don Alffonsso Tellez e de
dona Maria ⁊ *que* an en villa Mo‖ffol . é don Alffonsso Tell*ez* ɛ 5
dona Maria ⁊ razonaua*n* *que* dizetres delos uassalos *que* hi‖an ⁊
no*n* deuje*n* dar portalgo ⁊ por *que* dizien *que* furan uassalos del
Rey. E nos abbat e Con‖uiento de sant Ffagunt . diziemos *que*
todo uassallo de Cauallero *que* fues morador en villa ‖ Moffol ɛ
tod o*m*e que compras e uendis en sant Ffagunt ⁊ deuje dar 10
portalgo . é assi‖lo prouariemos ⁊ por nuestros priuilegios. Onde
sobre esta contienda *que* era entre ‖ nos don Nicholas p*or*la gra*cia*
de dios abbat é Conuiento de sant Ffagunt . é ‖ nos don Alffonsso
Tellez e dona Maria ⁊ ffazemos entre nos tal auenencia . *que* en ‖
todos los dias de don Alffonsso Tellez e de dona Maria ⁊ sean quitos 15
de portalgo ⁊ ‖ los vassallos *que* an en villa Moffol . tambien los dize-

tres sobre *que* era la deman\da *:* como los otros *que* hi an poblados
é por poblar . por tal pleite *que* depues\ de dias de nos don Alffonsso Telle*z* é de dona Maria . todos los uassallos sobredichos. \
20 tambien los dizetres como todos los otros *:* den el portalgo en sant
Ffagunt *:* sin \ contrasta nj*n*guna . si non fue*r* fidalgo q*ue*lo quite
por so *per*sona.   Et nos *:* abbat \ é Conuiento de sant ffagunt .
é nos don Alffonsso Tellez é dona Maria *:* po\nemos é otorgamos *que* quales quier de nos . tambien nos Abbat e Conuiento
25 \ de sant Ffagunt los *que* somos agora como los *que* an de seer .
é tambie*n* nos \ don Alffonsso Telle*z* é dona Maria ó quie*n* lo
nuestro heredasse *que* *con*tra esta *nues*t*ra so\bredicha auene*n*cia
uinies *:* peche en Coto . Cient . m*er*a*bedis*. ala otra parte. \ E por
que esta auene*n*cia sea firme *:* estable *:* ffazemos estas Cartas
30 par\tidas por a. b. c. é ponemos hi nuestros seyellos. ffacta
Carta *:* \ anno dominj · m.º · cc.º · L.º · Secundo. - ERa m.ª-cc.ª-Lxxxx.ª

190 × 180 mm. En bas un pli de 32 mm. avec quatre trous carrés. En
haut l'*abc* sur des découpures. — Ligne 9, *Moffol* est écrit *Mossol*. L. 21, la
dernière lettre du mot *fuer* manque, rongée par un trou du parchemin.

XLI.

1253, 9 février.

P. S. 1162. Indice 1925, p. 442.

Jn d*ei* no*mi*ne Am*en*. Conoscida cosa sea atodos los o*m*s
que agora son *pre*sentes *:* alos *que* sera*n* adela*n*tre.   Como nos
do*n* Nicholas *por* la *gracia* de dios abbad de sa*n*t Fagu*n*t *:* el
Conuie*n*to des mismo log. . . . . \ Garcia de Cea *:* mi mugier
5 do*n*na Maria Rodriguez todos dema*n* comu*n* fazemos tal plecto
: tal auene*n*cia en uno.   Nos do*n* Jua*n* Garcia *:* mi mugier do*n*na
Mar*i*a Rodrig*ue*z damos a uo. . . . . \ *por* la *gracia* de dios
abbad de sa*n*t Fagu*n*t *:* al Conuie*n*to desmismo logar ta*n* bie*n*
alos *que* agora son *pre*sentes commo alos *que* uerna*n* adela*n*tre
10 q*ua*nto auemos en Calçada *:* entodo so t*er*mi. . . . . . . \ auer *:* en

termino de Perales ꞓ en el coto de sant Fagunt. Aquesto es
quanto heredamos de ñro padre don Roy Perez de la lama
ꞓ de ñra madre donna Marina Lopez en Calçada el ñro
palatio . que es . . . . . . | uassallos suelos poblados ꞓ por poblar
tierras ꞓ uinnas ortos ꞓ prados montes ꞓ fontes entradas ꞓ exidas 15
deuisas . ꞓ quanto al hy auemos ꞓ deuemos auer . ꞓ damos uos el
ñro palatio de las couas . . . . . . | hy auemos ꞓ deuemos a auer.
Aquesto es tierras ꞓ ujnnas . prados . ortos . montes . ꞓ fontes entradas . ꞓ exidas deuisas quanto heredamos de ñro padre don Roy
Perez de la lama ꞓ de ñra madre donna Marin . . . . | Lopez ꞓ 20
quanto al hy auemos ꞓ deuemos a auer. Otro si uos damos el
ñro palatio de Castellanos con uassallos . con suelos poblados ꞓ
por poblar con tierras ꞓ uinnas con ortos con montes ꞓ fontes con
entradas ꞓ . . . . . | deuisas con quanta heredad auemos en ter-
mino de Castellanos ꞓ con la heredat de Viliella ꞓ la heredat que 25
auemos en Viliegas . ꞓ en Villa seca . ꞓ con quanta conpra ꞓ ganan-
cia ꞓ erencia auemos . . dos est . . . | dichos logares ꞓ con quanta
parte auemos enla ecclesia de Castelanos ꞓ quanto al hy auemos ꞓ deuemos auer. Toto esto sobredicho uos damos en tal
manera que deste dia adelantre que fazem . . . . . . | ꞓ esta aue- 30
nencia entre nos ꞓ uos . sea tollido de todo ñro poder ꞓ de ñro
juro ꞓ de ñro senorio ꞓ sea libre ꞓ quito del monesterio de sant
Fagunt por siempre ꞓ uos Abbat ꞓ conuiento que fagad . . . . . . |
de ñro. Si pora uentura algun oe de ñro linage o de otra
parte contra este fecho uinier ol quisies quebrantar . primera- 35
mientre sea maldicto ꞓ descomungado . ꞓ con Juda traydor
dampnado en las penas del infie . . . . . . | peche en coto al
Abbat ꞓ al Conuiento de sant Fagunt o aquien so uoz touier.
mil . morabedis . ꞓ el danno doblado. Nos don Nicholas por la
gracia de dios Abbat de sant Fagunt ꞓ el Conuiento des mismo 40
logar por todo esto sobredi | . . . . . . don Juan Garcia de Cea
ꞓ ura mugier donna Maria Rodriguez dades anos Abbad ꞓ al
Conuiento de sant Fagunt. Damos uos la ñra heredad de
Bustiello que es cerca Cea quanto perteneçe ala ñra obra por
todos ūros dias | . . . . Juan Garcia ꞓ de ūra mugier donna 45
Maria Rodriguez. Aquesto es tierras ꞓ uinnas suelos poblados ꞓ
por poblar . montes . ꞓ fontes . entradas ꞓ exidas deuisas . ꞓ con
quanto al hy auemos ꞓ deuemos auer que perteneçe a la ñra |

. . . . fueras end la *tie*rra q*ue* dize*n* de Frades . ɔ esto uos
50 damos sobre tal plecte q*ue* no*n* seades poderosos delo uender nj enpe*n*nar . ni malmeter ni enagenar en ot*r*a p*er*sona
ne*n*guna . ɔ a ūra fin de uos a*m*bos . . . . dos . . . ‖ . . . . q*ue*
uos damos fi*n*q*ue* libre ɔ q*ui*to al monesterio de sa*n*t Fagu*n*t sin
contrasta ne*n*guna . co*n* casas . co*n* uassallos poblados ɔ por po-
55 blar . co*n* *tie*rras ɔ ui*n*nas bie*n* paradas. Assi como uollas damos
ɔ meyor . ɔ co*n* to . . . . ‖ derechos assi co*m*mo de suso son
no*n*brados ɔ co*n* los fruchos assi co*m*mo estudier . ɔ co*n* compras ɔ gana*n*cias q*u*antas hy fizierdes ɔ acrecierdes todo fin-
q*ue* libre ɔ q*ui*to al monesterio de sa*n*t Fagu*n*t . . . . ‖ na .
60 sobre todo aq*ue*sto damos uos . c . mor*abedis* . en dineros . ɔ damos
uos la ñra ecclesia de Bustiello co*n* todas sos p*er*tene*n*cias .
q*ue* la fagades bie*n* seruir ɔ alu*n*brar . ɔ q*ue* dedes sos derechos
al bispo . al Archidia . . . . ‖ ɔ al Arcip*re*ste. E nos do*n* Nicholas p*or* la gr*aci*a de dios abbat de sa*n*t Fagu*n*t ɔ el Co*n*ui*en*to
65 desmismo logar. Atorgamos q*u*anto en estas cartas sobredicho
es ɔ por q*ue* sea firme este plecte ɔ esta auene*n*‖cia q*ue* es entre
nos ɔ uos do*n* Jua*n* Garcia ɔ ūra mugier don*n*a Ma*ri*a Rodri-
g*ue*z fazemos estas cartas partir por A. B. C. ɔ ponemos hy
ñros seyellos. E nos do*n* Jua*n* Garcia ɔ mi mugier do*n*na
70 Ma*ri*a Rodrig*ue*z ‖ atorgamos q*u*anto en estas cartas esta ɔ sobredicho es . ɔ prometemos de lo tener ɔ co*m*plir bie*n* ɔ leal mie*n*tre .
ɔ por q*ue* no*n* auemos seyello aute*n*tico rogamos a*m*bos a dos
de ma*n*comu*n* al co*n*ceyo de Cea q*ue* ‖ po*n*ga so seyello en
a*n*bas estas cartas . ffechas las cartas en Era . Mᵃ CCᵃ Lxxxxᵃ iᵃ
75 viiii . dias andados del mes de febrero. Regna*n*te el Rey do*n*
Alfonsso co*n* reyna don*n*a Viola*n*da. En ‖ Castjella . en Toledo .
en Leo*n* . en Galizia . en Seuilla . en Cordoua . en Murçia . ɔ en
Jah*en*. Estos son los ōs q*ue* uiore*n* ɔ oyro*n* q*u*ando este
plecte ɔ esta auene*n*cia fu fecha . assi como sobredicho es ‖ en
80 estas cartas.

> 1ʳᵉ colonne. Roy P*ere*z alcayde de sa*n*t Fagu*n*t. Pedro t*er*rin
> alcayde de sa*n*t Fagu*n*t Domi*n*go Fagu*n*dez jurado
> de sa*n*t *Fagunt* . . . . . . *te*rrin de *sant Fagunt* . . .
> Gu*n*zaluez de *sant Fagunt*
85 2ᵉ colonne. Lope Gonçaluez de Cea caual*er*o Don Viuia*n* de
> Calçada caual*er*o Do*n* Nicholas de Calçada caua-

lero Ffernan Perez de Calçada caualero Don Garcia
de Calçada caualero

3ᵉ colonne. Domingo abbat commo archipreste de Cea. Don
Abril clerigo de Cea Domingo molazino clerigo 90
de Bustiello Roy Martinez clerigo de Cea Juan
Rodriguez clerigo de Cea

4ᵉ colonne. Migael de palatio de Calçada Pedriuanes de Calçada Don Martin de Villamizar Pedro redrueyo de
Castellanos Migael de Ponga 95

5ᵉ colonne. Don Esteuan baladron de Castellanos Domingo
Micholas de Bustiello Migal rezio de Bustiello
Garci tanero de Cea Do Yuanes de villa Celfan
. . . . de Bustiello que dizen dela miera . Don Mi-
chola . Pela Aluitez de Cea . Domingo Esidrez cle- 100
rigo de Castellanos Pedro Simon de Bustiello .
Martinus monachus sancti Facundi scripssit.

260 × 385 mm. En bas un pli de 10 mm. avec des trous. Charte partie, l'abc en haut sur le bord découpé. Des morceaux du parchemin manquent des deux côtés, nous avons marqué les vides dans le texte par des
points.

XLII.

1254, 15 avril.

S. P. 1166. Indice 1929, p. 444. Escalona p. 596.

In dei nomine Amen . Conoscida cosa sea atodos los omnes
que agora son . Presentes et alos que seran adelantre . Como yo
donna Allonza Alffonso mugier que fue de don Pedro Ponz .
veyendo ye entendiendo el bien . e la Religion . ye el seruicio
que se faz a dios en el Monesterio de sant Fagunt . do ye offe- 5
rezco a dios ye alos sanctos Martires sant Fagunt . z Sant Pri-
mitiuo . ye auos don Nicholao . por la gracia de dios abbat de
sant Fagunt . ye al Conuiento des mismo lugar . tam bien alos

que agora son presentes Commo a los que uernan de pues de
10 uos . por alma de mio Marido don Pedro ‖ ɀ por remission de los
mios peccados . ɀ de mios parientes . ɀ que dios guarde A mios
fiyos de mal . ye los guje al so seruitio . Quanto yo é en Melgar
de iuso . ɀ deuo auer. Esto es a saber el sesmo de toda la villa .
que heredo de parte de Mi madre . ɀ de mas desto ‖ do uos la
15 Méétat de toda la villa . Assi commo mela dio mio Marido don
Pedro por sues Cartas . ɀ demas douos los mjos Molinos nueuos
que yo fiz hy . sacada ende la méétad del sesmo que es de mios
fiyos . ɀ do uos la meetad del sesmo que yo auie en los nuestros
molinos ‖ de Posada . Esto todo sobredicho uos do . con uassallos
20 poulados . ɀ por poular . con entradas . con exidas . con tierras . con
vinnas . con vúertos . con eras . con Terminos . con Pastos . con
Deujsas . con Montes . con ffuentes . con Rios . con Aguas . ɀ con
Aguaduchos . ɀ con todo el sennorio . ɀ con ‖ todos los derechos que
yo he hy . ɀ deuo auer . ɀ de mas desto por amor de yo auer parte .
25 ye ela alma de mjo Marido . ie los mios fiyos . en todo el bien que
se ffaz . ye se ffara enne Monesterio de sant Fagunt por siempre .
ffago me uuestra ffelegresa . ɀ do uos mjo cuerpo ‖ en vida ye en
Muerte . que da qui en delantre nen yo missma nen mios ffiyos .
nen mios parientes . nen otro omne nenguno non sea poderoso
30 nen yo nen ellos de leuar nen soterrar mio Cuerpo en otra parte
sennon enne Monesterio de ssant Ffagunt . assi como lo he pro-
metido ye lo ‖ prometo . Arrenunciando todo mio poder . ɀ toda
mie libertat que da qui endelantre se yo fiçies pleito con otra
Orden . o con otros omnes de mjo Cuerpo que non ualis. Assi
35 que de oy en delantre quanto sobredicho es sea fuera de mio
iuro ɀ de mio poder . ɀ de mio sennorio . sea ‖ en uuestro iuro . ɀ en
uuestro poder . ɀ en uuestro sennorio . que podades fazer dello todo
lo que quisierdes assi Como de uuestro . Enos Abbat ɀ Conuiento
sobredichos todos demancomun . veyendo la uuestra buena uolun-
40 tat . ɀ entendiendo la uuestra deuocion . ye el uuestro grant amor
que uos auedes ‖ anos . ye a nuestro monesterio . Recebjmos uos
el alma de uuestro Marido don Pedro . ɀ a uos . ɀ a uuestros fiyos
en quanto bien se ffaz . ɀ se ffara enne Monesterio de sant Ffagunt . ye en todos los sos Prioradgos . ɀ en todos los otros logares
45 que a el pertenecen. En sacrificios ‖ En oratjones . en Almosnas .
en Jeiunjos . en vigilias . ɀ en todos los otros bienes que se ffa-

zen ye se ffaran per nos ꞉ per todos los otros *que* verna*n* depues
de nos ffasta la ffin. Et demas desto damos nos auos do*n*na Allonza Alffonso el *nuestro* Mo*n*esterio ‖ de Sant Geruas . co*n* la villa .
co*n* q*u*anto hy auemos ꞉ deuemos Auer . co*n* uassallos poulados 50
꞉ por poular . co*n* entradas . co*n* exidas . co*n* Deujsas . co*n* Tierras .
co*n* vi*n*nas . co*n* vuertos . co*n* Termjnos . co*n* Pastos . co*n* Aguas .
꞉ co*n* Molinos. De mas desto damos uos q*u*anto auemos ‖ en val
Paraiso . ꞉ q*u*anto auemos en vega de Ffernan*t* Vermudez . ꞉ q*u*anto
auemos en Ffuente ffuyuelo . ꞉ q*u*anto auemos en Villela . ꞉ damos 55
uos la *nuestra* Eglesía de *sancta* Cruz . con todos los sos derechos. Todo esto sobredicho uos damos aquello que p*er*tenez
al Priorad ‖ go de Sant Geruas. Demas desto damos uos la *nues-*
tra Casa de Manzules co*n* todas sues p*er*tenencjas . ꞉ con todos
sus derechos assi como la nos auemos ꞉ deuemos Auer. Con 60
vassallos poulados ꞉ por poular . co*n* entradas ꞉ co*n* salidas ꞉ con
Montes ‖ ꞉ co*n* Molinos Sacado ende lo q*ue* tien Alffonso Pedrez
en Valderas. Todo esto sobredicho uos damos libre ꞉ quito por
en todos u*u*es*t*ros dias . assi como lo nos auemos . elo deuemos
auer. Por tal pleito. Que uos no*n* seades poderosa de lo uen- 65
der ne empe*n*nar . ne*n* ‖ malmeter ne enagenar en otra persona
ne*n*guna . elos vassallos q*ue* los deffendades elos amparedes . elos
ma*n*tengades en sos ffueros. E las heredades q*ue* son perdidas
ó enagenadas que las saquedes. E que fagades laurar las vi*n*nas
de sos laores . Et ‖ q*ue* mantengades las casas que son ffechas . ꞉ 70
se cairen ó quemaren q*ue* las ffagades . Et q*ue* conte*n*gades las
eglesias de Sant Geruas . ꞉ de Manzules ꞉̇ q*ue* las fagades bien
alumnar de cera . ꞉ de Olio . ꞉ que las ffagades bie*n* seruir ꞉ que
fagades dar sos ‖ derechos al Obispo . ꞉ al archidiagano . ꞉ recab-
dedes todos los derechos del logar . ꞉ a u*u*es*t*ra ffin todo esto 75
sobredicho q*ue* uos damos. Las heredades co*n* sos laores ·꞉ con
sos ffruchos assi co*m*mo estudiere*n*. Las Casas con Pan . Con vino .
Con Ganados . co*n* ‖ Bestias . co*n* Bues . co*n* Ropa . co*n* Preseas assi
co*m*mo estudiere*n* . Todo ffinq*ue* liure ꞉ quito al mo*n*esterjo de sant
Ffagunt sin contrasta ne*n*guna. Et yo do*n*na Allonza Alffonso 80
Otorgo q*u*anto sobredicho es en esta Carta . ꞉ Confirmo la ‖ ꞉ por
q*ue* sea mas ffirme . ffago poneʀ en Ella mjo Sééllo . Et yo don
Nicholao por la *gracia* de dios Abb*a*t de Sant Ffagunt Otorgo
q*u*anto sobredicho es en esta Carta . ꞉ conffirmo la . ꞉ ffago poneʀ

85 en ella mio Sééllo. Et nos Con|ujento de Sant Ffagunt Otorga-
mos quanto sobredicho es en esta Carta . ɀ conffirmamos la . ɀ
ffaçemos poner en ella nuestro sééllo . Dos Cartas mandemos
ffazer deste mjsmo tenor . la vna que tenga donna Allonza . La
Otra que tenga | el Abbat . ɀ el Conujento sobredichos. Et estas
90 Cartas son partidas por A . B . C . Et yo donna Allonza Alffonso
otorgo esta donation que yo do al Monesterio de Sant Ffagunt
con mio Cuerpo ɀ con mie alma assi como | sobredicho es en esta
Carta . Se por auentura lo que dios non quiera . algun omne se-
quier de mjo linage sequieꝛ de otra parte Contra esta donation
95 ó contra este fecho que yo ffago ques ssies uenir ol ques sies Con-
trastar o desfazer. Sea maldicto ye descom|mungado ye peche
encoto al abbat ye al Conuiento de Sant Ffagunt . III . Mil . Morabedis yel dampno doblado ental logar . ó en meyor . ɀ esta donation estar firme por siempre . Fecha la Carta enne Monesterio
100 de Sant Ffagunt por mandado de donna | Allonza Alfonso ɀ por
otorgamiento del abbat . ɀ del Conuiento de Sant Ffagunt . xv .
dias andados del Mes de Abril. En ERA . de Mil . ɀ cc^{tos} . ɀ L
XXXX^{ta} II^{os} Annos. Regnante el Rey don Alfonso con sue mu-
gier la | Reyna donna Yolant . en Castiella . en Toledo . en Leon .
105 en Galliçia . en Seujlia . en Cordoua . en Murcia . en Jahen . en
Baeça . en Badalloz . ɀ en el Algarbe. Don Diego Lopez del ffaro
alffierez del Rey. Don Johan Garcia maordomo del Rey . | Don
Diego Lopez de Salzedo Merino Maor en Castiella . Don Gon-
zaluo Morant merino maor de Tierra de Leon. Estos son los omnes
110 que estidieron presentes ɀ veierun ɀ Odierun . quando donna Allonza.
Alffonso dio la villa de Melgar al | abbat don Nicholao . ye á los
Monges de Sant Ffagunt . yelos apodero elos metio en Ella .
De Sant Ffagunt . Arnal Soreth . Johan Guillelmez . Arnal costa .
Bernal de Sancheman . Don Barnabe . De Maorga don Pedro Al-
115 ffonsso . | ye el Conceio de MeL.GaR.

504 × 500 mm. En bas un pli de 64 mm. avec des trous; un peu de
soie jaune et rouge reste dans les trous extérieurs. En haut l'*abc* richement
ornementé. Toute la première ligne du parchemin est écrit en majuscules
blanches sur fond noir, le tout très richement ornementé. Dans le texte
un grand nombre des noms propres sont écrits en majuscules, et souvent
les mots commencent par une grande lettre. Le document est d'une écriture
fort travaillée et qui offre des détails curieux.

XLIII.

1254, 18 juin.

S. P. 1167. Indice 1930, p. 444.

Jn dei *nomine* am*en* . Conoçuda cosa sea atodos los om̃s
qu*e* agora son pr*e*sentes ye alos qu*e* han a seer adelantre . Como
nos don Nicholas pela *gracia* de dios abbat de sant Fagunt ye
el Co*n*uento des mismo lugar . fazem*os* conca*m*bio conuosco
do*n* Pedro P*e*dr*e*z po*r* essa misma *gracia* abbat de *sancta* Maria 5
de Moreruela ye conel Co*n*uento des mismo lugar . Nos abbat
ye conue*n*to de sant Fagu*n*t sobredichos . dam*os* auos abbat ye
co*n*ue*n*to de Moreruela en conca*m*bio ela n*uest*ra h*e*redat de
Mo*n*t negro qu*e* dio anos el rey do*n* Ordono . aqu*e*sto ye qu*a*nto
nos auem*os* acerca de uos . no*m*brada mie*n*te como conpieça al 10
pico del Casar carrera de vila Fafila ye ua el sierro a iuso al
pielago de Juan Corua ye passa a sant Lorie*n*ce de la pe*n*na .
desi Como ua derecha mie*n*te ala pe*n*na de Veziela ye tornasse
po*r* t*er*mino de Qu*i*ntos . ye po*r* t*er*mino de Breto . ye recude al
deua*n*dicho pico del Casar . dela otra parte t*er*m*i*no de Muele- 15
das ye de Moreruela . Todo qu*a*nto nos auem*os* ye deuem*os*
a auer dentro estos t*er*minos sobredichos uos dam*os* ye uos
otorgam*os*. Otrossi uos dam*os* qu*a*nto nos auem*os* ye auer
deuem*os* en Mueledas ye en todo so t*er*mino . aqu*e*sto ye vassalos
po blados ye por poblar. Casas . Tierras ye vinas . salinas . 20
prados . mo*n*tes ye fue*n*tes . rios . entradas ye exidas . deuisas ye
qu*a*nto ali auem*os* ye auer deuem*os* qu*e* al monest*er*io de sant
Fagunt p*er*tenece . qu*e* desde el dia de uuey adelantre sea de
n*uest*ro iuro ye de n*uest*ro poder tolido ye sea u*uest*ra heredat
po*r*a fazer dela como uos ploguier . E Nos do*n* Pedro P*e*dr*e*z 25
pela *gracia* de dios abbat ye el Co*n*ue*n*to de *sancta* Maria de
Moreruela dam*os* auos Don Nicholas po*r*essa misma *gracia*
abbat de sant Fagu*n*t ye al Co*n*ue*n*to des mismo lugar en co*n*-
ca*m*bio pola sobredicha h*e*redat qu*e* nos dades ? quanto qu*e* nos
auem*os* en Qu*i*ntaniela de cerca Caniço ye deuem*os* a auer . ye 30
qu*a*nto auem*os* en Caniço ye deuem*os* a auer ye qu*a*nto auem*os*

| en Prado ye deuem*os* a auer . ye qu*a*nto auem*os* en vila Alpando
ye deuem*os* a auer . fueras ende elas Casas q*ue* furo*n* de do*n*
Gomez ye de do*n*na Oro Garcia. Todo lo al assi como sobre-
35 dicho ye uos dam*os* assi comolo nos auem*os* ye deuem*os* a auer ‖
ye como agora esta. Co*n* vassalos poblados ye por poblar.
Co*n* Casas . co*n* suelos . con bueys. Con pam. Con tierras ye
vinas . co*n* prados . co*n* mo*n*tes ye fuentes . co*n* entradas ye exidas . co*n* deuisas ye qu*a*nto al hy auem*os* ye auer deuem*os* q*ue*
40 al monest*er*io de ‖ Moreruela p*er*tenece en estos lugares sobredichos . q*ue* desde el dia de vuey adelantre sea de n*uest*ro iuro
ye de n*uest*ro poder tolido ye sea u*uest*ra h*er*edat p*or*a fazer
dela Como á uos ploguier. Nos abbades ye Co*n*uentos deua*n*-
dichos otorgam*os* estos ‖ conca*m*bios assi como dichos son en
45 estas Cartas . q*ue* seam firmes ye estaules por siempre . ye por
q*ue* Contra estos conca*m*bios ne*n*guna delas partes no*n* pueda
uenir p*or*a destoruar . ó Co*n*trastar ó desfazelo*!* ponem*os* ye
establecem*os* entre nos de ‖ volontat ye de atorgami*en*to de
ambas las partes . q*ue* se el abbat ó el Co*n*uento de sant Fa-
50 gu*n*t . ó el abbat ó el Conue*n*to de Moreruela qual q*ui*er destas
duas partes Contra este fecho q*ui*siesse uenir*!* peche ala otra
parte mil mor*abedis* yelos ‖ conca*m*bios esten firmes por siempre.
Otrossi nos obligam*os* ambas las partes q*ue* se p*or*auentura
algun o*m*e ueniesse dema*n*dar . ó enfermar estas h*er*edades
55 destos Conca*m*bios*!* cadauna delas partes sean tenidas de sanar
ye saluar elas here‖dades q*ue* dieron en Conca*m*bio. E por q*ue*
este fecho destos Co*n*ca*m*bios sea firme ye estable por siempre*!*
fazem*os* entre nos duas Cartas partidas p*or* a. b. c. ela una q*ue*
tienga el abbat ye el conue*n*to de sant Fagu*n*t*!* yela otra q*ue*
60 tie*n*ga el abbat ‖ ye el Conue*n*to de Moreruela *z* fazemolas séélar
de n*uest*ros sielos. Yo don Nicholas pela gr*aci*a de dios abbat de
sant Fagu*n*t ye el Conue*n*to des mismo lugar fazem*os* hy poner
n*uest*ros sielos ye yo do*n* Pedro P*edre*z pela gr*aci*a de dios ‖
abbat de Moreruela fago hy poner n*uest*ro sielo . ye nos Con-
65 ue*n*to des mismo lugar por q*ue* no*n* auem*os* sielo*!* otorgam*os*
el de n*uest*ro abbat ye rogam*os* al Conceyo de vila Alpando
q*ue* ponga enestas Cartas so sielo. Fecha la Carta . xiiij° k*a*le*n*-
*aa*s ‖ Julij Anno do*m*ini Millesimo . CC°L.°iiij° Regna*n*do el rey do*n*
Alffonsso con sua muyer la ryna do*n*na Violanda. En Castiela .

en Toledo en Leon . en Galizia . en Xeuilia . en Cordoua . en 70
Murcia . en Jaen ye en Algarue. Don Diego Lopez del faro
alfierez del rey. Don Johan Garcia so maordomo. Don Diego
Lopez de Salzedo merino maor en Castiela. Don Gonçaluo
Morant merino maor en Tierra de Leon. Don Alffonsso Telez
de Campos teniente Cea ye Grayar. Don Rodrigo Alffonsso 75
teniente Çamora . ye don Rodrigo Rodriguez teniente Benauente.
Don Johan de Castro Xeriz prior maor de sant Fagunt. Don
Gutierre de Vila nueua prior maor de Moreruela. Don Pedro
Yuanes maordomo de sant Fagunt. Diego Pedrez de vilAl-
pando Celarero maor de Moreruela. Don Rodrigo de Melgar 80
celariço maor de sant Fagunt. Don Martin de Çamora sacristam de Moreruela. Don Pedro Diaz de Palençuela sacristam maor de sant Fagunt. Pedro Dominguez de vila Frechos
vestiario de Moreruela. Don Pedro Bartolame de sant Geruas
Camarero maor de sant Fagunt. Pedro Rodriguez de Castro 85
Gonçaluo cantor de Moreruela. Don Domingo Martin de Piasca
armario maor de sant Fagunt. Pedro Pedrez de Toro portero
maor de Morerola. Don Rodrigo Gil ɀ don Pedro Martinez de
sant Esteuan de Gormaz camareros del abbat de sant Fagunt.
Don Fernando de Bragara enfermero de Morerola. Don Die- 90
go de Treuinno enfermero de sant Fagunt . Martin Gonçaluez
soprior de Moreruela. Don Yago ɀ don Martin de vila Uicenz
priores dela claustra de sant Fagunt. De Manganeses . don
Aparicio . don Bertolame Martin Pedrez. Estos son elos oms
que viron ye oyron quando estos Concambios furon fechos . De 95
vila Alpando . Don Pedro Emelgo alCalde . Gonzaluo Fernandez.
Pedro Rodriguez . Pedro Fernandez de Vilardega . don Alffonsso.
Monio Ordonez. Martin Dominguez. Garcia botas. Martin potro .
don Miguel de Yuan Ceuera. Pedro Moniz. Diego Uicentez .
de Mueledas . don Nicholas . don Marcos . don Diego Stephan 100
Pedrez . don Bertolame de Maorga . Don Martin monge de Morerola que escreuio las cartas.

280 × 420 mm. En bas un pli de 4 mm. avec des trous pour les sceaux.
Le fragment d'un sceau reste encore. En haut trois larges découpures sur l'*abc*.
Ligne 12, le *c* de *Lorience* peut aussi être lu comme un *t*. Parmi les noms
des témoins, quelques-uns sont incertains par suite des abréviations peu
ordinaires employées par le notaire. L. 95, le signe d'abréviation manque
sur l'*a* de *concambios*.

XLIV.

1254, 18 juin.

S. P. 1168. Indice 1931, p. 444.

In dei nomine Amen. Conosçuda cosa sea atodos quantos
esta Carta uiren. Como nos don Pedro Perez por la gracia de
dios Abbat ‖ de Moreruela : el Conujento desmismo logar . ffazemos concambio con uosco don Nicholas por essa misma gracia
5 Abbat de sant ‖ Ffagunt e conel Conujento desmismo logar. Nos
Abbat e Conujento de Moreruela damos auos Abbat econuiento
de sant ‖ Ffagunt quanto quenos auemos en Quintaniella . en
Carniço en Prado . ye en Villal pando . Euos Abbat e conujento
de sant Ffagunt ‖ dades anos Abbat e conujento de Moreruela
10 quanto queuos auedes en Muelledes ye en Mont negro . Assi
como lo uos oujestes ‖ e usastes fata el dia de oy . queuos non
seades tenidos de nos mas sanar si nos mester fues . Si por
auentura nos mas podiere ‖ mos ganar delas aguas : delos terminos
assi commo ua asant Lorenz eala penna de Veziella Como de-
15 termina la Carta del rey ‖ don Ordonno queuos dio esta donation.
uos que non seades tenidos de la meetat del rio adelante nos
sanar. Mas si lo nos quisie ‖ remos demandar . nos lo demandemos . e costas emissiones quantas hi acaetieren ser sobre nos
esobre nuestro monasterio. Euos ‖ Aiudar nos a bona fe sin
20 mal enganno con cartherizas econ testimonios como los uos
auedes . Epor que esta Carta sea firme ‖ nos Abbat e conuiento
de Moreruela ponemos hy nuestro seyello Erogamos al conceyo
de villAl pando que ponga hy ‖ so seyello en testimonio . ffecha
la Carta xiiii kalendas Julii Era Mª CCª Lxxxxª iiª

140 × 237 mm. En bas un pli de 28 mm. avec des trous pour les sceaux,
dans lesquels reste un peu de fil jaune et rouge.

XLV.

1256, 11 janvier.

S. E. 1541. Indice 2328, p. 536.

Jn dei nomine . Amen. Conoçuda cosa sea a todos los
ommes quantos esta . Carta uiren . Tambien alos presentes como
alos que an por ǁ uenir. Como yo . Don . Pedro camarero . Mayor
de san Fagunt . Con mandamiento del abbat . Don Nicolas et
con ator*gamiento* del con ǁ uento des mismo Logar . do Auos 5
Domingo Perez la nuestra eglixa de Juara que dizen sant Mames
per Nombre . . . . todos uostros ǁ Dias . que la Siruades bien ɀ
quela contengades bien . ɀ que dedes al obispo . ɀ alarcjano . ɀ alarcj-
preste . todos sos dere*chos* . ye aotra par*te* ǁ o la eglixa ouier de
conplier sos derechos. Et yo Domingo Perez recjbo esta Merced 10
que me facedes et por este bien . *et* por esta merced ǁ que yo
recibo de uos . atorgo me por fiel Uasalo de la Camara de san
Fagunt. Et de uos Don Pedro Camarero Ma*yor* des mismo *lo*ǁgar
que estades presente . et de todos los otros que uernan de pues
de uos. Et prometo adar cada Anno el tercjo D*el* diezmo del 15
pan ǁ dela deuandicha eglixa al camarero Mayor de san Fagunt en
encjenso . et prometo de facer Buenas Casas cabela egrija q*ue*
tenga *en* mios ǁ dias . ye ami fin finquen en la Camara sobredicha .
et deuo auenir ami fin conmj cuerpo al Monesterio de san Fagunt *o* alespital des ǁ mismo logar . et dar la tercja del moble que 20
ouier ala camara. E una uegada enel anno dar una procuracjon
al camarero o al . . . . . . que ǁ despues de uos uenier. Et p*or*
auentura for en ultramar o entrar en orden la eglixa ye las
Casas . ye todas las otras *cosas que re*ceuier ǁ del Monesterio
finquen libres et quitas ala camara. Et por que este plecte sea 25
mas *firme face*mos dos Cartas *partidas por* ǁ A. B. C. et luna tien
el camarero . et lotra. Domingo Perez . ffecha la Carta *onze dias*
andados de enero. *Era de M.* ǁ et cc . ɀ Lxxxx ɀ iiii anos. Qui
presentes fuerunt uiderunt et audierunt . Pero Rodrigez Capelan
del camarero de Graneras ǁ Pedro Martinez clerigo fide Marti*n* 30

E. *Staaff.*

5

Çoriego . Pedro Gonzaluez fide *Gonzaluo* Diez . Domingo Iuanes
de Jiuara . Juan riešco de Jiuara . Morino del camare∥re . Domingo
ceygo . Juan Beltran . Jnan Rodrigez . Pedro conde de Berizianos .
Merino del camarero.

150 × 245 mm. En haut des découpures sur l'*abc.* — Le parchemin est
plein de taches qui cachent totalement certains mots tandis que d'autres
sont à peine visibles. Nous avons reproduit en italiques ceux des ces mots
que nous avons pu déchiffrer ou qui se laissent deviner facilement. Exception
faite pour les noms des témoins, le mot *por* et *eglixa*, l. 9 et 16, dont le *l* est
coupé par un trait horizontal, le notaire ne s'est pas servi d'abréviations.
Dans *camarero*, l. 22, il a oublié le *r* et même ligne, *si* paraît être omis par
erreur entre *Et* et *por*.

XLVI.

1256, 20 décembre.

S. P. 1172. Indice 1935, p. 445.

Jn dey no*min*e ame*n*. Connocjda cosa sea atodos los om̃s
qua*n*tos esta carta uiren . co*m*mo yo Pedro Garçja cauallero de
Galligujellos. ∥ do fuero alos . mjos uasallos de Bouadiella delas
uj*n*nas . alos poblados . yé atodos aq*ue*llos q*ue* depues ý uerna*n*
5 poblar ssomjo sen*n*orjo. ∥ sabida cosa sea q*ue*les dotoda la llauor .
q*ue* somjo senorjo an fecha . ı faran cabadela*n*tre. De casas . ı
de corrales . ı de úuertos cerca∥cados. E qua*n*do se q*ui*siere*n* yr
desomjo se*n*norio morar en otra parte . oso otro se*n*norjo . uen-
dan todala llauor q*ue* ssomjo se*n*norjo ∥ ficiere*n* . ı laq*ue* an fecha
10 asi co*m*mo suyo . ellos ı sos fíýos . ı q*ui*lo suýo heredar . asi
co*m*mo diz esta carta . E qua*n*do loq*ui*siere*n* ue*n*der faga*n*∥no
saber al se*n*nor ı selo el q*ui*sier co*m*prar de*n*no ael anteq*ue* aotre
ta*n*to por ta*n*to. E seloel no*n* q*ui*sier co*m*prar uenda*n*no allabrador. ∥ q*ue* faga los fueros al se*n*nor Elos fueros co*n*ujen
15 asaber quales . iiij . sernas en a*n*no . ı Seis dine*r*os cada vassallo
por enfor∥çjon . ala sant Martj*n*. E qua*n*do fiçjere*n* las sernas
co*n*duchallos el se*n*nor . depan . ı ujno . ı co*n*duchos co*n* ma*n*tega

ocon olio. Ese‖les fiçier otra mejoria senon esto noles mingue.
E de calomja connocjda que fiçjer el uasalo contral sennor.
echarla terçja‖en tjerra . ꞇ sel fiçjer āmor delas dos partes senon 20
que yasde. Ese calomja fiçjer que prouada non pueda ser de
fiador al merīno des mjsmo sennorio quel cumpla de derecho
asicommo mandar el fuero. Se dalguno y oujer de mjos ode
estrannos que esta‖carta quisier quebrantar . sea maldito ꞇ descomungado . ꞇ con Judas traydor en enfierno dampnado . ꞇ peche 25
en coto . c. morabedis . al‖rey . ꞇ el danno doblado alos uasallos.
Fecha la carta . xii . dias por andar de dezenbrjo. ERA
M.ª cc.ª Lxxxx.ª iiii.ª‖Regnante el rey don Alfonsso conna reyna
donna Ujolanda . en Castjella . en Leōn . en Toledo . en Seujlla .
en Cordoua . en Mur‖cja . en Jahen. Major dōmo del rey ꞁ don 30
Juhan *Garcia* Merino mayor del rey don Ffernan Gonçaluez de-
Rŕoges. Tenjente.‖Cea . ꞇ Grayar don Alfonsso Telles. Abbat
en san Fagunt . don Nicolas. Erederos enBouadiella. Monges
de san Fagunt . ꞇ Ruj‖Garcja . ꞇ Marinna Diez . ꞇ fíjos de Juhan
Fernandes Rugel . ꞇ Ffernan Fernandez de Mafudes . ꞇ sos ermā- 35
nos . ꞇ los freres‖desan Juhan . ꞇ de Sepulcro. Testes desan
Fagunt Martjn Domjngez . De santAndres Fernan *Garcia* . ꞇ
Martjn dArroyo . DeBouadie‖lla Fernan Paris . ꞇ so fijo Gonçalo .
ꞇ so yerno don *Garcia* . don *Pedro* fide Yuan Pelaz . so cunnado
Alfonso . Yuan Esteuanes . Fernan negrado .‖Martjn Boquera . 40
Fernando el molaçjno so andado . ꞇ Fagunt el molaçjno fide Pedro
Mjgayellez el sayon. Domjngo dAroyo. Don Gonçalo‖fide don
Amjgote. DoYuannes fide Pedro Gonçaluez . Don Pedro fide
Diego Martjnez . Gonçalo *Perez* scripsit . ꞇ hos signōs feçit . pres‖
biter . (*seing*.)

45

160 × 255 mm. Le seing consiste en une tête placée au milieu du parchemin et continuée par un ornement vers la droite. — Plusieurs mots sont
difficiles à déchiffrer. Ligne 7, la syllabe *ca* de *cercados* est répétée, ligne 11,
dans *loquisieren l et o* ne sont pas clairs. Ligne 15, après *Se* (de *Seis*), le parchemin est déchiré et après *vassallo*, il paraît y avoir eu un grattage. Les signes
d'abréviation sont souvent placés sur des lettres où ils ne paraissent guère
avoir le droit de figurer. Voir lignes 17, 20, 22, 30, 31, 35, 44. Dans le mot
Juhan l. 31, 34 et 36, la haste du *h* est traversée par un trait horizontal.

XLVII.

1257, février.

S. P. 1173. Indice 1936, p. 446.

Jn dej no*mi*ne Ego Andres comio ermano Juam . ffazcemos
carta deuenditjo . auos PedroGarcia dequanto‖nos auemos ye
auer deuemos enesolo consus casas : con exidas : conentradas .
qu*e*fur*en* denro auolo‖Rodrigo Rodriguez . : quanto auie hi
5 mio padre domBartolome ye ñra madre dona Marina . Vende‖
molo auos PedroGarcia p*o*rpr*e*tjo nombrado . II mor*a*b*e*dis : m*e*dio.
ffronteras deste solo dep*r*im*e*ra parte La cal qu*e*ua‖pora sa*n*c*t*a
Maria. De ii.ª parte solo qu*e*fu defiyos deRoiPedrez. De
iii.ª parte eluorto qu*e* fu deJuam Garcia. De iiii.ª‖yo compra-
10 dor. Deste dia denne adelantre sea este solo deuandicho de
ñro iuro lib*e*r*i*o yen ũro pod*e*rio com‖firmado ayades dedes
enpenedes uendades : fagades del loq*u*iuosq*u*isierdes uos
: progenia ũra post uos . Si‖q*u*is autem istam cartulam de
no*s*tris u*e*l destranejs uoluerit frang*e*re sit maledictus : excomu-
15 nicat*u*s : cum Iudas tra‖dictore ininferno dabnat*u*s : petet incoto
v mor*a*b*e*dis y estas casas conso solo doblado ental logar omeyor
con‖su lauor . ffecha lacarta emes defebrero . ERa m.ªcc.ª nonagesima . v.ª Regnante re donFernando‖cumrina donaUiolanda
inToleto in Castella in Leom inGallizia inCordoua inMurcia
20 jnIaen inSiuila . Merino‖mayor enCastella FfernanGonzaluez .
E*piscopo inLeom MartinF*erna*ndez. Abat ensanFagun don-
Nicolas . Alfonso Telez‖tenente Cea : Grayar . Diuiseros enGali-
guielos. RoyGarcia. PedroGarcia . RoyGarcia deUilaBouielos.
‖ffiyos deJuam Garcia ffiyos deGut*ier*Rodriguez. Q*u*i p*r*esentes
25 fuer*unt* : andier*unt*.‖DomjngoTomez *con*f. Saluador *con*f. Ffagum
pozuelos *con*f.‖Domingo Iua*n* dePozuelos *con*f. Martin porqu*er*iom
*con*f. Esidro leones . Alfonso *con*f.‖Yuan careras *con*f. Gonzalo
ferero *con*f. Migael fide domBartolome caluo *con*f.‖Domingo
Pedrez fide donaBuena *con*f. Jua*n* fi D*ie*go Micola *con*f. P*e*dro
30 Garcia fi Garcia moreio*n* *con*f.‖Fernan toreion *con*f. Marti*n*
lirom *con*f. Domjngo fi donBartolome caluo *con*f.

110 × 172 mm. Des trous en bas du parchemin. L. 10, *denne* ressemble plutôt à *deuue*, l. 12 le premier *qui* doit être une erreur pour *que*, le second manque d'abréviation.

XLVIII.

1257, mars.

S. P. 1174. Indice 1937, p. 446.

In dei nomi*n*e am*en*. Conoscida cosa sea a todos los oõs qu*a*nt*os* esta carta uire*n*. Como nos don Nicholas por la gr*a*cia de dios abbat de sant Fagu*n*t co*n* el Conuie*n*to desmismo logar *!* demandemos‖a do*n* B*a*rtolome fide Pela Ffern*a*ndez de Maiorga . ‡ a do*n* Bueno Judio de Mayorga . las vinas q*ue* furon de D*ie*go 5 Fagund*ez* ‡ de sue muyer . Marie Andres . ‡ las q*ue* compraro*n* de Gunzalo B*e*ringuel ‡ de ‖ so muyer dona Eluira . ‡ de Marti*n* Andres ‡ de so muyer dona Vrraca . n*uestr*os vassallos solariegos de sant Felizes . las q*u*ales vinas tenie*n* do*n* B*a*rtolome ‡ do*n* Bueno Judio sobredichos por deuda ‖ qu*e*les deuie D*ie*go Fagun- 10 dez ‡ sue muyer . de q*ue* eran fiadores Marti*n* Andres ‡ so muyer dona Vrraca . ‡ esta deuda auie sacada D*ie*go Fagu*n*dez de Simo*n* ‡ de do*n* Bueno Judios de Mayorga . ‡ morio Simo*n*‖el Judio . ‡ aq*ue*llos sues h*e*rederos q*ue* auie*n* de h*e*redar sue buena . do*n* Bueno ‡ so muyer Rica . ye do*n* Beneyto Judio ‡ so muyer 15 Adebora . ‡ estos h*e*rederos sobredichos uendiero*n* a do*n* B*a*rto- lome esta deu‖da . q*ue* auie*n* sobre D*ie*go Fagund*ez* ‡ sobre so muyer Marie Andres q*ue* eran deudores . ‡ Marti*n* Andres ‡ so muyer dona Vrraca ffiadores . Et don B*a*rtolome auino se co*n* D*ie*go Fagund*ez* ‡ co*n* so muyer ‖ Marie Andres ‡ co*n* Martin An- 20 dres ‡ co*n* so muyer dona Vrraca . ‡ fiziero*n* tal pleite . q*ue* diessen a don B*a*rtolome qu*a*ntas vinas auie*n* D*ie*go Fagu*n*dez ‡ so muyer . ye las q*ue* compraro*n* de Gunzalo Be‖ringuel ‡ de so muyer . ‡ qu*a*ntas auie*n* Martin Andres ‡ so muyer dona Vrraca . ‡ estos son los logares ó son estas vinas . qu*a*ntas auie*n* enel pago de 25 villa Alffeta . ye enel pago de ‖ sant P*e*dro ye enel pago de los

foales . ye enel pago delos maiolinos . ye ellos entregaron estas
vinas sobredichas a don B*a*rtolome ꝫ a sue muyer Sol Yuanes . ꝫ
don B*a*rtolome ꝫ so mu‖yer Sol Yuanes fiziero*n* pagamie*n*to a estos
30 Judios sobredichos . de q*u*anta deuda les deuie*n* D*ie*go Fagund*ez*
ꝫ so muyer Marie Andres . de q*ue* eran ffiadores Martin Andres
ꝫ so muyer dona Vr‖raca. Et nos abbat ꝫ conuie*n*to de sant Fagunt entendiendo q*ue* esta h*e*redat de n*ues*tros vassallos solariegos
de sant Felizes ꝫ n*ues*tra t*er*miniega q*ue* no*n* deuie pasar a otro
35 se*n*norio! demandemos la‖a do*n* B*a*rtolome dela*n*te don P*ed*ro
Martinez alcalde de Maiorga ꝫ don B*a*rtolome respondio q*ue*la auie
comprada destos n*ues*tros vassallos sobredichos! por la deuda q*ue*
pagara a estos Judios sobre‖dichos. Et yo don B*a*rtolome dema*n*de plazo al alcalde pora auer conseyo sobresta dema*n*da q*ue*
40 me fazien . yel alcalde dio me plazo q*ue* ouiesse conseyo . ꝫ yo don
B*a*rtolome ꝫ mi‖muyer Sol Yuanes auido conseyo co*n* n*uestros*
parientes ꝫ con n*ues*tros amigos . ꝫ entendiendo q*ue* non podriemos
auer estas vinas por q*ue* son enel se*n*norio ye enel t*er*mino del
Abbat‖ꝫ del conuie*n*to de sant Fagunt! metimos nos a mercet
45 ꝫ a mesura del abbat ꝫ del conuie*n*to ꝫ q*u*itamos nos destas vinas
sobredichas ꝫ damos las al Monest*er*io de sant Fagunt. Et‖yo
do*n* B*a*rtolome ꝫ mi muyer Sol Yuanes obligamos nos p*or* nos
ꝫ por todas n*ues*tras buenas de sanar estas vinas al monest*er*io
de tod om̅e q*ue*las dema*n*dasse! por razon desta deuda‖destos
50 Judios sobredichos. Et nos don Nicholas por la gr*aci*a de dios .
abbat de sant Fagunt . ꝫ nos Conuie*n*to desmismo logar . co*n*no-
ciendo los seruicios q*ue* uos don B*a*rtolome fiziestes‖ꝫ fazedes
a nos ye al n*ues*tro monest*er*io! damos uos estas vinas sobredichas auos ꝫ a u*ues*tra muyer Sol Yuanes por todos u*ues*tros dias .
55 q*ue* uos q*ue*las labredes de todos sues lauores . ꝫ‖q*ue* non seades poderosos delas uender . ni*n* empenar . ni*n* malmeter . nin
enagenar en otro se*n*norio ni*n*guno . ꝫ despues de u*ues*tro finamie*n*to q*ue* finqu*en* estas vinas libres ꝫ q*u*itas‖al monest*er*io de
sant Fagu*n*t sin contrasta ninguna. Et demas desto damos uos
60 Lx*a* morab*edis* en aidorio pora la compra q*ue* fiziestes de los
Judios . destas vinas sobredichas . Et‖yo don B*a*rtolome ꝫ mi
muyer Sol Yuanes recebimos ꝫ gradecemos esta m*er*cet q*ue* nos
fazedes . ꝫ p*ro*metemos delo complir bie*n* ꝫ leal mientre assi como
en esta carta esc*ri*pto‖es . ꝫ ma*n*demos fazer dues cartas parti-

das por a. b. c. la una *que* tenga el abbat yel Conuie*n*to . yela 65
otra don Ba*r*tolome : so muyer Sol Yuanes . Et por *que* estas
cartas ‖ sean mas firmes ! nos abbat : Conuie*n*to sobredichos ffiziemos poner en ellas n*ues*tros seyellos. Et yo don Ba*r*tolome :
mi muyer Sol Yuanes . por *que* non auemos seyellos ‖ p*ro*prios.
Roguemos al Conceyo de Mayorga . : a don Ruy P*er*ez alcalde 70
desmismo logar . q*ue* pusiessen en estas cartas sues seyellos. Et
nos Conceyo de Mayorga : do*n* Ruy ‖ P*er*ez alcalde desmismo
logar . por ruego de don Ba*r*tolome : de sue muyer Sol Yuanes !
fiziemos poner n*ues*tros seyellos en estascartas . ffechas las cartas
enel mes de Março. ‖ ERa . m.ª cc.ª Lxxxx.ᵃ v.ª Regna*n*do el re don 75
Alffonsso co*n* la rina dona Violanda . en Castiella . en Toledo .
en Leon . en Gallizia . en Seuilla . en Cordoua . en Murcia . en ‖
Jahe*n* . Yo don Alffonsso notario publico del conceyo las escriuio
por mandamie*n*to del Abbat don Nicholas : del Conuiento . : fiz
este signo en ellas *(seing)*   80

235 × 325 mm. En haut l'*abc*, en bas un pli avec 4 paires de trous
carrés pour les sceaux. — Ligne 26, le *t* du mot *Alffeta* peut être un *c*
et ligne 78, les mots *del conceyo* sont écrits deux fois, la seconde avec un *C*
majuscule.

XLIX.

1257, avril.

S. P. 1175. Indice 1938, p. 446.

JN d*e*i nomi*n*e. Conoscida cosa sea a q*ua*ntos esta carta
uire*n* . co*m*mo yo don Domi*n*go hostalero de Sant Fagund co*n*
volu*n*tad : co*n* otorgamie*n*to del abb*a*t don ‖ Nicholas . : del
Conuiento desmismo logar . Damos auos Marti*n* Meriel las
n*ues*tras casas de Goigo q*ue* son del hostal en todos u*ues*tros 5
dias . con todas ‖ las heredades q*ue* hy auemos . Tierras . viñnas .
Suelos . q*ua*nto hy auemos : deuemos a auer . sacada ende la
heredat q*ue* fu de Aluar Gutierrez q*ue* non ‖ uos damos . todo lo
al uos damos por tal pleito . q*ue* fagades buenas tres casas pa-

10 gizas daqui al dia de Sant Migaiel . la menor sea de viij . iugadas. ‖ daqui en delantre quanto meyor podierdes . ז *que* contengades las casas . ז se caire*n* o q*ue*mare*n* . *que* las fagades de lo
u*n*es*t*ro . ז las vinnas q*ue* las labredes ‖ bie*n* de todos sos lauores .
Et todas estas heredades sobredichas uos damos q*ue* uos no*n*
15 seades poderoso delas uender . nin empenar . nin malmeter . nin
‖ de enagenar en otro sennorio ni*n*guno Et si uos entrardes en
orden . o ffuerdes en vltramar . q*ue* la heredat finq*ue* libre ז q*ui*ta
al mones*t*erio . ז por esta ‖ heredat sobredicha q*ue* nos dedes cada
anno en renda en saluo . xxx . vi . Cargas de Pan . la metad de
20 trigo . ז la metad de ordio . por la medida de sant Fa‖gunt . ז
este Pan q*ue* sea dado fasta la fiesta de *Sancta* Maria de Sete*m*brio ז por el vino q*ue* nos dedes cada anno . xx . mor*abedis*
por la fiesta de sant Marti*n* . Et ‖ si por aue*n*tura tempestad
uiniere en la tierra de piedra . o de nieula q*ue* tuelga pan o uino
25 la méetad o mas ⸗ de un o͞me el hostalero en aq*ue*l an͂o ‖ q*ue*
cuelga el pan . ז el vino co*n*uusco fiel mie*n*tre . ז dat ‖ nos n*ues*tra
meetad del Pan ז del vino . ז uos p*ro*curat el n*ues*tro o͞me mie*n*tre
co*n*uusco estudiere ⸗ a ‖ coger el pan . ז el vino . ז uos q*ue* nos
dedes cada anno por el Sant Marti*n* . viii . *sueldos* . en enfforcio*n* .
30 Et q*u*ando el abbat fuere a u*n*es*t*ra casa qu*e*l recibades com‖mo
a sennor una uegada en el an͂o . ז al hostalero q*u*antas uegadas
hy ffuer . ז otrossi a todos los mo*n*ges de sant Fagund . Et uos
q*ue* seades uassallo ‖ ז filigres fiel ז uerdad*ero* del hostalero . ז
despues de u*n*es*t*ros dias ⸗ todo esto sobredicho finq*ue* libre ז
35 quito al mones*t*erio de sant Fagunt ⸗ dada la renda . Et ‖ si no*n*
dierdes esta renda sobredicha a los plazos sobredichos . q*ue* pe-
chedes . x . mor*abedis* . ז dar q*ue* dar la renda . ז si no*n* dierdes
esto q*ue* sobredicho es en esta ‖ carta . ז uos no*n* lo compliessedes
nos amonestando uos ⸗ dos uegadas o tres . q*ue* uos podamos
40 tomar las n*ues*tras casas ז todas estas n*ues*tras heredades sobredichas ‖ sin ni*n*guna contrasta ז q*ue* las p*er*dades uos . Et si nos
o o͞me de n*ues*tra parte tomas auos las casas ó las heredades
q*ue* sobredichas son sin culpa . q*ue* uos peche ‖ el hostalero . xx .
mor*abedis* . ז tener el pleite sobredicho . Et yo Marti*n* Meriel
45 otorgo q*u*anto dicho es en esta carta . ז p*ro*meto de complir lo
leal mie*n*tre . ffe‖cha la carta enel mes de Abril . Era m.ªcc.ªLxxxx.ªv.ª
Regna*n*do el Rey don Alffonsso co*n* la Reyna dona Violanda .

en Castiella . en Toledo . en ‖ Leon . en Gallizia . en Seuilia . en
Cordoua . en Murcia . en Jahen . Pesquisas . Don Martin Gutierrez .
ꞇ don Gunzalo Alffonsso camareros del ‖ abbat. Don Pedro Mar- 50
tinez de Marruecos. Don Ffernant Yuanes bodeguero mayor .
De Goygo . Don Martin abbat arcipreste de Goygo . Don Fagunt .
‖ Don Pedro fide Domingo abbat Gunzalo Andres so hermano .
Yuan caluo . Martin lazareno . Pedro Yuanes fferrero . Diego Eruas
so hermano . Martin Paris . ‖ Martin Migayelez . Pedro ffijo del 55
aldeano . MartiUanes . Don Pedro ffide don Ffagunt . Ruy guruion .
Domingo ffide Pedro Laganafes.

190 × 251 mm . En haut l'abé.

L.

1258, février.

S. P. 1177. Indice 1940, p. 447.

In dei nomine . Connocida cosa sea alos que aqui son ꞇ seran
adelantre . que yo Ruy Perez celeriço mayor de sant Fagund . con
plazer ꞇ con otorgamiento del abbat don Nicholas ꞇ del Conuiento
desmismo logar . ‖ Camiamos conuusco don Ruy Garcia de Galliguiellos . por los solares ꞇ por el eredamiento que uos nos diestes 5
en Boadeleya . conuien a saber . vn suelo que iaz cerca suelo de
Marina Diez . de ijª ‖ part . fijos de Fernand Martinez . de iijª part .
ferrenal de Marina Diez . de iiijª part . la cal. Del otro suelo .
de prima part . Garci Fernandez . de ijª part . el celeriço . de
iijª part las eras . ‖ de iiijª part . la cal. vna tierra ennas ferrenes 10
del palomar . de iª part . tierra del celeriço . de iiª part . tierra de
Garci Fernandez . Otra tierra trasle palacio que parte con dona
Marina . De iª part . ‖ las eras . de iiª part . tierra del celeriço .
Otra tierra ala fuente de Siela noua . de iª part . tierra de donna
Marina . de iiª part . tierra del celeriço . Otra tierra hy luego ala 15
fuente de siella nueua . de ‖ iª part . tierra de Garci Fernandez .
de ijª part . tierra del celeriço . Otra tierra al coto . de iª part .

fijos de Garci Fernandez . de ii.ª part. fijos de Ruy Garcia . Otra
tierra alos ceresales de i.ª part . carrera ‖ que ua pora sant Ni-
20 cholas . de . ii.ª part . tierra del sepulcro . Otrà tierra al prado de
valde Montan . de i.ª part . tierra de Fernand Paris . de ii.ª part .
tierra de Martin Boquera . Otra tierra carrera de Lagartos . de ‖
i.ª part carrera que ua pora Lagartos . de . ii.ª part . fijos de Fernand Martinez . Otra tierra alos cortaçales . de i.ª part . Johan
25 Dominguez alfaiate . de . ii.ª part . tierra de don Bartolome de sant
Andres . Otra ‖ tierra al molino pagiço . de . i.ª part . tierra de
Marina Diez . de . ii.ª part . tierra de Garci Fernandez . Et damos
nos auos don Ruy Garcia en Galliguiellos . dos sollares . ɪ en . xx .
logares tierras de lo que com ‖ pramos de fijos de Ruy Perez .
30 Estos solares pornombrados en barrio de yuso . cerca suelo que
fu de Taresa Martinez . de . ij.ª part . Pedro Garcia . de iij.ª part .
vuerto de Pedro Garcia . de . iiij.ª part . ‖ la caleya que ua pora los
palacios que fueron de donna Eluira . Estas tierras deuandichas
en logares pornombrados . ennas quintanas en . iiij . logares . ennos
35 barriales de Pennalua . i . barrial que enfruenta enna ‖ carrera
mayor que sal la cuesta arriba . Entre los molinos de la torrre .
yel Ryo que ua pora Pennalua . en . v . logares ala carrera que
ua pora Arniellas en . ii . logares . sola carrera que torna en ambas ‖ las carreras . yel otra en cima . Enas frieras de barrio de
40 yuso que yazen entre la carrera mayor ɪ carrera de Sant Climente .
iiij . tierras . ɪ una tierra a los foyales que iaz cerca tierra de
Sancha Uelas ‖ quez . de ii.ª part . tierra de Pedro Garcia . de . iij .
part tierra de Yuan casado . de . iiij.ª part . tierra de PedrIuanes
yerno . Antel molino dela xosa . i . tierra que enfruenta enna re-
45 guera que sal del calze de los ‖ molinos de la xosa . de . ij . part
yo Ruy Garcia . de . iij.ª part . tierra delas duenas de sant Pedro
d . iiij.ª part . yo Ruy Garcia . vna tierra ennas Quintaniellas que
enfruenta en el calze del molino de la xosa . ‖ de . ij.ª part . tierra de
Yuan casado . de . iij.ª part . tierra delas duenas de sant Pedro . de
50 iiij . part . tierra del albergaria de las duennas de sant Pedro . vna
tierra tras le molino de la xosa que enfruenta enna ‖ reguera que
sal del calze delos molinos dela xosa de . ii.ª part . don Saluador .
de . iii.ª part . yo Ruy Garcia . de . iiij.ª part . ffija de Marie buena .
Deste dia oy adelantre sea este heredamiento con es ‖ tos suelos
55 deuandichos de nuestro yuro librado . ye enne uuestro poderío

confirmado . aiades . uendades . dedes . empe*n*nedes . ꝛ fagades
dello lo *que* uos q*u*isierdes . tanbie*n* en uida co*m*mo en muerte .
uos ꝛ u*ue*s*t*ra ge*n*eracion post uos . Se alguno de parte del monesterio . o de uos Ruy Garcia . esta carta q*u*isiesse q*ue*bra*n*tar .
o este h*e*redamie*n*to deua*n*dicho dela una parte ala otra q*u*isiesse 60
demandar . sea maldito ‖ ꝛ descomu*n*gado . ꝛ co*n* Judas traydor en
enfierno da*m*pnado . ꝛ peche en coto . Cien . mor*abedis* . ꝛ este h*e*redamie*n*to deua*n*dicho doblado en tal logar o en meyor co*n* tam-
bue*n* semeyable lauor . auos o aquie*n* u*ue*s*t*ra ‖ uoz touier . o al
abbat . ꝛ al Conuie*n*to . o aquie*n* so uoz touier . Et por q*ue* esto sea 65
firme ꝛ estable . fazemos dos cartas partidas por a. b. c. La una
q*ue* te*n*ga yo abbat ꝛ conuie*n*to sobredi‖chos . ꝛ uos do*n* Ruy
Gar*ci*a la otra . ffecha la carta en el mes de febr*er*o . Era
m.ª cc.ª Lxxxx.ª vj.ª Regna*n*do el Rey don Alffonsso co*n* la Reyna
do*n*na Violanda . en Castiella . en Toledo . en ‖ Leon . en Galliçia . 70
en Seuillia . en Cordoua . en Murc*ia* . en Jah*e*n . Maordomo del
Rey don Joh*a*n Garcia . Senescal do*n* Pedro Guzma*n* . Don
Alffonsso Telez tenie*n*te Cea . ꝛ Grayar . abbad en ‖ sa*n*t Fagu*n*t .
do*n* Nicholas . Merino do*n* Sancho Garcia . Saiones don Pedro ꝛ
D*ie*go ramos . Diuiseros en Galliguiellos . El abbat de sant Fa- 75
gunt . Ruy Gar*ci*a . ꝛ Pedro Garcia . ꝛ ffiyos de ‖ Johan Garcia . ꝛ ffiyos
de Gutier Rod*ri*g*ue*z . Pesq*u*isas rogadas de ambas las partes .
Et por q*ue* esto sea firme ꝛ estable . ꝛ por q*ue* yo Ruy Garcia
no*n* e Seyello aute*n*tico . Rogue ‖ al Co*n*ceyo de sant Ffagunt .
q*ue* metissen so seyello en esta carta. 80

230 × 315 mm. En haut l'*abc* découpé, en bas un pli avec deux trous
pour les sceaux. — Ligne 10, devant *las eras*, le notaire a écrit *las p͞i*
mots qu'il a supprimés après à l'aide de points souscrits.

LI.

1259, 3 mars.

S. P. 1180. Indice 1943. p. 447.

Conocida cosa sea a q*u*antos esta carta viere*n* . como yo
Gunzalo Fernandez de Villalpando marido ꝛ p*er*ssonero de ‖ Orraca

Alffonsso muyer que fue de Johan Garcia de Galliguiellos fago
particion ꞇ auenencia por parte de Orraca Alfonsso ‖ la sobredicha .
5 conuusco Pedro Garcia de Galliguiellos hermano ꞇ almosnero de
Johan Garcia . ꞇ tenedor de sos fijos . ꞇ gar‖dador de sus bienes .
Esta es la particion ꞇ la auenencia que fazemos. Yo Gunzalo
Fernandez recibo por parte de ‖ Orraca Alffonso mi muyer que
hereda por so fijo Lorenço ꞏ el tercio de quanto auie Johan
10 Garcia en Galliguiellos ꞇ en ‖ Castellanos . de Suelos poblados ꞇ
por poblar . de tierras ꞇ de vinnas . de Molinos ꞇ de Prados ꞇ de
compras ‖ ꞇ de Entradas ꞇ de sallidas. Et yo Gunzalo Fernandez
so recabdo por mi ꞇ por todas mis buenas de fazer otorgar esto
‖ todo a Orraca Alfonso la sobredicha . ꞇ de quitar se pagada de
15 Pedro Garcia ꞇ de sos sobrinos fijos de Johan Garcia ‖ Gunzal-
Iuannes ꞇ Sancha Garcia por parte de compras ꞇ de Ganancias de
moble ꞇ de Rayz quantas con Johan Garcia so ‖ marido fizo ꞇ dela
demanda quel demandaua dela heredat de Boadelleya ꞇ de Quintana que uendiera pora debdas ꞇ pora ‖ mandas de Iohan Garcia .
20 ꞇ de todas las otras cosas que dezie que tenie Pedro Garcia .
Et de quantas demandas contra el‖los auiemos . somos pagados
ꞇ nos quitamos dellos con aquesta partiya. Et yo Pedro Garcia
me quito de Orraca Alffon‖so de quantas demandas auie contra
ella por partes de mios sobrinos fijos de Johan Garcia . ꞇ salgo
25 por pagador de mandas ‖ ꞇ de debdas de quantas deuie Johan
Garcia. Et por esta partiya assi como sobredicho es ꞏ nos partimos pagados vnos ‖ de otros los sobredichos. Et qualquier
delas partes que contra esto venier . ꞇ estas partijas ꞇ estas aue-
nencias quisier ‖ remudar ꞏ peche ala otra parte . Cient morabedis
30 ꞇ las partiyas séér que séér firmes pora siempre. Et por que
esto sea firme ‖ ꞇ non venga en dubda ꞏ roguemos a don Millan
escriuano del Conceyo de sant Ffagunt que fezies ende dos
cartas partidas ‖ por a. b. c. ꞇ posies enellas so signo . La vna que
tengamos yo Gunzalo Ffernandez ꞇ Orraca Alffonso los sobre-
35 dichos . ꞇ la otra ‖ que tengades uos Pedro Garcia el sobredicho .
ffechas las cartas en sant Ffagunt . Lunes tres dias de Março
ERa mª ccª ‖ Lxxxxª vijª Pesquisas rogadas de amas las partes .
Don Nicolas abbat de sant Ffagunt. Yuan dAluires ꞇ don Martin so ‖ hermano clerigos. Don Pedro Perez balestero del Rey .
40 Don Johan Esteuanez so sobrino . Don Pere Daente . Diego caro .

Pere Guille*r*me ‖ ꞇ do*n* Joha*n* so he*r*mano fijos de do*n*a Gayarda .
Gunzalo Gil de Furones . Do*n* Ffernando sellero . Ffern*a*nꞇ Yuan*es*
escriuano del ‖ abb*a*t do*n* Nicolas . Do*n* Marti*n* colodrero . Roy
Garcia . Do*n* Migael carpentero nieto de Yuan dela canal . Do*n*
Pedro Marti ‖ nez de Maorga . — — —

Et yo do*n* Milla*n* escriuano sobredich*o* p*or* Ruego de amas
las partes escreui esta carta ꞇ pus enella este mio signo . *(seing)*

210 × 180 mm. En haut l'*abc* decoupé, en bas des trous. Le mot *cient*,
l. 29, est pourvu à torꞇ d'un signe d'abréviation (trait horizontal au-dessus
de *nt*).

LII.

1259, 22 octobre.

S. P. 1182. Indice 1943, p. 448.

Saban todos q*u*antos esta carta uieren Co*m*mo yo Gonzaluo
Garcia de Estrada ꞇ yo Diego ‖ Ordo*n*nez de Castreyon ma*n*ses-
sores de Don Rodrigo . otorgamos q*ue* uendimos á uos Do*n* ‖
Nicholas por la grac*i*a de dios Abbat de sant Fagunt . ꞇ al
Conuento des mismo logar q*u*anto ‖ q*ue* auia do*n* Rodrigo en
Melgar deiuso ꞇ damos a P*edro* Roiz de Forganes por p*er*so-
nero q*ue* ‖ meta en ello a uos o a ūros monges o a q*u*ien
q*u*ier q*ue* ūra carta lieue. Et yo Pedro Roiz ‖ de Foryanes
recibo esta p*er*soneria ꞇ otorgo de complir por my q*u*anto sobredicho es en esta ‖ carta. Et por q*ue* esto sea firme yo Gonzaluo
Garçia ꞇ yo Diego Ordonez sobredichos pu ‖ siemos en esta carta
ūros seellos pendientes . Dada en Paredes xxij . dias andados
del mes ‖ de ochubre . ERa m*a* cc*a* xc*a* vij*a*

105 × 190 mm. En bas un pli de 9 mm. Des bouts de ficelle restent
dans les trous.

LIII.

1259, 17 décembre.

S. E. 1544. Indice 2331, p. 537.

Saban todos los omes quantos esta Carta viren . commo
nos don Johan Prior mayor de ‖ sant Ffagunt . seyendo ñro
sennor el abbat don Nicholas enna Corte de Roma . ⁊ ‖ nos teniendo las sues uezes en todas las cosas espiritales . con otor-
5 gamiento delos companeros ‖ que nos lexo pora conseyo ⁊ pora
aydorjo en todas cosas . a presentacion de don Domingo celeriço
‖ mayor . damos la ñra eglisia de villa Pecenjn a don Martin
abbat de Ceruatos por ‖ Cura . ffecha la Carta . Miercoles . xvii .
dias andados de Dezembrio . en ERA . de mill . ‖ ⁊ Dozientos . ⁊
10 Nonaenta . ⁊ Siete . Annos . Pesquisas rogadas . Don Diego Perez
en ‖ fermero . Don Diego sacristano mayor . Don Ffernand Yuanes
camarero mayor . Don Sancho bode‖guero mayor . Don Andres
prior dela obra . Don Gunzaluo Alffonsso almario mayor . Don
Johan ‖ sobrino del abbat don Garcia . Don Ffernando bodeguero
15 menor . Don Diego Rodriguez Caual‖lero fide don Ruy Diez de
Scobar . Don Barnabe . Don Matheo fide Marie Granada . ‖ Pedro
Martinez escudero . Don Migayel yerno de Farricoque . Don Nicholas de Calçada . ‖ Pedro Melendez . Don Nicholas ome del
celeriço . De villa Pecenjn . Don Rodrigo Al‖uarez cauallero . don
20 Gutier Gunzaluez Cauallero . Don Gunzaluo so fijo . Don Tome
clerigo capel‖lan del celeriço don Martin Rodriguez merino .
Pedro Rodriguez . Don Ffernando so fijo . Et por que esto ‖ sea
firme ⁊ estable . yo don Johan prior sobredicho . meti mj Seyello
pendiente en esta carta.

200 × 190 mm. Le ruban vert du sceau reste en bas du parchemin.
L. 17, l'o de *Farricoque* peut être un *c*. L. 19, devant *De villa Pecenjn*, le
notaire a écrit un *C* majuscule.

LIV.

1260, arvil.

S. P. 1183. Indice 1946, p. 448.

JN dej nomine. Cognozuda cosa sea atodos los oms
questa carta uirem . Qe yo Pedro Garcia ᷓ miermana dona Marina ambos ermanos denuestra buena uolumtat . ffazemos cambio
delquinon decasas ᷓ de torre ᷓ de corral ‖ del solar que fu demia
madre donEluira quanto micabo departiya demia madre ami 5
Marina Diaz . Dolo demie buena ‖ uolumtat ᷓ porque entiendo que
ye mie pro . auos miermano Pedro Garcia . con exidas ᷓ con entradas . Porque porel ferenal ‖ que cabo aJuamGarcia logar notado
Las casas dedona Marina deluna parte ᷓ delotra parte lacal delotra
parte elquinon ‖ deMariFernandez . Delotra parte terra deRoyGar- 10
cia . ᷓ terra dedona Marina . Delotra parte linderos una terra delas
duen‖nas desamPedro . E yo PedroGarcia demie buena uolumtat .
Do auos mier mana dona Marina este ferenal sobredi‖cho poresto
queme uos dades . E yo PedroGarcia so deudor ᷓ so tenudo o
quilo mio eredar defazer este ferenal sobredicho ‖ sano a dona 15
Marina . oquilo suyo eredar . ᷓ defazelo atorgar a fiyos de Juam
Garcia ᷓ dales ya porque destos xv annos . ‖ que aueran edat . E
desde quelo yofizier atorgar afiyos de IuamGarcia oquilo suyo
eredar ficar estos suelos libres ᷓ quitos ‖ ami PedroGarcia oquilo
mio eredar . Yesse adonaMarina contrastal uinies deste ferenal 20
sobredicho oquilo suyo ere‖das . Yo PedroGarcia oquilo mio eredar . Do auos donaMarina miermana oquilo uuestro eredar el suelo
enque mora ‖ Esidro leones . yel suelo enque mora Esidro eldelierno
conaferem assi como esta tras casa . Estos solares sobredichos
‖conso ferem enesto uos meto que seades tenedor ques fruchedes 25
yeleuedes sintodo peccado fata xv annos . senantes ‖ uolo contrastarem odepues destos xv annos que aueram edat aquelos mozos
oquilo suyo eredar . E yo Pedro Garcia ‖ fago auos miermana dona
Marina una casa pachiza ye terrada . entorna tan luenga como
labodega deme uos dedes ‖ ye v morabedis . onso bien pagada . 30

Yo dona Marina ꞇ yo PedroGarcia atorgamos este cambio sobredicho . asi como ‖ sobredicho ye . Porestos cambios *que* seam mas
firmes fazemos carta partida porabece ye luno tenga la una yela
elotra ‖ ffecha la carta enemes de abril . ERA mᵃccᵃ Nonagesima
35 viiiᵃ Regnante re don Alfons cumrina dona Uio‖landa enToledo
enCastiela enLeom enGalizia enCordoua enMurcia enlaem enSi-
uila . Adelantradro mayor enCastiela ‖ Dom Pedro Guz mam *Epi-*
*sco*po en Leom Martin*Fernandez* . Abat ensamFagum doNicolas .
Alfonso Telez tenente Cea ꞇ Grayar . ‖ Diuiseros en *Galliguiellos* .
40 RoyGarcia . Pedro Garcia . ffiyos de Iua*n* Garcia . Marina Diaz
ffiyos de Gut*ier* Rodriguez . Q*u*i pr*e*sentes ‖ fuer*unt* ꞇ audier*unt* .
‖ Yo Pedro Garcia ꞇ yo dona Marina qu*e*sta carta mandemos fazer
uno aotro larobramos ye la atorgamos ꞇ ponemos hi n*uest*ro signo
(seing) ‖ Martinus notuit.

256 × 256 mm. A droite un peu plus haut que le miliea du parchemin,
se trouve une découpure arrondie qui commence à la 4ᵐᵉ ligne et s'étend
sur 13 lignes, lesquelles sont, par conséquent, plus courtes que les autres.
En haut l'*abc* découpé, en bas des trous. — La charte est à plusieurs endroits
difficile à déchiffrer. L. 30, *bien* est écrit deux fois. Après *audierunt*, l. 41,
il y a un grand espace vide. La ligne suivante se trouve en bas du parchemin.

LV.

1260, 4 septembre.

S. E. 1549. Indice 2339, p. 538.

Co*n*noçuda cosa sea a todos p*or* aqu*e*ste escripto . qu*e* ante
mi Alfonso Joha*n* notario publico ꞇ Jurado del Conceyo de ‖ *L*eon .
ꞇ ante estos om*ne*s bonos de yuso esc*r*iptos don Marti*n* monge
del Monest*er*io de sant Ffagu*n*t . prior ‖ *d*el prioradgo de sant
5 Ffelizes cerca Maorga ꞇ pr*e*sento ꞇ amostro una letra de do*n* Alfonso Dean de Palen‖cia seellada de so seyello pendente ꞇ a Arias
P*er*ez Canoligo de Leon ꞇ en*n*a q*u*al letra el Dean sobredicho
amo‖nestaua . ꞇ mandaua a Arias P*er*ez pela auctoridat del papa .

que e*n*no pleito q*ue* yera ent*r*e Al*f*onso P*e*laz cl*e*rigo del ‖ Choro
de Leon dela una *p*arte . ׃ el Abbat ׃ el *co*nuento del Monest*e*rio 10
de sant Ffagu*n*t del ot*r*a . sobrela ‖ d*e*ua*n*dicha egl*i*sia de sant
Ffelizes *ꝺ* q*ue* no*n* fezies nemigaya en esse pleito *ꝺ* ata q*ue* el
nolo det*e*rminas assi como ‖ el papa ye auia ma*n*dado p*o*r sua
let*r*a. Ela q*u*al letra *f*u leyda de vieruo a yeruo ante Arias
P*e*rez . ׃ por ‖ q*ue* yo Alfonso Joha*n* notario sobredicho . a esto 15
todo de suso dicho *f*uy p*r*esente ׃ xamado *ꝺ* por ruego del por ‖
nomnado P*r*ior do*n* Marti*n* . esc*r*iuj ende este publico estrum*ento* *ꝺ*
׃ fiz en elle mia sennal . Esto *f*u en ‖ Leon *ꝺ* e*n*nas casas de Arias
P*e*rez . Sabbado ante de viespras . quatro dies andados del mes
de Set*embr*e . ‖ en era de Mill ׃ duzientos . ׃ nonaenta . ׃ vuecho 20
a*n*nos . Estos *f*uro*n* p*r*esentes . do*n* Pedro Alfonso . ‖ cauall*e*ro .
Joha*n* galua*n* cauall*e*ro . Diego Marcos escud*e*ro . do*n* Guzb*e*rte .
Domi*n*go P*e*rez lozano . Pedro Ffernа*n*dez ‖ cl*e*rigo del choro . do*n*
Vicente esc*r*iuano . do*n* Pascual capat*e*ro ‖ Alfonso Joha*n* *(seing)*
q*u*i not*u*it.
25

153 × 180 mm. Après la fin du texte, un ornement représentant un
lion encadré. — Lignes 2 et 4, les premières lettres de *Leon* et de *del*
sont cachées par la reliure. Les hastes des *ll* de *mill*, l. 20, sont tranchées
par un trait horizontal et au-dessus du *P* de *Pedro*, l. 23, on voit un *o*. Après
avoir fait cette abréviation, le notaire paraît s'être ravisé et il a écrit le mot
en toutes lettres sans gratter le *o*.

LVI.

1260, 30 décembre.

S. P. 1184. Indice 1947, p. 448.

(Chrisme) JN dei nomine ame*n* . Porq*ue* las cosas que son
fechas sin es‖cripto caen muchas uegadas en oblido poro uiene*n*
co*n*tiendas ‖ e nasce*n* depues discordias entrelos ome*s* *ꝺ* porende
manifiesta ‖ cosa sea aquantos esta carta uire*n* é el escripto dela
oyre*n* ta*n* ‖ bie*n* aq*ue*llos q*ue* agora son como aq*ue*llos q*ue* an 5

E. Staaff.
6

aun de séér . Que ‖ yo D*iego* Simo*n* co*n* mi mogier Mari P*erez* .
Auos don Andreo fijo de do*n* P*edro* Re‖aluo e de dona Marina
fija de don Tome fazemos carta deuendicion‖ de . i. ti*er*ra q*ue*
nos hauémos ent*er*mino de Melgar de suso en logar pernom‖
10 brado sola talaya de uega . Linderos desta ti*er*ra de p*ri*ma parte ⁚
Don Fagu*n* ‖ neto de Ma*rtin* Ferna*n*dez . De . ij* parte ⁚ Don Nicolas frene*ro* . De . iij* parte ⁚ D*iego* j . ‖ ribo . De . iiij* parte ⁚ la
carrera q*ue* descende del era delos sayugos pora Al‖ça rabos.
Esta ti*er*ra assi t*er*minada é assi lindada uendemos auos entre‖
15 p*re*cio ⁚ aluaroc por . iiij . mr̄r . onde somos bie*n* pagados e ne*n*-
guna co‖sa no*n* remanc*z* por dar . Deste dia endelantre esta
ti*er*ra deua*n*dicha de ‖ n̄ro iuro sea librada e en ūro senorio co*n*firmada . ayadella pora te‖ner ⁚ pora dar . pora ue*n*der ⁚
pora enpe*n*nar . e pora faz*er* dela elo que uos ‖ ploguier . uos ⁚ ó
20 q*ui*lo ūro h*er*edar . ó esta carta en ūra p*er*sona ó en
ūra ‖ uoz sacar . Si nos ó fijo ó neto ó p*ro*ximo ó otro
ome qual q*ui*er esta car‖ta ate*m*ptar o q*ue*brantar ⁚ sea mallito
é descomu*n*gado é co*n* ludas tray‖dor en enfierno dapnado . é
peche en coto . viij . mo*r*abedis . e aq*ue*la ti*er*ra de ‖ suso dicha
25 doblada co*n* so lauor en tal loga*r* o en meior . ff*acta* carta ‖ Era .
m*.*cc*.*xc*.*viij* endie youes . ii . dias por andar de deze*m*brio.
Re‖gna*n*te el rey do*n* Alfonso cona reyna dona Uiolanda en
Castiella é en ‖ Leo*n* . Adelantrado mayor del rey en Castiella ⁚
Don P*edro* Guzma*n* . Obispo‖ en Leo*n* ⁚ Do*n* Ma*rtin* Ferna*n*dez .
30 Abat en san Fagu*n* ⁚ DoNicolas. Senor de Mel‖ga*r* de suso ⁚
Don Alfonso ⁚ yfante senor de Molina é de Mesa . M*er*ino ⁚ ‖
Ma*rtin* garfin. Alcalles ⁚ D*iego* P*erez* é do*n* P*edro* Ma*rtinez* .
Jurados. D*iego* Ma*rtinez* . Ferna*n* Mar‖chos . Ma*rtin* Caniello ⁚ e
Garci*a* Moniz. Pedgadores. Do*n* Barnabe . Go*n*çaluo Ferna*n*-
35 dez . Do*n* ‖ Asensio. DoYuaues fide Ma*rtin* sieglo. Ma*rtin*
P*erez* fide P*edro* goleludo . Ma*rtin* Realuo ‖ Don Matheo fide
D*iego* P*erez* de barri de Uega . Testes Ma*rtin* realuo . Do*n*
Matheo fide D*iego* P*erez*. Go*n*çaluo Ferna*n*dez . P*edro* caluo
Garci*a* ma*n*so . So fijo Guigelmo . ‖ Bartolomeu no*tuit*.

295 × 170 mm. Le nom du notaire est inscrit dans un ornement ayant
la forme d'un bras dont la main est étendue vers la droite. — Il faut observer
les nombreuses abréviations des noms propres, qui sont souvent difficiles à
juger. — L. 16, *remanes* est écrit *remanz* sans signe d'abréviation.

LVII.

1262, novembre.

S. P. 1187. Indice 1930. p. 449.

EN el nombre de dios amen. Coznosçuda cosa sea a todos
los ombres que agora son ꞉ alos que seran adelantre . commo nos
don Nicholas por la gracia de dios Abbat de sant Ffagunt . ꞉
el Conuiento desmismo logar. Damos auos el Conçeyo de sant
Lorente del paramo nuestros vassallos fuero por que uiuades 5
uos ꞉ alos que uernan depues de uos pora siempre iamas .
Enno primero mandamos que todos los ombres moradores en
sant Lorente del paramo por cada uno delos suelos que te
nedes . que dedes cada anno ala fiesta de sant Martin . ij . soldos .
꞉ dos quartas de pan por enfforciones . ꞉ Por las heredades que 10
tenedes mandamos que dedes siete sernas cada anno con uuestros
Cuerpos elos que non ouierdes bues . et elos que ouierdes bues .
con los bues . ꞉ un ombre que uaya con ellos que sea conueniente
pora la serna . Estas sernas sean dadas en esta guisa . las dos
sean al trillar . ꞉ den las en quinze dias . ꞉ elas otras dos al segar . 15
꞉ den las en otros quinze dias . ꞉ ela otra serna sea a baruechar .
ela otra a senbrar . ela otra serna sea a traer el pan a sant
Ffagunt . ꞉ que uos den a comer las primeras dos sernas ꞉ Pan .
꞉ Vino . ꞉ Carne . ennas segundas dos sernas Pan . ꞉ Vino . ꞉ con
ducho ꞉ assi como lo usastes fasta aqui . ꞉ se fuer meyorado ꞉ si 20
non que non sea empeorado . enna serna que fizierdes quando
troxierdes el pan a sant Ffagunt ꞉ quando tornardes a uuestras
casas de sant Ffagunt . queles de el nuestro casero Pan . ꞉ Vino .
꞉ conducho ꞉ segundo elas otras sernas . Se dalguno se yr quisier
dela uilla ꞉ uenda las casas ela heredat a otro nuestro vassallo 25
de sant Lorente del paramo . las casas uenda fasta nueue dias .
ela heredat fasta cabo de un anno , en este anno faga los fueros
por ella . ꞉ si en este anno nolo uendier a nuestro vassallo ꞉ finque
ela heredat en Palacio . ꞉ si ennos nueue dias que a de uender
elas casas non las uendier ꞉ tome todo so mueble . ꞉ las puertas . 30

ela méétat dela techumbre delas casas. ela otra méetat finque
en Palacio. Pero si la so méétat quisier comprar el nuestro
casero! tanto por tanto delo ante al nuestro casero que á otro.
t finque todo en Palacio. Todo ombre que uenier morar a sant
35 Lorente. t fizier casa de nueuo! en es anno non de la enfforcion.
Todo ombre morador en sant Lorente! non fie á otro de fuera
dela uilla! si non sobre pennos muertos del duplo! que pueda
meter en so arca! o en so casa. Sacamos de sant Lorente del
paramo. Roxo. t manneria. t vuesas. t todo homezilio! achacado.
40 t quien otra guisa matar! peche trezientos soldos al Abbat. Et
quien casa quebrantar. o quien ferir. ó fizier otra calompna
qual quier! peche la al Abbat. ye al liuoroso commo el Abbat
judgar t mandar. Et quales otros quier pleitos. o juyzios. que entre
uos acaezcan venir á juizio antel Abbat. t estat por quanto el
45 mandare. Et mandamos quelas heredades quelas vendades unos
a otros. tanto que finque dalguna heredat con el suelo. que non
se pierda el fuero. t en quantas partes se partiren las heredades.
t elos suelos. que fagades tantos fueros. Et si el suelo. o heredat que fue partido del padre entre hermanos. t hermano dalguno
50 comprar o heredar de so hermano! que faga un fuero por ella.
Mientre los hermanos fueren solteros et non partiren! non fagan
mas de un fuero por ella. t depues que casaren ó venieren
sobre si! que faga cada qual so fuero. ffecha la carta en sant
Ffagunt! enna Camara del Abbat. en el mes de Nouembrio. enna
55 Era de mill t Trezientos. annos. Regnando el Rey don Alffonsso
con la Reyna donna Yolant. t con so ffijo el Inffante don Ffernando. en Castiella. en Toledo. en Leon. en Gallizia. en Seuilla.
en Cordoua. en Murcia. en Jahen. en Badayoz. t en Algarue.
Ela Alfferezia del Rey vaga. Maordomo. del Rey. Don Alffonsso
60 Garcia. Adelantrado mayor en el Regno de Castiella. Don Pedro
Guzman. Adelantrado mayor en el Regno de Leon! Don Gutier
Suarez. Don Alffonsso Tellez teniente Cea. t Grayar.

1re colonne. Don Domingo Paris prior mayor de sant Ffagunt. la conf. Don Johan Perez de Veziella prior
65 segundo. la conf. Don Sancho de uilla Garcia.
prior tercero la conf. Don Ffernand Yuanes
Camarero mayor la conf. Don Johan almario
mayor la conf. Don Gunçaluo Alffonsso enffer-

mero la *conf.* Don Martin Gutierrez celeriço
mayor la *conf.* 70

2ᵉ colonne. Don Ffernando almosnero mayor la *conf.* Don
Ffernand Rodriguez bodeguero mayor la *conf.*
Don Garcia hostalero la *conf.* Don Domingo
sacristano mayor la *conf.* Don Domingo sennor
delas caridades la *conf.* Don Garcia de sant 75
Pedro camarero del abbat la *conf.* Don Gunçalo
camarero del abbat la *conf.*

Et nos don Nicholas por la gracia de dios abbat de sant
Ffagunt . ʒ el Conuiento desmismo logar sobredichos . por que
esta carta sea firme ʒ estable pora siempre ʒ ffiziemos poner en 80
ella nuestros Seyellos pendientes. Et yo don Alffonsso escriuano
publico del Conceyo de sant Ffagunt escreui esta carta por
mandado del sobredicho abbat don Nicholas . ʒ ffiz en ella este
mio Signo *(seing)*

460 × 285 mm. En bas un pli avec de petits trous. Les *f* de *conf.* forment deux lignes verticales de la longeur des colonnes et marquées d'un trait horizontal pour chaque témoin. — Dans *mill*, l. 55, les deux *l* sont tranchés par un trait horizontal. L. 73 et 74, l'abréviation de *Domingo* est écrite *dnigo*; ni peut pourtant être un *m* et, l. 63, le *m* est très distinctement écrit.

LVIII.

1264, avril.

S. P. 1193. Indice 1936, p. 451

a.

IN dej nomine. Quodnozuda cosa sea atodos poreste
escripto que siempre sea ʃ ualedero. Que yo Yuan Ruberte comie
muyer MariGutjerez . ffazemos carta ʃ deuenditjom . A uos Pedro-
Garcia . De una uina que auemos en logar pornombrado ʃ enepago deCamperos porprecio nombrado i morabedi . entre pre- 5

cium ye aluaroc onde|somos bien pagados ː bjen co*m*plidos ː
no*n*remanez nada pordar . ffront*er*as desta|uina sobredicha . De
*prim*e*ra* pa*r*te carera de Uiliela . De ii.ª pa*r*te uina defiyos de|
IuamGarcia . De iii.ª pa*r*te PedroGarcia co*m*prador . Deste dia
10 deuue adelantre sea|esta uina sobredicha den*r*o iuro librada
yen ū*r*o pod*er*io co*n*firmada ayades uenda|des dedes empe-
nedes ː fagades dela lo*q*u*e*uos quisierdes tambien ena uida co|mo
enamuerte uos ː ū*r*a gen*er*atjo*n* post uos . Se alguno deñ*r*os
odestranos|esta carta quisier q*ue*brantar oesta uina quisier
15 demandar sea mallito ː exco|mungado ː cum Iudas traydor injn-
ferno dabnado ː peche encoto ii mor*abedis*|yesta uina sobredicha
doblada ental logar omeyor consu laor . ffecha la carta|enemes
de abril . ERA . m.ª ccc.ª ii.ª Regnante re dom Alfonso cum|rina .
DonaUjolanda enCastiela enLeo*n* enGalizia enToledo, enCordoua,
20 enMur|cia, enJae*n* enSiuila . Adelantrado mayor enCastiela . Dom
Pedro Guzman . *E*p*iscopo* en|Leo*n* Martin *F*e*rnand*e*z* . abat ensan-
Fagum . doNicolas . Alfonso Telez, tenente Cea ː Gra|yar . Diui-
seros en *Galliguiel*los . RoiGarcia . PedroGarcia . Marina Diaz .
ffiyos de|Jua*n*Garcia . ffiyos deG*utier*Rodriguez . *Q*u*i* p*re*sentes
25 fuer*unt* ː audier*unt* .|Yuan Caualo *con*f . Domjngo Tomez . yesoso-
brino Fernando *con*f .|Ffernan cago*n* *con*f . Domjngo Diaz *con*f .
Yuan ferero *con*f .|Yo Yuan Ruberte comje muyer MariGut*ierr*ez
q*ue*sta carta mandemos fazer robramo|ː co*n*firmamola yeste signo
fazemos *(seing)* Martin*us* notuit.

b.

30 *Jn* dej no*mine* . Yo Yuanferero comje muyer MarinaFagu*n*dez .
ffazemos ca*r*ta duenditjom . Auos PedroGarcia . De ii uinas q*ue*
auemos enlogar p*or*nom|brado enepago dePanq*ue*ros . p*or*p*re*cio
no*m*brado viiii fl. ː medio entre p*re*cio ye alua|roc onde somos bien-
pagados ː bjen complidos ː no*n*remanez nadapordar . ffronte|ras
35 delapri*mer*a uina . De pri*mer*a parte La carera deUiliela . De
ii.ª parte uina q*ue* fu deMigalcansino . De iii.ª parte uina de
PedroGarcia comprador . De iiii.ª parte uina|deSaMames . ffron-
t*er*as dela . ii.ª uina . Depri*mer*a parte elmayuelo delabat desan
Fagum|De ii pa*r*te uina deMariPedrez fiya dePedriuanes garuero
40 desamPedro delas duen|nas . Deste dia etc. . . . . comfirmadas . . .

generatjom . . . lauor . . . don Alfonso . . . Jaem . . . Leom . . Juani-
Garcia . . sosobrino Fernano . . cagom . . robramola : confirmamola

c.

JN dej *nomine* . Yo Maribuena . ffago carta deuenditjom.
Auos Pedro Garcia. De una uina *que* hee enlogar *por*nombrado
enepago deCamperos . *por*precio nombrado i mor*a*b*e*di. ye ii 45
quartas depan una detrigo ye otra decenteno entre *pre*cio ye
aluaroc onde so muibjen pagada : bien co*m*plida : no*n*remanez
nada pordar ffront*e*ras desta uina. De p*r*im*e*ra parte : dela ii^a
: dela iii^a yo PedroGarcia comprador. Deste dia etc. . . . .
Lom . . . . . Domjngo Diaz ye Uan Rub*e*rte *conf.*   50

d.

JN dei *nomine* . Am*en* . Yo Domjngo Diaz cum mje muyer
Mioro . ffazemos carta deuenditjom . Auos PedroGarcia de iii
uinas *que* auemos en lo gar *por*nombrado enepago de Camperos .
cerca Pradilam . *por*precio nombrado . V. fl. entre*pre*cio ye aluaroc
onde somos muibien pagados : bie*n* complidos : nomremanez 55
nada pordar . ffront*e*ras delap*r*im*e*ra uina . De p*r*im*e*ra parte uina
dePedroGarcia . De ii^a parte uina *que* fude Martinbueno ffron-
t*e*ras dela . ii . uina . Dep*r*im*e*ra parte uina deUraca Gomez . De
ii^a parte yo PedroGarcia comp*r*ador . ffront*e*ras dela iii^a uina .
Dep*r*im*e*ra parte : dela ii^a Domjngo chico . De iii^a parte fiyos 60
delpainote desamPedro . Deste dia etc. . . . . . comfirmadas . . . .
gen*e*ratjom . . . . . con suo lauor . . . . . Leom . . . . . Jaem . . . . .
Leom . . . . . Fagum . . . . . cagom . . . . .

645 × 180 mm. De petits trous en bas. Les seings des trois premières
chartes réunies sur ce parchemin sont en forme d'étoiles, celui de
la dernière en forme d'un bras dont la main s'étend vers la droite. Le nom
du notaire est inscrit dans le bras. — A partir de *Deste dia*, les quatre documents sont presque semblables, exception faite pour certains changements de
témoins, les contractants d'une charte ayant servi de témoins pour une autre
etc. — Nous avons par conséquent reproduit cette partie dans son intégrité
seulement pour la première charte, nous contentant pour les trois autres
d'indiquer les formes qui diffèrent des formes correspondantes de la première
et qui sont de quelque intérêt au point de vue de la langue.

LIX.

1264.

S. P. 1194. Indice 1957, p. 151.

Qonnocida cosa sea aquantos esta carta uiren . Qumo yo
don FernanRodrigez de Trezenno . Oferessco mio querpo emie
alma . Enujda ye muerte . Asancta Maria dePiasca . Do . hy .
quanto eredamiento . e . enCastejon . e en Pison | e en Traspenna .
5 Uassallos poblados epor poblar . prados . etierras . equanto | hy .
e . enfuentes . e enmontes . e enexidas . e en entradas . e endeuisas .
e do . y . ueynte uaccas . Esto do por mio quinto . epor mi . . . .
. . manda . Ruego emando edefiendo . Amios fijos : amios parientes . emies parientas . equantos lo mio an de ereldar . quenin-
10 guno non sea osado de . yr . qontra este mio fecho que yo
mando . Esi | dalguno fuere osado . deyr qontra esto que yo mando .
sea maldito edesqomulgado . eqon Judas traydor en ynfierno
danado . E peche alre en qoto . mil . mor rauedis . E deste fecho
que yo fago . fago ende poderosos allabat . de sanFagund . ye |
15 al prior de Piasca . que lo puedan querellar . al rey . que lo faga
qonplir . facta carta . enera . de . mil . trezientos . edos . annos .
Regnante elrey . don Alfonso . qon sue mugier . lareyna | donna
Uiolat . En Castiella . En Toledo . En Leon . En Gallizia . En
Cordoua . En Siuilia . En Jaen . en Murcia . Enn Algarue . Adelan-
20 tado del rey . en Castiella . Pedro Guzman . E duen de | tierra . en
Lieuana . e en p n ra . Obispo en Leon . MartinFernandez . abbat
ensan Fagunt . | don Niqolas . prior en Piasca . don Pedriuannes de
Maorga . E por este fecho que sea mas firme . enon uenga en-
dupda . hyo don FernanRodrigez . de Trezenno . fago . hy . poner
25 mio | seyello pendiente . Eruego aestos omes buenos . que sean
ende testimonio . | PedroGutierez . de Torizes . *conf.* Roy Gutierez
so ermano . *conf.* Yuan Domingez deBielua t. | Martin de la Cor-
tina . t. JoanPelaz deLoriezo . t. PedroGomez . dela fuent . t.
Esteuan | delas ouesas . t. DomingoPerez . delas ouesas . t. Joan-
30 Fernandez fijo deFernanRodrigez . t. | GarciGarciaz . fijo de Garci

Ordonnez . t. DoYuannes capellan de Loriezo . conf. doYuannes
fijo dePedroPerez detras auuela . t. Domingoruyo . desantOlalla .
t. FernanPerez de Loriezo . | t. Martin dellotero . t. Pedro abbat
fijo dedon Diago dePesaguero . t. Yuan guerra . t. | El Concejo
de Loriezo . Oydores eueedores . Joan Pelaez . laescriujo . t esta 35
mie manda | foy fecha . ala puerta delmjo palacjo deLoriezo.

157 × 168 mm. En bas un petit pli avec deux trous. Ligne 7—8, un
blanc dans le texte. Vu l'omission constante du signe de la nasale dans
Loriezo, nous n'avons pas cru devoir ajouter un *n*. Le *p* de *pura*, l. 21, porte
le signe d'abréviation indiquant *per, pre, por, pro* etc.

LX.

1267, 10 décembre.

S. P. 1197. Indice 1960, p. 451.

Connoscida cosa sea a quantos esta carta viren . Que nos
don Arnal por la gracia de dios abbat de santFfagunt . t Nos
Conuiento desmismo logar . todos de una uoluntat t de un corazon
sin contrasta ninguna . Damos t Otorgamos Auos Dona | Aldonza
Alffonsso . ffiya del Rey don Alffonsso de Leon por en todos 5
uestros dias ela nuestra casa que dizen sant Ffelizes . cerca de
Mayorga . con todos los derechos . t con todos | los bienes que
nos hy auemos t deuemos hy a auer. Conuien a saber ela villa
con todos | los vassallos poblados t por poblar . t con todos los
derechos . t con todos los ffueros assi commo nos los auemos . t 10
deuemos a auer. Otrossi nos damos quanto auemos en sant
Martin del Ryo . t quanto auemos en Yzagre . t quanto auemos
en Santiago t quanto auemos en Oteruelo . t quanto auemos en
villa Ffamete Todo esto uos damos con vassallos poblados t
por poblar . t con tierras t con vinnas . con prados t con aguas . t 15
con los molinos dela torre . t con los molinos del abbat . t con
los molinos del Requexo t con toda la nuestra parte que auemos
enne molino de sant Martin del Rio . t con todos los diezmos . t

con todas las rentas . ꞇ *con* todos los derechos de las *nuestras*
20 yglisias de sant Ffelizes . ꞇ de sant *Martín* del Ryo . todas estas
cosas sobredichas uos damos entrega mjentre sin todo entredicho . *con* entradas . ꞇ *con* salidas . ꞇ *con* todos los derechos *que*
nos hy auemos ꞇ deuemos a auer en estos logares sobredichos.
Et todas estas cosas sobredichas uos damos por tal pleyto *que*
25 uos *doña* Aldonza Alffonsso *tengades* dos *monges* en sant
Ffelizes por siempre . quales uos dier el *abbat* ho el *prior* ꞇ el
vno dellos en *nombre* de *prior* . ꞇ el *otro* por *sacristano* . ꞇ que
los ffagades ministrar de comer . ꞇ de beuer . ꞇ de vestir ꞇ de
calzar . *bien* ꞇ honesta *mientre* . *segundo* la costumbre de *sant*
30 Ffagund . ꞇ que ffagades *seruir* las yglisias *bien* ꞇ honesta *mientre*
ꞇ *complida* *mientre* . ꞇ *que* tengades vn *capellan* ó capellanes . en
sant Ffelizes . ꞇ que dedes cada *anno* diez *morauedis* ala castel-
leria de Mayorga . ꞇ *que* dedes cada *anno* . v . *morauedis* ala
emffermeria de sant Ffagund por la fiesta de sant *Martín*. Et
35 uos *doña* Aldonza *que* non seades poderosa de vender . *njn* de
empennar . *njn* de mal meter . *njn* de dar . *njn* de cambiar . *njn*
de enagenar en otra *persona* estas cosas sobredichas . *njn* neguna
dellas . ꞇ *que* mantegades los vassallos a sos ffueros ꞇ asos derechos ꞇ *que* *mantengades* las casas . de manera que por *mingua*
40 de se adobar . *non* cayan *njn* se pierdan . ꞇ si cayeren ho *que*-
maren quelas ffagades ffazer . tan *bien* *commo* agora estan o
meyor . ꞇ *que* ffagades guardar el soto . ꞇ el *monte* de dampno . ꞇ
non cortedes á pie . ꞇ *que* labredes las *viñnas* de todos sos
lauores . ꞇ depues de *uuestros* dias que dexedes todas estas cosas
45 sobredichas que uos damos libres ꞇ quitas al *monesterio* de sant
Ffagund . *con* todos los *acrecentamjentos* . ꞇ *con* todas las meyorias
que uos hy fezierdes . o *otro* por uos . en estos logares sobredichos . ꞇ nos que podamos entrar por nos o por *nuestro* mandado estos sobredichos logares por *nuestra* auctoridat . ꞇ por
50 *nuestro* poder sin *contrasta* *nenguna* assi *commo* lo fallarmos .
ꞇ *con* *quantas* cosas y ffallarmos . ꞇ *non* seades poderosa de meter
capellan *ennas* yglisias de sant Felizes ꞇ de sant Martin sinon
por mano del abbat . ꞇ que dedes sus derechos al obispo . ꞇ al
arcidiano de Leon ꞇ que paguedes todas las debdas dela casa
55 de sant Ffelizes en guisa *que* non venga *dampno* al *monesterio*
de sant Ffagund . Et esta *nuestra* casa de sant Ffelizes de suso

dicha con todas las cosas de suso dichas uos damos : uos
atorgamos entrega mientre . sin nenguna contrasta . por mucho
seruicio : por mucho bien . que deuos Recebimos . : pornom-
brada mientre por quatro mill : quinientos morauedis . de bue- 60
nos dineros leoneses . a. viii . *sueldos* . el morauedi . que recebimos
de uos *por* mano de don Bartholome uuestro capellan :
uuestro procurador en este ffecho . assi commo dize en vna
uuestra carta . : destos morauedis sobredichos otorgamos : co-
gnoscemos que somos muy bien pagados : que nenguna cosa 65
non fallecio por pagar . : aqueste auer de suso dicho Recebimos
de uos pora pagarmos debda connoscida que deuiemos enna
corte de Roma que sacaramos a usura . : sobre penas que acrecian cadaldia sobre nos *por que* podria nuestro monesterio recebir grand dampno . : renunciamos ela excepcjon del mal enganno . 70
: del auer non cuntado nen recebido . : atodo derecho que anos
podiesse prestar en este pleyto . : auos empéézer . : demas jura-
mos en *sanctos* euangelios : otorgamos de nunqua uenir contra
esta carta entodos uuestros dias . : renunciamos a toda letra del
papa que sea ganada o por ganar . *por que* se este emplazamjento 75
podiesse deffazer. Et otrosi renunciamos a todo letra del Rey
que sea ganada o por ganar . *por que* se este fecho podiesse
deffazer . : sobre todo esto otorgamos que se nos ó alguno por
nos de nuestro mandado . uenier contra esta carta . obligamos nos
de pechar auos dona Aldonza Alffonsso de suso dicha . mil 80
rauedis en dineros leoneses a . viii . *sueldos* el morauedi . : costas
: dampnos quantos recebissedes sobresta razon que ffuessen todas
sobre nos . Et yo dona Allonza Alffonsso sobredicha. Recibo :
otorgo todas estas cosas : cada una dellas *por* si . assi commo
son dichas en esta carta . : otorgo : prometo . : juro sobre *sanctos* 85
euangelios de *complirlas* . : de non uenir contra ellas njn contra
nenguna dellas . : sobre todo esto otorgo que se yo ho otro por
mi venier contra esta carta . njn contra njnguna delas cosas que
en ella son escriptas . obligo me de pechar de plano mill .
mor*auedis* de leoneses a . viii . ff . el mor*auedi* auos abbat : Con- 90
ujento sobredichos ho n qui uuestra uoz touier . : costas : dampnos
quantos recebiessedes sobresta razon . que ffuessen todas sobre
mj . : esta carta firme por entodos mios dias. Et por que esto
sea ffirme : non pueda venir en dubda . Nos don Arnal abbat

95 : nos Conuiento sobredichos . : yo dona Aldonza Alffonsso sobre-
dicha . mandemos ffazer dos cartas partidas | por A. B. C. ambas
de un\tenor . la una que tengamos nos abbat : Conuiento sobredichos . la otra que tengades uos dona Aldonza . : mandemos las
séellar con nuestros seellos pendientes entestimonio de verdat.
100 Data en sant Ffagund die sabado dia de sancta Eulalia | . x .
dias andados del mes de deçembrio. En la ERA de Mill . : ccc .
: çinco . Annos.

270 × 530 mm. Charte partie. En haut des découpures sur l'*abc*, en bas
trois paires de trous carrés. Lignes 60, 89 et 101, les *ll* du mot *mill* sont
traversés par un trait horizontal.

LXI.

1278, 29 août.

S. P. 1199. Indice 1961, p. 453.

Ante mj Siluestre *Perez* escriuano publico del Conçeyo de
san Ffagunt : ante los testimonjos de yuso scriptos frey Uiçente
dela orden de santa Maria dela vega : Domjngo | *Perez* clerigo .
: Roy Gonçaluez amos uezinos de Carrion pesqueridores delas
5 osuras . dixoron que ellos auien sabida la uerdat de commo tenia
don Arnal Guillen la casa de posada | que es del monesterio de
san Ffagunt. Et por auenençja de amas las partes . saluo fin-
casse el derecho del jnffante don Sancho . Mandoron por senten-
çia que dona Mayor muger que fue | de don Arnal Gujllen .
10 : sos fijos que dexassen la cassa de posada al monesterio de
san Ffagunt libre : qnita . : que diessen a don *Garçia* prior mayor
del monesterio de san | Fagunt . : adon Pedro de *villa* Lobos
procurador por el eleyto don *Martin* Gutierrez . dos cartas que
fablauan la vna en razon de quatro mjll. *morabedis* . que deuia
15 el conuiento | adon Arnal Gujllen . seellada con el seello del
conujento . : con el seello del abat don Arnal . Et la otra seellada con el seello del abat don Arnal . que fablaua de dozientos

morabedis de renta de posada. Et queles diesse estas cartas fasta ocho
dias . que se cumplien Lunes . v . dias de setembrio . primero que
uenja . Et doña Mayor sobredjcha que oujeesse los fruchos 20
dela casa de posada que aparecien en este anno . fatal san
Martin primero que uenja. Et otrossi madoron que don Garcia
prior mayor por el conujento de san | Ffagunt ꞏ don Pedro de
villa Lobos por el Eleyto cuyo procurador era que diessen á
doña Mayor la sobredjcha . quinientos morabedis . delos blancos 25
dela guerra . fatal natal | primero que uenja. Et si porauentura
doña Mayor ꞏ sos fijos non dexassen la casa de posada assi
commo sobredjcho es . ó non les diessen las dos cartas sobre-
djchas assi commo es | sobredicho . que pechassen mjll mora-
bedis . adon Sancho de la moneda blanca alffonssi que agora 30
fazen. Et otrosi si don Garcia prior mayor ꞏ don Pedro de ujlla
Lobos sobredjchos non | diessen ffasta los ocho djas sobredjchos .
pennos que ualiessen tanto ꞏ medio . ó mas . ádon Gujllen de paz
que touiesse en fieldat fata la natal que pechassen mjll mora-
bedis á | don Sancho . dela moneda sobredjcha. Et don Gujllen 35
que uendjesse los pennos . sin plazo njnguno . a danno del
monesterio ꞏ á pro de doña Mayor . si el prior ꞏ don Pedro
sobredjchos non gelos diessen . ꞏ que feziesse pago á doña
Mayor destos quinietos morabedis sobredjchos al plazo dela
natal . Et don Garcia prior mayor . ꞏ don Pedro de uilla Lobos . 40
por | el Eleyto ꞏ por el conujento . ꞏ doña Mayor por si . ꞏ por
sos fijos recibioron lo assi sola pena sobredjcha . Et otrosi amas
las partes sobredjchas . djoron fiel por | quien fuesse fecha la
paga . ꞏ que recibiesse los pennos assi commo es sobredjcho . a
don Gujllen de paz vezino de san Ffagunt . Et mandoron fazer 45
desto sobredjcho dos | cartas partidas por a b c . la una que
tengan don Garcia prior ꞏ don Pedro de ujlla Lobos . por el
eleyto ꞏ por el Conujento . ꞏ la otra que tenga doña Mayor por |
si ꞏ por sos fijos . ffecha la carta. Lunes . xxviiij . dias de agosto .
Era de mjll ꞏ ccc . ꞏ seze annos. Pesquisas pagadas . frey Ujçent 50
sobredjcho. Domingo Perez | ꞏ Roy Gonçaluez . de Carrion pes-
quiridores . maestre Fagunt . Juan Djez . Do Arias . Pedro de
Grayar . don Pere . Alffonsso Munyz Garcia Fferrandez .

Et yo Siluestre Perez escriuano sobredjcho . que escriuj
55 esta carta : fiz en ella este mjo signo (seing) en testimonio de
uerdat.

180 × 240 mm. Charte partie. L'*abc* en haut. La signature du notaire
se trouve à une distance de quelques lignes au-dessous du texte. — L. 5, *ia*
du mot *fenia* est enlevé par un trou du parchemin. — Le notaire paraît
avoir mis à tort des signes d'abréviation sur *on* de *conuiento*, l. 41, et de
testimonio, l. 2 et 55. Les *ll* de *mill* se trouvent partout tranchés par un
trait horizontal (lignes 14, 29, 34 et 50).

LXII.

1278.

S. P. 1200. Indice 1965, p. 453.

Saban quantos esta carta vieren . Commo yo don *Pedro* de
villaLobos çelleriço mayor del Monesterio de sant Ffagunt .
arriendo auos don *Garcia* . z aunestro fijo Johan *Garcia* . z a don
Bartolome z a *Diego* Juan . z a *Garcia* Munyz todos . v . dela
5 Guimara La heredat de Costançana que perteneçe ala cozina .
tierras z ujnas | daqui a onze annos . xj . panes z . xj . ujnos alçados .
por . xLv . cargas de buen pan . Las xxv . *cargas* de | trigo . z las
xx . de çeuada . a v . ffanegas la carga . linpio z seco que sea de
dar z de tomar . z quelo | tragades a sant Fagunt al *nuestro* pa-
10 lacio aunestra costa fatal santAntolin cada anno . Et si á este
plazo | nolo pagardes cada anno que dedes cada dja quantos
dias passaren depues del plazo . dos fanegas de | trigo por pena
fata quelo paguedes . z que labredes las vinnas de todas sus
lauores . z el anno quelas non la|brardes . que dedes al çelleriço .
xx . *morauedis* . por pena . delos prietos . z la vendjmia desse anno
delas ujnas que no la|brardes que aya el çelleriço . z pechedes
el danno delas ujnas que reçibieren por esta razon . aquel quelas
no labrare | Et si porauentura arfia uenir que tuelga lameatad
del pan z del ujno ó mas . que nos çelleriço tomemos | la meatad

delos fruchos *que* dios y dier . ⁊ uos la otra meatad ⁊ aquel anno 20
que non paguedes otra renta. Et uos *que* non cogades el pan
nj el ujno esse anno sin *nuestro* ōē . ⁊ quel proueades de
comer ⁊ beuer | mjentre el pan ⁊ el ujno se cogier. Et la heredat
que dierdes a racion . aquella racion *que* uos auedes de auer |
quela den al çelleriço. Et si el çelleriço contra esta renta uenier 25
pora desfazerla . *que* aquel anno *que* non dedes renta | ala cozina .
⁊ la renta finque firme. Et nos don *Garcia* . ⁊ *Johan Garcia* ⁊ don
Bartolome ⁊ *Diego Johan* ⁊ *Garcia Munyoz* . todos . v . demancomun
⁊ cada uno por todo . otorgamos de complir todo esto *que* sobredjcho es . por todos *nuestros* bienes . Et damos poder auos 30
çelleriço . ó aotro *que* uenga en *nuestro* logar . ó au*nuestro* mandado *que* nos prendredes por *nuestra* otoridat . sin justicia njn-
guna ⁊ *que* | non ayades pena . todos *nuestros* bienes poro quier
quelos falledes . ⁊ *que* nos no dedes la prendia suelta nj ffiada |
fata *que* cumplamos lo *que* sobredicho es. Et mas renunçiamos 35
todo derecho . ⁊ todo fuero ⁊ todo uso . ⁊ toda | razon . ⁊ toda de-
ffenssion *que* anos aprouechasse ⁊ auos çelleriço en pééçiesse. Et
otrossi las otras cartas | *que* son fechas en razon de esta renta
non ualan . saluo esta *que* otorgamos *que* sea ffirm̄ē ⁊ uale|dera.
Et por *que* esto sea mas firme . ffazemos dos cartas partidas por . 40
a. b. c. la una *que* tegades | uos çellerjço . ⁊ la otra nos aren-
dadores sobredjchos . ffecha la carta | Era de mjll ccc . ⁊ seze
annos . pesquisas . don *Martino* ⁊ don *Pedro* Pelaz monges . don
Bartolome especiero . Fferan *Perez* | serujçjal . *Pedro Perez* pu . to.
Et yo don *Siluestre* escriuano publico (*seing*) *que* escriuj esta 45
carta ⁊ fiz en ella este | mjo signo.

192 × 160 mm. En haut des découpures sur l'*abc*. En bas de petits
trous. l. 39, le mot *firme* porte un trait d'abréviation sur le *m*, et l. 42
les *ll* de *mill* sont traversés par un trait vertical. L. 44, un trou dans le
parchemin a enlevé une lettre entre *pu* et *to*; l'*u* pourrait aussi être lu
comme *er*.

LXIII.

1280, 12 mars.

S. P. 1202. Indice 1967, p. 453

Sepam quantos esta carta viren . commo nos Johan Martinez : Martin dEscobar alcaldes del Rey : del jnffant don ‖ Sancho
en Mayorga . vimos vna carta del jnffant don Sancho que nos
demostro don Alffonsso monge del mones‖terio de ssan Ffagund.
5 Ela qual carta era ffecha en esta manera . De mj Inffant don
Sancho ffijo mayor ‖ : heredero del muy Noble don Alffonsso por
la gracia de dyos Rey de Castiella . de Leon . de Toledo . de
Galliçia ‖ de Seuilla . de Cordoua . de Murçia . de Jahen : del Algarbe . Alos alcaldes de Mayorga Sallut ‖ : gracia . el abbat : el
10 Conuento de ssan Ffagund seme querellaron : dizen que ellos
auiendo ssus heredamientos ‖ en Melgar de yuso quegelles entro
por ffuerça Ffernant Perez Ponz . : ellos sobresto quelo querellarom ‖ al Rey . mjo padre. Et el Rey ssobresto que embio mandar
al jnffant don Johan mjo hermano ‖ que ssopiesse quanto era el
15 heredamiento que tomara Ffernan Perez Ponz por ffuerça al
monesterio de san Ffagund ‖ en Melgar de yuso . : quegello
entregasse. Et por que don Johan ouo muy grant priessa desse
‖ ye pora el Rey . nonlo pudo ffazer. Et embio mandar por sso
carta a Pedro Perez de ssan Ffagund ‖ que ssopiesse en uerdad que
20 era aquello que Ffernant Perez tomara por ffuerça . en Melgar de
yuso . ‖ del monesterio de ssan Ffagund . : quegello entregasse
luego todo . : el ssopo la uerdad assi commol ‖ embio mandar al
jnffant don Johan por ssu carta . : quegello entrego assi. Et que
despues ‖ desto quegello entro por ffuerça Ffernant Aluarez de
25 Villagrat ssin rraçon : ssin derecho . ‖ Et pedioron me merçed
que mandasse y lo que touiesse por bien . Onde uos mando
luego uista ‖ esta mj carta que uayades a Melgar de yuso . : que
Sepades lo que entrego Pedro Perez al ‖ Monesterio por mandado
del jnffant don Johan. Et que ffagades a Ffernant Aluarez ó ‖
30 aquellos quelo touieren por el quelo entreguen al monesterio con

todos los esq*u*illmos que ende leuaro*n* . | ꞇ da qui adelantre am-
*p*araldos ꞇ deffendelldos con ello. Et no*n* ffagades ende al . Sinon
| qua*n*to dampno ꞇ menoscabo veniesse al moneste*r*io por esta
rraço*n* delo *uu*e*str*o gello ma*n*daria entre|gar doblado. Et ouierdes
mester ayuda p*o*ra co*m*plir esto*ꞇ* ma*n*do al Conçeyo de Mayorga 35
| que uos ayuden ꞇ no*n* ffagam ende al . ssi no*n* aellos me tor-
naria por ello . la carta leyda | dadgella. Dada en Valladolit
catorze dias de Deçie*m*br*e* . Era de mill ꞇ trezie*n*tos | ꞇ diez ꞇ siete
a*n*nos . yo Gonçall*u*o P*e*rez la ffiz escriuir por ma*n*dado del
jnffant . Ruy Diaz . | Et yo Johan M*ar*t*i*n*e*z ꞇ yo Marti*n* dEscobar 40
ssobredichos p*or* esta carta del jnffant don Sancho qu*e* uimos |
ffuemos a Melgar de yuso ꞇ entreguemos a don Alffonsso mo*n*ge
de sant Ffagu*n*d por no*m*bre del | abbat ꞇ del Co*nu*e*n*to desse
mismo lugar . e*n*nos molinos qu*e* diçen dela pue*n*te . por todas
aqu*e*las cosas | qu*e* don P*edr*o P*e*rez entregara al moneste*r*io 45
ssobredicho . assi co*mm*o sse co*n*tien e*n*na sso carta dela enq*u*isa
qu*e* ye seella|da co*n* sso Seyello pendient . ꞇ en cotemos sso
pēna de Çie*n*t m*orauedis* dela buēna mon*ed*a qu*e* Ff*er*na*n*t |
Aluarez de Villagrat ne*n* otre ne*n*guno por el no*n*gelos entrasse
ne*n* gellos embargasse . ꞇ desto nos | dema*n*do don Alffonsso 50
mo*n*ge deua*n*dicho qu*e*l diessemos ende esta carta Seellada co*n*
nu*estr*os sseyellos | ꞇ nos diemosgella. Et por mayor ffirmidu*m*bre
ma*n*demos a P*edr*o Eanes Tenie*n*t el logar de Domi*n*go | M*ar*ti-
*n*ez Notar*i*o publico del Rey en Mayorga qu*e* escriuisse esta
carta . Et yo P*edr*o Eanes ffue present | ꞇ p*or* ma*n*dado destos 55
ssobredichos ꞇ de Domi*n*go Mart*j*n*e*z Notar*i*o deua*n*dicho escri*u*j
esta carta . doze | dias de Março. Era de mill ꞇ trezie*n*tos ꞇ xviii
a*n*nos . Testes qu*e* presentes ffuero*n* . Migu*e*l bueno . Yua*n* |
marro*n* . don P*edr*o de do*n*na Beneyta . don Gil . Migu*e*l abbat.
M*ar*ti*n* Yuanes . P*edr*o Andres . cl*e*rigos. P*edr*o abbat. Migu*e*l 60
M*ar*t*j*n*ez*. | P*edr*o M*ar*t*j*n*e*z don M*on*io çapat*er*o . sso yerno Domi*n*go
P*er*ez . P*edr*o Geruas . don Domi*n*go ffijo de do*n*na Eluira sso
hermano | don P*edr*o . Domi*n*go Ssaluador . Johan M*ar*t*i*n*e*z o*m̄*e
de Velasco maçia . estos de Melgar. Domi*n*go campon de Vega |
de Ff*er*na*n*t U*er*mudez. P*edr*o Rrueda . don Garç*i*a carniçero . 65
Domi*n*go P*er*ez estos de ffue*n*t Ffoueyollo . P*edr*o Esteua|nez
de Ualdespino . Migu*e*l qu*e*xada . Johan Garç*i*a *(seing)* don Adā*m*
Anto*n* Yuanes. P*edr*o M*ar*ti*n*e*z* ffijo de | Mioro de M*ar*ti*n* Yua-

nes. Domi*n*go. P*edr*o Maths balesteros de Mayorga. ffrey P*edr*o . ꝫ
70 frey ‖ Lore*n*to ffreyres del Ospital . yo Domi*n*go Mar*tine*z No-
tario sobredich*o* en esta carta *que* P*edr*o Eanes escr*iuio* por ‖
mjo ma*n*dado . ffiçe en ella mjo sig*n*o en testimo*n*io de verdat.

385 × 190 mm — En bas un petit pli avec un trou carré à gauche, à droite un morceau triangulaire, où s'est trouvé l'autre trou, a été arraché. Le seing coupe deux lignes au milieu. — Le notaire a mis très souvent un trait horizontal au-dessus d'un mot sans que cela puisse avoir une signification quelconque. Nous avons reproduit ce signe dans le texte. En outre les *ll* de *mill* l. 38 et 57 ainsi que les *bb* de *abbat* l. 43, 59 et 60 portent les hastes traversées par un trait pareil. Lignes 11, 64, les mots *les* et *campon* peuvent être lus comme *los* et *tampon*. L. 69, *Maths* est difficile à déchiffrer; peut-être faut-il lire Mach*on*.

LXIV.

1282, 12 janvier.

S. P. 1204. Indice 1969, p. 454.

Sepa*n* *qu*antos esta carta uiere*n*. Co*m*mo nos do*n* Lorie*n*te
de uilla Roa*n*no . ꝫ Yua*n* melero ꝫ Gar*ci*a melero ꝫ do*n* Sauastia*n* .
ꝫ D*ieg*o Mar*tine*z . ꝫ DoYuan*e*s ffijo de D*ieg*o artero . ꝫ Yua*n*
Dom*inguez* . ꝫ D*ieg*o artero . ‖ Johan*n*a ffija de do*n* P*edr*o . ꝫ M*ari*a
5 P*er*ez mug*er* *que* ffue de D*ieg*o Yuan*e*s todos estos sobr*e*dich*os*
pidimos merçed auos do*n* Martino por lla g*ra*c*i*a de dios Abb*at*
de san Ffagu*n*t ꝫ al Co*n*uento . ‖ desse mismo logar por los h*ere*-
damie*n*tos *que* nos auiamos en termino de Ffue*n*teruela se*n*na-
ladamie*n*tre en el ual de uilla Escussa . ꝫ en çjma de rio Ffoci
10 nos de la Carrera delos Aujanos a Riba *que* son en *uuest*ro
termjno . ꝫ Nos auiamos los p*er*dudos . por *que* nos uenieram*os*
morar ala bie*n*ffetria. E esta merced uos pidim*os* *que* nos
ffagades *que* nos los dedes a labrar. ‖ assy co*m*mo los dariedes
á uno ꝫ a otro q*ue*llos dedes a cada unos de nos . aq*ue*llos que
15 soliamos au*er*. En tal manera q*ue* Nos *que* uos demos el
q*u*into delos ffruchos q*ue* y ouiere cada a*n*no. ‖ en saluo ꝫ en el

restroio . ꞇ la meatad del diezmo. E si alguno de nos estudier
dos annos que non laure este heredamjento que uos nos dades .
que uos quelo podades dar a quien uos ‖ quissierdes . dalli adelantre . E si por auentura dalguno de nos . o nuestros ffijos o 20
nuestras ffijas o de nuestros Nietos ffueren morar a Ffuenteruela
ó á Villa Nueua ó á Mambrellar ‖ ꞇ ffueren uuestros uassallos ꞉
que uos den uuestro diezmo ꞇ uos ffagan uuestros ffueros ꞉ commo
los otros uuestros uassallos que y ffueren . ꞇ que non den quinto
nenguno . delos heredamientos sobre‖dichos . mentre alla moraren. 25
E si por auentura delos que alla se ffueren morar se quissieren
tornar a morar á otro sennorio ꞉ que pierdan el heredamjento . ꞇ
uos quelo de‖des a quien uos quissierdes. E otrossi si dalguno
de nos leuar el pan del Restrojo ꞉ ante que den a uos uuestro
quinto ꞇ la meatad del diezmo ó al ome que estediere y ‖ por 30
uos que peche el quinto doblado . ꞇ la meatad del diezmo
doblado . que uos auja a dar . ꞇ pierda el heredamiento . ꞇ vos
quelo dedes a laurar á quien uos quisier‖des. E si el uuestro
ome non quissier uenir tomar el diezmo o el quinto. Nos que
lo dexemos en el Restroio . ꞇ que nos leuemos el nuestro . sen 35
calompnia ninguna ꞉ nos ‖ mostrandolo por preua o iurando sobre
santos euangelios quel lauramos ꞇ quel dexamos todo so derecho.
E nos el abbat ꞇ el Conuiento sobredichos por uos ffazer ‖ bien ꞇ
merçed . ꞇ por que ayades sabor de ir poblar so el nuestro
sennorio ꞉ otorgamos uos estos heredamientos quelos lauredes ꞇ 40
qnelos tengades de nos . segunt sobre‖dicho es . vos . ꞇ todos
aquellos que uenieren depues de uos que esta postura quissieren
guardar. E si por auentura dalguna delas partes non quissiere
estar en esta ‖ postura . segund sobredicho es ꞉ que peche ꞉ Cient
morauedis dela moneda nueua que ual cada morauedi Ses mo- 45
rauedis dela moneda dela primera guerra. La meatad al Rey .
ꞇ la ‖ otra meatad . ala parte que quissier estar a esta postura .
ꞇ la postura sea ffirme . E por que esto sea ffirme ꞇ non uenga en
dubda . Nos don Martino abbat ‖ de Sant Ffagunt sobredicho
ꞇ el Conuento desse mismo logar ꞇ todos estos otros sobredichos 50
Roguemos a Domingo Diaz Notario Publico del Conçejo de ‖
San Ffagunt que ffiziesse ende dos cartas partidas por a. b. c.
amas por un tenor . La una que tengades uos los de ujlla
Roanno . ꞇ Ela otra nos ‖ abbat ꞇ Conuiento ssobredichos. E por

55 maor ffirmedu*m*bre . Nos el abb*a*t ː el Co*n*ujento sob*r*edich*os*
possiemos *nuest*ros seellos pe*n*die*n*tes en lla carta q*ue* uos ‖ los
de vill*a* Roa*n*no sob*r*edich*os* tenedes . E nos los de uilla Roa*n*no
sobredichos Roguemos al Concejo ː alos alcaldes de Salda*n*na
q*ue* possiessen so seello ‖ en lla carta q*ue* uos abb*a*t ː Conuje*n*to
60 sob*r*edichos tenedes . E Nos el Co*n*cejo ː los alcaldes de Saldañja ː
a Ruego delos o*m*es bonos de villa Roa*n*no sob*r*e‖dichos .
possiemos en esta carta *nuest*ro seello pe*n*die*n*te en testimo*n*jo
de uerdat . ffechas las cartas en Saldañja doze dias de enero .
ERa de m*i*ll ‖ ː Trecie*n*tos ː veynte a*n*nos . Pesq*u*issas llamadas ː
65 rogadas de amas las p*ar*tes sob*r*edichas specialmie*n*tre pora esto
assy co*m*mo sobredicho es . ‖ q*ue* ffuero*n* presentes ː lo uiero*n* ː
lo oyero*n* . don *Garci*a Prior maor de san Ffagu*n*t . don Joh*a*n
uicario . don Joh*a*n almosnero . don Beltran . *Garci*a ‖ Martin*ez* . ː
Ruy M*artine*z de villa Alma*n* . don Ba*rtolome* m*er*jno de sant
70 Ffagu*n*t . D*ieg*o Ffagund*ez* m*er*jno del Rey en Saldañja . Joh*a*n
Garcia cl*er*igo ‖ de villa Uellaco . *Garci*a melero de Val buena .
don Sauastia*n* . D*ieg*o M*artine*z . Do Y*uan*es Ozezuela . Joh*a*n
Marçel . Alffons*o Garci*a de san Ffagu*n*t . ‖ De Saldañja los q*ue*
estediero*n* ala otorgaçon . ː q*u*ando los rogaro*n* q*ue* seellassen
75 esta carta co*n* el seello del Co*n*cejo . Joh*a*n Rodrigu*ez* . Ff*errand*
‖ Pel*az* alcaldes . Johan *Garci*a . Galendo Roy*z* . *Garci*a Gonçalu*ez*
Nota*rio* del Concejo de Saldañja . S*ancho* Gonçalu*ez* so hermano . ffrey Gutierre del monest*erio* ‖ de Perales . E yo D*omingo*
Diaz Nota*rio* sobredich*o* q*ue* ffuy p*r*essente en todo esto assy
80 co*m*mo sobredich*o* es . ː por Ruego de amas las ‖ p*ar*tes sob*r*e-
dichas fiz escriuir estas cartas . ː fiz en cada una dellas mjo signo
en testimonjo de uerdat . ‖ (seing).

260 × 270 mm. En bas un pli de 44 mm. avec deux trous, dans
lesquels pendent encore des bouts du ruban. En haut l'*abc* découpé. —
Ligne 37, le mot que nous avons transcrit par *lauramos* peut être *lamamos*
— Le mot *Saldanja* est presque toujours muni d'un signe d'abréviation fautif
sur l'*n*.

LXV.

1282, 12 janvier.

S. P. 1205.   Indice 1970, p. 454.

Sepan quantos esta carta uieren. Commo Nos elos de Val
buena. Johan abbat : Diego alegre Diego Sanctiago : su hermano
Pastor Diego cauatrigo . Diego ualejo. Su hermana Maria guerra.
Martin Rodriguez. Yuan Martinez : su hermana ‖ Maria Martinez
Yuan Gil . Paris. Diego ffijo . Miguel Yuanes. Miguel Royz. Diego 5
Royz. Maria Yuanes ffija de Yuan caro. Pedro cornon. Sua
hermana Marjnna cornon. Diego Miguellez. Martin Perez ffijo
de Miguel caro . Yuan abbat ‖ que aujemos heredades en el
termino de Ffuenteruela . : de ual Buniella que son del monesterio de san Ffagunt assy commo lo departe la carrera de 10
Mercadiello . : los mojones del terrentero que llegan a la carrera
que ua ‖ de Ual buena al Camjno del mortuero. Otrosis departe
esta carrera de Mercadiello commo ua á sommo de Rio Focinos
por todos los heredamjentos que aujemos destos termjnos a Riba
contra Ffuenteruela que son en el ‖ termino de Ffuenteruela : de 15
ual Boniella que son del monesterio de san Ffagunt . : yazen
tras su priuilegio : los auiamos perdudas por que eran abadengo .
: nos morauamos en la bienfetria . : non podiemos ir morar sobre
los : por que perderiemos lo ‖ aujemos en lla bienffetria : si alla
ffuessemos morar. Pedimos merçed auos don Martino por la gra- 20
çia de dios abbat de san Ffagunt : al Conujento des mismo logar que
nos dedes quantos heredamientos : quantos montes uos auedes en
Fuen‖te monesterio . : la Sierna del terrentero : la de Valcauada .
: todala Sierna de Ffuente carrera quanto auedes de ffuera delos
mojones del uuestro priuilegio contra Ual buena . la que yaze en 25
nuestro termino. E en esto te‖nemos que nos fazedes bien :
merçed . E por esto nos partimos : nos quitamos de todos quantos heredamientos : de quanto derecho nos auiamos en los
uuestros termjnos sobredichos. E nos abbat : Conuiento sobredichos tenemos por ‖ bien de uos ffazer esta merçed á átal 30

pleyto que este heredamiento que nos uos damos. Si algunos
de uos por auentura fuerdes morar so el nuestro sennorio ꞇ séér
nuestros vassallos a Ffuenteruela ó á villa Nueua ó á ‖ Mambrellar . que estos nuestros heredamientos que nos uos damos
35 que uos corran alla . assy commo abadengo ꞇ que uuestros sen-
nores nen uos nolos podades embargar . por razon de bienffetria. Otrossy uos pidimos por ‖ merçed que si algunos qui-
sieren ir morar a Fuenteruela ꞇ seer uuestros uassallos daqui atala
san Miguel primera que ujen . que uos quelles dedes aquello que
40 alla heredauan . ó otro tanto ꞇ tan bueno . en prestamo . contando
se y el su ‖ quinon desto que uos agora dades . en Ffuente Monesterio . ꞇ ellos que uos fagan uuestro ffuero por ello. E el que
non quissier ueujr y ffatala san Miguel primera que vjen . que
uos quel non seades tenidos del dar njnguna cosa ‖ si uos non
45 quisierdes . E nos que pascamos en el uuestro termjno . ꞇ uos en
el nuestro . ꞇ alli do nos pasciermos . que pascades uos . ꞇ alli do
uos pascierdes . que pascamos nos . de dia . ꞇ non de noche .
Saluo en la uuestra ‖ vega alli do es el prado . que non deuemos
pascer desdel primer dia de março . ffasta que sea el pan ꞇ la
50 yerua alzado . ꞇ en el prado que esta amojonado que non pascamos nos assy commo estan los ‖ mojones . ffata el dia de san
Cibrian ꞇ maguer que uos pascades . ꞇ que non cortemos nen roce-
mos nos en los uuestros montes nen uos en los nuestros . E qual
quier delas partes que non quisier estar por ‖ esta postura que
55 peche mill . morauedis dela moneda nueua . que ual un morauedi
ses dela moneda dela primera gerra. La meatad al Rey . ꞇ la
otra meatad ala parte que estar quissier en la postura . ꞇ la ‖ postura que sea firme ꞇ non sea deffecha. E por que todo esto
sobredicho sea firme ꞇ non uenga en dubda . Nos el abbat ꞇ el
60 Conujento sobredichos . ꞇ Nos los omnes de Ual buena sobredichos ‖ todos Roguemos a Domingo Djaz Notario publico del
Conçejo de san Ffagunt que fiziesse de todo esto ꞇ dos cartas
partidas por a. b. c. amas por un tenor . E la una que tengades
uos los de Ual ‖ Buena sobredichos . E la otra nos el abbat ꞇ el
65 Conujento sobredichos . E por maor ffirmedumbre ꞇ nos el abbat
ꞇ el Conujento sobredichos posiemos nuestros seellos en la carta .
que uos los de Ual ‖ buena tenedes . E nos los de Val Buena
sobredichos Roguemos al Conçejo ꞇ alos alcaldes de Saldaña

que posiessen so sééllo! en la carta que uos abbat : Conuiento
sobredichos tenedes . E || Nos el Concejo, : los alcaldes de Sal-70
daña á Ruego delos Omes boenos de Valbuena sobredichos!
posiemos en esta carta nuestro seello pendiente en testimonjo
de uerdat . ffechas Las || Cartas en Saldaña doze dias de Enero .
Era de mill . : treçientos : veynte annos. Pesquissas llamadas : rogadas de amas las partes sobredichas specialmientre pora esto! 75
|| assi commo sobredicho es que fueron presentes : lo ujeron : lo
oyeron . Don Garcia prior maor de San Ffagunt . don Johan
ujcario . don Johan el almosnero . don Beltran . Garcia Martinez .
: Ruy || Martinez de uilla Alman . Don Bartolome merino de sant
Ffagunt . : Diego Ffagundez merino del Rey en Saldaña . Johan 80
Garcia clerigo de uilla Uellaco . Garcia melero de Ual buena .
don Saua||stian . Diego Martinez . DoYuanes Ozezuela . don Lo-
riente de uilla Roane . Johan Marçel Alffonso Garcia de sant
Ffagunt . De Saldaña Los que estedioron ala otorgaçon quando
les ro||garon que seellassen esta carta con el seello del Concejo. 85
Johan Rodrigez . : Fferran Pelaz alcaldes Johan Garcia . Galendo
Royz . Garcia Gonçaluez Notario del Concejo de Saldaña Sancho
Gonçaluez || so hermano . ffrey Guterre del Monesterio de Perales.
E yo Domingo Diaz Notario sobredicho que fuy pressente en
todo esto assy commo sobredicho es . : por ruego de amas las || 90
partes sobredichas! fiz escriuir estas cartas . : fiz en cada una
dellas! mjo signo! en testimonjo de uerdat || (seing).

340 × 353 mm. En haut l'abc découpé, en bas un pli avec deux trous
où reste un peu de ficelle. — Le mot transcrit par Sanctiago, l. 2, est écrit
sciago; ci peut aussi bien être un a. Ligne 85, les peut être los. — Pour le
mot Saldanja, comparer le doc. précédent.

LXVI.

1282, 9 juin.

S. P. 1206. Indice 1971, p. 454.

Sepan quantos esta carta uiren como yo Eluira Garcia fija
de Garcie Ordonniz do ye offrezco al mones||terio de Sancta .

Maria de Piasca ꞁ la uigna del forno ꞁ el maiolo del cueto de
Pe*n*na uarzana todas entrega mie*n*‖tre assi como las yo oue de
5 mio marido co*m*pradas *que* dios p*er*done don Alfonso Telliz por
mj alma ꞁ de ‖ mjo marido don Alfonso Telliz el sobre decho . ꞁ
demj padre ꞁ demj madre . ꞁ demis auuelos ental mane‖ra q*ue*l
p*r*ior de Piasca faga cada a*n*no fazer un a*n*niuersario bien ꞁ complida mientre el dia de san Julla*n*. ‖ ꞁ q*ue* p*r*ocure es dia alos
10 monges ꞁ alos cl*er*igos . ꞁ alos frayres de pan ꞁ de uino . ꞁ de tres
carnes . o de dos pes‖cados a uista demj ꞁ si podie hy ser . ꞁ si
por auenturia yo olos otros p*r*iores q*ue* ueniere*n* depues demj
esti eniuer‖sario no*n* q*u*isiesemos complir o fazer q*ue* Eluira
Garcia o sos parientes sea*n* poderosos de nos lo fazer complir.
15 ‖ ꞁ por q*ue* esto sea firme ꞁ no*n* uenga en dolda nos do*n*na Eluira
Garcia ꞁ don Alfonso p*r*ior de Piasca rogamos ‖ a Pedro Fernandiz escriuanu del concello de Potes q*ue* fezies dues cartes partides por a. b. c. la una q*ue* ten‖ga Eluira Garcia elotra nos . ꞁ
yo Pedro Fernandiz escriuanu del concello de Potes fezi esta
20 karta por man‖dado de ambas las partes . ffacta karta martes .
viiij . dies andados del mes de Junio. ERa de mil . ꞁ ccc . ‖ ꞁ xx .
a*n*nos. Estos son pesquisclas . P*edr*o Gutierriz de Torizes . ꞁ don
Yuanes alcalde mayor de Potes . Domi*n*go Pe‖driz merino de
Potes. P*edr*o Mart*i*n fijo de Martin Saluadoriz. Alfonso Fernan-
25 diz . Gutier Gil de Uaro. Martin ‖ Saluadoriz. Marti Uanes yerno
de Isabel. P*edr*o da Fijado.

157 × 230 mm. En haut l'*abc* découpé, en bas de petits trous. —
Ligne 2, la syllabe *te* de *monesterio* manque totalement, ligne 4, la prép. *de* est
écrite deux fois, l. 18, *nos* est écrit au-dessus de la ligne et l. 22, le mot *pes-*
quisclas (?) est difficile à déchiffrer.

LXVII.

1286, 11 juillet.

S. E. 1551. Indice 2341. p. 539.

Connosçida cosa sea a q*u*antos esta carta uieren q*ue* P*edr*o
Diez cl*er*igo curero dela Egl'a de ‖ Santandres de Roges dixo
amj Ffernan patino arcediano de Saldanna enla Egl'a ‖ de
Leon q*ue* el non podie s*er*uir aq*ue*lla cura ꞇ q*ue*la q*ue*ria renun-
ciar ꞇ rogome q*ue* yo rece‖bisse la renun*ci*açion ꞇ q*ue* diesse la 5
cura a otro cl*er*igo . ꞇ diesse a el alguna pr*o*uison ‖ guisada q*ue*
el non ffincasse muy poble ꞇ de pues desto recebj carta del
Prior ‖ de Piasca q*ue* es padron de aq*ue*lla Egl'a enq*ue* dizie
q*ue* el me pr*e*sentaua p*or*a la ‖ cura desta Egl'a . de Santandrés
P*edr*o Mart*ine*z cl*er*igo de valde Roges ꞇ q*ue* me ‖ presentaua 10
P*edr*o Diez de susodich*o* . p*or*a alguna pr*o*uison en essa Egl'a . ꞇ
q*ue*lo ponia ‖ todo en mio ordenami*en*to saluo todauia al monesteyro de Piasca La ‖ renta del padronalgo q*ue* hy solia auer
Et yo arcidian*o* de susodich*o* a pr*e*sentaçion ‖ desse Prior de
Piasca do la cura dessa Egl'a a P*edr*o Mart*ine*z cl*er*igo de ‖ 15
susodich*o* . ꞇ fagolo Rettor dela. Et dolle por pr*o*uison la q*u*arta
p*ar*te dessa ‖ Egl'a con todo el pie del altar ꞇ con la meatad de
todo el dezmo ‖ menudo de ganados ꞇ de careras . dortaliza . derua.
de leche de ganan*ç*as ‖ de mortuorio ꞇ de todalas otr*a*s cosas
q*ue*los cl*er*igos dessa Egl'a solen leuar ‖ Et do a P*edr*o Diez 20
de susodich*o* en Benefiçio la otr*a* q*u*arta p*ar*te desa Egl'a ‖
con la otr*a* meetad delas cossas de susodichas . saluo la Renta
del padro ‖ nalgo p*or*a el monestero de Piasca q*ue* hy acustumo
auer en pan ꞇ ‖ en uinno ꞇ en noçes. Et mando alos ffiligr*e*ses
del logar q*ue* pague*n* bien ‖ ꞇ *compl*idam*ien*tre los sos derech*o*s a 25
estos cl*er*igos ꞇ q*ue* obedesca*n* a este . P*edr*o. ‖ Mart*ine*z asi commo
a so cl*er*igo curero . ꞇ q*ue* esto non uenga en dubda fiz ‖ seellar
esta carta de mio seello. Dada . en Leon xi dias de Julio ‖ ERa
de mill ccc . xxiiij . a*n*nos . yo Johan Ffern*and*ez la esc*r*euy por
ma*n*dado del arcedi*an*o. 30

260 × 155 mm. Le parchemin diminue vers le bas où la largeur n'est que de 120 mm. Pli avec deux trous pour les sceaux. *Del*, l. 30, est écrit au-dessus de la ligne. — Le *z* ressemble beaucoup à un *s* final, voir Menéndez-Pidal R. XXX p. 436. — Dans la forme abrégée *Egla* (que nous avons rendue par *Egl̵a*) ainsi que dans *mill*, l. 29, les *ll* sont traversés par un trait horizontal. Au-dessus de *auer*, l. 13 et 24, ainsi que sur *seellar*, l. 27, se trouvent des traits obliques, qui ne peuvent guère avoir de signification.

LXVIII.

1287, 31 décembre.

S. P. 1214. Indice 1979, p. 456.

Sepa*n* q*u*antos esta carta vierem co*m*mo yo don P*edr*o de Villalua bodeguero menor de sant Ffagunt . por no*m*bre . ᷒ por ma*n*dado de don P*edr*o por la g*ra*c*i*a de dios abbat de Sant Ffagunt . ᷒ p*or* vna su carta de p*ro*curaçio*n* ‖ sseellada co*n* su
5 Séello . ffecha en esta man*er*a. Sepa*n* q*u*antos esta carta vie- rem . co*m*mo Nos don P*edr*o por la g*ra*c*i*a de dios abbat de sant Ffagunt . ffaçemos ordenamos ᷒ estableçemos n*ues*t*r*o procu- rador general . ᷒ espeçial a don ‖ P*edr*o de Villalua n*ues*tro mo*n*ge ᷒ n*ues*t*r*o bodeguero este q*ue* esta carta lieua . contra todos
10 aaq*ue*llos . ᷒ aq*ue*llas . barones . ᷒ mug*ere*s . cl*er*igos ᷒ legos . q*ue* sson debdores . ó ffiadores . o arrendadores . ala n*ues*t*r*a abadía . ta*n* bie*n* de pan . com*mo* de ‖ vi*n*no co*m*mo de dineros . de rre*n*tas . ó en otra man*er*a q*u*al q*u*ier. Et el q*ue* pueda demandar lo p*or* ssi . ho p*or* otre p*ro*curador . ó procuradores . q*u*ales el esta-
15 blesçier . ant*e* q*u*al q*u*ier juys eclesiastigo o sseglar . q*ue* aya poder de judgar. Et otrossi lle ‖ damos poder de arrendar los bienes dela n*ues*t*r*a abadía . o q*u*ier q*ue*los nos auemos . o deue- mos auer . ᷒ rrecabdar ᷒ rreçebir las cosas ssobredichas . assi com- mo las nos rreçebiriemos ssi presente ffuessemos . Et q*u*anto el
20 y ffeçier ‖ e*n*nas cosas q*ue* nos auemos de auer ᷒ rrecabdar e*n*na n*ues*t*r*a abadia q*ue* ssobredichas sson . otorgamos delo auer por ffirme . so obligaçio*n* delos bienes de n*ues*t*r*o Monest*er*io. Et por q*ue* esta p*er*sson*er*ia ssea ffirme diemos g*e*la ‖ abierta ᷒ sseellada co*n* n*ues*t*r*o Seello e*n*nas espaldas q*ue* ffue ffecha prim*er*o dia
25 de dezenb*r*io. ERa de m*i*ll . ᷒ ccc ᷒ veynt*e* . ᷒ çinco a*n*nos . Et p*or*

el mandado ꝛ por esta carta de procuraçion ssobredicha . arriendo
auos Martin ‖ Perez yerno de Martin de Sanctiago arçipreste de
Mayorga todos los heredamjentos . que el abbat ssobredicho a
entre sant Ffeliçes ꝛ la lonba de Siero que diçen de villa la
maya . ꝛ ela tierra de valde Ffuentes . los quales hereda‖mjentos ꝛ 30
tierra sobredicha pertenesçen al Monesterio de Sant Ffagunt .
Et arriendo uos lo todo desde el Sant Martino primo que passo
dela Era desta carta . ata diez annos complidos cada anno por
veynte ‖ cargas de pan . la meatad trigo ꝛ la otra meatat de
çeuada. Et dar lo todo cada anno por la ffiesta de Sancta 35
Maria de Setenbrio por uuestra costa . ꝛ por uuestra mission .
ennas casas que el ssobredicho abbat ‖ ha en Mayorga . sso pena
de vna ffanega de trigo cada dia quantos dias passaren demays
delos plazos adelante. Et dar cada anno el pan todo medido
por la ffanega derecha de Mayorga al abbat ssobredicho ‖ ho 40
assu mandado aquatro ffanegas la carga. Et se por auentura
enno tiempo delos diez annos que uos auedes de tener esta
rrenta uenier arffia alguna que tuelga el pan ho alguna cosa
dello. Et uos Martin ‖ Perez arrendador ssobredicho non podierdes pagar la rrenda . que uos quelo ffagades ssaber al abbat . 45
ante que el pan començedes assegar ꝛ el abbat que embie y su
oñe . qual el quesier . que coya el pan . el anno que uenier la
arffia ‖ Et uos Martin Perez . quelo proueades de comer ꝛ debeuer
ꝛ que coyades el pan que y ouier . por uuestra costa ꝛ que dedes
la meatad de todo al abbat de Sant Ffagunt ennas sus casas 50
de Mayorga sola pena ‖ ssobredicha. Et qual quier delas partes
que en esta rrenda deuandicha non quesier estar ssegunt que
dicho ye . que peche ala otra parte . que enna rrenda quesier
estar . veynte morauedis dela moneda nueua por nombre de pena ‖
ꝛ la rrenda que ffinque ffirme ꝛ estable ata los diez annos com- 55
plidos. Et yo Martin Perez arrendador sobredicho otorgo todo
quanto en esta carta dize . Et otorgo por todos mios bienes
gannados ꝛ por gannar . de tener ‖ ꝛ pagar bien . ꝛ complida mientre
esta rrenta sola pena deuandicha . ssegunt que en esta carta ye
scrito Et por que esto ssea ffirme . ꝛ non pueda uenir en dubda ꝛ 60
yo don Pedro bodeguero menor . Et ‖ yo Martin Perez los ssobredichos rroguemos aDomjngo Martjnez Notario publico del
Rey en Mayorga . que escriuiesse desta rrenda deuandicha dos

cartas partidas . por . a. b. c. anbas de vn tenor . ɀ que ffeçiesse en
65 cada ‖ una delas cartas . So Signo . ela vna carta que lieue yo
don Pedro bodeguero menor pora el abbat de Sant Ffagunt ɀ
la otra carta que tenga yo Martin Perez deuandicho . ffecha esta
carta miercoles postre‖mero dia del mes de dezenbrio. ERa de
mill . ɀ ccc . ɀ veynte ɀ çinco annos. Testimonias que ffueron pre-
70 sentes. Alffonso Martjnez ffijo de Martin Gutierrez. Martin
Sanctiago arçipreste de Mayorga. Domjngo Martjnez de ‖ Villalua morador en Mayorga . Johan Alffonso ffisico. Pedro Johan
clerigo ffijo de Johan Gonzaluiz ffleyre . Johan Martjnez clerigo
ffijo de don Martin el fferrero. Per Assensio . Garcia Alffonso
75 ffijo de Alffonso Martjnez . Domjngo Fferrandez ffijo de Miguel
‖ pata . yo Miguel Gutierrez escriuj esta carta por mandado de
Domjngo Martinez Notario ssobredicho ɀ Do Domjngo (seing)
Martinez Notario sobredicho ffue pressent . ɀ en esta carta que
Miguel Gutierrez escriujo por mjo mandado . ‖ ffiçe en ella mjo
80 signo por testimonio de uerdat.

217 × 350 mm. En haut l'*abc* découpé. — Dans ce document, comme
dans le doc. Nᵒ. LXIII, le notaire a écrit au-dessus de certains mots un trait
horizontal, sans que cela puisse avoir aucune signification phonétique. Nous
n'avons pas reproduit ce signe, qui est un peu irrégulièrement placé sur les
différents mots, étant quelquefois tout petit mais s'étendant d'autres fois sur
plusieurs lettres. Il se trouve sur les mots *sant, Fagunt, abbat, ssegunt,
signo, dezenbrio* et *testimonias*, coupant les hastes des *bb* dans *abbat*, dans
les autres mots placé à peu près au-dessus de la nasale. L. 35—36 les mots
Sancta Maria sont écrits deux fois.

LXIX.

1289, 16 avril.

S. P. 1223. Indice 1988, p. 458.

Sepan quantos esta carta ujeren Commo ante mj Fernan
patinno arçediano de Valderas enla Egl'ia de Leon . ve‖njoron
en Juizio Fagun Perez procurador del Abbat ɀ del conuento del

monesterio de san Fagundo por nome de|llos dela vna parte
: Paulos *Perez* conpanero dela Egl'ia de Leon : *procurador* de 5
Arias *Perez* sso *hermano* : || de Domingo Pellaz *procuradores* del
Conçeyo : delos Felegreses dela Egl'ia de san Miguell de Villar||
diga aujentes conplido poder *pora* *fazer* este Paulos *Perez* *pro*-
curador por nome daquellos felegreses dela otra || Et Ffagun
Perez *procurador* sobredicho rrazono : dixo quela meatat : la 10
ochaua parte del padronalgo de to||da la Egl'ia de san Miguell
de Villardiga que era del Monesterio de san Ffagun : que per-
teneçia || al abbat : al conuento sobredichos : pedió amj que yo
que declarasse por sentencja quela dicha meatat : la ocha||ua
parte del padronalgo dela dicha Egl'ia que era del Monesterio 15
sobredicho : que yela julgasse por || ssuya Et el pleyto entrado
por rrespuesta entre estos procuradores : dado juramento de
dizir uerdat Pa||ulos *Perez* procurador sobredicho dixo por nome
de Arias *Perez* : de Domingo Pelaz : del Conçeyo : || delos fele-
greses de san Miguell de Villardiga sobredicho que creya quela 20
meatat : la ochaua parte del || padronalgo dela Egl'ia de san
Miguell de Villardiga que era del Monesterio de san Fagun
sobre||dicho . : quelle perteneçia : que el abbat : conuento sobre-
dichos aujan derecho de presentar ala dicha meatat || : ala ochaua
parte desta Egl'ia : sobresto Fagun *Perez* mostro cartas : estru- 25
mentos : el libro dela enquisa || antigua del Obispado de Leon
pora prouar sua entençion . Et yo uista la demanda : las otras ||
cosas sobredichas : oydas las confessiones : las rrazones delas
partes . : assignado plazo perentorio pora || dar sentencja : . auido
conseyo con omes bonos las partes presentes yo arçediano 30
sobredicho prenuncio : de || claro por sentencja quela meatat : la
ochaua parte del padronalgo dela Egl'ia de san Miguell de
Villar||diga que es del Monesterio de san Fagun . : ajulgola por
ssuya : mando : julgo por ssentencja defenetj||ua que el abbat de
san Ffagun por nome dessi : de so conuento presente aella 35
daqui en delante por nome de||ssi : de so couento . porssi ssien
los dichos feligreses . Et que esto sea firme dieles ende esta
carta desta | sentencia sseeilada con mjo ssiello colgado en testi-
monjo de verdat . Et por que yo Johan *Perez* escriuano tenjente
||las uezes de Goncalo Alfonso *Notario* poblico del Rey enla Egl'ia 40
de Leon ffuy presente : xamado speçial mjente pora esto oyr quan-

do el arçediano dio esta sen*ten*cja escriuj esta sen*tenc*ja co*n* mja
mano en te-|timonjo de verdat. Testes Joha*n* P*erez* ssochantre . *t*
Canonigo de Leo*n* Joha*n* Rrod*r*igujz Augado Ffer|na*n* Gutierrez
cl*er*igo del coro deLeo*n* . *t* Joha*n* Domjngujz cl*er*igo desse mis-
45 mo choro don Andres cl*er*igo de‖ Valdespino don Assenssio clerigo de Trabayo Domi*n*go Lopez leygo de Villalpando Antolin
P*erez* Alfon*so* P*erez* ‖ cl*er*igo Joha*n* de Villa nueua . ffech*a* diez *t*
sseys dias de ab*r*il Era de mill . *t* ccc . *t* xxvii . A*n*nos. ‖ Et la
entrelli*n*adura q*ue* esta de suso al q*ui*nto rreglon hu diz por
50 no*m*e de yo Joha*n* P*erez* el sobredich*o* ‖ ffago *s*e q*ue*la escriuj
co*n* mja mano. ‖ Et yo Go*n*çal*o* Alfon*so* not*ario* sobredich*o* en
esta sente*n*cia q*ue* escriuio Johan Perez en mjo no*m*bre ‖ fiz en ela
mjo sig̅no q*ue* es tal *(seing)* en testimo*n*io de u*er*dat.

315 × 220 mm. — Les *ll* de *mill*, l. 48, ainsi que partout celui du mot
abrégé *eglia*, sont traversés par un trait horizontal que nous avons rendu
dans le dernier de ces mots par une apostrophe.

LXX.

1291, 5 mai.

S. P. 1225. Indice 1990, p. 459.

Sepan q*ua*ntos esta carta viren como por ant*e* nos Do-
mi*n*go Domi*n*gez *t* Joha*n* Domi*n*guez alc*all*es . de ‖ Beluer allego
Joha*n* Domi*n*guez de Vall*adol*it . escriuano del Rey *t* rrecabdador
delos sus yantares ‖ e*n*no Obispado de Çamora *t* demando a don
5 Beltran p*r*ior de lo q*ue* ala orden de san Fagund en Beluer ‖
q*ue*l diese vna yantar del Rey asi co*m*mo la dauan e*n*nos otr*os*
lugares *t* el p*r*ior dixo q*ue* non auia por q*ue* ‖ gela dar nin gela
daria por dizia q*ue* aq*ue*lla cosa q*ue* el tenia por la abat *t* por
el Conuento de san Fa‖gund q*ue* nunq*ua* dieran yantar ne*n*guna
10 al Rey *t* sobresto Joha*n* Domi*n*guez el sobredich*o* p*r*indo al p*r*ior
quanto le falo ‖ *t* teniendolo p*r*indado *t* a fincado . mostro el p*r*ior
vna carta del Rey don Sanch*o* en q*ue* mandaua a Joha*n* Domi*n*guez ‖ el sobredich*o* q*ue* se el p*r*ior e los monges q*ue* esto-

dieran ō estauan eneste prioralgo sobredicho non dieran yantar
al Rey don Alfonso . su padre nin a el . fasta aqui que gela non 15
demandasen nin les prindasen por ella . ꞇ si alguna cosa les
auian tomado o prindado por esta rrezon que gelo en tregassen
luego ꞇ si non ael ꞇ alo que ouiese se tornaria por ello . Et Johan
Dominguez dixo que queria prouar que dieran yantar alos Reys
sobredichos ꞇ sobresto afronto anos Domingo Dominguez ꞇ Johan 20
Dominguez alcalles sobredichos que sobiesemos en onīs buenos
vezinos del lugar se sabian se dieran yantar los monges que
tenian este prioralgo al Rey don Alfonso . ꞇ a este Rey don
Sancho ꞇ nos los alcalles sobredichos estando delante Johan Dominguez el sobredicho ꞇ Johan Miguellez el notario juramentamos 25
a Pelay Rrodriguez ꞇ a Saluador baraya ꞇ a Pelay çerneia ꞇ a Martin
Garçia ꞇ don Nicolas el palaçin ꞇ don Rramos çapatero . ꞇ Martin
Gomez ꞇ Ferrand Martinez ꞇ Garcia Gil ꞇ Johan abat si sabian que
el prior o los monges que estauan eneste lugar si dieran yantar
al Rey don Alfonso . ꞇ a este Rey don Sancho dixieron estos 30
testimonnos sobredichos que nunca gela viron dar nin deman-
dargela ꞇ que se acordauan del tiempo del Rey don Ferrnando ꞇ
que nunqua gela viron dar nin demandar . Et nos los alcalles
sobredichos acordamos nos con lo que dixieran estos testimonnos
sobredichos . Et desta demanda dela yantar quel fazia Johan 35
Dominguez el sobredicho al prior . Et el prior sobredicho pi-
dionnos quel diesemos por quito por juyzio ꞇ por sentencia desta
demanda . Et nos los alcalles sobredichos oydos los dittos delos
testimonnos ꞇ acordamos nos con ellos ꞇ auido conseio con onīs
bonos ꞇ en tendudos diemos al prior por libre ꞇ por quito desta 40
demanda quel fazia Johan Dominguez por rrezon dela yantar
del Rey . Et desto todo en como passo entre nos los alcalles
sobredichos pidionos el prior don Belltran quel diesemos nuestra
carta seellada con nuestros seellos en testimonno de verdat . Et
nos los alcalles sobredichos diemos lela seellada con nuestros 45
seellos colgados fecha çinco dias de mayo Era de mill . ccc .
vent . ꞇ nueue annos.

248 × 185 mm. En bas un pli avec deux trous carrés. — Le z a la forme
de l's final, on peut pourtant constater la différence indiquée par M. Menéndez-
Pidal R. XXX p. 436. — Les ll de mill, l. 46, sont coupés par un trait horizontal.

LXXI.

1291, 28 novembre.

S. E. 1554. Indice 2344, p. 540.

Conosçuda cosa se aquantos esta carta viren. Commo ante
mj Bernald Eanes companero dela Egl'ia de Leon. ı Juyz dele-
gado del Obispo entrelas partes de ǁ iuso escriptas. por una
carta de comission ffecha en esta manera . . . .
5 . . . .
venieron en iuyçio Ffagund Perez clerigo procurador del abbat ı
del Conuento del Monesterio de sant Ffagund con procuraçion
su ǁ fficiente dela una parte ı Ruy Perez clerigo de Osella de la
otra . ı este Ffagund Perez dixo que el porregio un libello contra
10 este Ruy Perez . ante el arcidiano don Mar ǁ tino . ı vicario general
que era ala façon del Obispo . Et pediome que yo ffeçiesse
uenir el processo del pleyto que passara ante el arçidiano sobredicho . ı por Pedro Perez. ǁ ı por Sancho Ffernandez canoligos de
Leon que ffuron iuyçes deste pleyto . ffecho por Gonçalo Alfonso
15 notario publico del Rey enla Egl'ia de Leon. ı ffuse por el
pleyto ade ǁ lantre commo derecho fur. Et yo fiz traer el proçesso
ante mj . enno qual se contenia un libello ffecho en esta manera.
. . . .
Et otrossi se contenia en el . que este Ruy Perez negara este
20 libello . ı el pleyto fura entrado por Respuesta por ante el arçidiano ǁ don Martino . ı prouas reçebidas sobrel por el arçidiano
sobredicho . ı por Pedro Perez . ı por Sancho Fernandez canoligos .
que furon iuyçes deste pleyto ante que yo. Et yo ǁ pregunte a
Ruy Perez se passara assi segund se contenia en este processo .
25 ı el dixo que ssi. Et yo pregunte a Ffagund Perez se queria
mas prouar ı el dixo quessi. Et yo die ǁ lle sos plaços aquellos
que manda el derecho conllos que ante ouiera a que prouasse .
Et alos plaços trogo suas prouas . aquellas quetouo por bien . ı
elas prouas reçe ǁ bidas . ı ençerradas . Ffagund Perez pediome
30 quelas publicasse. Et yo ffiz enplaçar á Ruy Perez que ueniesse

ueer abrir las testimonias . ɀ pora deçir contra ellas | se que siesse .
Et al plaço vieno Ffagund Perez . ɀ touolo bien ɀ complidamientre .
Et Ruy Perez non apparesçio porssi njn porsso personero. Et yo
mande abrir los dichos | delas testimonias . ɀ ellos abiertos ɀ publi-
cados . Ffagund Perez dixo que prouara bien sua entençion. Et 35
pediome que yo que gela diesse por bien prouada. Et yo | por
uençerla maliçia de Ruy Perez. mandelo citar por mia carta
otra uegada que ueniesse deçir algo contra las testimonias se
quesiesse ɀ yr poralpleyto adelan|tre. Et aeste plaço aparesçio .
Ffagund Perez procurador sobredicho ante mj . ɀ touolo bien ɀ com- 40
plidamientre. Et Ruy Perez non apparesçio porssi njn porsso
perssonero. | Et Ffagund Perez pediome que pronunçiasse a este
Ruy Perez por contumaz ɀ lo condempnase enas costas ɀ diesse
sentençia definitiua sobre el prinçipal . ca ental estado | estaua el
pleyto quelo podia ffaçer de derecho. Et yo Bernad Eanes 45
Juyz por uençer sua maliçia de Ruy Perez . por guardar la ordem
del derecho . mandelo | citar otra uegada por mia carta aque
veniesse oyr sentençia definitua plaço peremptorio . ɀ aeste plaço
vieno Pedro Perez clerigo procurador del abbat ɀ del | Conuento
con procuraçion suffiçiente . ɀ Ruy Perez non aparesçio njn per- 50
ssonero por el . ɀ Pedro Perez pediome que diesse ssentencia
definitiua. Et yo Bernald Eanes | Juyz sobredicho uista la de-
manda que ffiço Ffagund Perez procurador del abbat ɀ del Conuento . ɀ la contestaçion de Ruy Perez . ɀ uistas las prouas que
trogo | Ffagund Perez ɀ oydo lo quelas partes que sieron deçir 55
ssegund que de suso es dicho . ɀ guardada la ordem del derecho .
ɀ uisto el processo dilegent mientre. | auido conseyo con omnes
bonos pronunçio por ssentencia . que Ffagund Perez . ɀ Pedro Perez
procuradores sobredichos prouaron por nomne del abbat . ɀ del
Conuento de sant Ffagund bien sua entençion. Et julgo por 60
ssentencia deffinitiua . quela apresentaçion dela Egl'ia de santa
Maria de Osella pertenesçe al abbat de | sant Ffagund por
nombre de so monesterio . Et remouo por ssentencia dela dicha
Egl'ia a Ruy Perez clerigo de Ossella por quela entro sin
presentaçion delos | dichos abbat ɀ Conuento que son enpossession 65
de presentar . Et comdempno aeste Ruy Perez ennas costas
legitimas . ɀ reseruo la taxaçion pora mj . fata | quelo çite quelas
uenga ueer a mj juyz taxar ɀ iurar ala otra parte . ɀ de commo

esto passo ꞇ dela *ssentencia* q*ue* es dada pormj Bernald Eanes juyz
70 sobre|dicho. Pedro P*erez* procurador del abbat . ꞇ del Conuento
sobredichos . pediome q*ue*lle diesse esta *ssentenc*ia sseellada con
mio Seello. Et yo ma*n*de a Gon|çalo Alffonso not*ari*o publico
del Rey e*n*na Egl'ia de Leo*n* , q*ue* gela diesse esc*r*ipta ꞇ signada
con so signo. Et por mayor fermedumbre ffiz la sscelar| con
75 mio Seello entestimonio de verdat . Dada esta ssentençia . veynte
ꞇ ocho dias de Noue*m*brio. ERa de mill ꞇ trecientos ꞇ veynte ꞇ
nueue a*n*nos‖ Testes Pedro Gonçaluez cauall*er*o . Domj*n*go Fferna*n*dez . ꞇ Alffonso M*ar*tinez. Rector de sa*n*ta Marina cl*er*igos
del coro. ‖ — — — ; — — — ; — — —
80   Et yo *Gonçal*o Alffonsso Not*ario* sobredicho por q*ue* ffuy
*pre*sente a esto dessusudicho . ꞇ aruego de P*edr*o P*ere*z procurador
del abbat ꞇ del Conue*n*to de san Ffagu*n*d . ꞇ *por* mandado de
Bernal‖ Ean*es* juyz sobredich*o* ffiz esc*r*iuir esta sentencia ꞇ fiz en
ella mjo signo *(seing)* en testimo*n*io de u*er*dat. ; , — : , — : , —

550 × 330 mm. En bas un pli avec des trous d'où pend un cordon jaune
avec un morceau de cire, le reste du sceau. — Nous n'avons pas reproduit
les deux chartes insérées dans ce document, toutes les deux étant écrites en
latin et dépourvues de tout intérêt ici. L. 76, les *ll* de *mill* sont traversés
par un trait horizontal. — Pour *Egl'ia* cf. doc. LXIX. Les tirets qui rem-
plissent les lignes 79 et 84, reproduisent des tirets analogues de l'original.

LXXII.

1291, 31 décembre.

S. P. 1229. Indice 1994, p. 459.

Sepa*n* qua*n*tos esta carta viere*n*. Co*m*mo nos do*n* Pedro
por la gra*ci*a de djos abbat de‖ sant Ffagut ꞇ nos el Conuje*n*to
des mjsmo logar damos auos Marcos P*ere*z de valle Falcon‖ ꞇ
a u*ue*stra mug*er* Juana Rodriguez los n*ue*stros logares co*n*uje*n*

assaber las Bouadas ᛬ Ueneros ᛬ Coffinnal ᛬ villa Çjdayo ᛬ Quintana 5
del monte contodos los ffueros ᛬ contodos los derechos que nos
y auemos ᛬ deuemos auer saluo apressentacion delas ygl'ias destos
logares sobredjchos que retenemos pora nos quelos tengades
de nos pora entodos uuestros djas por tal pleyto quelo non
podades dar nj uender nj en pennar nj cambjar nj ennagenar 10
todo nj parte dello en otra parte nj en otra persona en njnguna
manera ᛬ silo fizierdes que non uala. Et que mantengades ᛬
guardedes ᛬ anparedes los nuestros vassallos destos logares sobredjchos en sus ffueros ᛬ en sus derechos ᛬ en sus vssos asi
commo vsaron fatal dja de oy dela Era desta carta con nusco . 15
Et que ffagades sserujr las ygl'ias destos logares sobredjchos ᛬
alumbrar bien ᛬ complida mjentre. Et que anparedes ᛬ deffendades los montes destos logares sobredjchos ᛬ que non conssin-
tades que corten njn pascan en ellos njngunos ffueras ende el
ganado del monesterio ᛬ los nuestros vasallos delos logares so- 20
bredjchos que corten ᛬ pascan assi commo deuen. Et que ssa-
quedes las cosas que son ennagenadas destos logares sobredjchos
pora el monesterio. Et acabo de uuestros djas que nos dexedes
estos logares sobredjchos ljbres ᛬ quitos contodas las meyorias
que y ffizierdes uos o otre por uos. Et nos o nuestro çellerjço 25
por nos o nuestro mandado quelos entremos por nuestra otoridad
sin enbargo njnguno. Et nos Marcos Perez ᛬ Juana Rodriguez los
sobredjchos rreçebjmos este bien ᛬ esta merçed que uos sseñor
abbat ᛬ conujento sobredjchos nos ffazedes ᛬ otorgamos ᛬ prometemos de complir ᛬ guardar ᛬ tener todo esto que sobredjcho es 30
en esta carta ᛬ non uenjr contra ello nos nj otre por nos en
njnguna manera. Et si pora uextura contra ello ujnjessemos
nos o otre por nos en alguna manera oblj gamos anos ᛬ atodos
nuestros bjenes muebles ᛬ rrayzes poro quier quelos nos ayamos
ganados ᛬ por ganar de pechar auos abbat ᛬ conujento sobre- 35
djchos mill morabedis dela moneda nueua por pena ᛬ por postura
que ponemos con uusco. Et estos nuestros logares sobredjchos
fficar auos ᛬ auuestro monesterio ljbres ᛬ quitos despues de
nuestros djas assi commo sobredjcho es. Otrossi por este bien ᛬
esta merçed que nos ffazedes uos abbat ᛬ conujento sobredjchos 40
damos uos pora la uuestra cozjna del conujento todas las nuestras casas con so bodega ᛬ con so huerta ᛬ con sos arboles que

nos auemos en sant Ffagunt al mer‖cado con entradas ꞓ con salidas que alas casas ꞓ ala bodega ꞓ ala huerta sobredjchas per-
45 teneçen. Otrossi uos‖damos la nuestra ujna que auemos a
Oteruelo las quales casas ꞓ bodega ꞓ huerta ꞓ ujna ffueron de Roy
‖Garcia de sant Ffagunt padre de mj Juana Rodriguez sobredjcha que desde oy dia adelantre que esta carta‖ffue ffecha
quelo ayades pora sienpre por juro de heredat ꞓ que ffagades
50 dello lo que uos‖quisierdes assi commo delos otros heredamjentos de nuestro monesterio. Et si pora uentura alguno de
‖nuestros herederos esta donaçion que uos nos ffazemos quisiese
en bargar que uos peche mill morabedis dela‖moneda nueua ꞓ lo
que en bargasse desta donaçion doblado ꞓ la donaçion ser ffirme.
55 Et rogamos ꞓ‖pedjmos por merçed auos ssennor abbat ꞓ conujento sobredjchos que quiera la uuestra merçed que seamos‖
uuestros ffamjliares ꞓ nos rreçibades ennas uuestras oraçiones ꞓ
ennos uuestros bienes. Et offreçemos uos‖porende quinjentos
morabedis delos dela guerra pora la uuestra cozjna del conujento
60 en ganado uacunno abuena‖ujsta ꞓ abuen apreçiamjento de oms
buenos entre uos ꞓ nos ꞓ esto que sea complido fatal san Martin
de setembrio‖so pena del doblo segun la Era desta carta ꞓ uos
dar quilo guarde ꞓ nos ser manposteros ꞓ anparadores‖dello. Et
si por mjngua dela nuestra manposteria o del nuestro anpara-
65 mjento. danno reçibierdes enne ganado sobredjcho. o en la
criança que dello ujnjer nos que uollo pechemos doblado commo
ffamjliares a sennorio. Et‖esta manposteria ꞓ este anparamjento
que ssea tanbien del ganado que montar ennos quinjentos morabedis sobredjchos‖commo enna criança que sse dello leuantar
70 ffata el tiempo que uos abbat ꞓ conujento por bien toujerdes.
Et‖quando uos quisierdes que el çellerjço o otre por uuestro
mandado que tomedes ꞓ ayades ꞓ reçibades la quantja‖del ganado
que montar ennos quinjentos morabedis sobredjchos con la
criança que dios dello diere sin enbargo de‖njngunt ome del
75 mundo ꞓ si alguno uollo en bargar nos nos obligamos por nos ꞓ
por todos nuestros bje‖nes deuos dar el ganado sobredjcho. con
toda la criança asaluo. Et nos abbat ꞓ conujento sobredjchos
por‖uos ffazer bien ꞓ ayuda auos Marcos Perez ꞓ Juana Rodriguez
sobredjchos alos cuerpos ꞓ alas almas ꞓ por‖esta offrenda ꞓ almosna
80 deste ganado sobredjcho que uos nos dades reçebjmos uos por

*nuest*ros ffamjliares |: damos uos p*ar*te en todos los bienes: en
todas las oraçiones *que* sse ffaze*n*: sse ffara*n* e*n*ne *nu*estro|
monesterio pora sienpre jamas. Et por *que* esto sea ffirme:
estable roguemos a Silu*estre* P*ere*z notario| de sa*n*t Ffagu*n*t *que*
ffiziese ende dos cartas en vn tenor la vna *que* te*n*gamos nos 85
abbat: co*n*uje*n*to sobredjchos sseellada co*n* el sseello deuos
Marcos P*ere*z: signada co*n* el signo del notario. Et por *que* yo
|Juana Ro*driguez* sseello no*n* tenja rogue a Jua*n* Alfon*so* mj
primo: a Ffernă Ro*driguez* mj hermano *que* posiesen en |esta
carta sos seellos. : la otra *que* te*n*gades uos Marcos P*ere*z: Juana 90
Ro*driguez* sçellada co*n* los seellos| de nos ab*b*at: co*n*ujento
sobredjchos: signada del signo del notario. Esto ffue ffecho e*n*ne
cabildo xxxj| dja de dezie*m*bre. Era de mjll: ccc: xxix. a*n*nos.
Pesquisas rogadas do*n* P*edro* de Villalua prior ma|yor. do*n*
Gonçaluo camarero. do*n* Pedro dArroyo prior segu*n*do. don 95
Pedro de villaLobos çellerjço. Gonçaluo Perez.: don Garcia
dElgar|Jua*n* Alffonso. Diego Ffagu*n*dez. Ffernă Ro*driguez*.
Jua*n* Esteua*n*ez m*er*jno Ffernă Garcia. Et yo Silu*estre* P*ere*z
notario sobre|djcho *que* ñze escriuir esta carta: ffize en ella este
mj signo en *(seing)* testimo*n*njo de |verdat. —; —; —; —   100

500 × 165 mm. La largeur augmente jusqu'à 180 mm; un peu au-dessous
du milieu et en bas le parchemin mesure 170 mm. En bas un pli de 20 mm,
avec trois trous pour les sceaux; deux de ces trous sont déchirés. — Les
hastes de certaines lettres sont souvent sans raison apparente traversées par
un trait horizontal, ainsi presque toujours celles du *h* de *sobredjchos* et de
dereches, des deux *ll* de *mill* et des deux *bb* de *abbat*. Pour *ygl'ia*, cf. le doc.
précédent. La partie vide de la dernière ligne du doc. est occupée par des
tirets tels que nous les avons reproduits.

LXXIII.

1293, 6 février.

S. P. 1233. Indice 1998, p. 460.

Sepan quantos esta carta uieren commo yo don Pedro
çelleriço mayor del monesterio de‖sant Ffagunt. con otorgamiento
de don Pedro prior mayor ɀ del Conuento desse mismo‖logar
ffazemos canbio con uosco Domjngo Iohan ffijo de Johan del
5 ssobrado ɀ con uuestra‖muger donna Missol de vna tierra que
nos auemos a Vayello que perteneçe ala cozina‖que a linderos
de prima parte. la presa que uien de Rrequexo ua ɀ al mollino
de Bibiella‖de ssegunda parte tierra dela cozina de terçia parte.
la rreguera que uien por‖Vayello. de quarta parte tierra deuos
10 Domjngo Johan ɀ donna Missol los sobredichos. Et‖yo Domjngo
Johan ɀ donna Missol los sobredichos damos auos por esta tierra
en canbio‖queuos nos dades. dos vinnas. quesson en el pago
de Uilliella que a ffronteras la‖vinna mayor de primera parte
vinna de Martin Perez la rreçieta de ssegunda parte. vn adil‖
15 dela cozina que yo Domjngo Iohan he aponer uinna amj costa
ɀ de crialla ɀ llabralla ɀ‖sseruir me della por todos mis dias. yo
ɀ donna Missol mj muger ɀ despues de‖nuestros dias que ffinque
libre ɀ quita ala cozina. de terçera parte vina de don‖Migael
çapatero de quarta parte vinna de Grajar. ɀ dela otra uinna
20 menor sson‖linderos de prima parte. vinna de don Micolas dela.
sacristanja. de ssegunda parte la‖carrera que ua á Grajar. de
terçia ɀ de quarta parte vinna dela cozina. Este‖canbio ffazemos
conuosco Domjngo Johan ɀ con donna Missol uuestra muger la
sobredicha en‖tal manera que des de oy dia adelantre. ffagades
25 dela tierra ssobredicha uos oquilo‖uuestro heredar despues deuos
commo de uuestra propia heredat. ayades vendades. dedes‖
enpennedes. ffagades della ɀ en ella commo uos por bien touierdes. saluo ssilla uender‖quesierdes uos oquilo uuestro heredar
que tanto por tanto quello aya la cozina ssillo quesier. Et‖yo
30 Domjngo Johan ɀ donna Missol los sobredichos queuos demos en

rrenta por estas dos ‖ vi*n*nas *que* uos damos encanbio cada a*n*no
treynta *morabedis* dela mon*e*da dela g*ue*rra . Et ‖ nos leuar el
fruyto *que* dios y . dier en las ui*n*nas sob*re*dichas cada a*n*no .
mientre por ‖ bien touier el conuento : el çelleriço . Et *que* labredes las ui*n*nas de sus laores . : el a*n*no ‖ q*ue*las non labrardes . 35
que p*er*dades el ffruyto dellas : uos paredes al da*n*no q*ue*uenier
alas ‖ vi*n*nas por essa rrazo*n* Et q*ue*enxertedes las uides dela
ffaza menor : la aprouene‖des Et yo . Domj*n*go Joha*n* : do*n*na
Missol los ssobredich*os* . otorgamos deuos ffaze*r* sanas ‖ las ui*n*nas
ssob*re*dichas de q*ui*en q*ui*er q*ue*uos las enbargasse . Et obligamos 40
nos por ‖ nos : por todos n*uest*ros bien*es* . delo conplir assi co*m*mo
sob*re*dicho es . Et qual q*ui*er ‖ delas partes *que* contra este
canbio venjessen p*or*a desffazelle en nj*n*guña man*er*a *que* ‖ peche
ala ot*r*a parte *que* estodiere en ello çie*nt* m*or*abedis dela mon*e*da
nueua . : el canbio ‖ ssea ffirme . Et por *que* esto no*n* uenga en 45
dubda rroguemos á Aluar P*ere*z not*ario* publico de ssant ‖ Ffagu*nt*
que ffezies ende dos cartas anbas de vn tenor Ela *que* tenemos
nos conue*n*to ssob*re*dicho es sig‖nada del ssigno del dicho Aluar
P*ere*z not*ario* Ela q*ue*uos Doming*o* Joha*n* : do*n*na Missol tenedes
es sscellada co*n* ‖ el sseello denos el conue*n*to sob*re*dicho . ffecha 50
la carta seys dias de ffebrero e*r*a de mill e ccc . ‖ : treynta vn
a*n*no . p*es*quisas . don Pasqual Moniz Yua*n* Cibrian*e*z cauall*er*o
Ffernan*d* Yuan*es* criado de Joa*n* ‖ Esteuan*e*z . Et yo Aluar P*ere*z
not*ario* sobredicho *que* ffiz escriujr esta carta : ffiz en ella : ‖ mjo
signo ‖ *(seing)* en testimo*n*io de u*e*rdat . 55

310 × 175 mm. — Comme dans le document précédent, on trouve
quelquefois ici des signes d'abréviation qui paraissent fautifs p. ex. *i*n*a* l. 5,
cozina l. 6, *nj*nguña* l. 43, et tout particulièrement le notaire fait souvent
traverser les hastes des *h* par un trait horizontal, ainsi presque toujours dans
sobredicho, dans *peche* l. 43; de même les *ll* de *mill*, l. 51.

LXXIV.

1299, 2 janvier.

S. P. 1242. Indice 2007, p. 462.

Sepa*n* q*u*antos esta carta viere*n* com*m*o yo *Gonzaluo* P*e*rez
sacristano mayor del monest*e*rio desant Ffagu*n*t co*n* mandamie*n*to
꞉ co*n* otorgamie*n*to de n*u*est*r*o ssen*n*or ‖ do*n* P*e*d*r*o por la g*r*aci*a*
de dios abb*a*t de sant Ffagu*n*t. arrie*n*do auos Lope Garc*i*a ffijo
de Garc*i*a P*e*rez de Medina. alcalyde del castiello de villa
Ma*r*ti*n* por do*n* Fferra*n*d Rrod*r*igu*ez* ‖ Todo el h*e*redamie*n*to q*ue*
p*e*rtene*ç*e ala sacristanja de sant Ffagu*n*t. en villa Ma*r*ti*n* ꞉ en
Arcayos. ꞉ el linar de Villa uerde. Por tal pleyto uos lo arriendo
q*ue* ‖ uos q*ue*lo ayades por entodos u*n*est*r*os dias. Et uos q*ue*
10 dedes amj oaq*u*ien estidiere en mj logar cada a*n*no por rre*n*ta
dos libras de ç*er*a dela q*u*al rrenta ꞉ ç*er*a ‖ ssob*r*edicha yo
Gonzaluo P*e*rez sacristano sob*r*edich*o* otorgo q*ue* so bie*n* pagado
dela Re*n*ta delos vinte a*n*nos. ꞉ vos Lope Garc*i*a q*ue* mededes
delos vinte a*n*nos endelantre dos ‖ libras de ç*er*a cada a*n*no por
15 rre*n*ta por la ffiesta desa*n*t Ma*r*ti*n* de Nouembre cada a*n*no. ꞉
acabo deu*n*est*r*os dias q*ue* deyedes todos los h*e*redamie*n*tos
sob*r*edich*o*s ala sacrista‖nia libres ꞉ q*u*itos sin toda mala uoz.
co*n* q*u*antas meiorias ꞉ co*n* q*u*antas pla*n*tacione*s* y ouierdes
fech*o*s. Otrossi ssip*or*auen*n*tura uos Lope Garc*i*a finasedes ante
20 delos vi*n*te a*n*nos prim*er*os ‖ q*ue* tengan u*n*est*r*os h*e*rederos todos
los dich*o*s h*e*redamie*n*tos ffasta cabo delos vinte a*n*nos por
rrazo*n* q*ue*es ffecha la paga dela dicha rre*n*ta. Et dende adela*n*tre q*ue* ffinqu*en* to‖dos los dich*o*s h*e*redamie*n*tos libres ꞉ q*u*itos
ala dicha sacristanja asi com*m*o sob*r*edich*o* es. Otrossi q*ue* non
25 uendades nj*n* dedes nj*n* enpenedes nj*n* enagenedes algunos h*e*reda‖
mie*n*tos dela dich*a* sacristanja en ot*r*a p*er*sona nj*n* so ot*r*o ssenorio.
꞉ ssiloffiziesedes q*ue* non valla el enagenamie*n*to q*ue* ffiziesedes.
Otrossi q*ue* uos Lope Garc*i*a guardedes ‖ ꞉ anparedes todos los
biene*s* dela dich*a* sacristanja en q*u*anto uos pudierdes ꞉ sopierdes.
30 Et yo el dicho Lope Garc*i*a Reçibo asi esta dich*a* rre*n*ta com*m*o

sobredicho es. Et otorgo ⁊ pro*m*eto . ⁊ obligo amj ⁊ amios bien*es*
mueble ⁊ h*er*edat *por* q*u*ier q*u*elos ouier depagar esta dich*a*
rre*n*ta . ⁊ de com*plir* ⁊ detener todas estas cosas assi com*m*o
sobredich*as* son . ⁊ ssino*n* pagasse la dich*a* rre*n*ta cada a*n*no
despues delos vinte a*n*nos passados . *que* uos sacristano o q*u*ien 35
estidier en u*n*est*ro* logar ouuest*ros* . . . adados q*u*eme podades
predrar amj ⁊ a mios vasallos porello oq*u*ier q*u*elos ffalledes . ssin
coto ⁊ sin callonja nj*n*guna . Otrossi otorgo deguardar ⁊ de anpa*r*ar
los bien*es* dela dicha sacristanja lomeior *que* yo pudier ⁊ sopier
ffasta cabo de mjos dias . Et despues demios dias . otorgo delos 40
dexar todos los dich*os* h*er*edamie*n*tos ala dich*a* sacristanja libres
⁊ qu*i*tos ssin toda mala uoz co*n* q*u*antas meiorias ⁊ co*n* q*u*antas
plantaço*nes* enellos ouier. Et por *que* esto sea ffirme ⁊ no*n*
venga en dubda . yo el dicho ssacristano ⁊ yo Lope *Garcia* sobredicho. Rogamos a Joh*an* Rremo*n* not*ario* publico desa*n*t Ffa- 45
gu*n*t *que* ffeziese desto dos cartas anbas de vn tenor *que* ffuere*n*
ff*e*chas . dos dias de Enero era demillcccxxxvij . a*n*nos ela *que*
uos Lope *Garcia* tened*es* es sseellada co*n*nel seello de mj el
dicho *Gonzaluo* *Perez* sacristano . ⁊ la *que* yo te*n*go es sseellada
co*n* el seello devos Lope *Garcia* . Ts. don Micolas almosnero 50
don Joh*an* desa*n*t Ma*n*ço *Garcia* *Perez* de Medina ⁊ Esteua*n*
Dae*n*t *Garcia* *Martinez* sobrino de *nuestro* ssen*n*or el abbat
Pedro Joh*an* . *Pedro* Guill*e*m . Et yo Joh*an* Rremo*n* el dich*o*
not*ario* q*u*elas escriuj ⁊ ffiz en cada vna . . . . dellas este mjo
Singno en testimonjo de *(seing)* verdat. — . — . — . hyb. — 55

165 × 240 mm. En bas la largeur n'est que de 220 mm. — Le seing
a la forme d'une haute croix à trois bras et traverse trois lignes. L'*abc*
en haut, en bas un trou carré pour le sceau. — Le parchemin est plein de
taches et, à plusieurs endroits, il y a des pâtés dans le texte — L. 14, *libras*
est écrit *llbras*. l. 36 le mot dont le commencement est effacé, doit être
mandados. L. 54, il y a un mot gratté devant celui que nous avons interprété
comme *dellas*, bien qu'il ressemble plutôt a *collas* ou *tallas*. — *Enero* et *era*,
l. 47 portent à tort des signes d'abréviation, les *ll* de *mill* même ligne, sont
coupés par un trait horizontal.

Formes détachées
de quelques documents qui ne sont pas reproduits dans la collection précédente.

1253. *P. 1163. Ind. 1926.* yel (= ye el), nolas (nos las), todos sues derechos, elos prados, uolo (= uos lo), muyer, ambos, re, rina, uiron, oiron.

1254. *P. 1169. Ind. 1932.* uole (= uos le), quisierdes, uola (= uos la), mays, ena era, maordomo.

1254. *P. 1170. Ind. 1933.* muyer, ye, re, reina, mandemos (pf.), robramola, confirmamola.

1256. *P. 1171. Ind. 1934.* muyer, trinta, mugier, enna, enne, enel, fallarmos, mandemos (pf.), enne, maor.

1258. *P. 1178. Ind. 1941.* so casa, caleya, ennos, enna, ambas, yel Rio, yel otra, ennas, terra, xosa, quisierdes, enna, enna, ambas.

1259. *P. 1179. Ind. 1942.* enne, enne, maordomo, ambas.

1261. *P. 1185. Ind. 1948.* nuef annos.

1262. *P. 1188. Ind. 1951.* mojer, enne, enne, Bartelome, confirmamolla, semejaule laor, conceyo.

1262. *P. 1189. Ind. 1952.* mojer, furon, semejaule laor, maor, ambas, confirmamolla.

1263. *P. 1192. Ind. 1955.* ujren, fezjoron, mandemos (pf.), sol era.

1278. *P. 1198. Ind. 1963.* ujren, dixioron (5 f.), oyoron, partia (subst.), Maorga, die (1 p. pf.).

1280. *P. 1201. Ind. 1966.* meatad, meatad, so alma, ela heredat, quien esta carta troxier prendje elo que fallar, mandemos (pf.), la so carta, estudier, conceyo.

1286. *P. 1211. Ind. 1976.* fallardes, dalguna, fallardes.

1289. *P. 1219. Ind. 1983.* arfia, meatat, fruytos (3 f.)

1289. *P. 1220. Ind. 1985.* rreuotarllas, rreuotarllos, rreuotarllo, julgado, conceyo, rroguemos, poblico (Villalpando).

1289. *P. 1221. Ind. 1986.* fezioron, padronalgo, julgado, fezier, poblico.

1289. *P. 1222. Ind. 1987.* sepam, andodieren, anbas, ffizioron.

QUELQUES CHARTES

PROVENANT DE

DIFFÉRENTS MONASTÈRES LÉONAIS.

San Pedro de Eslonza.

LXXV.

1241, 25 juillet.

San Pedro de Eslonza P. 126. Cartulario CXLVIII, p. 230.

In nomine dominj amen. Connoçuda cosa sea a todos que esta
Carta uiren . que contienda fu gran tiempo entre los Abbades yel
Conuiento del monesterio de sant Pedro de | de Aldonça dela una
parte . ye donna Maria Pedrez de villa Rabines ye sos fijos
Pedro Fernandez ye Diego Fernandez de la otra parte . sobre 5
la méétat dela eglisia de sancta Maria | dessa misma villa Rabi-
nes. Depues atal composicion fu fecha entre el abbat don Pedro
ye el conuiento des mismo monasterio . ye los deuandichos donna
Maria Pedrez ye sos fiyos . | sobrela antedicha demanda . Que donna
Maria Pedrez ye sos fiyos Pedro Fernandez : Diego Fernandez 10
connocioron que la méétat dela deuandicha eglisia sobre que
yera la contienda ! yera del deuandicho monesterio . ye aún se
per ventura algun derecho hy auien ! quitaronse dello . : arenun-
ciaronlo por siempre . ental manera que el deuandicho monesterio !
aya | aquella meetat daquella misma eglisia sobre que yera la 15
contienda ! liure : quita . : sin toda contradicion . yelos deuandichos
Abbat : Conuiento de sant Pedro de Aldonza ! | deuen dar á
donna Maria Pedrez : a sos fiyos . de suso dichos . diez : nueue
cargas de pan terciado . de trigo . de centeno . : de ordio a ses
quartas la carga ! pella quarta | que agora corre en Valencia. 20
Et se per uentura tempestat de piedra ferir en villa Rabines .

que tanto da*nn*o faga que non aya hy de que se dar las diez :
nueue car|gas de pan . segundo que ye dicho de suso ! dar el
abbat : el Conuie*n*to per albidrio de o*mes* buenos q*u*anto pan
25 ouier enna meetat dessa egl*i*sia ! sacado ende por | que la egl*i*sia
se pueda seruir . ye los fueros que a de fazer. Este pan se deue
dar cadanno ata la fiesta de sant Migayel de setembrio ! per
todo el dia. Et se el Abbat | ye el Conuiento non dieren este
pan assi como de suso dicho ye ! deuen dar una carga de trigo
30 cada dia por pena ata que lo den . : se lo non dieren ! do*nn*a
Maria | o sos fiyos prindien por ello sin calonna. Et quando el
uno dellos finar ! ficar ennos dos . : quando el otro finar ! ayalo
el tercero en todos sos dias. Et depues dela | muerte de todos
tres ! ficar el monest*er*io liure . q*u*e nu*n*qua mas de esta rienda
35 de suso dicha. Et los deuandichos Abbat : Conuiento ! obligaron
asi : a so monest*er*io . de co*m*|plir assi como aquj esta scripto a
do*nn*a Maria : a sos fiyos. Et por que este fecho siempre sea
firme . : non uenga en dubda . fizioron las partes duas cartas fa|
zer partidas per a . b . c . : seellallas delos seyellos de don Joan
40 Obispo . : de don Gonzaluo Pedrez arcidiano de Ouiedo . : delos
deuandichos Abbat : Conuiento . | Esta cosa fu fecha : firmada en
villa Rabines . enno dia de Santyago de Julio . en ERa . m*a* cc*a*
lxx*a* nona . enna presencia destos o*mes* que furon presentes.

1*re* colonne. Pedro Steuanez Cantor de san Pedro . Johan Pe-
45   drez . Pedro Pedrez monges de sant Pedro . Don
             Nycholao cap . . . . . de Algadefe . Domingo Pel . . .
             cl*er*igo de Villa seca . Don Johanin . . . . . lan de
             villa Rabines . Don Jacob clerigo de villa Eman-
             dos . Roy Fernandez cauallero de Antymio . Mo-
50   nio Alfonso cauall*er*o de Val de Spino Ferna*n*do
             Alfonso escudero de val de Spino.

2*e* colonne. Johan mona*z*ino de *sancta* Marina . Martino mona-
             zino . Don Johan merino de *sancta* Marina . Johan
             Rodriguez . Don Luchas . Don Aparicio Pedro Fer-
55   na*n*dez gallego . Pedro peron . Don Aparicio . Do-
             mi*n*go Saluadorez.

3*e* colonne. Don Esydro . Migayel carpentero . Martino carpen-
             tero . Pedro yerno de don Feliz . Domi*n*go astu-

riano . Johan picudo. Domi*n*go dEscalzon. Pedro
fiyo de don Johanin. Pedro Rodriguez fiyo *de* 60
Roy de Vega. Gonzaluo picoscudero del Abbat.
4e colonne. Gonzaluo pardo. Estos furon | presentes . ye | otros
del con | ceyo de villa | Rabines . ye | de otros loga
| res.

280 × 320 mm. En haut l'*abc*, en bas un pli de 25 mm. avec quatre
paires de trous pour les sceaux. Dans les trous extérieurs, on voit des restes
de la ficelle. — Les passages marqués par des points sont illisibles dans
l'original. Ligne 49, *Antynio* peut être *Antynuo*. L. 3, *de* est répété au
commencement de la nouvelle ligne.

LXXVI.

1243, juin.

San Pedro de Eslonza. P. 127. Cartulario CXLIX, p. 232.

IN dej *nomine* am*en*. Conocido sea p*or* este scripto alos
que son ya alos que an por uenir . Que yo do*n* Pedro pela gra-
*ci*a de dios abbad de san Pedro | de Aldonza . ensembla co*n* el
co*n*uento des mismo logar . fazemos carta de co*n*cambia . de iiij .
solos que auemos ena uila de Castrofert . | ya parte de un orto 5
ede una casa . q*u*anto nos hi p*er*tenez . damos ya otorgamos .
auos Pedro Martiniz de la cal del rio . ya auuestra | muyer do*n*na
Domi*n*ga . ya auos do*n*na Maria ela gascona . ya auostros fiyos .
ya auos Maria Gil . ya auostros fiyos . ya auos Marina uasala . |
ya auostros fiyos . ya auos Oro Beneitez co*n* u*os*tros fiyos . ya 10
auos do*n*na Marina muyer q*ue* fu de Martiuanes potro . co*n*
u*os*tros fiyos . ya auos | do*n* Miguiel . ya auostra muyer Maria Do-
mi*n*guez. E do*n*na Maria ela gascona heriedan . esos fiyos . ena
tercia parte ! de los tres solos . | co*n*tral monte . ya Pedro Marti-
nez . co*n*sua muyer . e Maria Gil . co*n* sos fiyos . ya Oro Beneitez . 15
co*n* sos fiyos . ya Marina uasala co*n*sos | fiyos . ena otra tercia
parte ! delos tres solos. E do*n*na Marina muyer q*ue* fu de Mar-
tiuanes potro ! co*n*sos fiyos . ena otra tercia par | te ! co*n*tral rio .

delos tres solos. E lotro solo ya una casa . eno corral que fu
20 de Dominguiuanes potro . damola adon Miguiel . con sua muyer
Maria Dominguez . ya estos solos son bien determenados. Dela
prima parte ! cal de conceyo que ua del rio poral monte. Dela
iiª cal de conceyo que ua de sancto Thomas ! contra sanctIuanes.
Dela iiiª solo ya casas de Dominguiuanes potro. Dela iiijª parte !
25 edela otra parte ! solo de Dominguiuanes anegron . ya solo
de donna Maria ela gascona . ede sos fiyos. Eauos Pedro Martiniz . ya auostra muyer donna Dominga . ela parte que emos
eno orto consua casa . eiaz dela prima parte ! cal de conceyo
que ua del rio ! poral monte. De la ijª casas de muyer de Ro-
30 drigo melero . ede sos fiyos . damos ya otorgamos . auos ya aqui
uos pertenecir pora todos tiempos . E recebimos deuos polo
orto epola casa . una uina ena longuera. Dela prima parte ! uina
de don Bortholome erno de Pedro pardo ede sos fiyos. Dela
ijª ui na de san Pedro dAldonza. Dela iiiª uina de Juan Mar-
35 cos . E polo solo de donna Maria ela gascona . ede sos fiyos .
recebimos . iij. trãs ! ela una iaz carrera de uila Ornate. Dela
prima parte ! ela riba . Delotra parte ! tra de don Bortholome .
erno dela galuana. E las otras duas trãs iazen ena carua . ala
una trã de la prima parte . trã de Pedro pelitero . ede sos fiyos
40 De la ijª trã de Martin Pelaz. Dela iiiª trã de fiyos de Juan
tirado. Elotra trã de la prima parte ! trã de don Martin fiyo
de don Pedro. Dela iiª trã de Pedro Martiniz . erno de Mioro
de ual deMora. Dela iiiª trã de Maria Fernandez. Epolo solo
de Pedro Martiniz . una uina enual de Mome. Dela prima parte !
45 trã de nietos de Miguiel tisera. Dela iiª uina de san Pedro dAldonza. Dela iiiª trã del ospital. E Marina uasala . ya Oro Beneitez . dan una trã que iaz en apresuras. Dela prima parte !
trã de Justa Fernandez . ede sos fiyos. Dela iiª trã de fylos de
PelaIuanes. E Maria Gil esos fiyos . dan una trã que an ena
50 carua. Dela prima parte ! trã de Pedro Martiniz de cal delrio
Dela ijª trã de don Pelao fiyo de Maestro. Delotra parte ! trã
de Domingo moro. Epolo tercero solo . da donna Marina . esos
fiyos . duas trãs . ela una iaz aoter dAguilar. Dela prima parte !
trã de Donna Maria Fernandez . ede sos fiyos. Dela ijª trã de san
55 Pedro dAldonza. Delotra parte ! trã de Martin podras. Elotra
tra iaz aoueya bona. Dela prima parte ! tra de san Pedro dAl-

donza. Dela ii.ª trã de Do*n*na Colomba . ede ‖ sos fiyos. Delotra
parte ꞊ trã de fiyos de Domi*n*go Martiniz . fiyo dela paradiela.
Epola casa da do*n* Miguiel . ya sua muyer Maria Do ‖ me*n*guez .
una trã que iaz enOueya bona. Dela *p*rima parte ꞊ trã de san 60
Pedro dAldonza. Dela ii.ª trã de Gil farto. Nos om̃s ya mu ‖
yeres deua*n*dichos . damos ya otorgamos . estas uinas ya estas
trãs deua*n*dichas . pora todo tiempo . asan Pedro dAldo*n*za. Se
algunas ‖ de las partes co*n*tra este scripto quesier uenir . sea maleito edescomu*n*gado . peche en coto ꞊ c. mora*b*ed*i*s . ya cáa dela 65
uoz . ya ‖ essa heredat deua*n*dicha duple en otro tal lugar omeyor .
facta carta en era . m.ª cc.ª Lxxx.ª i.ª eno mes de Junio. Regnando
‖ ela rina do*n*na B*e*renguela enUale*n*cia . Tenie*n*do Uale*n*cia ya
essa Mota . Alfonso Pedrez . Ena se de Ouiedo ꞊ electo Ruy Diez .
yo ‖ abbad de san Pedro dAldo*n*za . ensembla co*n* el co*n*vento. 70
E nos om̃s ya muyeres deua*n*dichos . esta carta *que* mandemos
fazer *con* nos*t*ras ‖ manos las roulamos ya sinal fazemos *(seing)* .
aquelos *que p*resentes furo*n* eodiro*n*. Don Beneito *p*rior maor .
Do*n* Bortholote sagrista ‖ no . *p*rior de sant Adriano. Do*n* Paul-
lus so *p*rior . Pedresteuanez cantor . Do*n* Cibrian el bodeguero . 75
ya todol co*n*uento . De Castrofert . ‖ Domi*n*go moro. Pedro pelitero . Mart*in* de S*anct*Iago el cl*e*rigo . Do*n* Esteua*n* fiyo de
maestro . Domi*n*go Martiniz renanio . DoIuanes fiyo de ‖ Pedro
uasalo . Domi*n*go Pedrez fiyo de Juan tirado *(seing)* Alfons*us*
s*c*ripsit.   80

280 × 273 mm. Charte partie. En haut les lettres découpées. — Ligne 25
anegron peut être *anagron*.

LXXVII.

1245, 11 avril.

San Pedro de Eslonza, P. 128. Cartulario CL, p. 235.

Jn no*m*ine do*m*ini am*en*. Cu*n*nuzuda cosa seia a q*u*antos
esta karta uire*n*t . que co*n*tienda foe entre Iabbat do*n* Pedro Martiniz ye el co*n*uie*n*to ‖ de san Pedro dAllo*n*za . dela una parte .

hie do*n* Garcia Alfonso . ye sua muler do*n*na Aldo*n*za Aluariz .
5 ye sua madre do*n*na Ma|ria Ferna*n*diz . ye sua he*r*mana do*n*na
Eluira Alfonso . dela otra parte . helos deua*n*dechos abbat ye co*n*
uiento de mandaua*n*t por | parte del monesterio / ela tercia del
se . . . d*e* toda la uila / de Castroferete . Co*n*uien a saber / ela ter-
cia d*e* todas las calo*n*nas . | ye de todas las pescadurias . hie d*e*
10 todas las moln*e*ras . hiela tercia d*e* toda la h*e*redat / dela carua .
ye de todos los otros exi|dos . ye de todas las otras deuisas .
hie de todas las otras cosas qu*e* p*er*tenece*n*t odeue*n*t p*er*tenecer
al sennorio desa deua*n*decha ui|la . ye todas estas cosas deua*n*-
dechas pedia*n*t ado*n* Garcia Alfonso ye asua muler do*n*na Al-
15 do*n*za Aluariz . hie a sua madre do*n*na | Maria Ferna*n*diz . ye asua
he*r*mana do*n*na Eluira Alfonso . por razo*n* de donacio*n* que fezo
el Re do*n* Alfonso . ye sua he*r*mana ela | Rina do*n*na Orracha .
en Castroferete al monesterio de sam Pedro d*e* Aldo*n*za, he
sobresto razonaua*n*t iur de las deua*n*d*e*chas co|sas . ye qu*e*ria*n*t
20 prouallo . hie los deua*n*dechos do*n* Garcia Alfonso ye sua muler
do*n*na Aldo*n*za Aluariz hie sua madre do*n*na Maria | Ferna*n*diz .
ye sua he*r*mana do*n*na Eluira Alfonso razonaua*n*t po si qu*e*
deuie*n*t áduer todas las deuisas d*e* la uilla hie magar el ab|bat
ye el monesterio h*e*redaua*n*t co*n* elos ena d*e*uan decha uila / no*n*
25 deuia*n*t adeuisar co*n* elos . por qu*e* hiera*n*t d*e* orde*n*e , por tal
ra|zo*n* que dizie*n*t que orde*n*e no*n* deuia adeuisar co*n* caualeros.
Ena cima do*n*Garcia Alfonso ye sua muler do*n*na Aldo*n*za
Aluariz | cu*n*nucero*n*t al monesterio sobredecho el tercio del se-
norio / en todas estas cosas sobredechas ye qu*i*taro*n* se de qu*a*nto
30 end*e* te|niant . hie pr*o*metiero*n*t abona fed qu*e* nu*n*qu*a* farient
co*n*traria al monesterio sobre ne*n*guna cosa qu*e* p*er*tenesca al
tercio disti se|norio qu*e* de suso cu*n*nuciero*n*t . esto hie asaber .
el tercio d*e* todas las calo*n*nas . ye de todas las pescadurias, ye
d*e* todas las molne|ras . ye de todala h*e*redat dela carua . hie
35 de todos los otros exidos . ye de todas las deuisas . hie
d*e* todas las otras cosas qu*e*| p*er*tenece*n*t al senorio de Castro-
ferete, hie los deuan d*e*chos abbat ye co*n*uiento . por amor ye
por natura qu*e* auia*n*t ye hant | co*n* elos . hie por los adebdar
mayas a seruicio . hie ááiuda del monesterio sobredecho / diero*n*
40 los por ensua uida de | ambos . el quarto disti senorio de qu*e* si
qu*i*taro*n*t . esto ye asaber el qu*a*rto que elos tenie*n*t . hie pr*o*me-

tieront hie otorga‖ront delis dar en prestamo por en sua uida
de ambos : quanto uenciesent de sua madre . ye de sua hermana :
de‖qual delas quier del tercio disti senorio sobredecho . hie estas
cosas sobredechas los dieront por tal pleito en prestamo‖que cada 45
ano diant delos . j . sollo en cunnucensa in dia de sancto Thomas .
ena iglesa de santo Thomas de‖Castroférete . al abade o al uigario
que hi for del abbat . hie que las tengant en sua uida . por iur
ye por nomne .‖del monesterio . hie a sua morte que las
dexemt liures ye quitas . hie en paz . sen toda contraria . hie en 50
sua uida‖fagant isti encienso : assi como hie decho . hie por
maior adepdamiento dedon Garcia Alfonso . dieronli ela comienda
‖de quanto elos auient en Castroférete . en toda sua uida . hie
eli conuieno . que lola guardas bien, elos prestamos dieront‖
áámbos así que quando el uno morir finquen al otro : por pleito 55
que desuso ye decho . Todos los deuan dechos abbat ye‖con-
uiento . ye don Garcia Alfonso ye donna Aldonza Aluariz otorgaront quanto esta karta diz . hie que fos firme pora siem‖pre .
partirona por a. b. c. hie saelaronna connos saelos delos deuan-
dechos abbat ye conuiento . hie rogaront todos adon‖Alfonso 60
Iordan . ye adon Pele Diez iuyzes del Re en Leon . que posiesent
en ela sos saelos . hie elos por so ruogo : posie‖ronos en ela : en
testemunno de uerdat . facta karta . xi dies andados de abril.
ERa. mᵃ ccᵃ LXXXᵃ IIIᵃ Qui presentes‖fuerunt de Leon . don Alfonso Iordam don Pele Diez . Dom Miguel Fernandiz , De uila 65
Quexida , Pedro Martiniz el caualero . De‖Mayorga Gonzaluo
Alfonso . Pele Pedriz monge de san Clodio . Garcia Aluariz
monge de san Pedro . Fernan Joan monge‖de san Vicenti de
Ouiedo qui hanc scripsit . confirmatur.

235 × 240 mm. En haut l'abc découpé, en bas un pli avec des trous
carrés. Le mot confirmatur se trouve à une certaine distance de scripsit,
mais sur la même ligne. — Nunqua, l. 30, et sancto, l. 46, manquent des
abréviations nécessaires sur u et a Les lettres e de senorio, l. 32, et ab de
abade, l. 47, sont effacés. Le t de abbat, l. 37, porte un signe d'abréviation.

LXXVIII.

1248, 29 août.

San Pedro de Eslonza, P. 129. Cartulario CLI, p. 237.

Inomine domini amen. In era . mᵃ ccᵃ Lxxxᵃ viᵃ Tres dias
por andar de agosto ⫶ Cunuzuda cosa sea aquantos esta ‖ carta
uiren ⫶ que yo Ruy Gut'rriz dicho Ruy del monte ye mios fillos
Pedro Rodriguez Garcia Rodriguez Ffernan Rodriguez Mar‖co
5 Rodriguez Barnabe Rodriguez cunucemos ye entendemos ye sobemos por uerdat quela yglesa de sancta Olalla de Pesquera
con so ‖ herdamento de que yo dicho Ruy del monte leuaua
ela meatad . y el quinto de la otra meatad . yel monesterio de
san ‖ Pedro de Aldonza elos quatro quintos dessa meatad . que
10 foron ela deuandicha yglesa yela herdat desse deuandicho monesterio ‖ entregamente . ye deuen aséér . ye por ende quitemj ye
partime delas ⫶ ye meti el monesterio en iur delas . ye se algun
der‖echo yo hy auia enna yglesa ye enna herdat . de todome
quitey ye dila asse mismo monesterio por mia alma ye demios ‖
15 parentes por otorgamento destos mios fillos deuandichos ye se
por uentura Alffonso Rodriguez o Gut' Rodriguez mios fillos
ho Ma‖ria Rodriguez ho Taresa Rodriguez mias fillas ho
estos otros quel otorgaron ueneren contra este mio fecho ⫶
cada qual delos quelo ‖ fezer ⫶ sea deseredado delaotra mia her-
20 dat queles yo lexe . ye ayana elos otros mios fillos . ye quilo
demandar pechela deman‖da doblada en tal logar al monesterio ⫶
ye e morabedis . en copto . yel mio fecho uala todauia . ye nos
Pedro Martin abbat ye ‖ todol conuento desan Pedro de Aldonza ⫶
porque nos non traedes enplecho nen iuyzo nen costas sobrelo
25 ūro ⫶ damos auos Ruy del Monte ‖ deuandicho estas mismas herdat ye yglesa deque uos quitastes al monesterio . ye todolo otro
herdamento quanto nos auemos ye a ‖ uer deuemos enssa deuandicha uilla dePesquera . quela ayades por en toda ūra uida . mays
non ayades poder dela uender nen dela ‖ dar nen dela enpennar
30 nen dela alenar por nenguna guisa . ye aūra morte fique liures

ye quitas al deuandicho monesterio . | ye nos deuandichos abbat
ye conuento ye Ruy del Monte ye mios fillos deuandichos otor-
gamos todo quanto en esta carta seye . | ye se poruentura algun
ho algunos de nos uenermos contra este fecho pechemos ala
parte quelo agardar quinentos . morabedis . y este | fecho uala 35
todauia . qui presentes fuerunt. Fortun Lopez de Pobladura . don
Yuanes clerigo de san Adriano . don Paulus cle | rigo . don Lucas
clerigo de Uega . Martin Lopez clerigo . don Lorente de Cole .
Martin Rodriguez . Domingo Pelaz ye Martin Pelaz | delas Bodas
ye Lorente ye Pedro todos quatro hermanos . don Yuanes de 40
Santiago . don Pedro ye Domjngo Yuanes dela de | uesa . Martin
Lopez de Portiga . escuderos del abbat Ffernan Pelaz . Jam Tinna .
Pedro Andres . Cibrano . Alffonso | caluo . Gonzalus Rodriguez de
Uega.

138 × 258 mm. En haut l'*abc* découpé. L. 15 et 16, *se* est écrit au-
dessus de *por*, et L. 19, *n* est écrit au-dessus de l'*a* dans *delaotra*. L. 31,
monesterio manque d'abréviation.

Supplément au document précédent.

Estos sum elos homes *que* foron presentes quantdo Ruy del 45
monte sequito dela yglesa de *sancta* Olalla | de Pesquera con
so herdamento al almonesterio de san Pedro de Aldonza . ye
meteo enna posession de | la a Ioham Perez monge desse mismo
monesterio . don Pedro abbat clerigo . Pedro Yuanes de uilla |
Paderna . Martin portero de Mercadello . Yuan caluo de ualMartjn 50
. don Lorente . so fillo Yuan Lorente | don Andres . Domingo Pe-
laz . Domjngo Martin . Domjngo Ffernandiz . Pedro Martin . Pedro
Pelaz . Yuan ca | ruonero . Domjngo Lopez . Pedro ueyo . Yuan
fruchos Lorente fillo de Peley Martin . Pedro Tolosa fillo | de
Yuan Tolosa ! de Caruallar Pedro Dominguez . Domjngo Gil . 55
Ioanete . Ioham Fagundiz . estos sun de Pesquera.

40 × 195 mm. Ce supplément est cousu au bord inférieur du parchemin
et replié sur celui-ci — *Dominguez*, l. 55, est écrit *domi'gus*.

LXXIX.

1252, 1 avril.

San Pedro de Eslonza, P. 131. Cartulario CLIII, p. 240.

Jn nomre de dios amen. Conocida cosa sea por est escripto.
a quantos esta ‖ carta uiren . que yo Pedro . Fernandez caualero
de vila Rabines por remision de mie ‖ alma . ꞅ por las almas de
mio padre ꞅ de mia madre . ꞅ de todos mios parentes. ‖ Fago carta
5 de quitacion . ꞅ de donacion a uos don . Pedro . Iohanis pela gracia
de dios abbat ‖ ꞅ atodo el conuento de san Pedro dAllonza . ꞅ
atodos uros sucessores . Conuien ‖ asaber . de xviiij cargas de pan
que me dauades cada anno sienpre . dela ura egrisia ‖ sancta
Maria de vila Rabines . de suso dicho . e daqueste pan de suso
10 dicho . ꞅ de todos ‖ derechos que auer auia dela deuandicha egrisia
me quito por sempre por esta carta. ‖ auos abbat ꞅ conuento de
suso dichos . ꞅ atodos los uros sucessores . por amor ‖ de dios . ꞅ
de san . Pedro . ꞅ por bon fecho que recebi de uos . Conuien asaber .
vn rocin ‖ enselado ꞅ enfrenado . e vnos pannos de ualenchina
15 uiada . ꞅ sobre tot esto ‖ mando me sepultar in uro monasterio
con mia madre que iaz y . e se por auentura yo ‖ o alguno de
mia proienia o de estrania quisier uenir contra este mio fecho.
que yo fiz de ‖ mia sana memoria . ꞅ de bona uoluntad . sea mallito
ꞅ descomungado . ꞅ con ‖ Iudas in inferno danado . ꞅ peche . cc . mora-
20 bedis . al abbat ꞅ al conuento de san Pedro ‖ dAllonza que en es
tiempo fure . ꞅ al rey otros tantos . ꞅ la carta permanesca ‖ firme ꞅ
staule por sempre . yo . Pedro . Fernandez de suso dicho mande
fazer esta ‖ carta ꞅ odila leer ꞅ roulela ꞅ otorgẽ todo quanto en ela
sie escripto . ꞅ por ‖ que seelo proprio non e . Ruego los ioyzes ꞅ
25 los alcaedes ꞅ los conceyos de ‖ Mansiela ꞅ de Valencia que pongan
y los seelos en testimonio de uerdat ‖ Fecha karta primero dia
dabril . Anno domini . m.º cc.º L.º ij.º Regnate el rey ‖ Don Alfonso
enLeon ꞅ Castella merino maor del rey en Leon . Gonzaluo Mo-
ran . ‖ Teniente Valencia Roy Gonzaluez Giron . Obispo dOuiedo.
30 Don Pedro Iohanis ‖ Elecho en Leon . Martin Fernandez in dis-

cordia . Q*ui* presentes fuer*unt* ꝛ audier*unt* ‖ De Ma*n*siela. Domi*n*go
liebre el ioyz . Joha*n* Michel ioyz . *conf. Gonzaluo . Martinez* ‖ pres-
byter. Do*n* Bartolome Maq*ue*xuela. Yuanes njeto d*e* Leo*n* pres-
byter conf. Do*n* Ff*er*nando ‖ *presbyter.* Crecie*n*te iodio So ermano
Aceclin.

De Uale*n*cia . Do*n Martin* rocho alcaede . Joha*n* Leonardo
arcipr*este*. Do*n* ‖ Alfonsso tendero . Ff*er*na*n* Rodriguez Jo*h*a*n*
Martin*e*z zapatero . ‖ P*ed*ro Esidrez zapatero.

De vila Rabines . *Martin* de Sa*n*c*t*iago arcip*r*este. *Martin*
Ff*er*na*n*dez capela*n* ‖ Jo*h*an Rodriguez . P*ed*ro Rodriguez . Jo*h*an
Mart*in*ez . Mart*in* Ioha*n*is . Do*n* Aparicio pardo. ‖ So ermano Yua*n*
Domi*n*guez . P*ed*ro Mart*in*ez. Mart*in* cabeza . Jo*h*an q*ue*xada . Jo-
*h*an filo d*e* do*n* P*ed*ro. ‖ porasi . Do*n* Fagu*n*do . Andres.

290 × 130 mm. Les ficelles des sceaux restent dans les trous. Devant
De Mansiela, l. 31, et devant *De vila Rabines*, l. 39, le notaire a écrit de
petits ornements, indiquant qu'une nouvelle partie de la charte commence.
L. 23, on remarque une abréviation fautive sur *otorge*. — Le notaire s'est
servi de deux signes pour la conjonction *e*, le signe ordinaire et un autre
que nous avons rendu par *ꝛ*.

LXXX.

1260, septembre.

San Pedro de Eslonza, P. 138. Cartulario CLX, p. 248.

Jn d*e*i nomi*n*e ame*n* . yo Esidro fijo de D*ie*go Giraldez . fago
Carta de vendicio*n* . Auos do*n* ‖ Alfonso Gu*n*zaluiz ꝛ ūra muyer Maria
Domi*n*guiz . de . iij . ti*er*ras q*ue* ey ent*er*mino de sa*n*c*t*a Marina ‖ o
dicen el fenoyal . fro*n*tera dela primera . parte . ti*er*ra de fíjos de D*ie*go
pacho*n* . dela . ij . ꝛ dela ‖ iij . ti*er*ras delos compradores . Ela . otra
tí*er*ra iaze y luego Deprima parte . ti*er*ra de D*ie*go P*er*ez . De ‖ la ij .
ꝛ dela . iij . ti*er*ra de los compradores . Ela otra ti*er*ra iaze y luego
de prima . parte . tí*er*ra de ‖ los compradores . De la ij. ti*er*ra defíjos
de Mulacho . Dela iij. tí*er*ra de Mart*in* patarro*n* . ꝛ Recibo ‖ de uos

10 en precio . ij. mor*abedis* ꞇ in robracio*n* dela carta q*u*anto amj ꞇ
uos plogo e onde soy bie*n* ‖ pagado ental manera q*ue* uos fagades desas deua*n*dichas t*ie*rras elo q*ue* uos quisierdes pora ‖ todos
tie*m*pos. Se alguie*n* venier del mio linage o del stranio q*ue*
esta carta quiera co*n*tra‖dicer sea maldicto ꞇ descomu*n*gado . ꞇ
15 peche auos en cocto o aquie*n* ūras bonas ouiere ‖ . iiij. mor*abedis* .
ꞇ caya dela uoz ꞇ dubre estas t*ie*rras en otro tal lugar o en
mellor . facta ‖ carta e*n*no mes de Sete*m*brio. en Era . mᵃccᵃxcᵃviij.
a*n*nos Regna*n*do el rey ‖ do*n* Alfonso en Leo*n* en Cast*ie*lla en
otros sos regnados Endela*n*trado ent*ie*rra de Leo*n* do*n* ‖ Gun-
20 zaluo Gil. Tene*n*te Vale*n*cia ela reyna do*n*na Viola*n*te. Tene*n*te
essa mota Pedro ‖ Mele*n*d*ez* Obispo en Ouiedo do*n* Pedro . yo
Esidro q*ue* esta carta ma*n*dey facer co*n* mias ‖ manos ela robro
ꞇ sinal en ella ma*n*dey facer. Q*u*i *presentes fuerunt* ꞇ *uiderunt*
Esidro ‖ Fer*n*and*ez* la fizo p*or* ma*n*dado de March*os* Joha*n*es notario
25 en Uale*n*cia. Joha*n* P*ere*z clerigo ‖ *Martin* mulacho . *Martin* patarro*n* *(seing)* Do*n* Bortolom*e* . *Pedro* pastor Yua*n* ‖ de Rribera.

590 × 158. Ligne 15, après *morabedis*, on voit ꞇ *medio* supprimé par un
trait horizontal. — Sur le même parchemin se trouvent trois autres chartes d'à
peu près la même teneur, écrites par le même notaire, mais émanant d'autres
contractants. Ces chartes, qui portent les numéros 135, 136, 137, n'offrent que
peu de formes intéressantes et nous avons cru devoir les exclure de cette
collection, quitte à en citer dans notre exposé grammatical ce qu'elles
peuvent offrir d'important.

LXXXI.

1272, 13 septembre.

San Pedro de Eslonza, P. 145. Cartulario CLXVII, p. 256.

Jn dej no*mine* am*en*. Connozuda cossa sea a todos p*or*
este escripto . Como nos P*edro* Mart*inez* p*or* la g*ra*cia ‖ de dios
abbat de san P*edro* dAldo*n*za . ꞇ nos el co*n*uento desmjsmo logar .
a ruego dellos ñros uassa‖los de Soto ꞇ de Uelerda . ꞇ pediro*n* nos

por merçed . anos abbat ꞇ conuento dessuso dichos . que nos 5
quelles diessemos fuero . ꞇ nos entendiendo que yera derecho . ꞇ
por ffaçeles bien ꞇ merçed . damos les tal fuero por que ujuan .
ellos pornomnados omnes quesse en esta carta cunta . ellos ꞇ toda
sua generacion . que nos diedes cada anno . xx.ª liuras de cera .
por el pesso dela liura de carena . alla ffiesta san Martin . ꞇ que 10
diedes cada anno uña procuracion allabbat quando fur en el
logar . ꞇ callomnjas ꞇ ommeçios sey uenjeren que el uro merjno
quello recalle pora nos, ꞇ damos uos quanta herdat auemos en
Soto . ꞇ enUelerda . ꞇ en Ueneros . con araturas . ꞇ con montes . ꞇ con
çimientos . ꞇ con yxidos . ꞇ con todas las herdades lauradias . ꞇ con 15
todas las cossas que a estos logares perteneçen . ꞇ perteneçer
deuen . en que ujuades uos ꞇ ura generacion . poreste fuero que
uos damos . por tal pleito que ffagades della . xxᵗⁱi . prestamo . ꞇ
estos son los omnes que recebiron estos prestamos . filos de Do-
mingiuanes . ii . prestamos . Pedro cuecho . i . prestamo . Gonzaluo 20
Rodriguez ꞇ Sancha Pelayz . i . prestamo . Pedro Pelayz . i . prestamo .
Martin Perez con ssos fillos . i . prestamo . filos de Pelay Pelayz .
iij . prestamos . Guillermo Rodrygez . i . prestamo . fillos de don
Pedro . ij . prestamos . filos de Fernan Domingez . ij . prestamos .
filos de Juan abbat . iiij . prestamos . Johan Perez clerigo . i . pre- 25
stamo . Diego Domingez . ꞇ Johan Fernandez . i . prestamo . ꞇ lotro
prestamo que fica retenemos pora nos . opora darlo á uro merjno opora fazer dello lo que nos quixermos . ꞇ retenemos nos el
senoryo destas uillas . ꞇ destas herdades . ꞇ destos logares sobrodichos . ꞇ que seades todos uassalos de labbat . ꞇ del monesteryo 30
de san Pedro dAldonza . quantos morardes en Soto ꞇ en Uelerda .
sien otro senoryo nenguno . ꞇ sepor auentura alguno morir osse
fur de la tra . ꞇ non ficar se herede que quiera façer el fuero del
prestamo . que el prestamo fique en palacio . ꞇ ellos compliendo
estos fueros sobradichos . ꞇ non saliendo de mandado allabbat nin 35
al monesteryo . non seer labbat nen el conuento poderossos dellos
dessaforar . nenles tomar los prestamos . ꞇ nos los omnes de Soto ꞇ de
Uellerda . otorgamos nos por uassalos delabbat . ꞇ del conuento . ꞇ
reçebimos este fuero que nos dades . ꞇ otorgamos de lo complir
leal mientre . ꞇ qual quier delas partes que aqueste fecho passasse . 40
peche alotra parte . c . morabedis . ꞇ esta carta ualla pora siempre .
ꞇ que esto non uenga endolda ꞇ sea mas firme . nos abbat ꞇ conuento

ꝫ los om*n*es sobradichos de Soto ꝫ de Uellerda . ma*n*demo*s* façer
duas cartas ꝫ partillas p*or* . a. b. c. ꝫ por mas fir|me dumne nos
45 abbat ꝫ co*n*ue*n*to . ꝫ los om*n*es sobrodichos . rogemos al co*n*ceyo de
Casso q*ue* pussiessy so see|lo en testimonio deuerdat . ꝫ nos el
Co*n*çele a ruego de abbat ꝫ del co*n*ue*n*to . ꝫ‖ delos sobrodichos
om*n*es pussymos hy ñro seello . ꝫ nos abbat ꝫ co*n*ue*n*to pussimos hy
ñros‖ seelos e*n* testimonjo de uerdat . ffecha la carta e*n* el mes
50 de sete*m*brio . xiii . dias andados . en era‖ de mil ꝫ ccc^tos ꝫ . x .
annos.

280 × 230 mm. L'*abc* en haut, en bas un pli avec trois trous; celui
du milieu est déchiré mais recousu. La partie libre de la dernière ligne est
remplie par une sorte d'ornement. Lignes 46 et 47, il y a dans le parchemin
un trou, qui y était avant que le parchemin fût employé et qui coupe les
mots *testi|monio* et *sobro|dichos* en deux. — Ligne 47, les mots *a ruego* sont
dans l'original répétés. — Le signe d'abréviation se trouve de temps
en temps employé sans raison apparente. Le mot *abbat* est toujours écrit
avec un trait horizontal à travers les *bb*. Un trait pareil traverse les *ll* de
uillas, l. 29. Au-dessus de *era*, l. 50, on voit un *a*.

LXXXII.

1280, 1 juin.

San Pedro de Eslonza, P. 148. Cartulario CLXX, p. 261.

Era . m°ccc°xviij^a primero dia de Junio. Conosçuda cosa sea
aq*u*antos esta carta vire*n* . co*m*mo yo ꝫ‖ Martin Domenguez canonigo de Leon ꝫ de Astorga de mja clara voluntat ꝫ sen p*re*mia
ne*n*guna . do auos‖ don *Pedro Martinez* porla gr*ac*ia de dios
5 abbat del monesterio de sant *Pedro* de Aldonza ꝫ al Conue*n*to
dese mismo ꝫ‖ lugar por nomne dese monesterio duas vi*n*nas q*ue*
yo conpre en sa*n*ta Maria ela antigua ela primera‖ vi*n*na iaz al
exido ꝫ ye assi determinada dela primera p*ar*te ela carera de
Ribera . dela . ij^a vinna de‖ Fferna*n*t Rodriguez, teyado . dela . iij^a
10 vi*n*na del monesterio de sant *Pedro* . dela . iiij^a p*ar*te . vi*n*na de

santa Maria . Ela ‖ otra vinna iaz enno valeyo ꞓ ye assi determinada . dela primera parte ela carera que va pora Grayar . dela .
ij.ª ‖ vinna del monesterio de sant Pedro . dela . iij.ª vinna de Gonzalo Garcia . estas vinnas assi determi‖nadas con todo so iuro ꞓ
con todas suas pertenencias vos do por mucho algo ꞓ por mucha 15
aiuda que me ‖ ffeçiestes ꞓ polas uras casas de Leon ꞓ polo otro
heredamiento que uos y auedes ꞓ polas vinnas ꞓ ‖ polo heredamiento
que yo tenia de uos en santa Maria ela antigua ꞓ pola ygll'ia de
sant sepulco de Bena‖uente que yo tenia de uos commo sobredicho ye por entoda mia vida que nos ꞓ el monesterio sobredicho 20
‖quellas ades despues de mia muerte bien ꞓ conplida mientre
segunt quellas falardes . ꞓ otorgo que ffagades ‖ delas atoda ura
veluntat . ꞓ quellas podades vender ꞓ enpenar ꞓ donar ꞓ concanbiar
ꞓ fazer delas ato‖da ura voluntat assi commo yo mismo ffaria . Et
otorgo ꞓ prometo abuena ffe de non venir contra esta ‖ donacion 25
que uos yo ffago por mi nen por otre enenguna manera . ꞓ se-
porauentura uos contra esta dona‖cion veniesse por mi o por
otre enuida o enmuerte otorgo de uos pechar por mi ꞓ por todos
mios bienes ‖ mill . morabedis . ꞓ esta carta desta mia donacion que
uos yo ffago fique firme . Et douos luego el iuro ꞓ la ‖ posession 30
delas sobredichas vinnas por esta carta . ꞓ Renumpcio atoda
exepcion de engarno ꞓ atodo derecho ‖ escripto ꞓ non escripto que
por mi aya que ami pueda aiudar ꞓ auos destoruar . Et que esto
non venga ‖ endubda Rogue a Johannes Notario publico del
Conceyo de Leon que ffeciesse desto vn publico es‖trumento. 35
Et yo Johannes Notario sobredicho por que fuy presente atodo
esto de suso dicho ꞓ a Ruego ‖ de Martin Domenguez canonigo
sobredicho escreui este estrumento ꞓ pus enel mio sinnal (seing)
en ‖ testimonio de verdat . Testes Pedro Perez canonigo dela
ygll'ia de Leon . Garcia Ffernandez clerigo del coro. ‖ Pedro 40
Domenguez de Torio . Matheos Perez so ffiyo . Geruas Perez .
Johan Ffernandez .

275 × 240 mm. — Le *h* est toujours traversé par un trait horizontal
dans *ch* et aussi dans *Johannes* l. 34, ainsi que les *ll* dans *ygllia,* abréviation
que nous avons rendue par une apostrophe.

Santa Maria de Otero de las Dueñas.

LXXXIII.

1246, janvier.

Otero de las Dueñas, P. 4.

(Chrisme) JN dei nomine amen. Notum sit omnibus per
hoc scriptum semper ualiturum . que yo Gonzaluo Moniz ensembla con mia muyer : con mios fiyos vendémos ‖ auos Don Ramiro
Frolez : á uostra muyer donna Aldonza : quanta heredad nos
5 auémos : auer deuémos : en Estelielo. Conujen assaber . con casas . sola‖res . parte enna egrisia. Vórtos . Tierras . Prados . Paxeres. héras. aruores. montes. fontes. diuisa. exidos. : retornamjen-
tos . : con todas suas de ‖ rechuras : : suas pertenencias quantas esta
heredat ha : : auer deue. Esta heredat assi pornomnada uos uen-
10 demos con todo so juro : con toda sua entegre‖dat : por . cº : .
xxxª morabedis . : por todala heredat que uos comprestes entapia
de Pelay baruayón : : de Maria Johan. Assi que desde úúoy dia
endelántre ‖ de nuastro juro sea mouida : desraida . : a uostro seg-
norio sea traida : confirmada . que uos ades liure poder de uender
15 de donar . de fazer dela : ‖ quanto uos ploguier en uida : en muarte.
Se porauentura dalguno de nuastra parte ó destranna ó nos
mismos mais contra esta carta de nuastra ‖ uendecion uenier ó
ueniermos. sean malditos : escomungados . : con Judas enenfierno
sean damnados . : a uos ó quien uóz desta carta puxar : peche .
20 ccc.ºs morabedis . : pierda ‖ uoz . : esta carta remanezca siempre
firme . facta carta. Era . mª ccª Lxxxª iiijª enno mes de genéro.

Regnando el re don Fernando en Leon en Castiella. EnToledo
. ꞁ En ‖ Cordoua. don Monnio Aluarez en Leon seyendo obispo.
El yfánt don Alfonso teniendo aLeon. Don Garcia Rodriguiz
carnota ꞁ merino maor del re seyendo . don Garcia Martinez 25
nauarro teniendo las torres de Leon . ꞁ Fernan Pelaiz caualero en
León seyendo merino . Yo Gonzaluo Móniz con mía muyer ꞁ con
mios fiyos esta carta desta ‖ uendecion que auos don Ramiro ꞁ
á uostra muyer donna Aldonza á comendemos á fazer ꞁ rourá-
mos la ꞁ confirmamos la ꞁ signal acomendemos en ella affazer . 30
(seing) ‖ Don Pedro Gutierez de Zepeda caualero . *conf.* Martin
Pelaiz caualero de Naua fria . *conf.* Fernan Fernandez Micola caualero . *conf.* Ruj Fernandez de Riero caualero . *conf.* Martin Fernandez de Canales caualero . *conf.* Pelai Suarez de Caldas *conf.*
Pedro moro merino de don Ramjro . *conf.* Fernan Pelaiz caualero 35
ꞁ merino de Leon . *conf.* Martin Pedrez clerigo de pobladura de
Aruoyo . *conf.* Johan Martiniz clerigo de Aruoyo . *conf.* Johan
Rodriguiz escudero dela maguiya . *conf.* Martin Suarez . ꞁ Johan
Suarez fiyos de Suer galego . Domingo Pedrez tendero de Leon.
Qui presentes fuerunt . Petrus . ts. Dominicus . ts. Johanes . ts. ꞁ Do- 40
mingo Martiniz qui notuit :,

220 × 295 mm. Les noms suivis de *conf.* forment une colonne à
gauche, ceux des témoins en forment une à droite et sous cette dernière un
peu à gauche se trouve la signature du notaire. Certaines voyelles sont
pourvues d'une espèce d'accent, comme nous l'avons indiqué dans le texte.

LXXXIV.

1254, octobre.

Otero de las Dueñas, P 5.

(Chrisme) JN dej nomine. Notum sit omnibus perhoc
scriptum semper ualiturum . que yo Maria Garcia . eyo donna
Esteuanja . eyo Marina ‖ Garcia . eyo Maria Bartolome . eyo Maria
Martin fiya de Maria Rodriguiz. Vendemos auos Pedro Garcia

5 ñro ermano . | toda ela ñra parte *que* nos auemos *en*nas t*ie*rras
dela retuerta . *que* ñro padre Garcia Melendez conpro d*e* do*n*
Abril d*e* Q*ui*n|taniella . *que* son enRio seco d*e* Ordas. Estas t*ier*-
ras assi *por*nomnadas uendemos auos toda ela ñra parte delas
assi | co*m*mo d*e* susu ye dicho *t* por *t* viij. mor*abedis* buenos q*ue*
10 nos ya diestes . ye ap pagamie*n*to delos escontra uos nada no*n*
remaso | ye enrouracio*n* dela carta q*u*anto anos ye auos plogo
nos diestes. Porende toda ela ñra parte destas d*e*uandichas
t*ie*rras | desde uuey dia endela*n*tre d*e* ñro iuro sea remouida ye
enayenada . ye aüro iuro traida ʒ co*n*firmada q*ue*hades liure |
15 podestat d*e* vender d*e* donar d*e* fazer dela elo q*ue* uos ploguier .
e*n*na uida ʒ d*e* pues ala muerte. Adoncasse alguno d*e* ñra parte ó
des|tra*n*ma ó nos meismos co*n*tra esta carta de ñra uendicio*n* uenier
ó ueniermos *t* sea maldito ʒ descomu*n*gado ʒ co*n* Iudas e*n*no en-
fierno | da*n*nado ʒ desusu auos ó alq*ue*uoz dela carta puxar *t*
20 duplada d*e* otra atal parte d*e* otras atales t*ie*rras e*n*notro atal
lugar . epeche en | coto . xvi. mor*abedis* ʒ caya dela uoz ye esta
carta siemp*re* sea firme. Sobre todo esto somos tenudos p*or*
nos ep*or*todas ñras bonas d*e* nos | uos sanar esta ñra uendicio*n*
d*e* todo demandante . fecha ela carta . Sub era . m.ª cc.ª LxxxX.ª ii.ª
25 e*n*no mes d*e* ochubre. Regnando el | re do*n* Alfonso co*n*sua mu-
l*e*r ela reina do*n*na Uiolanda . en Leo*n* . ye en Gallizia . ye en
Castiella . ye en Toledo . ye en Cordoua . ye en | Seuilia . ye en
Murcia . ye en Chayn. do*n* Pedriuanes seyendo obispo en Ouiedo.
do*n* Gonzaluo mora*n* seyendo merino maor del re | do*n* Ferna*n*
30 Sanchez tenie*n*do Ordas . ʒ d*e* sua mano . Joha*n* Sa*n*chez . ʒ so
merino Domj*n*go Perez. Nos d*e*uandichos uendedores esta carta
| de ñra uendicio*n* q*ue* mandemos fazer *t* rouramos ʒ co*n*firmamos
ye esta si*n*nal en ella mandemos fazer. *(seing)* | Do*n* Paulos car-
pent*ero* *conf*. DoYuanes fozero *conf*. DoYuanes fozero marido d*e*
35 do*n*na Yusta *conf*. Do*n* Joha*n* mercha*n* *conf*. Martiua*n*es d*e* sa*n*
Roma*n* *conf*. Cibria*n* Yuanes *conf*. Qui *presentes* fueru*n*t. Pet*rus*
D*o*minicus Johanes ts. Joha*n* Iohan*es* *(seing)* qui *notui*t.

225 × 240 mm. Les noms suivis de *conf*. forment une colonne à
gauche, ceux des trois témoins en forment une à droite, le mot *ts* n'est écrit
qu'une fois, à droite de *Dominicus* mais se trouve réuni aux trois noms par
des lignes droites. La signature du notaire se trouve au milieu vers le bas.
— L. 21, le notaire a écrit un *i* au-dessus du mot *uoz* et l. 34, *fozero* peut les
deux fois être *fezero*. L. 10, le *p* de *ap* porte un signe d'abréviation: ap*or* (?).

Santa Maria de Sandoval en Mansilla.

LXXXV.

1235, 24 mars.

Mansilla, P. 51.

Conocida cosa sea atodos los quj agora son . elos que an
por uenir que esta carta uiren. Que Yo Don Pedro Moniz . de
villa Sin da . emia muler dona Vrracca Rodriguez. Damos auos
don. Sanchyo Abbat de Sannoual . e alconuento dese mismo
logar cccc.ᵃˢ morauedis . por amor de dios ꞉ por remedio de ñras ₅
almas . ꞉ de ñros padres . ꞉ de ñras madres . ꞉ de ñros parientes .
꞉ por Remedio delas almas daquelos aqui feciemos mal ꞉ ꞉ noles
feciemos entrega . E por tal pleito que de estos morauedis . que
compredes ende heredat por que los monges sean escusados que
non sieguen . Qua nos uimos que polos mon ges que auien por ₁₀
si asegar enon podien cantar sos misas ꞉ por esto diemos nos
estos morauedis . que fusen metidos en heredat. que por la riendeda que saldra de esta heredat ꞉ que sean solladados mancebos
que fagan esta segada por que los monges sean escusados he
áán poder de cantar todas sos misas. E yo don Sanchyo abbat ₁₅
de Sotnoual . ꞉ el conuento dese mismo logar . Asignamos é otorgamos . auos don Pedro Moniz . é aura muler dona Vrraca Rodriguez . cccc.ˢˢ morauidinadas de heredat que nos auemos en
Villa Toriel . polos . cccc.ᵒˢ morauedis . que uos nos diestes por
aeste pleito que de suso es dichyo ꞉ que siempre sea tenudo . E ₂₀
si porauentura abbat . o Conuento . ó otro õẽ ueniere que este

pleito an|te dichyo quesiere desfacere ꞇ ó esta heredat non que-
sier otorgar ꞇ pora est epleito ꞇ nos . enros filos . e ñra generation
que los podamos constrener ꞇ que se cumpla . pero asi . que nos |
25 ne otro ōe de ñra generation non sean poderosos de sacar esta
heredat . ne esta rienda del monesterio . E yo don . Sanchyo
abbat de Sannoual . ꞇ el convento dese mismo | logar . otorgamos
auos don Pedro Moniz . e aūra muler dona Vrracca Rodriguez .
que esta deuan dicha heredat . que nola demos arico ōe . ne
30 acaualero . ne aotro ome del | mundo . mas que siempre sea pora
esto que de suso es dichio enesta carta . Sobre todo esto . por
esta almosna . ꞇ Por otros beneficios . ꞇ Por otros seruitios . muitos
que uos nos | feciestes ꞇ otorgamos auos . é aūra muler pleño
seruitio . quia asi fagamos por uos . como por uno de ñros com-
35 paneros . Facta . carta sub era . mᵃccᵃLᵃxxiijᵃ Pridie anuntiationis |
beate Marie . Regnante el Rei don Fernando con so madre la
Rina dona Beringuela . ꞇ con la Rina dona Beatriz . so muler . En
Castiela . ꞇ en Toledo . ꞇ en Leon . ꞇ En Galicia . Teniendo Leon
la Rina dona Beatriz . merino maior eno regno de Leon . don
40 Garcia Rodrigez carnota . Teniente las torres de Leon ꞇ elas uila
de mano dela rina . don Pedro de la me|chya . Juices en . Leon ꞇ
don Vermudo . EMiguel Grimaldez . EMartin Leonardo . Testimonios que esto uioron . eodioron . Don . Sanchyo . abbat de
Sannoual . Don . Pedro | abbat de Mera . don . A . prior de San-
45 noual . don . J. sopprior . don . A . cantor . don . B. sacristan . don .
Micolao celerizo mediano . don . G. enfermero . don . P. socantor .
Domingo de Bo|nar . don Joan de Mansiela . don Pedro Amez .
don . Martin . uistiario . don Joan de Gordon . don Joan de Mata
plana . don Rodrigo abril . don Garcia . de Gradefes . don Pedro
50 Gutierez . | fre Helyas de Mayorga . Gonzaluo de Maorga . don . Pelao
de Gordoncielo . don Enigo . don Domingo de Molina . don Mar-
chos . Don Pedro Domenguez de Toro . Don | Pedro de Molina
Don fray Ysidro carpentero . Don fray Domingo dela caualariza .
Fray Martin zapataro . Fray Aparicio del Ospital . Fray Domingo
55 ferero . Fray Joan | del forno . Fray Michael de fontes . Fray Gil
de uilla Amor . Fray Domingo de Naua . Fray Martin de Maorga .
Fray Sebastian . Fray Domingo ribadan . Fray Pedro | Mont fort .
Fray Domingo Uincentez . Fray Joan dela obra . Fray Micael del
pison . Fray Domingo del hespina . Don Guilelmo de Mansiela .

Don Joanete‖de Mayorga. Don Martin guerrero . Domingo 60
tobano de Mayorga. Fray Martin rico . : fray Jordan so ermano .
Don Joan Lopez . : Martin Nunez mon‖ges de Mera . : Joan
Martinez.

165 × 220 mm. En haut l'*abc* découpé. Il existe de ce document deux
exemplaires. L'autre, qui porte le numéro 53, offre quelques variantes dont
je cite celles qui ont quelque intérêt au point de vue de la langue: L. 16
Sannoual, l. 22 *desfacer*, l. 40 *la torres* l. 40 *ela uila*, l. 44 *Sannoual*, l. 45
sacristam, l. 46 *soceleriço* (pour *c. mediano*), l. 50 *Gutierrez, frer, Pelao*
l. 51 *énigo*, l. 54 *Fer Aparicio*, l. 54 et ensuite *fre* pour *fray*, l. 57 *môforte*,
l. 58 *Uicentez*, l. 60 *Maorga*.

LXXXVI.

1242.

Mansilla, P. 56.

Jn dei nomine . amen. Conocjda cosa sea atodos aquelos
que esta carta ujrem. Que yo Ruj Sauastianes con mjo ermano .
Pedro . Sauastianez . e con ñra ermana . fazemos carta de otorgamento . auos‖don Lope abbat de Sandoual . el conuento . des
logar . de toda la heredat que ñro padre auja en barjo que uos 5
djo a sua morte enos otorgamolo e confjrmamolo. Conuien
asaber‖solos . casas . montes . fontes . prados . molinos rios . djujsa
contodas suas pertenentjas . efrucheros . Se alguno de nos ode
ñro linage ode otra parte esta carta quisier quebrantar . sea
maldito‖edes comungado . epeche . c . morabedis in coto . edecaha 10
dela uoz . Fecha carta . Sub . era . m . cc^a . Lxxx^a. Regnante el re
donFernando . en Leon . enCastjella . enCordoua enStremadura
enTholedo‖yo Ruj Sauastianez . con mjo ermano . Pedro Saua-
stjanez . una con ñra ermana . Esta carta que mandemos fazer .
con ñras proprias manos robramos eotorgamos . ya este signo 15
fazemos.

1re colonne. don Pedro el prior. don Peláo el cantor Dominjco
Bonar donAndres celerero maor.
2e colonne. etodo el *conuento conf*.
3e colonne. *Qui presentes* fuer*unt (seing)*.

104 × 300 mm. — A droite des deux premières colonnes un *f* coupé par un trait horizontal pour chaque témoin. *Qui presentes* etc. se trouve à droite à une certaine distance du second *f*, et plus bas un peu à gauche se trouve le seing. L. 1, *atodos* est écrit *atos*; au-dessus de *tos* le notaire a ajouté *do* et au-dessus de ce *do* encore un *s*. L. 15, *con* est écrit au-dessus de la ligne et *robramos* est écrit avant *manos*, mais le notaire a corrigé l'erreur à l'aide de signes placés sur ces deux mots.

LXXXVII.

1251, décembre.

Mansilla. P. 58.

Sub era m^acc^a·Lxxx^a·ix^a· mense decenbr. Conoscida cosa sea atodos los oms *que* esta carta viere*n* q*ue* nos‖don P*edr*o abbat de Sant noual Et el co*n*ue*n*to dese mjsmo lugar damos a uos Pedro frechos ɀ a u͞ra muyer por‖vi. a*n*nos la n͞ra casa co*n*
5 las n͞ras h*e*redades de Valde fresno q*ue* nos y voz tengamos y viij pares de boys‖por medjo ɀ si mas podier*mos* y meter sy no*n* destos no*n* menguar. Et auemos uos a dar la metad del‖ fierro por lauor delos bois ɀ coger la metat del pa*n* en t*ie*mpo delas eras. Et si nos q*ui*sier*mos* triar gana‖do o bestias co*n*
10 uusco triar por medio. Et yo Pedro fruchos deuo adar la metat del pa*n* ɀ delas seron‖dayas q*ue* se cogie*n* en Valde frexno al monest*er*io de Sa*n*t noual sacada prim*er*a mje*n*t la semjete dema*n*comu*n*.‖Et deuo a contener las casas asi co*mm*o melas dan Et dexar las al t*ie*mpo asi co*mm*o melas dan fueras por per‖didas
15 se q*ue*masen de fuego o cayesen de suelo. Et deuo de cada a*n*no adar tres cogetas bonas al abbat de‖pa*n* ɀ de buen vjno ɀ de pescados ɀ ceuada p*or*a sus bestias ɀ carnes p*or*a sus oms. Et

deuo arrecebir los | oms dela orden de Sant noual : asus men-
sageros : dar los pan : vjno : delo que en casa oujer. Et deuo
adar | este primero anno que vien todos los bois dela casa pora 20
coger el pan Et quando dexar la casa . dexar los | barbechos con
quanto lauor commo los agora tomo. Et si por auentura yo
Pedro fruchos finar o mja muyer mjent | toujermos esta ura casa
leuar la metad de quanto oujermos con ñros cuerpos pora el
monesterio : la otra metad | finque a ñros fijos. Et yo Pedro 25
fruchos en senbla con don Diego erno de don Ame : con
Martin pasarino : con | don Barnabe de Malielos somos rrecabdos
por nos : por ñras bonas de cumplir este pleyto asi commo es
uer | ueado en esta carta al abbat : al conuento de Sant noual Et
otrosi si en este comedjo el abbat : el conuento mandaren y 30
andar sus ganados brauos que los trayan en ora buena saluo que
non fagan danno en los fruchs | njn enlos prados cotados.

Et demas que este pleito sea firme : estable entranbas las
partes fazemos carta | partida por a. b. c. quj presentes fuerunt
ujderunt : audierunt . Pedro coriel ts Pedro Fernandes ts don Ma- 35
theos | erno de Martin pasarino ts don Marcos ts Lorete Ysidrez
ts don Vicente ts Pedro Perez clerigo de | Corujellos ts. | Petrus
legionensis notuit.

165 × 167 mm. En haut l'abc. L. 4, le signe : est effacé, de même le
commencement du mot conuento l. 30. La haste du h de fruchos, l. 10, est
traversée par un trait horizontal (frucheros?).

San Esteban de Nogales.

LXXXVIII.

1247, novembre

San Esteban de Nogales, P. 12.

In dei nomine amen. Saban elos que son . asi como elos
que ande seer . Que yo Diego Fernandez ɪ mia mlr Maria Rodriguez . façemos carta de uendecion . auos fre Jacome para el
conuento de Nogales de . i . linar que aue‖mos enotermeno de
5 Manganeses . sola canpana de san Vicente . onde ya ben deter-
menado . jaz carrera de Requeyxo . dela primera parte ficase ena
carrera . dela . ij . parte . ɪ dela tercera parte ‖ linar de nos mismos
compradores . dela . iiij . parte linar que fu de . Johan . Martinez
bezerayo . por precio de nomrado . que de uos recebimos . iij .
10 Morabedis . ii . soldos . onde somos ben pagados . enenguna cosa
non remanes por dar . ‖ ese dalgujen uenjer de nostra generacion .
oude estranja contra este nostro feycho . ou contra este scripto
quesier uenir . oude mandar sea maldicto . ɪ des comungado . ɪ con
Iudas traydor en inferno danado . epey‖che en couto dela carta .
15 vi . Morabedis . ɪ medio . ela carta remanezca firme . ecáá dela uoz
eduble quanto de mandar ental lugar ó en meyor . Facta carta
Sub era . Maccaᴸxxxaᵛa enomes de Nouembrio . Re‖gnante el Rey
don . Ffernando . enCastiala . en Toledo . en Leon . en Galicia . en
Corduua . en Murcia . el Jaen . Episcopus don . Pedro . Fernandez en
20 Astorga . Rodrigo Rodrjguez tenente Benauente . Garcia Rodriguez carnota merino del ‖ Rey . Mia náá alcalde en Benauente .

yo Diego Fernandez : mia mlr Maria Rodriguez por nos . : por
nostras bonas somos uendedores . ya aredradores . ya outorga-
dores . detodo omre ou mlr que uos deman|dar este linar de
uandicto . e esta carta que fer mandeymos ya leer oymos pro-25
pria mente connostras manos ela robramos . ela outorgamos . ya
este signo ena carta mandeymos y facer por firma para todo
tienpo. Omres que uiron . : que oyron . el prior de Manganeses .
fre Remonde . Pedro . Diaz presbyter . don Sancho Fernandez .
Gonzaluo Gomez . so ermano . Rodrigo . Gomez . don Simon . don 30
Macia . so ermano doYuanes don Esidro . doY|uanes el corredor .
Yuan cebola . Alfonso Garcia . don Suero . Domingo Rodriguez .
don . Pedro . el cestero . do Yuanes de Requeyxo. Martin . caluo .
Domingo Perez scripsit |(seing).

88 × 430 mm . Le seing se trouve dans le coin de gauche en bas. —
Le mot *muger* est écrit *mlr* avec la haste du *l* traversée par un trait horizontal. Les noms propres offrent des abréviations très violentes.

LXXXIX.

1267, 20 janvier.

San Esteban de Nogales, P. 14.

IN de nomine amen . Conozuda cosaseatodos aquellos
que esta carta viren que yo Maria Bortholame de villa Omandos
fago carta de vendicion | : de confirmacion auos frey Johan abat
del Monesterio de Nogales . : al conuento de ese mismo lugar
de vna trã que yo cy de bona | benfetria eno termino de villa 5
Rabines vdizen el canjzal. Conuen a saber cumo de termena .
de la prima parte el pialago de la taula . de la | secunda parte
trã que fu de Domingo asturiano . : dela . tercia parte trã de
Domingo Apparicio . : dela quarta parte trã de monesterio de
Carrizo . : de | la quinta parte trã delos conpradores . vendo uos 10

esa sobredita tra porque Recebi de uos sexsaenta . ι siete mo
rauedis onde yo soy muy ben ‖ pagada . ι desde oy día endelantre
de mio juro ι de mio poderio sea salida . ι eno ūro juro . ι en ūro
poderio se aentrada . posideades . done ‖ des . vendades . enpenedes .
15 ι fagades de esa sobredita trā toda ura uolontat pora sienpre
ja mays . Se porauentura alguno uenier de mia parte ‖ o de
estrania . que contra este mio fecho quesier pasar . o contradezir .
yo me uos obligo por mi . ι por mias bona de uola arredrar ι de
uolla sanar de todo ‖ ome pora todo tienpo . ι de mays quien
20 quer de mia parte que uolla quera contradezir . o de estrania .
peyche en couto auos ya aūra uoz . Çient ι trinta ‖ ι quatro mo
rauedis . ι duble uos ela sobredita heredat en tan bon lugar . o
en meyor . ι caya dela uoz . ι esta carta . ι este mio ffeycho sienpre
Rema‖nezca ffirme . feycha esta carta en villa Rabines . vinte dias
25 andados del mes de jenero . Ena Era de Mil . ι de tres cientos .
ι çinco annos Reng‖gnante el Rey don Alfonso con sua muyer
la Reyna donna Yolante en Leon . ι en Castiella . so adelantrado
maor en trā de Leon don Guter Suua‖rez . don Peryanes por la
gracia dios obispo de Oujedo . Tenente Valencia la Reyna dona
30 Yolante . yo sobredita Maria Bortholame . porque este mjo ‖ feycho
sea mays firme Roge adon Aparicio clerigo de villa Omandos .
ι notario de mano de Gonzaluo Migueliz notario de Benauente .
que feci‖ese esta carta . ι Robrola . ι otorgola . ι confirmola . Testimonios que studioron presentes . don Lucas clerigo de villa Oman-
40 dos . ffrey Johan Garcia prior de ‖ Nogales . ffrey Mateus sacristan
de Nogales . ffrey Pedro tenendo la casa de villa Rabines .
Martin Fernandez clerigo de villa Rabines . Martin Perez clerigo
dito remo‖ludo . Johan Rodriguez scudero . Bortholame ceron .
Yuan de Palacio . Yuan Dominguez . don Mateus . Yuan de Çotes .
45 Martin Yuanes . Domingo descalzo . don Ramnat . Yuan couico. ‖
de villa Mandos . Martin Perez paiuano . Bortholame de preste
Yuanes . Johan de villa Mandos . ι yo don Aparicio clerigo de
uilla Mandos aRogo de esta sobre‖dita Maria Bortholamey . ι por
mandado de Gonzaluo Migueliz notario sobredito fiz esta carta .
50 ι puse en ella mia sinal. ‖ (seing)

140 × 225 mm. L. 2, yo est écrit au-dessus de la ligne. L. 25, la
syllabe do de andados a été oubliée par le notaire et, l. 49, le dernier o de

notario est arraché. Sur la conjonction *o* (l. 16, 17, 20 et 22) se trouve
un trait horizontal.

XC.

1275, 5 décembre.

San Esteban de Nogales, E. 11.

Era m.ª ccc.ª xiij.ª çinco dias andados del mes de Dezenbrio.
Conosçuda cousa sea a quantos esta carta uiren. Commo yo
ffre Martino abbat de Nogalles . z nos Conuento desse mismo
logar . presentamos auos Martin Pelaiz clerigo de Riba roa ala
cura dela ñra Eglisia de Meyriellas que uago por muerte de 5
Miguel Çibrianez rrector dessa misma Eglisia . z asingnamos uos
en Beneficio con esta cura ela metad del diezmo del pan de
todala ñra herdat que hy auemos z de todos los ñros uassallos z
uigueros z todo el diezmo menudo dellos que uienen a pía de
altar . Et rretenemos especial mientre pora nos ela metad del 10
diezmo del pan de toda la ñra herdat z todo el lino . z todo el
vinno z todo el menudo dela ñra casa desse mismo lugar . por
rrazon que mas dela metade dela herdat que hy auemos z ellas
vinnas non sse deuen dezmar calas ouiemos ante del Conçeyo
gerenal . Et yo Martin Pelaiz clerigo sobredicho rreçibo estas 15
cousas sobredichas que me uos don ffre Martino abbat z el
Conuento de Nogalles sobredichos asingnades en Beneficio
conna cura dela Eglisia de Meyriellas desuso dita . z soi abastado
dellas . z prometo a buena fe z iuro a dios que nunca nos demande
mais sobre aquesta cousa en iuyzo nen fuera de iuyzo . Et 20
demais obligome por esta gracia que me uos fazedes a morar
enno logar z seruir bien z fiel mientre ela Eglisia ssin escandalo
de ñros uassallos z dellos outros que hy son . z fazer todos los
fueros z los pedidos dela Eglisia . z dar una iantar cada anno al
abbat que uenier al logar . Et se per auenturia en algun 25

tie*m*po uos q*ue*ssiese yo dema*n*dar mais destas cousas sobr*e*-
dichas q*ue* me asingnastes en Bene‖feçio co*n*na cura ono*n* cun-
p*l*isse elo q*ue* desuso pr*o*meti q*ue* luego pierda ela cura sobr*e*-
dicha. Et uos podades liure‖mie*n*tre . presentar outr*o* cl*e*rigo a
30 ella ssin todo enbargo. Et q*ue* uos peche Çient m*o*rab*e*di*s* . por
nom*n*re de pena.‖Demais rrenu*n*cio atodo derecho ꞁ a todas las
exçepcion*es* q*ue* por mí poderia auer contr*a* este fecho. Et
espe‖cial mie*n*tre ela exçepcio*n* q*ue* no*n* pueda depues dema*n*dar
q*ue* no*n* pueda séér sustentado p*or* estas cousas sobr*e*‖dichas
35 q*ue* me uos asingnastes en Benefeçio co*n*na cura dela Egl*i*sia.
Et por q*ue* este fecho sea firme ꞁ no*n*‖uie*n*ga endulda nos ffre
Martino abbat ꞁ el Conue*n*to de Nogales ꞁ Marti*n* Pel*a*iz cl*e*rigo
sobr*e*dichos Roguemos‖a Gonçaluo Migu*e*lliz notario del Conçeyo de Benaue*n*te q*ue* nos feziesse deste pl*e*ito duas cartas
40 partidas per‖a. b. c. anbas de un tenor. Et yo Go*n*çalu*o* Migu*e*l*i*z not*ario* de suso dito a Ruego destos sobr*e*dichos ꞁ por q*ue*
fuy‖presente a este fecho ꞁ fiz escr*i*uir duas cartas p*ar*tidas p*or*
a. b. c. anbas de un tenor ꞁ die senas acada‖una delas p*ar*tes ꞁ
q*ue* no*n* uie*n*ga endulda escr*i*ui en cada una dellas mio nom*n*re ꞁ
45 fiz en ellas mio ssi*n*nal en‖testimo*n*io de uerdat. Testimonias.
ffre P*e*dr*o* h*e*rmano de ffre Jocha*n* de Benaue*n*te . ꞁ ffre Jocha*n*
Garcia. ‖ D*o*mingo D*o*mínguiz canoligo de Badayoz . Jocha*n*
Ueuianiz ꞁ Jocha*n* Migu*e*lliz escr*i*uanos . yo Go*n*çalu*o* Migu*e*liz no-
t*ario* sobr*e*dicho la‖fiz escr*i*uir. *(seing)*.

350 × 210 mm. Charte partie; les lettres A et B en haut, chacune sur
une pointe découpée. — Certains signes d'abréviation, qui paraissent fautifs,
sont reproduits dans notre texte.

San Andrés de Espinareda.

XCI.

1256, 15 juin.

Espinareda de la Vega. P. 12.

Conuzuda cousa sea a *q*uantos esta carta uire*n* ꞇ audire*n* .
Que you do*n* Ste‖uano pella *gracia* de d*ios* abbade de Sa*n*t
Andres dEspina*r*eda Contodo el coue*n*to ‖ desse mismo lugar.
Auos Pedro Garcia . ꞇ aūra muler Marina Martiniz. ‖ ꞇ auos Joha*n*
*P*erez . ꞇ aūra muler Maria Beneytez . ꞇ auos Vermudo P*e*rez . 5
da‖m*os* uos ꞇ outorgam*os* ela n̄ra iugaria del out*e*ro de Langre *que*
ya dela n̄ra ‖ cozina . Contodos sous dereytos *q*uantos le p*e*rte-
neze*n* en mo*n*te ꞇ en uilla . p*or*tal ‖ pleyto *que* aiades uos Pedro
Garcia co*n*toda ūra gen*e*ratjo*n* *que* deuos vener *que* ‖ poblare*n*
aqu*e*l lugar ꞇ ela meatade desta iugaria . *que* uos Joha*n* P*e*rez . ꞇ 10
Vermedo ‖ P*e*rez co*n* ūra gen*e*ratjo*n* ela out*r*a meatade *que* poblare*n* aqu*e*l lugar et Sécrdes ‖ uasalos del abbade de Sa*n*t
Andres sem outro senorio . *et* darnos cada ano ‖ enre*n*da . vi. mod*ios*
de ce*n*teno p*or* bona emina . del melor p*or*a desta h*e*redade . por
Sa*n*cta Maria . ‖ de agosto . *et* pola festa de Sa*n*t Andres . xii . ff . 15
de din*er*os . *et* vi. eminas de ce‖uada . p*or* bona . ꞇ vi. galinas . ꞇ vi.
regueyfas todas feytas de una emina ‖ pela bona det*r*igo . Et
dar . v . ff. al abbade de Sa*n*t Andres por iantar cada ano . *et* este
foro no crezca auos mays ne*n* mi*n*gue anos . *et* ‖ uos guarecer
con essos outros n̄ros omes deluale como sempre guarecistes. 20
‖ *et* que*n* esta carta queser bricar al out*r*a parte pechele . c . mo-

rabedis . ɀ al rey peche . cc. ‖ mor*abedis* en couto . ffeyta ela carta .
xv. dies andados de Junjo. ERa M.ªCC.ª‖Lxxxx. iiij.ª Regna*n*te
el rey do*n* Alfonso en Leom. En Cast*e*lla . ɀ ento‖dos sous
25 regnos . Do*n* Pedro obispo de Astorga. Meyrino del rey do*n*
Gonzal‖uo Moura*n*. Hyou do*n* Steuano abbade de Sa*n*t Andres
et Co*n*todo el co*n*ue*n*to ‖ desse mismo lugar. Auos Pedro Garcia
ɀ a Marina Martiniz . ɀ auos Joha*n* ‖ P*e*rez . ɀ a Maria Beneytez . ɀ
a Vermudo P*e*rez este feyto outorgam*o*s ɀ esta carta ‖ p*o*r a. b. c.
30 partim*o*s. Ruy P*e*rez prior co*n*f. Pedro Ioha*n*es mo*n*ge . *conf*.
Garcia deGa*n*na ‖ mo*n*ge . *conf*. Ruy Martiniz . mo*n*ge . *conf*. Ferna*n* Go*n*zaluiz mo*n*ge . *conf*. Todo el co*n*ue*n*to. ‖ *conf*. Ferna*n*
Saluadorez . cl*e*rigo . t. Marti*n* de Ga*n*na cl*e*rigo . t. Pedro Moniz
cap*e*lla*n*. ‖ t. Et outros mujtos qu*e* uiro*n* ɀ audiro*n* este feyto.
35 *(seing)* Martin*u*s notu*i*t ‖ *(seing)* Et facerdes seruicio al abbade
de Sa*n*t Andres como asenor ɀ por estos foros ‖ sobre dictos desta
carta ! seerdes qu*i*tos de manjo ɀ de Nu*n*cjo.

200 × 190 mm. En haut l'*abc* sur de larges découpures. — Toute la
ligne 18, jusqu'à *ano* inclus est dans l'original ajouté après entre deux lignes.
Le mot n̄ros, l. 20, est écrit au-dessus de la ligne. Pour *Et*, écrit l. 17 en
toutes lettres, le notaire emploie souvent l'abréviation latine.

XCII.

1264, octobre.

Espinareda de la Vega, P. 14.

JN d*e*i no*m*ine . am*e*n Co*n*nocida cousa sea p*o*r este escritu
que por todos tiampus sea va‖lente . Que you donna Tereysa
Sanchez ffago carta de uendicion ɀ de donacion ‖ auos don Arias
abb*at* de Santandres dEspinareda ɀ al Conuentu dese miismu
5 lugar ‖ dela meatat delas molneras que ey enno termeno de
Ponfferrada desde el pe‖lago de Samartinu atana Ponte de San
P*edr*o. Conuian asaber aruoles plados. ‖ teras entradas ɀ salidas .
aguas qu*a*nto hi ey desdena gra*n* cousa atana pequ*e*na ɀ re‖cibu
de uos en p*r*ecioen robracion xx . viii mor*abedis* . ɀ quarta ɀ lo de

maes delo por al‖ma de don Martinu ⁊ de mi . quelo mandou a 10
santAndres. Vendades. donedes . ffa‖zade dello ⁊ lo que quesierdes
asi enna uida como enna morte. Se algun ome de mi‖a parte
ou dela estrania contra esta uendicion ⁊ donacion quesier pasar
oyou ‖ pasase ffuse malditu ⁊ descomungado ⁊ con Iudas traydor
enno enffernu dannado ‖ ⁊ la uoz del Rey peyge . c . morabedis . ⁊ 15
auos dubre outra tantu en tal lugar oin melor ‖ ⁊ de caya de uoz
⁊ la carta permanezca ⁊ ffirmi. ffecha carta enno mes de ouch‖ure.
Era mill ccc . ii . anos . Regnando el rey don Alffonso en Castella.
en Toledo . en Leon ‖ en Gallizia . don Pedro obispo en Astorga .
Teniendo Ponfferrada los freyres del tenplo ‖ comendador Ruy 20
Ffernandez alcalde Martin Ffernandez ⁊ Pedro Dominguez you
donna Tereysa Sanchez esta ‖ carta que mandey fazer con amas
manus robro ⁊ conffirmu. Sobre todo esto soey outor ‖ pormi ⁊
por mias bonas por guarr esta erdat de susu dita . ⁊ los que
furon presentes 25

1ʳᵉ colonne. don Nesteuan monge de sant Andres ‖ Gonzaluo
zeruera . Domingo Martinez ‖ clerigo de Ponfferrada .
ffrey Pedro ‖ Garcia . ffreyre del tenple . Johan Garcia ‖ clerigo Andres Dominguez clerigo . Garcia ‖
Miguelez clerigo Miguell Johanis zapateru ‖ Johan 30
Dominguez de Cubielus Martin Paez ‖ de Pobra .
Pay Paez Pedro Miguelez de ‖ Paradiella

2ᵉ colonne. Garcia Ffernandez caualleru ‖ Ruy Gonzaluez dAr-
ganza ‖ Pedro Alffonso de san Johan dela ‖ mata .
Martin Ffernandez alcalde , Johan ‖ Perez del portage. 35
Pedro Rudriguez zapateru Miguell Ffernandez
Pedro ‖ goneyru. Martin Dominguez clerizon ‖ Johan
Aluarin

(Seing) Pedro Perez qui notuit

163 × 165 mm. A droite des deux colonnes, des lignes de la longueur
des colonnes représentant des *f* et coupées pour chaque *g* par un trait horixon-
tal. Le nombre de ces *g* ne correspond pourtant ni au nombre des témoins
ni à celui de lignes. A gauche 5 traits, a droite 7. Le seing et la signature
du notaire se trouvent entre les deux colonnes. — Les *l* de *clerigo* et de *mill*
sont toujours coupés par un trait horizontal. L. 24, *guarr* (= guardar ou
guarir) manque d'abréviation. L. 32 et 39 les *P* des mots que nous avons
transcrits par *Pay* et *Pedro* peuvent être autrement compris.

XCIII.

1266, 2 janvier.

Espinareda de la Vega, P. 15.

Sabam quantos esta carta uirem : oyrem . Que you don
Arias pela gracia de dios Abbat de sant Andres Conno Conuen
to desse mismo lugar. Auos Johan Rodriguez : auossa muler :
Xemena Iohanes . : auosso filo Girallo . Damos uos um poulo . :
5 um orto que auemos en Vila franca. El poulo iaz hu chamam
Bergonno . porterminos de Nicho lao paleyro . : de Domingo
Perez capellan de Sam Nicho lao . : pela carera antigua de Ual
de aguila . : por terminos de don Domingo Perez de Faro . et el
orto iaz ala olga porterminos de Ruy Perez . : de Johan falcon .
10 : por carera antigua . : porterminos de Johan Domenguez . : por
heredade de Sam Nicholao . Este poulo : este orto uos damos
portal pleyto que los tengades de nos por enuossa uida deuos
todos tres . : que chantedes este poulo sobredito todo de vinna .
: que seia ben chantado : ben enuinado todo ata . viij . anos .
15 segundo como uj rem omes bonos que he ben enuinado todo . :
laurardes ben : sem engano este malolo . : este orto detodol auor .
 : dardes cada ano desde este sam Martino primero que uen .
a iij . annos . v . ff . aquen quer que tenga el nosso ues tiario del
Monesterio de sant Andres . derenda deste pou lo : deste orto
20 sobreditos . : auosso finamento deuos todos tres leyxardes nos
este malolo : este orto sobreditos con todas suas lauorias : con
sous chantados liures : qnitos que nenguno nonnos faga hy
contraria . : estos . v . ff . sobreditos dalos cadaano pola festa de
sam Martino. et qual delas partes aloutra parte esta carta britar
25 pe che . L.ª morabedis a essa parte que recebir el torto . ela
carta . . . . firme . feyta esta carta . ij . dies andados de ieneyro .
ERa . mª cccª iiijª Regnaua el Rey don Alfonsso enLeon . enCastella . : entodos sos regnos . Hyou don Arias abbat de sant
Andres conno Connento. : you Johan Rodriguez . : Xemena
30 Iohanes . : Girallo. unos aoutros este pleyto outorgamos : esta

car‖ta por . a. b. c. partimos . Miguel Garcia prior *conf.* ‖ Fernan
Gonzaluez monge . *conf.* Domingo Perez monge *conf.* ‖ Fernan
Garcia monge . *conf.* Todo el conuento . *conf.* ‖ Pedro Perez uestia-
reyro . t. Johan de santa Maria mayor ‖ domo . t. De Vila franca.
Pedro Florez . t. Martin Perez . ‖ t. et outros muytos que esto uiron 35
elo oyron. ‖ *(seing)* Martinus Notuit.

288 × 130 mm. En bas la largeur n'est que de 115 mm. En haut, l'*abc*
découpé. Ligne 19, le *u* de *poulo* et l. 26, le premier mot de la nouvelle
ligne sont disparus par suite de déchirures dans le parchemin. L. 11, le *h* de
heredade porte à tort un signe d'abréviation, lignes 12 et 22, la consonne
finale des mots *los, chantados* et *liures* est écrite au-dessus de la ligne. Pour
et cf. doc. XCI.

<h2 style="text-align:center">XCIV.</h2>

1270, 20 mai.

Espinareda de la Vega, P. 16.

JN dei nomjne amen . Conezuda cousa sea aquantos esta
carta ujren . Que eu Martin Migael clerigo de Canedo fillo que
‖ fuy de Mygael Martinez ꞇ de Elujra Martinez. Fago karta deuen-
dizon. Auos don Menen Perez arcydiagano de ‖ Astorga conuen
assaber detodo herdamento pouco ꞇ mujto quanto eu ayo ena 5
uilla que dizen Canedo ꞇ en san Mar‖tyno . susigno de sancta
Marya de Arganza ꞇ de san Mygael ꞇ de san Martyno ꞇ de sancta
Columba dequilous . ꞇ con un la‖gar feyto contodo sou aparellamento. La uenzon detodo el herdamento conuen assaber terras
casas vjnnas arbores ‖ solos palombares montes diujsos prados 10
pascos entradas saljdos ygrisyarios . todo quanto hy puderdes
dela mya parte ‖ achar ata ena menor pedra . Por todo el qual
herdamento yadito ensenbla conlo lagar ya djto recyby deuos
don ‖ Menen Perez arcydiagano yadjto. Myl ꞇ Lxxxª ꞇ ii . morauedis dedineros alfonsynes á ocho ensoldo cada morabedi ‖ delos 15
quales morauedis yadjtos reciby todos ꞇ tengo en meu iuro ꞇ en
meu poder ꞇ soy detodos estos morauedis ya ‖ djtos ben pagado.

Onde yadjto todo este herdame*n*to co*n*lo lagar dessuso . auos
don Mene*n* P*er*ez arcjdiano yadito ue*n* ‖ do dono ҁ outorgo ҁ co*n*
20 myas manos auos ende esta carta rouro. *Que* desogemays el
Juro ҁ la possessyon detodo aya‖des possydeades donedes ue*n*-
dades fagades toda uossa uolu*n*tade assy ena ujda como ena
morte. Et se eu Mar‖tin Mygael dessuso djto oú algu*n* ome
dela *my*a p*ar*te esta carta deue*n*dizo*n* co*n*tradizer q*ui*ser seya
25 maldjto de ‖ deus ҁ q*u*anto dema*n*dar ta*n*to duble auos oú aque*n*
uossa uoz oúúer enatal lugar oú en mellor ҁ ala p*ar*te del ‖ Rey
dous myl morauedis peyche ҁ esta ue*n*zo*n* sea senp*re* firme . ҁ
sobresto yo Marti*n* Mygael cl*er*igo dessuso dito fago ‖ jurame*n*to
enlos *sanctos* euua*n*gelios q*ue* nu*n*qua yo ne*n* outro ome por my
30 sea poderoso de reuogar la ue*n*dizo*n* detodes‖te herdame*n*to
yadito . ҁ sobresto do yo auos do*n* Mene*n* P*er*ez por fiadores en
quinne*n*tos m*o*rab*edis* Ferna*n* Rodriguez pr*e*lado de ‖ Magaz
de suso . ҁ Garcja Mygael cl*er*igo de Arga*n*za . ҁ Migael Jullanez
pr*e*llado de *sancta* Olaya . ҁ eu Marti*n* Mygael co*n* ‖ ellos en
35 senbla ҁ cada uno denos pollo todo q*ue* eu senp*re* estya enesta
ue*n*zo*n* auos ҁ atoda uossa uoz. Et yo Ferna*n* Ro‖drjguez ҁ yo
Garcia Mygael . ҁ yo Mygael Jullanez fiadores sobreditos todos nos
outorgamos ena fiadorja yadjta ‖ ҁ cada uno denos pollo todo .
Fecha esta carta co*n*firmada ҁ rourada . xx . dias andados del mes
40 de Mayo . Ena ‖ era de myl ҁ ccc . ҁ viij . a*n*nos. *Qu*ando regnaua el
Rey do*n* Alfonso en Castella enToledo en Leo*n* en Galliza ҁ en
‖ todos sous regnos . Don Herma*n* byspo en *Astorga* . Aluar
Pelayz meryno maor de mano del Rey en Leo*n* . dessua ‖ mano
Nuno Fferna*n*dez en Beryzo . dona Martyna de Deus abbadessa
45 en Villa bona. ‖

Hos q*ue* foron p*re*sentes del Juro tomar . De Arga*n*za Joa*n* P*er*ez
cl*er*igo . Alfonso Go*n*zaluez escudero testes. — ‖ Gonzaluo P*er*ez es-
cudero. Pedro Bernaldo. Pelay Fferna*n*dez. Pedro gallego. Marti*n*
Gyl testes. — ‖ Joa*n* Martynez . Marti*n* Joha*n*is cl*er*igo testes ‖ De
50 Cacau*ellos* Fferna*n* gybote . Pedro Martinez carnjcero. Garcja
P*er*ez. Pedro *Sanct*jagues testes — ‖ Joa*n* Martinez colchero.
D*i*ego Sanchez. Pedro Martynez. Joa*n* Dom*i*ng*uez* cl*er*igo. Pedro
Go*n*zaluez testes. — ‖ Sa*n*cho P*er*ez. Joa*n* Rodryg*uez*. D*i*ego
P*er*ez. Ferna*n* Dom*i*ng*uez*. Pedro lo*n*go. Ruy Pelayz de Cor-
55 teguera testes — ‖ Marti*n* Uelasquez escudero . Joa*n* dela huz .
Nycolao Pelayz . Steua*n* P*er*ez . D*i*ego Pascual . testes — ‖

Presentes dela carta rourar Garcja Martinez cauallero . Fernan
Aluarez escudero testes — ‖ Suer Monyz escudero . Bertolamey
Rodriguez . Pedro Martynez de Toreno . Mygael Ffernandez de
Canedo testes — ‖ Joan Garcja . Joan Matheu . Gyl Perez . Joan
capello . Bertolamey Esteuanez de Astorga . Diego Dominguez . 60
testes — ‖ Joan Iohanis capellan del arcydiagano . Aluar Rodrjguez . Vjujan Dominguez . Pedro Guterrez . Fernan Johanis . testes
— ‖ et eu Pedro Gonzaluez notario publjco deCacauellos fuj presente ꞇ scriuj esta carta por mandado deste Martin ‖ Mygael clerigo yadjto ꞇ pus enella meu synal.   65

     (seing)

      325 × 225 mm. Le mot *testes* revient à la fin de chaque ligne et forme
ainsi une colonne a droite. Il y a des vides entre la charte même et les
noms des témoins ainsi qu'entre les trois catégories de ceux-ci et encore
entre la dernière de ces catégories et la signature du notaire. — Ligne 24, *my*
de *mya* est arraché ainsi que, l. 42, la syllabe *as* de *Astorga*. L. 30, le *s* de
todeste est écrit au-dessus de la ligne. Le *l* de *Martin Mjgael* est partout
(l. 2, 23 etc.) traversé par un trait horizontal, ce qui est aussi le cas des *ll*
de *Jullanez* l. 33.

XCV.

1270, 30 mai.

Espinareda de la Vega, P. 17.

   Saban quantos esta carta viren ꞇ oyren . Que eu don Arias pella
gracia de deus Ab‖bat de Sant Andres . Con el Conuento desse
mismo lugar. Damos ꞇ outorgamos Auos ‖ nosso criado Alffonsso
Fernandez ꞇ a uossa muler Orraca Gonzaluez . . . ela nossa Sesse‖ga
que auemos en Veyga que foy de Ruy Perez assi como iaz . con 5
suas casas . ꞇ con sua bo‖dega ꞇ con sous corrales ꞇ con sous
Solos . ꞇ con sous exidos . ꞇ con sua corrada . ꞇ con ‖ sous arbores .
ꞇ con sou palonbar . saluo ende ela casa con sou Lagar que esta
cabo ela ponte ‖ que fique al obedencial dela cozina enque faga

10 sou vino . todo esto uos damos ꞇ outorgamos *por* tal ‖ pleyto
q*ue*llo tengades denos por en todos uossos dias de ambos . ꞇ q*ue*
adubedes be*n* ela bo‖dega hu mester for . ꞇ q*ue* te*n*gades en ela
al obede*n*cial dela cozina cada a*n*no trinta medros ‖ de ví*n*no de
sou . en suas cubas ꞇ q*ue*llo guardedes . ꞇ cubriades elas casas ꞇ las
15 ampa‖redes q*ue* no*n* caya*n* *por* uossa encuria . ꞇ q*ue* nos diedes
cada a*n*no desta Sessega en renda . i . ‖ morauedi . por la festa de
Sam Joha*n*e babtista ꞇ nos Alffonsso Ferna*n*dez . ꞇ Orraca Gon‖
zaluez por este algo ꞇ por esta mercet *que* nos fazedes uos Abbat
ꞇ Conue*n*to iadi‖tos damos uos logo el nosso celleyro q*ue* aue-
20 mos cabo ela ponte ꞇ damos uos logo ‖ el iuro del p*or*a semp*re* .
ꞇ nos q*ue*llo te*n*gamos de uos por en todos nossos dias co*n* ‖ esta
out*ra* sessega . ꞇ a nosso finame*n*to de ambos q*ue* nos fiq*ue* liure
ꞇ q*ui*to sem out*ra* ‖ cotraria ne*n*guna ꞇ co*n* todo esto al q*ue* nos
uos dades ꞇ nos outorgamos *por* nos ꞇ *por* ‖ nossas bonas de uos
25 arredrar este celleyro . aque*n* q*uer* q*ue* uolo dema*n*dar a todo
tempo . Et ‖ qual delas partes al out*ra* parte esta carta passar oú
britar peyte L.ᵃ m*orauedis* . a essa ‖ parte q*ue* recebir el torto . ꞇ
al Rey peyte . c . m*orauedis* . en couto . ffeyta esta carta . ij . ‖
˙dias por andar de Mayo. ERa . mᵒcccᵃviijᵃ Regna*n*te el Re do*n*
30 Alffon‖sso en Leo*n* . ꞇ en Cast*e*lla . ꞇ en todos sous regnos . Do*n*
Herma*n* Bispo de ‖ Astorga. Meyrino del Rey Rodrigo Alffonsso
de Leo*n*. Eu do*n* Arias abbat ‖ de Sa*n*t andres co*n* el Conue*n*to
iaditos . ꞇ nos Alffonsso Ferna*n*dez . ꞇ Orraca Gon‖zaluez unos
aout*r*os este pleyto outorgamos ꞇ esta carta p*or* . A. B. C. parti-
35 mos . ‖ Elos q*ue* presentes foro*n* . ꞇ esto viro*n* ꞇ oyro*n* . Miguel
Garcia prior . do*n* Ste‖ua*n* Diez mo*n*ge . Ffernã*n* Go*n*zaluez
mo*n*ge . Domi*n*go P*er*ez mo*n*ge . Ffernã*n* Garcia mo*n*ge . Garcia
‖ dega*n*na mo*n*ge Pedro Rodrig*ue*z mo*n*ge . Ruy Martin*e*z mo*n*ge.
Gonzalo ceruera mo*n*ge. ‖ Marti*n* Martin*e*z juyz . Marti*n* sorueda
40 capella*n* . Joha*n* de Sanc*t*a Mar*i*a mayordomo . Ffernã*n* ‖ Andreu
Pay Arias ꞇ Velasco P*er*ez escudeyros del Abbat . ꞇ out*r*os muytos
q*ue* esto ‖ viro*n* ꞇ oyro*n* ‖ Ffernã*n*dus Notauit

240 × 120 mm. En haut l'*abc* découpé. Ligne 4, une tache paraît
cacher deux lettres après *Gonzaluez*, l. 9 le *n* de *enque* est effacé et l. 39, le
notaire a écrit une petite croix au-dessus des *M* des deux *Martin*.

XCVI.

1270, 5 novembre.

Espinareda de la Vega, P. 18.

Conocida cousa sea a quantos esta Carta uiren ꞗ oudiren.
Como nos Conceyo ‖ ꞗ Juyz ꞗ Alcalldes de Bienvibre general
mientre vimos dos priuilegios que nos ‖ mostrou el Abbat de
Santandres de Espinareda ꞉ de ñro senor el Rey don ‖ Alffonsso ꞉
enque dizian quj nengun merino ꞉ mayor nen menor non fussen 5
ousados ‖ de entrar ensos Coutos por nenguna cousa . Et outrossi
dizian que nen en Buruia ‖ nen en Fforniela ꞉ nen en Veyga de sant
Andres por estas tres villas especial men‖tre que non fiziessem
fuero nenguno saluo moneda. Outrossi dizian los priuilegios ‖ que
non tomassen portagē en Villa franca de sos vassallos del 10
monesterio de ‖ nenguna cousa. Outrossi dizian que suas azeymilas que non fussen de tenudas por ‖ deueda nen por outra
cousa . Et quien contra estas cousas sobredichas passasse ‖ que
pecharia diez mill . morauedis. Al Rey . ꞗ los danos doblados
al Monesterio . Et ‖ nos el Conceyo desuso dicho á Ruego del 15
abbat sééleymos esta Carta ‖ de ñro sielo pendiente en testimonio
de verdade . ffecha la Carta miercoles ‖ cinco dias andados del
mes de Nouembro . Era de mill ꞗ trezientos ꞗ ‖ ocho anos . yo Saluador Perez publico notario del Conceyo de Bienuibre ‖ a ruego
del abbat la fiz por mandado del Conceyo . ꞗ pus ‖ enela mio 20
sinal.

(seing)

200 × 174. En bas deux trous pour les sceaux pendants. Les ll de mill
l. 21, sont coupés par un trait horizontal.

XCVII.

1273, 18 juin.

Espinareda de la Vega, P. 20.

dJeN
Nomine ameN. Sabam quantos esta carta uirem ꞇ
oyrem . Que you Gonzalo ‖ Fernandez ꞇ mia muler Orraca Martinez. Auos Pedro repila monge de santAndres ‖ vendemos uos
una nossa vinna que auemos ena vila que chamam el faueyro. ‖
5 Subla campanna desam Nicholao . ꞇ Jaz enlugar nomrado alrou-
redo . porterminos ‖ de todas partes delas vinnas dela enfermeyria
desantAndres . et recebimos deuos ‖ enprecio . ꞇ enrobracion . iiij .
morabedis. Onde somos deuos detodo este precio ben paga‖dos .
et fagades desta vinna que queserdes auida ꞇ amorte . et Se algum
10 omre de ‖ nossa parte ou dextrana auos ou auossa parte esta
carta passar oubritar . doble ‖ uos esta vinna sobredita en melor
lugar . ꞇ al Rey peche . L.ª morabedis encouto . ꞇ esta ‖ carta sempre
sea firme . ffeyta esta carta . xviii . dies andados de Junio. ERa ‖
M.ªccc.ªxi.ª Regnaua el Rey don Alfonso en Leom . en Castella .
15 ꞇ entodos sos ‖ regnos Don Menendo Obispo de Astorga . Abbat
en santAndres don Arias. Sou ma‖yordomo . Pay Arias . Ego
Gonzalo Fernandez . ꞇ Orraca Martinez . Auos Pedro re‖pila monge
esta vinna outorgamos . ꞇ esta carta robramos . Garcia Martinez ‖
clerigo conf. Pedro . Alfonso . conf. Pedro . drago . conf. Pelay ledo .
20 conf. Pedro Domenguez . conf. Johan Miguelez ‖ conf. Pedro . Martinez . t. Gonzalo moreda . t. Gil Laurenzes . t. Pedro Perez . t.
Garcia To‖mas . et outros muytos que esto uirom elo oyrom .
(seing) Martinus Notuit.

125 × 175 mm.

XCVIII.

1280, 15 mai.

Espinareda de la Vega, P. 28.

Conocida cousa ssea aquantos esta carta viren Commo yo
Don Areas Arcediagano dAstorga ‖ vendo auos . Menen . Gomez .
꞉ auossa Muler. Eluira Perez toda quanta herdade yo comprey
en ‖ Canedo de Martin . Fferrandez . ꞉ todo lo al quanto yo ey . en
Canedo por ccc . morabedis dos dineyros blancos ‖ da primeyra ₅
guerra de Granada aoyto . ff . cada morabedi de que me outorgo
por ben pagado ‖ porçeo que amj . ꞉ auos aprougo ꞉ de uos todo
Reçebj ꞉ outorgo quella ayades por jurderda ‖ de pora vender ꞉
donar ꞉ en guayar ꞉ pora ffaçerdes della toda ūra volontade ‖
auida ꞉ amorte ꞉ obligo por mj . ꞉ por mias bonas . de uos en parar . ₁₀
con esta vençon a ‖ todo tenpo de quen quer que uolla de
mande ꞉ sse pella ventura algun de mia parte ‖ ou de outra
contra vençon quiser vinir ou passar en njnguna maneyra aya
ella yra de ‖ deus . ꞉ ella mja ꞉ quanto . de mandar tanto doble en
tal lugar ou en mellor ꞉ ‖ peyte por pena auos ꞉ ūra . uoz seys ₁₅
centos morabedis ꞉ a el Rey noue çentos ‖ morabedis . ꞉ esta carta
ffique . ffirme por ssenpre ya mays . ꞉ Eu don Arreas arcedia ‖ gano
dAstorga esta carta que mandey . ffaçer Robro ꞉ conffirmo ffeyta
esta ‖ carta . Mercores . xv . dias . de Mayo . ERa de mill . ꞉ ccc . ꞉ dez
꞉ oyto annos . Pressentes Ffernan Yssidrez . Ffernan Gomez . ₂₀
Pedro carnayo ‖ Pedro Ssanchez de ssan Pedro de Paradella .
Affonso Johannes de Villa sseca ‖ Pedro padella . Eu Gonzaluo Rodriguez . la escriuj por mandado de Ffernan ‖ Gomez notario del
jnffant don Johan en Cacauellos . Et ‖ yo Ffernan . Gomez . notario
publico . de Cacauellos . ffoy pr ‖ esente . ꞉ mandey escriuir . esta ₂₅
carta . ꞉ pus . en ella ‖ meu sinal . acustomado . en testemunnio de
verdade (*seing*)

240 × 170 mm. La largeur diminue depuis le milieu vers le bas jusqu'à
125 mm, le côté droit étant diminué par une découpure arrondie.

IC.

1283, 13 mai.

Espinareda de la Vega, E. 1.

Don Melendo por la gracia de dios obispo de Astorga . a
todos los fieles christianos ꞇ amigos de ‖ dios que esta carta uiren
Salut en aquel que es dicha uerdadera salut . Por que auemos
todos mes‖ter de fazer algunas obras de piedat por quepodamos
5 réémir muchos peccados ꞇ graues que ‖ fazemos por muchas ma-
neras . porende uos Rogamos a consellamos ꞇ amonestamos en
Ihesu Christo ꞇ en remission ‖ de ūros peccados que cadaunos
deuos dedes ou enuiedes ūras almosnas ꞇ ūros aiudorios por este
man‖dadero que esta carta lieua . ala obra dela ygl'ia del Mo-
10 nesterio de sant Andres de Spinareda que ‖ ye muy bon lugar ꞇ
de Religion ꞇ de almosna . hu se faze mucho seruicio a dios . Et
non se podria fazer ‖ nen acabar . sien almosnas ꞇ sien aiudorios de
cadaunos deuos . Et nos confiando dela merçed de dios ‖ ꞇ delos
mereçemientos de sancta Maria sua madre siempre virgen por
15 la auttoridat que auemos outorgada ‖ de dios ꞇ de sant Pedro ꞇ de
sant Paulo apostolos . damos ꞇ outorgamos Quarenta dias de perdon de ‖ las penitencias que uos son iuntadas por mano de ūros
maestros que reymades por tales perdones . de que ouierdes ‖
recebida uerdadera penitencia . A todos aquellos ꞇ aquellas que
20 hy dierdes ou enuiardes ūras almosnas ꞇ ūros aiudo‖rios . ou hy
laurardes por ūros cuerpos ou por ūros obreros . ou hy aiudardes
con ūras bestias ou con ūros boys ‖ ou con ūros carros . Et
outorgamos ꞇ auemos por firmes todas las indulgencias quelos
outros obispos dieren ala obra ‖ dela ygl'ia del Monesterio sobre-
25 dito . Et nos don Suero por la gracia de dios obispo de Çamora . damos quarenta dias ‖ de perdon a todos aquellos ꞇ aquellas . que estouieren en uerdadera penitencia ꞇ hy dieren ou enuia-
ren suas almosnas . ou hy lauraren por sos ‖ cuerpos ou por sos
obreros . ou hy aiudaren con suas bestias ou con sos boys ou
30 con sos carros . Et nos don Gil por la gracia de ‖ dios obispo

de Badaioz . damos q*u*arenta dias de p*er*don a todos aq*u*ellos *t*
aq*u*ellas q*ue* estouiere*n* en uerdadera penite*n*cia *t* hy diere*n* suas ‖
almosnas ou hy laurare*n* p*or* sos corpos ou p*or* sos obreros ou
co*n* suas bestias ou co*n* sos ca*ŕ*ros ou co*n* sos boys . Et nos
don Alfon‖so p*or* la gr*aci*a de dios ob*i*spo de Coria . damos 35
q*u*arenta dias de p*er*don a*t*odos aq*u*ellos *t* aquellas q*ue* estouiere*n*
en uerdadera penite*n*‖cia *t* hy diere*n* suas almosnas . ou hy laurare*n* p*or* sous cuerpos ou p*or* sos obreros . ou hy aiudare*n* co*n*
suas bestias ou co*n* ‖ sos boys ou co*n* sos carros . valga*n* estas
jndulge*n*cias ata q*ue* esta obra sea acabada . Dada en Benaue*n*te . 40
treze dias de ‖ Mayo Era de mil *t* trezie*n*tos *t* vi*n*te *t* vn a*n*no.

320 × 280 mm. En bas un pli avec quatre trous. Dans le premier et
le troisième restent quelques bouts des ficelles qui ont porté les sceaux. Le
D, par lequel commence le document, est très grand, descendant jusqu'à la
quatrième ligne. Il est peint en rouge et richement ornementé. L'abréviation
de *ygł'ia* consiste dans le document en un trait horizontal à travers le *l*.

C.

1283, 19 décembre.

Espinareda de la Vega. P. 31.

JN dey no*min*e am*en* . Co*n*noçuda cousa sseia aq*u*antos esta
carta uire*n* *t* oyre*n* Q*ue* nos don Arias pela gr*aci*a de d*io*s abbade de ‖ sa*n*tAndres dEspinareda . *t* el co*n*uento desse mismo
lugar. Damos auos Pedro P*er*ez . *t* auossa mull*er* Marina P*er*ez ‖
hun nosso poulo conas vides q*ue* sta*n* en cima dele q*ue* fezo hy 5
poner uossa sogra Maria Gil . q*ue* nos auemos en ‖ Canedo. q*u*anto
nos dele p*er*tenece por partes de Martj*n* mouco. en Lugar nomrado ala p*er*al de Villari*n*. como ‖ de parte . p*or*termi*nos* deste
nosso monesteyro sobredito . dela h*er*dade q*ue* foy de Martj*n*
Miguelez cl*er*igo delos dous t*er*mi‖nos . *t* dela outra parte . p*or* ter- 10
mi*nos* de Maria Gil *t* de sous fillos . *t* dala outra parte p*or* t*er*-
mi*nos* q*ue* foro*n* de Joha*n* . caluo. *t* ‖ Outrossi uos damos . el q*u*ino*n*

que nos auemos ena eyra del Taranelo por partes deste Martj*n*
mouco sobredito. *por*termin*os*‖ de Maria Gil ꞇ de sous fillos . ꞇ p*or*
15 termin*os* q*ue* foro*n* de Joh*an* . caluo . ꞇ sal ena carrera antigua . sub
signo de san Migu*el* . ꞇ‖ de sa*n*c*t*a Maria de Arga*n*ça . ꞇ Damos
uolo todo p*or* tal p*re*yto . q*ue* cha*n*tedes este poulo ja dito de
vi*n*na . ꞇ q*ue* seia be*n* pourado‖ dela ata cabo de oyto anos primeyros q*ue* uene*n* . ꞇ tenerdes lo todo por en toda uossa uida de
20 anbos ꞇ dous. ꞇ dardes ca‖da ano anos . ꞇ al nosso monesteyro ja
dito por elo en foro .iij. canados de uino da q*ue*l q*ue* d*io*s hy
der. ala dorna . ꞇ‖ auosso finame*n*to de anbos . ficar al monesteyro
sobredito ela meatade desta vi*n*na cono q*u*ino*n* dela heyra por
ju‖ro de h*er*dame*n*to . ꞇ auossa uoz ou aq*ue*n uos mandardes . ficar
25 ela outra meatade desta vi*n*na por juro de h*er*da‖mento pra senp*re*
ja mays pra fazer dela oq*ue* q*u*iser amorte ꞇ auida. Esto fazemos
nos esguarda*n*do prol de‖nos . ꞇ del nosso monesteyro . ꞇ p*or* tal
p*re*yto q*ue* sse uos Pedro P*er*ez . ꞇ uossa mull*er* Marina P*er*ez . ou
uossa uoz‖ ou uerdes aue*n*der esta vi*n*na ja dita . q*ue* co*n*uidedes
30 anos ꞇ al nosso monesteyro sobredito por ta*n*to pr*e*cio co‖mo
outre der . por ela . ꞇ sse nos no*n* q*u*isermos co*m*prala. ve*n*derdes
aq*ue*n uos q*u*iserdes . ꞇ esta misma co*n*dicio*n* ja‖ dita p*ro*metemos
nos . Auos Pedro P*er*ez . ꞇ auossa mull*er* ja dita. ꞇ atoda uossa uoz.
ꞇ deste p*re*yto ma*n*deymos fa‖zer estas cartas partidas p*or* . a. b. c.
35 a prazer de anbas las partes . ꞇ q*u*al q*ue*r delas partes q*ue* a
esto q*u*iser pasar‖ aja la yra de d*io*s . ꞇ peyte ala outra parte.
Vi*n*te ꞇ ci*n*co . m*or*a*b*ed*is* . dela bona moneda . ꞇ ala uoz del Rey ci*n*-
quae*n*ta‖ m*or*a*b*ed*is*. desta misma moneda peyte. ꞇ este p*re*yto
remanesca senp*re* firme. ꞇ todo esto assi como sobredito he. p*ro*-
40 mete‖mos anbas las partes sobreditas en bona fe. delo tener
entodo be*n* ꞇ co*m*pl*i*dame*n*te . ꞇ de nu*n*ca hyr co*n*tra elo . nos‖ ne*n*
outre por nos. ffeytas foro*n* estas cartas outro dia de sa*n*c*t*a
Maria de aue*n*to domj*n*go .xiii. dias por an‖dar del mes de deze*n*brio. Era . de mil. ccc. ꞇ xxi. ano. Q*ua*ndo gou*er*naua el j*n*-
45 fa*n*te don Sancho en Leo*n*. ꞇ‖ en Castella. ꞇ enos sous reynos. de
sua mano Meyrino mayor en t*er*ra de Leo*n* do*n* Esteuano P*er*ez.
Electo en‖ Astorga don Martj*n* Go*n*çaluez . abbadessa en Villa-
bo*n*a dona Marina de d*io*s. Q*ue* p*re*sentes foro*n* . Garcia P*er*ez‖
cl*er*igo de san Migu*el* de Arga*n*ça co*n*f. Alfonsso Joha*n*es de san
50 Johane co*n*f. ꞇ sou h*er*mano Lope Joha*n*es . co*n*f. Ferna*n* Garcia‖

Aluar Rodriguez del faueyro . *conf.* ꞉ Johan Perez de Fenolledo
conf. Pay Arias . ꞉ Johan Simon . ꞉ Pedro Eanes ‖ ꞉ Johan Eanes . ꞉
Simon Johanes . ꞉ Johan Gonçaluez . omres del monesteyro jadito.
conf. ꞉ outros muytos que viron ꞉ ‖ que oyron . *et* you Martin Iohanes
notario publico del abbat de santAndres fuy presente ꞉ fiz ‖ escri- 55
uir estas cartas por . a. b. c. partidas . ꞉ pormandado del abbat ꞉
del Conuento sobre ‖ ditos ꞉ de Pedro Perez . ꞉ de sua muler Marina
Perez sobreditos pus enestas cartas que ‖ mandey facer meu sinal
entestemonio deuerdat . (*seing*) Elos que furon pre ‖ sentes . Fernan
Nunez clerigo de Magaz desusu . Sou sobrino . Gonçaluo Iohanes . 60
‖ Garcia Rodriguez clerigo desam Martino deCela noua . Alfonso
Iohanes escudeyro de ‖ Argayou . Garcia molina . Miguel badolo
clerigo . Simon Iohanes ‖ racioneyro del Monesterio . tst.

200 × 175 mm. En haut l'*abc* découpé.

CI.

1294, 18 février.

Espinareda de la Vega, P. 49.

Lunes quatro dias andados del mes de Jeneyro. Era de
mil ꞉ ccc.os ꞉ xxxa. ꞉ dous annos. Saban quantos esta carta ujren ꞉
oyren. Commo sobre contenda que yera entre Don ‖ Gonçaluo .
ceruera porla gracia de dios abbat del Monesterio de Sant andres de Espinareda por si ꞉ por lo Conuento desse mismo Mones- 5
terio dela una parte ꞉ Ffernan Garcia caua ‖ leyro por si ꞉ por
suas compannas dela outra por rrazon de queyxumes que el
Abbat ꞉ Conuento sobreditos auien de Ffernan Garcia sobredito
de malfetrias que dezien que fezieran el ‖ ꞉ suas compannas ennos
uassallos ꞉ ennos clerigos ꞉ ennos caseyros ꞉ en outras cousas del 10
Monesterio sobredito. Et sobrel sennorio dela sua villa de Sanjohan que dezien el Abbat ꞉ ‖ Conuento quelles enbargaua Ffernan Garcia. Este dia sobredito seyendo ambas las partes presentes enna egl'ia de Sam Miguel de Argança en presencia de

15 mj Joha*n* P*er*ez ‖ tene*n*te las uezes de D*omin*go Garcia not*ario* publico de Cacauellos ꞇ delas testimo*n*ias e*n*na fim deste estrume*n*to
scriptas special me*n*te rogadas ꞇ chamadas aueniero*n* se en esta
ma ‖ nera. El abbat renu*n*ciou ꞇ demetiu el prazio a q*ue* auie*n*
de séér ante Don Esteua*n* P*er*ez adela*n*trado mayor del Rey.
20 Et Ffernan Garcia obligo assi ꞇ a todas suas ‖ bonas de correger
ꞇ emendar todas las malfeytrias q*ue* el ꞇ suas compa*n*nas feziera*n*
e*n*nos cl*er*igos ꞇ e*n*nos caseyros ꞇ e*n*nos uassallos ꞇ e*n*nas outras
cousas del Monest*er*io sobred*i*to. ‖ assi commo el abbat mandasse ꞇ por be*n* touesse . ꞇ q*ue* no*n* q*ue*ria hy outro juyz ne*n* outro
25 mandador se no*n* el Abbat . ꞇ solo assi no*n* comprisse com*m*o el
abbat mandasse q*ue* el abbat fosse ‖ poderoso delo pe*n*norar ꞇ
de tomar ta*n*tos delos sos benes de Ffernan Garcia p*or* sua
auctoridat sem ne*n*guna calu*m*pnia hu q*ue*r q*ue*llos achasse qua*n*-
tos por ben touesse ꞇ q*ue* entre ‖ gasse las malfeytorias ꞇ assi como
30 le p*r*ouguesse. Et sobre rrazo*n* dela villa de Sa*n*joha*n* aueniero*n*
seen esta man*er*a q*ue* metiro*n* el p*r*eyto en poder de Ffernan
Garc*i*a mo*n*ge de Sa*n*t an ‖ dres ꞇ de D*ie*go Ro*d*rigu*ez* de Cacauellos ꞇ tomaro*n* por arbidro terceyro a Ruy P*er*ez Prior del sobre-
d*i*to Monest*er*io. Et q*ue* estos amigos arbidros ꞇ juyzes de gr*aci*a
35 liura ‖ ssem este p*r*eyto p*or*ssi ou p*or* outre ꞇ assi com*m*o por be*n*
touessem. las partes p*r*esentes ou no*n* p*r*esentes en dia feriado ou
no*n* feriado. el dereyto guardado ou no*n* guardado . ‖ de dia ou de
noyte . estando ꞇ seyendo ꞇ iazendo . iulgando ꞇ aueniendo ꞇ arbi-
drando. en qual man*er*a q*ue*r q*ue* elos este p*r*eyto liurassem
40 q*ue*las partes q*ue* estuuiesse al sou ‖ mandado . ꞇ cada una delas
partes p*r*ometiu ꞇ outorgo destar al sou mandado so pena de
Cem m*or*abedis dela mon*e*da noua . ꞇ a todas guisas estar al sou
mandado ꞇ comp*r*ir ‖ lo en todo . ꞇ esta pena delos Cem m*or*abedis
peytar la ela parte q*ue* no*n* q*ue*sier comp*r*ir el mandado ou for
45 co*n*tra el ꞇ ala out*r*a parte q*ue* estouuer a el ꞇ lo comp*r*ir . ꞇ la
pe ‖ na pagada ficar el mandado firme ꞇ comp*r*ir lo en todo . ꞇ aesto
obligou cada una delas partes assi ꞇ a todos sos benes ta*n* ben
gua*n*nados com*m*o por gua*n*nar. Et por ‖ mayor firmedume deu
el abbat por so fiador a Ffernan Garcia por si ꞇ por lo Conue*n*to
50 ta*n* ben dela pena delos. C. m*or*abedis com*m*o del comprime*n*to
delo q*ue*los amigos mandassem ‖ a P*edr*o louçano morador en
Sam Joha*n*e dela mata. Et Ffernan Garcia deu por sos fiadores

al abbat ambos de mancumun ꞇ cada uno por todo ꞏ pora comprir
todo esto assi commo ‖ sobredito he ꞏ a Diego Iohanes morador en
Sobrado ꞇ a Diego . Perez morador en Argança. Et todos los fia-55
dores estauan presentes ꞇ entraron enna fiadoria por si mismos . ꞇ
por todas suꞏꞏas bonas. Et cada una delas partes recebiron nos
assi commo recuntta este estrumento . ꞇ obligaron assi ꞇ a suas
bonas delos sacar a saluo desta fiadoria ꞏ cada uno assi commo
los ‖ mena, Et posieron los partes entressi prazio certo so pena 60
d .x. morabedis a que fosse enno Monesterio cada uno con sou
amigo ꞏ el dia quelo el abbat feziesse assaber a Ffernan ‖ Garcia . ꞇ en aquel prazio que recebirien el preyto los amigos . pressentes Garcia Perez clerigo de ssan Miguell Domingo Rrodriguez Martin Martinez de Veyga Fernan Garcia monge ‖ Fernan 65
ssorueda monge Fernan Perez monge Johan Garcia monge Pedro
villarin Lope Nunez Domingo beato Pedro çerredo. Et eu
Johan Perez tenente as veçes de Domingo ‖ Garcia publico notario de Cacauellos ffuy pressente. — — — ‖

Et despoys desto Joues .xviij. dias andados de Ffebrero 70
enna Era sobredita . foron las partes presentes ꞇ iuntadas con sos
arbidros enno corral de Santa Maria . la odrada ‖ en presencia de
mj Johan Perez sobredito ꞇ delas testimonias que aqui sééran
scriptas ꞏ sacado el Prior iadito que non uene hy . ꞇ los arbidros
dixeron que ambas las partes con todos tres los ‖ amigos foron 75
aiuntados enno Monesterio sobredito el dia que el abbat mando.
ꞇ que recebiron el preyto assi commo se conten enno compromisso ꞏ Et que de parte del Monesterio dixeron ra ‖ zonando que
el semnorio dela villa de SanJohan era del Monesterio sobredito
de Santandres ꞏ ꞇ elos uassallos ꞇ los heredamentos ꞇ los foros ꞇ las 80
endizias ꞇ el caliter . eran sos. ‖ ꞇ que Ffernan Garcia non auia hy
nenguna cosa se non la comenda quelle dieran del Monesterio
mentre la touiesse delos ꞏ ꞇ los dereytos dela comendaria. Et
Ffernan Garcia ‖ que dixera que sou padre ꞇ aquellos onde el uenia
que ouueron de uso ꞇ de costume que quando el obedencial de 85
SanJohan fazia alcalde enna villa sobredita ꞏ quelos chamaua ‖
aelos ꞇ quelo fazien con el. ꞇ quelos arbidros todos tres oydas las
rrazones sobreditas a prazer de Ffernan Garcia ꞇ del Conuento
por amigaule composicion mandaron sola ‖ pena sobredita que se
conten enno compromisso que el abbat sobredito liurasse este 90

preyto assi como por ben touesse . ꝫ quellas partes estuuessem
al sou mandado, ꝫ quelos arbi‖dros quelle dauan todo sou poderio
assi commo elos auien ! pora liurar lo . ꝫ que el abbat quelles
puso prazio pora este joues sobredito ꝫ que se iuntassem en santa
95 ‖ Maria la odrada . ꝫ en ton que daria hy la sentencia. Et las
partes ꝫ los amigos presentes enno lugar sobredito ꝫ al prazio
sobredito outorgaron ꝫ ueneron de connesado ‖ que assi passara
este preyto enno Monesterio commo sobredito ye . ꝫ que assi lo
outorgauan alli, Et enton el abbat pronuntiou porsentencia iul-
100 gando ! que oydas las rrazones ‖ de ambas las partes segundo
sobredito ye ꝫ a prazer de ambas las partes que Ffernan Garcia
sobredito non auia rrazon nen dereyto en aquello que demandaua nen auia ‖ nen podia auer uassallo nen heredat nen en dizia
nen uoz nen caliter enna villa sobredita de SanJohan ! sello non
105 diessem del Monesterio sobredito . ꝫ que non era dereyto ‖ nen
rrazon que outre hy feziesse hy alcalde se non aquellos cuioera
el caliter ꝫ el sennorio. Et que mandaua por sentencia que el obedencial de San Johan feziesse el alcalde ‖ enna villa sobredita de
SanJohan. cada que mester fosse ꝫ usasse por el Monesterio del
110 caliter ꝫ del sennorio dela villa . ꝫ que Ffernan Garcia nen outre por
el non lo ‖ enbargasse, ꝫ esto mando sola pena que se conten
enno compromisso . ꝫ los arbidros sobreditos que eran presentes !
fezieron esta manda con el abbat ꝫ outorgaronna . ꝫ dieron esta ‖
sentencia por firme ꝫ por ualiossa pora todo tempo. Et Ffernan
115 Garcia sobredito estando presente dixo quela outorgaua ꝫ la auia
por firme ꝫ estaria por ela. Pressen‖tes Gonçaluo Ffernandez ca-
ualleyro Lope Rrodriguez Diego Caruallo Pedro Vallasquez
Ssimon Jullanez Domingo Rrodriguez Fernan Garcia monge
Fernan ssorueda monge Ffernan ‖ Perez monge Johan Garcia
120 monge Et eu Johan Perez tenente as vezes de Domingo Garcia
publico notario de Cacauellos ffuy pressente atodo esto. Et eu
‖ Domingo Garcia notario iadito por don Ffrey Rodrigo arzobispo
(seing) de Santiago ffiz escriuir este processo ꝫ puys enel meu
nom ꝫ meu ‖ sino en testimonjo de uerdade.

430 × 295 mm. En bas à gauche une petite entaille ronde sur le côté
du parchemin. L. 94, le mot *prazio* est écrit deux fois. Dans *egʄia*, l. 14,
le *i* est traversé par un trait horizontal. L. 59, *sacar* est écrit au-dessus de
la ligne. Le notaire a fait souvent en haut de la ligne de petits traits arrondis
qui ne peuvent pourtant guère avoir de signification.

ÉTUDE GRAMMATICALE

Introduction.

1. L'ancien dialecte léonais a été l'objet de quelques
études que nous aurons l'occasion de citer très souvent au
cours de nos recherches, mais dont il importe de relever déjà
ici l'importance.

M. E. GESSNER a publié en 1867 un ouvrage intitulé *Das
Altleonesische, Ein Beitrag zur Kenntniss des Altspanischen.*[1]
Cet ouvrage est non seulement la première étude consacrée à
l'ancien léonais, mais, d'une façon générale, la première étude de
quelque importance qui ait été faite dans le domaine de la dia-
lectologie espagnole. Les matériaux dont se sert M. Gessner
sont le *Livre d'Alexandre*, les manuscrits léonais du *Fuero Juzgo*
et un certain nombre de documents publiés dans *l'España sagrada*, le *Memorial histórico español*, Muñoz y Romero, *Colección de fueros municipales y cartas pueblas*[2] et Fernández-
Guerra y Orbe, *El Fuero de Avilés.*[3] Dans son introduction
l'auteur donne, p. 4, une définition générale du léonais que nous
citons, parce que, tout en demandant des modifications, elle est,
nous paraît-il, plus exacte qu'on n'a voulu le reconnaître. «Ent-
sprechend der Lage von Leon zwischen Castilien und Galicien
ruht der Dialekt zwar auf der breiten Grundlage des Spanischen,
hat aber eine nicht unbedeutende Zahl fremdartiger Züge in
sich aufgenommen, die entweder direkt auf das portugiesische
Idiom hinweisen, oder doch wenigstens den Uebergang des spanischen in dasselbe andeuten. Die Bestimmung dieser Züge ist

---

[1] Programme d'invitation à l'examen public du Collège royal français
de Berlin.

[2] Tome I. Madrid 1847.

[3] Madrid 1865.

natürlich nicht immer leicht. Denn da das Spanische in früherer Zeit mit dem Portugiesischen vielfachere Berührungspunkte hatte als später, so liegt die Gefahr nahe, manche vielleicht auch altcastilianische Abweichung von dem heutigen Sprachgebrauch auf Rechnung des Portugiesischen zu schreiben.... Bemerkt muss noch werden, dass das uncastilianische Element sich nicht überall im gleichen Masse findet; es giebt Urkunden in denen dasselbe sehr entschieden hervortritt; in anderen deuten nur wenige und leise Züge auf fremden Einfluss hin. Diese Erscheinung beruht auf vielfachen Gründen, unter denen die grössere oder geringere Kenntniss des castilianischen Sprachgebrauchs von Seiten des Schreibers wohl in erste Linie zu stellen sein wird.»

M. Gessner regarde donc le léonais comme un dialecte intermédiaire entre l'espagnol et le portugais;[1] nous aurons l'occasion de revenir sur ce qu'il y a d'inexact dans sa manière de comprendre la nature des rapports qui existent entre le léonais d'un côté, l'espagnol et le portugais de l'autre.

Quant à l'étude même de M. Gessner, elle porte sur la phonétique, la morphologie et le vocabulaire. D'une façon générale les traits principaux du léonais s'y trouvent relevés, bien que, comme il est naturel, les recherches postérieures aient apporté sur plusieurs points des modifications aux résultats où s'arrête l'étude de M. Gessner.

M. MOREL-FATIO consacre une partie de son article bien connu, *Recherches sur le texte et les sources du Libro de Alexandre*,[2] à compléter et à rectifier l'ouvrage de M. Gessner dont il reconnaît les grands mérites et qui doit, d'après lui, «être considéré comme la base nécessaire de ce qu'on écrira désormais sur ce sujet». Une étude méthodique du léonais doit, à l'avis de M. Morel-Fatio, puiser ses éléments exclusivement dans les textes diplomatiques originaux. A part certaines expressions juridiques calquées sur le latin, on peut considérer la langue des chartes comme reproduisant assez exactement le langage de la conversation. En outre, les chartes ont sur les textes littéraires et législatifs l'avantage d'être presque toujours datées avec exactitude et de refléter la prononciation de l'époque et du lieu

---

[1] Cf. l. c. p. 50.

[2] Romania IV (1875) pp. 7—90.

auxquels elles appartiennent. Les textes littéraires manquent
de date, représentent généralement un mélange de la langue de
l'auteur et des copistes successifs et étaient peut-être dès l'origine
écrits dans un dialecte littéraire, une langue dans une certaine
mesure artificielle et de convention qui n'etait celle d'aucune
région spéciale. Même les chartes dont se sert M. Gessner sont
pourtant peu satisfaisantes comme base d'une étude linguistique
et c'est là le cas de la plupart des documents de ce genre qui ont
été publiés jusqu'ici. D'abord la publication n'a pas été faite avec
le soin scrupuleux qui seul permet des conclusions certaines sur
la forme des mots, les erreurs sont au contraire presque partout nombreuses. Ensuite, on ne sait jamais si on a affaire à
des documents reproduits d'après les originaux ou à des copies
ou extraits de cartulaires, à des confirmations postérieures, etc.
M. Morel-Fatio fait remarquer que, lorsqu'il s'agit d'un dialecte
qu'on peut considérer à priori comme intermédiaire entre le
castillan et le portugais, «les chances des méprises, des attribu-
tions fausses risquent fort, en vertu de cette condition si défectueuse des sources, de dépasser la somme des observations
justes». C'est pourquoi M. Morel-Fatio, dans la partie de son
article qui est consacrée à la langue, se borne à relever, en
suivant et en corrigeant Gessner, «les faits qu'on peut considérer
comme constituant les particularités les plus importantes du
léonais».

M. Å. W:son Munthe, qui dans son livre, *Anteckningar
om folkmålet i en trakt af véstra Asturien*[1] (Remarques sur le
parler populaire d'une région de l'Asturie occidentale) est souvent amené à parler de l'ancien léonais, a publié aussi un article intitulé *Vermischte spanische Beiträge*[2] et dont la plus grande
partie se compose de *Einige Bemerkungen zu Gessners Abhand-
lung über das Altleonesische*. M. Munthe y examine quelques
points obscurs de la phonétique en les regardant dans la lumière
du dialecte moderne et ajoute pour certains phénomènes de
nouveaux exemples à ceux qu'on trouve chez Gessner et Morel-Fatio.

M. F. Hanssen parle du léonais dans plusieurs des nom-

---

[1] Dissertation, Upsala 1887.

[2] Zeitschrift für rom. Phil. XV (1891) pp. 228—232.

breuses études qu'il a consacrées à l'ancien espagnol. Le léonais seul fait l'objet de ses *Estudios sobre la conjugación leonesa*,[1] où il se sert à peu près des mêmes matériaux que M. Gessner.

M. MENÉNDEZ PIDAL enfin donne dans son ouvrage *El dialecto leonés*[2] un tableau sommaire du léonais moderne, important aussi bien à cause des délimitations géographiques que l'auteur y fait que par ses notices abondantes et précises sur la langue actuelle des différentes parties de la région léonaise. Ce tableau, qui ne peut laisser d'être en lui-même du plus grand profit pour celui qui s'occupe du vieux léonais, l'est encore davantage grâce aux comparaisons que l'auteur fait sans cesse avec l'ancien dialecte.

2. La présente étude se base sur un certain nombre de documents léonais que j'ai copiés aux Archives historiques de Madrid pendant un séjour de quelques mois que j'ai fait dans la capitale espagnole en automne 1904. Parmi les trésors de cette institution,[3] les documents des monastères supprimés occupent une place importante et parmi eux la collection de beaucoup la plus considérable est celle qui provient du célèbre monastère de San Benito de Sahagun. Cette collection comprend 1723 documents, dont le plus ancien remonte à 867, le plus récent à 1816. Comme les documents des autres monastères, ceux de Sahagun sont divisés en trois classes: 1. actes royaux. 2. actes ecclésiastiques. 3. actes privés. La première de ces sections, qui comprend des documents sortis de la chancellerie royale, se compose de donations, de privilèges, etc. accordés au monastère de Sahagun par le roi, la seconde comprend des bulles papales et des pièces de différents genres (nominations, présentations, etc.) émanant généralement d'evêques et d'autorités religieuses de Sahagun ou d'autres communautés spirituelles. La troisième enfin, qui est de beaucoup la plus

---

[1] Santiago de Chile 1896. Publié dans les Anales de la Universidad.

[2] Revista de Archivos, Bibliotecas y Museos 1906.

[3] Sur les trésors des Archives historiques voir *Discursos leídos ante la Real Academia de Historia en la recepción pública del señor D. Vicente Vignau y Ballester*, Madrid 1898 et L. Barrau-Dihigo, *Notes sur l'Archivo histórico nacional de Madrid*, Paris 1900.

nombreuse, puisqu'elle se compose à elle seule de 1162 documents, contient toutes sortes de chartes particulières, contrats de vente ou d'échange, lettres de donation, testaments, inventaires, etc.

Lorsqu'il s'agit d'une étude linguistique, c'est surtout dans cette dernière section qu'il faut chercher les matériaux. Les chartes royales sont jusqu'à l'époque d'Alphonse le Savant écrites en latin et n'ont même après cette époque nul intérêt au point de vue dialectologique. Quant aux documents ecclésiastiques, ils commencent à la même époque à être rédigés en espagnol, mais celles de ces chartes qui appartiennent à l'époque que nous étudions ne sont pas nombreuses et la couleur léonaise de leur langue est en général très faible. Nous en avons pourtant reproduit quelques-unes.[1] Dans les chartes privées, au contraire, le latin cède de bonne heure la place à la langue populaire. Les chartes du XIIe siècle offrent un mélange de latin et de passages espagnols ou presque espagnols. On trouve même dès la fin du siècle des chartes entièrement romanes, telle la première de notre collection, qui date de 1171. Les quatre autres chartes du XIIe s., ainsi que les deux premières du XIIIe que nous avons reproduites offrent cette langue mêlée dont nous venons de parler, mais l'élément espagnol y est assez important pour que nous ayons cru devoir les faire entrer dans notre collection. Pendant les quatre premières dizaines du XIIIe siècle, les chartes latines sont beaucoup plus fréquentes que les espagnoles, mais celles-ci sont pourtant relativement nombreuses. A partir de 1240, les chartes latines se font très rares.

Jusqu'au milieu du siècle, nous avons reproduit toutes les chartes espagnoles. Après cette époque nous avons choisi celles où la couleur dialectale est encore bien prononcée, mais nous en avons exclu un certain nombre qui ne nous ont pas paru offrir beaucoup d'intérêt au point de vue linguistique. Nous en avons pourtant enregistré (p. 122) certaines formes qui confirment les résultats de nos recherches sur les chartes reproduites. Si nous avons restreint nos recherches au XIIIe siècle, c'est que les documents de Sahagun n'offrent après cette époque que très peu de différences du castillan. On verra que déjà les chartes qui

[1] N:os XLV, LIII, LV, LXVII, LXXI et, d'autres monastères, XC et IC.

appartiennent à la fin du XIIIe siècle ont subi une influence très forte de la part du castillan et c'est là en effet une chose naturelle. Sahagun appartient à la région orientale du domaine léonais, et le dialecte qu'on y parlait s'approche dès les plus anciens monuments beaucoup plus du castillan que celui des documents appartenant à la région centrale ou occidentale de Léon. Même des chartes du commencement du XIIIe siècle sont souvent écrites dans une langue qui montre peu les traits caractéristiques du léonais. Nous les avons pourtant fait entrer dans nos matériaux en partie comme preuves de cette ancienne influence, en partie parce qu'elles contiennent des formes qui, sans être léonaises, ne manquent pas d'un certain intérêt au point de vue de la langue.

Nous avons cru utile d'ajouter à notre collection de documents de Sahagun un petit nombre de chartes provenant d'autres monastères léonais appartenant en partie à la région centrale, en partie à la région occidentale du domaine. Ces chartes offrent en elles-mêmes un grand intérêt, et elles nous serviront en outre de termes de comparaison pour faire comprendre la nature pour ainsi dire intermédiaire du dialecte de Sahagun. Cette façon de procéder nous a paru d'autant plus légitime que quelques-unes des chartes de Sahagun proviennent d'endroits situés dans lesdites régions. N'ayant pas voulu les exclure de nos recherches, nous avons cru bien faire d'augmenter les matériaux qu'elles offrent en y ajoutant quelques autres documents montrant à peu près les mêmes caractères dialectaux. — Quelques-unes des collections d'où nous avons tiré ces documents mériteraient d'être étudiées à fond, et nous espérons pouvoir un jour compléter notre étude sur les documents de Sahagun par une étude sur les documents de certains de ces autres monastères.

Il va sans dire que tous les documents que nous reproduisons sont des originaux. Sous ce rapport nos matériaux satisferont aux exigences formulées par M. Morel-Fatio et que nous avons citées plus haut.

A quelques exeptions près, nos documents n'ont pas à notre connaissance été publiés jusqu'ici. Ces exceptions sont les N°s XVII, XXV et XLII de Sahagun et tous les documents provenant du monastère de San Pedro de Eslonza. Le doc. XVII a été reproduit par M. Fernández Guerra, Fuero de Arvilés p. 68, les deux autres

documents de Sahagun se retrouvent dans la *Historia del real monasterio de Sahagún*[1] du père Escalona pp. 591 et 596, ceux de San
Pedro de Eslonza dans le *Cartulario del Monasterio de Eslonza*,
publié par D. Vicente Vignau[2]. La reproduction de M. Fernández
Guerra n'est guère fidèle et les deux autres publications précitées,
n'ayant pas été faites dans un but linguistique, ne satisfont guère
aux prétentions à l'exactitude minutieuse si nécessaire, lorsqu'il
s'agit de textes devant servir de base à des recherches de ce
genre. C'est là tout particulièrement le cas de l'ouvrage d'Escalona, qui appartient à une époque où la linguistique romane
n'avait pas encore pris naissance[3].

On trouve pour certains documents des passages détachés
reproduits dans *l'Indice de los documentos del monasterio de
Sahagún* p. p. el Archivo historico nacional[4]. Il va sans dire
que nous avons tiré grand profit de cet excellent ouvrage, dont
l'auteur est M. Vicente Vignau, l'éminent chef des Archives
historiques.

3. Dans la reproduction de nos documents nous avons
essayé de ne rien omettre qui puisse avoir quelque importance
au point de vue linguistique. Les types différents de *r* et de *s*
qu'emploient les scribes n'offrent qu'un intérêt paléographique
et nous avons cru pouvoir nous dispenser de les reproduire.
Autrement le seul changement que nous ayons introduit dans le
texte, c'est l'emploi des initiales majuscules dans les véritables noms
propres même lorsque l'original se sert de minuscules. Nous avons
fait ce changement uniquement pour éviter au lecteur désireux
de retrouver les noms propres la nécessité de parcourir le document entier. Mais nous n'avons pas étendu cet usage aux
mots qui sont employés occasionnellement comme noms propres
tout en gardant leur caractère de noms communs.

Les signes diacritiques, d'abréviation, etc., que, pour des

---

[1] Madrid 1782.

[2] Madrid 1885.

[3] Plusieurs documents reproduits dans ce livre ont été utilisés par Gessner, Hanssen et d'autres encore; M. Morel-Fatio l. c. relève tout particulièrement l'inexactitude de la reproduction du père Escalona.

[4] Madrid 1874.

raisons typographiques, nous n'avons pu reproduire, se trouvent
mentionnés après chaque document. On y trouve aussi les
dimensions du parchemin ainsi que d'autres indications qui
peuvent présenter quelque intérêt. Nous avons indiqué à l'aide
de traits verticaux les lignes de l'original, et nous en avons
toujours gardé les alinéas.

Quant aux abréviations, elles ont été d'une façon générale
résolues, mais nous avons fait imprimer en italiques les lettres
qui ne se trouvent pas dans l'original. Dans les cas où il ne
résulte pas de la langue du document comment telle abréviation
doit se résoudre, nous l'avons laissée sans changement. Ainsi
nous n'avons jamais transcrit le signe qui correspond à la conjonction *et*, cette conjonction prenant souvent des formes différentes dans le même document.[1] Autre exemple: les abréviations *n̄ro*, *ūro* ont été reproduites telles quelles toutes les fois
qu'il ne résultait pas du contexte s'il fallait les rendre par
nuestro, *uuestro* ou par *nostro*, *uostro*.

Nous avons classé nos documents d'après les monastères
d'où ils proviennent en suivant dans chaque groupe l'ordre chronologique. Pour chaque document nous indiquons la date, le
numéro qu'il occupe dans la collection d'où il est tiré, ainsi que
sa qualité de *particular* (P) ou d'*ecclesiástico* (E). Pour les documents de Sahagun, nous renvoyons en outre au catalogue de
M. Vignau, en citant le numéro de l'article de ce catalogue qui
correspond au document en question, ainsi que le numéro de
la page où se trouve cet article. Pour les documents d'Eslonza,
nous renvoyons à la page du *Cartulario* précité, où le document
se trouve reproduit.

4. Dans l'étude suivante, nous diviserons les chartes qui
seront l'objet de nos recherches en trois groupes. C'est le premier de ces groupes que nous étudierons plus particulièrement.
Il embrasse les chartes de Sahagun et peut être caractérisé
comme le groupe oriental, tandis que le second groupe représente la région centrale, et le troisième, la partie occidentale du
léonais, où la langue approchait fort du galicien.

Tous les documents du groupe I proviennent de Sahagun,

---

[1] Voir p. 197.

mais, comme nous l'avons déjà dit, quelques-uns des documents
provenant de Sahagun appartiennent aux groupes II et III.
D'autre part, un certain nombre des documents de Sahagun
appartenant au groupe I n'ont pas été rédigés à Sahagun même,
mais à des endroits plus ou moins éloignés de ce centre. Si
néanmoins nous les avons rangés dans le même groupe que
les chartes écrites à Sahagun, c'est que leur langue porte d'une
façon générale les mêmes caractères. Nous aurons l'occasion
d'en relever les différences dans le chapitre où nous résumons
les traits qui caractérisent aussi bien chacun des trois groupes
principaux que les différents documents qui appartiennent à
chacun de ces groupes.

Nous donnerons ici la liste de tous les documents, avec
l'indication de la provenance de chaque charte et des renseignements sur la situation géographique du lieu de provenance,
empruntés pour la plupart au dictionnaire géographique qui termine le catalogue de M. Vignau, et au grand *Diccionario geo-
gráfico-estadístico-histórico de España y sus posesiones de Ultramar*
de M. Pascual Madoz.

Notons que la provenance de certains documents ne peut
être déterminée d'une façon certaine, la localité où ils ont été
écrits n'étant généralement pas indiquée et ne pouvant pas
toujours être déduite du texte. Dans ces cas nous avons attri-
bué la charte à l'endroit qui nous a paru — considération prise
des indications du texte — le plus probable, en marquant toujours
par un point d'interrogation que notre localisation est hypothé-
tique. Cette localisation est certainement dans une certaine
mesure arbitraire, mais ne souffrira guère d'inexactitudes assez grandes pour pouvoir porter préjudice à la division principale que nous
avons établie. Ces inexactitudes sont en tout cas rendues moins
sensibles par notre chap. III, qui permettra de comparer l'ensemble des traits dialectaux de chaque charte avec les autres.

5. Tableau géographique des documents.

Groupe I.

Doc. I, V, VI, VII, X, XI, XV, XVI, XIX, XX, XXI, XXIII,
XXIV, XXV(?), XXVI, XXVII, XXXI, XXXII, XXXIV(?),

XXXV (?), XXXVII (?), XL, XLI, XLII, XLIX, L, LI,
LIII, LVII, LX, LXI, LXII, LXIV, LXV LXXII, LXXIII,
LXXIV *Sahagun*.

Doc. III *Feres* (?) Cette ville s'appelle dans les registres du
monastère *Feles* ou *Feres de Toro*, maintenant *Villae-
les*. Prov. de Palencia (11 l.), partido judiciario de Saldaña (2 l.). [1]

Doc. VIII, XXXVIII (?) *Villanueva de San Mancio*. Prov. de
Valladolid (8 l.), part. jud. de Medina de Rioseco (1 l.)

Doc. IX, XXX (?), XXXIX *Piasca*. Prov. de Santander, part.
jud. de Potes, ayuntamiento de Cabezón de Liébana,

Doc. XIII (?) *San Felices de Ceya* à présent *Saelices*. Prov. de
Valladolid, part. jud. de Villalón, situé sur la rive gauche
de la Cea.

Doc. XVIII (?) *Pedradiello*. «En los registros del monasterio hay
un pueblo que se titula *Pedradelo*, que el texto dice que
estaba junto al camino de Palencia. ¿ Será *Pedredo*, en la
prov. de León, part. jud. de Astorga?» Vignau, Indice
p. 664. Il paraît pourtant plus probable que l'endroit
dont il s'agit dans ce document était situé en Palencia
près de Carrion.

Doc. XXII, XXXIII *Nogar*, à présent Nogal de las Huertas,
prov. de Palencia (8 l.), part. jud. de Carrión de los Con-
des (1 l.). Situé sur le Carrión.

Doc. XXIX *Villa Garcia*. Prov. de Valladolid (2 l.), part. jud.
de Medina de Rioseco (2 l.), situé sur la rive gauche du
Seguillo.

Doc. XXXVI, XLVI, XLVII, LIV, LVIII (cf. § 77) *Galliguiel los.
Galleguillos* est situé dans la prov. de Léon (9 l.) part. jud.
de Sahagun (1 l.), sur la rive gauche de la Cea.

Doc. XLV *Juara*, maintenant Juara de Cea, prov. de Léon,
part. jud. de Sahagun.

Doc. XLVIII, LXIII, LXVIII *Mayorga*, à présent *Mayorga de
Campos*, prov. de Valladolid (13 l.), part. jud. de Villalón
(3 l.), sur la rive gauche de la Cea.

---

[1] = situé à 11 lieues de Palencia et à 2 lieues de Saldaña.

Doc. LII *Paredes*, à présent *Paredes de Nava*, prov. de Palencia (3 ½ l.), part. jud. de Frechilla (3 l.)

Doc. LVI (?) *Melgar de suso*, à présent *Melgar de arriba*. Prov. de Valladolid (13 l.), part. jud. de Villalón (3 l.)

Doc. LIX *Loriezo*, à présent *Luriezo*. Prov. de Santander (16 l.), part. jud. de Potes (1 l.), ayuntamiento de Cabezón de Liébana.

Doc. LXVI *Potes*, prov. de Santander (17 l.)

Doc. LXX *Beluer*, à présent *Beluer de los Montes*, prov. de Zamora (6 l.), part. jud. de Toro (4 l.)

Groupe II.

1) Documents de San Benito de Sahagun:

Doc. IV *Cannizo*, à présent *Cañizo*, prov. de Zamora (5 l.), part. jud. de Benavente (5 l.).

Doc. XII, XLIII, XLIV *Moreruela*, à présent *Moreruela de Tabara*, prov. de Zamora part. jud. de Alcañices, situé sur une plaine à l'ouest de l'Esla.

Doc. XVII *Castro Toraf*, à présent *San Cebrián de Castrotorafe* prov. et part. jud. de Zamora (4 l.).

Doc. XXVIII, LV, LXVII. LXIX, LXXI *Léon*.

2) Documents de San Pedro de Eslonza.

Doc. LXXV, LXXIX (?) *Villa Rabines*, à présent *Villarrabines* Prov. de Léon (8 l.), part. jud. de Valencia de Don Juan (2 l.), ayuntamiento de Algadefe.

Doc. LXXVI, LXXXI (?) *Eslonza*, prov. et part. jud. de Léon, ayuntamiento de Gradefes.[1]

Doc. LXXVII. *Léon*. «Fernan Joan monge de san Vicenti de Oviedo scripsit.»

Doc. LXXVIII (?) Pesquera, prov. de Leon, part. jud. de Riaño.

Doc. LXXX *Valencia de Don Juan*.

Doc. LXXXII *Léon*.

3) Documents de Santa María de Otero de las Dueñas.[2]

Doc. LXXXIII *Léon*.

---

[1] Voir Barrau-Dihigo op. c. p. 18.

[2] Prov. et part. jud. de Léon (4 ½ l.) Ayuntamiento de Venllera.

Doc. LXXXIV(?) *Rioseco de Ordas*, qui est probablement le *Rioseco de Tapia* de nos jours. Prov. et part. jud. de Léon (4 l.).

4) Documents de Santa María de Sandoval en Mansilla:

Doc. LXXXV, LXXXVI, LXXXVII *Villaverde de Sandoval*, prov. de Léon (2 $^1/_2$ l.), ayuntamiento de Villasabariego.

5) Documents de San Esteban de Nogales:[1]

Doc. LXXXVIII(?) *Manganeses*, à présent *Manganeses de la Polvorosa*, prov. de Zamora (10 l.), part. jud. de Benavente (1 l.).
Doc. LXXXIX *Villa Rabines* (voir ci-dessus).
Doc. XC, IC *Benavente*.
Doc. XCVI *Bienvibre*. A présent Bembíbre, prov. de Léon, part. jud. de Ponferrada.

Groupe III.

1) Documents de San Benito de Sahagun:

Doc. II *Matela*(?) «Iohanes presbyter purtugalensi scripsit.» Bien que ce document pour sa provenance locale appartienne sans doute au groupe I, la langue dont se sert le notaire se rapproche trop visiblement du portugais pour que nous puissions le placer autrement que dans le groupe III. *Matilla* est situé dans la prov. de Zamora, part. jud. de Toro.
Doc. XIV *Ponferrada*.

2) Documents de San Andrés de Espinareda.

Doc. XCI, XCIII, XCV, XCVII, C *Espinareda de Vega*, prov. de Léon (18 l.), part. jud. de Villafranca del Vierzo, ayuntamiento de Vega de Espinareda.
Doc. XCII(?) *Ponferrada*.
Doc. XCIV, XCVIII, CI *Cacauellos*, à présent *Cacabelos*, prov. de Léon, part. jud. de Villafranca del Vierzo.

6. Dans l'étude grammaticale qui suit, nous allons considérer d'abord les questions appartenant à la phonétique, ensuite

----

[1] Prov. de Léon, part. jud. de la Bañeza, ayuntamiento de Castrocalbón.

celles qui appartiennent à la morphologie. Après avoir dans ces deux chapitres examiné les sons et les formes représentés par nos documents, nous allons consacrer un chapitre à l'examen des caractères linguistiques qui distinguent chaque charte et chaque groupe de chartes.

Notre étude ne portera que sur les caractères de la langue qui sont de quelque importance au point de vue dialectologique et sur les mots ou les formes qui, sans être caractéristiques du léonais, sont de nature à pouvoir éclaircir quelque problème de la grammaire espagnole, ou qui pour une raison quelconque nous paraissent dignes d'une mention. On ne doit par conséquent pas s'attendre à un exposé grammatical complet de la langue des textes précédents. Mais sur les points soumis à notre examen, nous avons essayé de donner une image aussi riche et exacte que possible de l'usage de nos chartes, et nous avons cru utile de dresser pour certains phénomènes où il règne une concurrence entre différentes formes, des tableaux complets de tous les mots en question relevés dans nos documents.

Chap. I.

Phonétique.

A. Voyelles toniques.

a.

7. Nos documents contiennent un grand nombre de formes du mot *fraile* (< fratrem), mot qui comme le fait remarquer Diez, Et. W. p. 452, est sans doute d'origine provençale. Le *fraire* du prov. est devenu en espagnol *fraile* ou *flaire* par suite d'une dissimilation. Sous l'influence du *y*, l'*a* est devenu *e*: *freyre, freyle, fleyre*. Dans ces formes, *ey* qui était une diphtongue peu fréquente dans le castillan et dans une partie de la région léonaise, s'est souvent réduit à *e*: *frere*, etc. En proclise devant un nom propre, le mot perd la syllabe finale: *fray, fra, frey, fre*.

Exemples: frayre XXII 42; freyres XCII 20, 28; ffleyre LXVIII 73; flere II 45; freres XLVI 36; fray LXXXV 53 etc; frey LXI 2; fre XII 43 etc.; XXII 42, 43 etc.

Fratrem a été continué aussi sous sa forme régulière *fradre*, réduite par dissimilation à *frade*, ex. XII 24, 43.

8. *a + y.* En castillan *a + y* (suivi d'une consonne) donne *e*. Dans le léonais occidental, on trouve au lieu de *e* la diphtongue *ey*. Nos documents offrent les exemples suivants de ce passage:[1]

Groupe I. Doc. XXV (Suppl.) beyzo 39

Groupe II. Doc. LXVII monesteyro 13 (mais-*ero* 23); LXIX leygo 46 (mais *-ero*); LXXVIII quitey 14 (mais *quite* 11, *lexe* (20); LXXX ey 3, mandey 22; LXXXVIII feycho 12, peyche 14

---

[1] Nous ne faisons pas entrer dans ce tableau les parfaits de la 1re conj., ni les ex. de *ey* (< habeo), excepté pour les documents où il n'y a pas d'autre ex. de ce passage. Nous reviendrons sur les formes en question sous le chapitre consacré au verbe.

(mais *-ero*); LXXXIX peyche 21, ffeycho 23, 24, 30 (mais
fecho 17).

Groupe III Doc. XIV ey (< habeo) 4, 10, 12, mandey 43; XCI
ffeyta 22, feyto 34 (mais *peche* 21); XCII peyge 15, goneyru
37 (mais *ffecha* 17, *zeruera* 27); XCIII paleyro 6, ieneyro
26, feyta 26, uestiareyro 34 (mais *carera* 7, *primero* 17);
XCIV feyto 8, peyche 27 (mais *fecha* 39, *-ero*); XCV
celleyro 19, 25, escudeyros 41, peyte 27, 28, ffeyta 28
(mais *ceruera* 39); XCVII faueyro 4, ffeyta 13 (mais *peche*
12); XCVIII primeyra 5, maneyra 13, peyte 15, ffeyta 18;
C monesteyro 9, eyra 13, 23, primeyros 19, faueyro 51,
racioneyro 63, peyte 36, ffeytas 42; CI jeneyro 1, caualeyro
6, 117, caseyros 10, terceyro 33, malfeytrias 21, 29 (mais
manera 18).

C'est donc surtout dans les chartes de l'ouest, quelquefois
dans celles du centre qu'on trouve *ey < a + y:* souvent des
formes avec *e* figurent dans la même charte que celles avec *ey*.
Le développement castillan n'a pourtant pas pu entièrement
vaincre l'autre, qui survit dans un grand nombre d'endroits des
Asturies, du Léon et même de Zamora et de Salamanca (M. P.
p. 22). La différence constatée dans certains patois entre le
masculin et le féminin du suffixe *-arium* (*-eiro* mais *-era*) n'apparaît guère dans nos documents, car on ne saurait naturellement
rien conclure de documents contenant aussi peu d'exemples que
les nos XCV et CI, surtout comme ils se trouvent sous ce
rapport en contradiction avec d'autres (doc. XCVIII).

Nous allons consacrer quelque attention à un mot très ordinaire et qui se présente sous des formes différentes: *placitum*.
La forme vraiment populaire de ce mot est *plazo*, forme qui
est d'ailleurs fréquente dans nos documents. Mais on en trouve
encore les formes suivantes: *pleito* XII 4, 14 XIV 16, XV, 42
XXII 5, 36, 38 etc. etc.; *pleyte* XXV 19, XXVI 8, XXIX 4 (mais
pleyto 20), XXXII 23, XXXIX 14 (mais *pleyto* 33), XL 18 etc.
etc.; *plecto* XIII 3, 24, 28 (mais *pleito* 22, *plecte* 24) XXXVIII
32, 33 etc. etc. *pleicte* XXXIII 10; *plecte* XIII 24, XLI 50, 66
(mais *plecto* 5); *plecho* LXXVIII 24; *plete* IV 2, 7; *plet* IX, 4.

M. Menéndez Pidal, Gram. §§ 54, 1 et 60, 2, part de la forme *plagitum*, [1] qui aurait été syncopée de très bonne heure et qui aurait ainsi donné *pleito*. En partant de *plagitum*, il est pourtant difficile d'admettre un développement pareil, si l'on considère que *digitum*, qui présente les mêmes conditions phonétiques, est devenu *dedo*. — Il paraît plus probable que *pleito* est un mot emprunté au français où *placitum* avait la forme *plait*. (Cf. Gröber Arch. lat. Lex. IV p. 439.) Cette hypothèse explique toutes les formes. La finale, qui peut être *o* ou *e* ou qui peut manquer, n'a dans ce cas rien de surprenant, puisqu'un mot d'emprunt est adapté un peu au hasard aux habitudes de la langue qui l'adopte et présente souvent plusieurs terminaisons concurrentes. La réduction sporadique de *ey* à *e* est toute naturelle. Le *c* de certaines formes (*plecto*, etc.) doit être compris comme une graphie comparable à *cocto* pour *coto* (ex. XIII 23). La forme *pleche* enfin représente l'essai d'un notaire de donner une forme castillane à un mot qui lui paraissait avoir un aspect dialectal.

e fermé.

9. Le développement de *ę* est en léonais le même qu'en castillan. Quelques cas isolés méritent pourtant une mention.

Doc. II, la préposition *inter* a pris la forme de *vntre* l. 6 et de *ontre* l. 9. Cette forme, ainsi que sa variante *antre*, ne paraissent pas avoir été rares dans l'anc. portugais et l'anc. galicien. M. Cornu attribue cet étrange passage à la position proclitique du mot (Gr. p. 946). Pour *antre*, il cite comme exemples analogues *antrar* du dial. de Tras-os-Montes et *antruido*, *antroido* du galicien, [2] mais le passage à *o* n'est pas appuyé par d'autres exemples.

Doc. XCV 5, XCVI 7 et CI 65, on trouve la forme *veiga*, qui est la forme portugaise de l'esp. *vega*. M. Baist croit que ce mot est d'origine ibérique (Gr. 881), tandis que M. Schuchardt, Z. XXIII (1899) p. 186, le fait dériver du lat. *vica* (pour *vicem*). M. Meyer-Lübke, Gram. I § 70, donne quelques autres exemples, où un *e* espagnol est en portugais remplacé par la diphtongue

---

[1] Cf. Meyer-Lübke Gram. I §§ 523 et 531.

[2] M. Leite de Vasconcellos, Revista lusitana VIII p. 69, croit à une influence de la part du mot *ante*.

ei (*teiga, manteiga, taloiga, veiga, teima*).[1] On pourrait peut-être rapprocher de ces mots les formes *azeymilas* XCVI 11 et *ceygo* XLV 33, bien que ces mots au point de vue de leur origine soient différents des mots précités et entre eux.

Notons aussi les formes *Domenguez* LXXVI 59, LXXXII 2, 37 LXXXV 52, XCIII 10, XCVII 20, et *benefecio* XC 27, 35, qui offrent deux exemples du traitement populaire de la voyelle ẽ dans des mots où cette voyelle est généralement devenue *i*.[2]

Doc. LXXVI 13 *heriedan* est une forme analogique formée sur *niego: negar*, etc.

Pour les différentes formes de *dictum*, voir le chap. du verbe.

e ouvert.

10. Gessner constate, p. 5, que dans le léonais les voyelles ouvertes, ẹ et ọ, ne subissent pas la diphtongaison avec la même régularité qu'en castillan. Il explique ce fait par le caractère général du léonais, qui est d'après lui un dialecte intermédiaire entre le portugais et l'espagnol. M. Morel-Fatio, R. IV p. 30, confirme l'observation faite par Gessner à propos des voyelles ouvertes, mais il n'accorde à ce phénomène qu'une extension restreinte. Ces deux savants s'accordent à regarder la conservation de ẹ sans diphtongaison comme moins fréquente que celle de ọ. M. Menéndez Pidal, enfin, El dial. leonés, p. 17, regarde la diphtongaison de ẹ et de ọ comme un trait caractéristique du léonais aussi bien que du castillan. Le léonais moderne diphtongue en effet régulièrement les voyelles ouvertes, et il faut, d'après M. Menéndez Pidal, expliquer les formes avec ọ ou ẹ non diphtongués de certains anciens textes et documents par l'influence du galicien. D'autre part, certaines formes qui montrent la voyelle diphtonguée dans des cas où en castillan elle persiste sans transformation[3], dépendent «d'une fausse correction du dialecte léonais parlé par des Galiciens», qui étaient habitués à remplacer leur ọ et ẹ par *ue* et *ie*. M. Menéndez Pidal admet bien certaines différences entre le traitement des

---

[1] Cf. Baist, Jahresbericht VI, 1 p. 397.

[2] Cf. Baist Gr. 887: domingo.

[3] Voir sous ọ p. 207.

voyelles ouvertes en léonais et en castillan. Mais ces différences sont liées à des conditions spéciales.

Le tableau suivant montrera comment se comportent nos documents à l'égard de la diphtongaison de e. Quant aux formes normales de chaque document, nous n'en indiquons que le nombre.

Tableau statistique.

Groupe I. Doc. I. 7ie; V, 2ie; VI, 3ie, alferiz 14; VII, 5ie nouenbre 13, tjne 17; VIII 3ie, Lorente 22, conuento 54; IX 7ie; X tierra 3, 5, terra 3; XI 2ie; XIII 10ie, Butello 12, Beringuela 36; XV 18ie, dont 5 f. conuiento; XVI 9ie, Perronella 41; XVIII 28ie; XIX 7ie, conuento 16; XX, 10ie dont 2 f. conuiento; XXI 4ie; XXII 11ie; XXIII 1ie; XXIV 2ie; XXV 10ie, pias 39 (Suppl.); XXVI 5ie; XXVII conuiento 3; XXX 7ie dont 1 f. conuiento; XXXI 7ie dont 1 f. conuiento; XXXII 2ie, dont 1 f. conuiento; XXXIII 9ie, offerenda 24; XXXV 2ie, xamello 9, Castella 13; XXXVI 2ie; XXXVII conuentu 4; XXXVIII 1ie, conuento 3, 5, egua 32; XXXIX 2ie; XL 11ie dont 3 f. conuiento; XLI 14ie dont 4 f. conuiento; XLII 6ie; XLV 4ie, conuiento 5; XLVI 7ie; XLVIII 39ie dont 7 f. conuiento; XLIX 9ie; L 8ie; LI 2ie; LII 1ie, conuento 5; LIII 4ie; LIV 1ie, terra 11; LVI 7ie, neto 11, 21; LVII 17ie dont 1 f. conuiento, Lorente 5, 8, 26; LVIII 15ie, inferno 16, tenente 22; LIX 6ie; LX 23ie dont 3 f. conuiento; LXI 9ie dont 3 f. conuiento; LXII 6ie; LXIII 8ie, conuento 10, 43; LXIV 27ie dont 3 f. conuiento, conuento 7, 50, mentre 25; LXV 24ie dont 6 f. conuiento; LXVI 4ie; LXVIII 21ie; LXX 2ie, conuento 9; LXXII 30ie dont 11 f. conuiento; offrenda 79; LXXIII 4ie, conuento 3, 34, 48, 50; LXXIV 16ie, novembre 15.

Groupe II. Doc. XII 6ie, conuento 3, 44, manifesto 11; XVII 2ie; XXVIII 5ie conuento 29; XLIII 9ie, conuento 4, 6, 7, 8, 26 etc., emelgo 96; XLIV 4ie dont 2 f. conuiento; LV 4ie, conuento 10, pendente 6; LXVII 2ie, dezmo 18, erua 18; LXIX 2ie; conuento 3, 13, 23 etc., juramento 17; LXXI 4ie, conuento 7, 49, 53 etc.; LXXV 19ie dont 6 f. conuiento, obsl rienda 34; LXXVI 4ie, conuento 4, 70, 76, erno 33, 38, 42; LXXVII 15ie dont 4 f. conuiento, muler 4, 14, 27; LXXVIII 11e dont 2 f. conuento, ueyo 53; LXXIX 5ie, conuento 6, 11, sempre 11 (mais *siempre* 8), parentes

4, inferno 19, Castella 28; LXXX 1ie, tenente 20, 20; LXXXI 6ie, conuento 3, 5, 36 etc.; LXXXII 2ie, conuento 5; LXXXIII 17ie; LXXXIV 5ie; LXXXV 11ie, muler 3, 17, 28, 33 conuento 16, 21, 27; LXXXVI 2ie, conuento 4, 18; LXXXVII 9ie, conuento 3, 29, erno 26, 36, Lorete 36; LXXXVIII 2ie, 1ia, conuento 4, ben 10, inferno 14, tenente 20, mente 26; LXXXIX 5ie, 1ia, conuento 4, conuen 6, tenente 29; XC 14ie, 1ia, Dezembrio 1, connuento 3, 17, 37 etc.; XCVI 5ie, mentre 8 (mais *mientre* 3); IC 2ie.

Groupe III. Doc. II 2e; XIV 6ie, sempre 41; XCI 8e; XCII 3ie, 2ia, valente 2, pelago 6, teras 7, enffernu 15; XCIII 9e dont 3 f. conuento; XCIV 9e; XCV 10e dont 3 f. conuento; XCVII 4e; XCVIII 11e; C 7e dont dont 2 f. connuento, 1 f. auento; CI 33e dont 5 f. conuento, yera 3, ye (= est) 98, 101.

Ce tableau, dans lequel nous n'avons naturellement pas fait entrer les mots dont l'origine savante est manifeste, montre que, exception faite pour le groupe III, les formes où ę n'a pas subi la diphtongaison, sont peu fréquentes dans nos documents. Quelques-uns des mots avec ę qui y figurent doivent sans doute être considérés comme savants ou comme ayant subi une influence latine. Tels sont *novenbre* VII 13, LXXIV, 15, *Dezembrio* XC, 1, *Lorente* VIII, 22, *offerenda* XXXIII, 24. On trouve tout particulièrement une influence latine dans certaines formules, qui, même dans des chartes espagnoles, étaient souvent écrites en latin — c'est le cas du mot *inferno* LXXIX 19 et peut-être de *tenente* LXXX 20, 20. Le mot *conuento* se présente tantôt avec, tantôt sans diphtongue. Il faut y voir un mot savant subissant l'attraction analogique des nombreux mots où la diphtongue *ie* était suivie de *nt*. Le mot *renta (renda)*, qui conformément à son etymologie *(ręndita)* ne se présente pas d'une façon générale avec diphtongue, a quelquefois subi la même influence. C'est ainsi que s'expliquent *rienda* LXXV, 34 et *riendeda* LXXXV, 12. — *Manifesto* XII, 11 est une forme analogique.

Passons à l'examen des mots dont l'ę n'a pas subi la diphtongaison, et qui ne sont pas susceptibles d'une explication par l'influence savante ou analogique. Un coup d'œil sur le tableau montrera que ces formes sont très rares dans les documents du groupe I, qu'elles sont plus fréquentes dans ceux du

groupe II, et que, dans le groupe III, elles forment la grande
majorité. Dans presque tous les documents des deux premiers
groupes contenant des formes sans diphtongaison, ces formes
sont des exceptions, *ie* étant toujours la règle.

Dans le groupe I, le suffix *-ellum* figure sans diphtongaison
XIII, 12 (Butello) et 36 (Beringuela)[1] XVI 41 (Perronella) et
XXXV 9 (Xamello), tous des noms propres susceptibles d'une
orthographe ou même d'une prononciation conservatrice. Quant
à *alferiz* VI 14, nous avons noté ce mot arabe, parce qu'il
figure souvent avec diphtongue, mais la forme non diphtonguée,
qui est d'ailleurs celle qui a survécu, n'est pas caractéristique
du léonais. Restent comme traces de la tendance à conserver
la voyelle simple *terra* X 3 et LIV 11 *egua* XXXVIII, 32,
ncto LVI 11, 21, *mentre* LXIV 25. Notons que la plupart de
ces chartes ne sont pas de Sahagun même, et qu'elles offrent
encore d'autres particularités qui les distinguent des chartes de
Sahagun. — La forme *tjne* < *tenet* VII 17 est probablement une
faute du notaire, mais rappelle le *bine* (< bene) des Reyes Magos.

Dans le groupe II, on observe la forme *muler* LXXVII 4, etc.
et LXXXV 3, 17, etc., forme qui d'ailleurs est fréquente dans le
groupe III. Nous croyons qu'il faut regarder ici l'*ę* de ce mot
comme diphtongué et attribuer à *l* une prononciation mouillée.
Dans les deux chartes, l'*ę* est toujours diphtongué, et l'*e* mouillé
peut facilement absorber le premier élément de la diphtongue.
L'*ę* non diphtongué est représenté par *emelgo* XLIII 96, *pendente*
LV 6, *desmo* LXVII, 18, *erua* ib. 18, *juramento* LXIX 17, *erno*
LXXVI 33, 38, 42 LXXXVII 26, 36, *ueyo* LXXVIII 53, *sempre*
LXXIX 11, *parentes* ib. 4, *tenente*(?) LXXX 20, 20, LXXXVIII 20,
ben, ib. 10 *conuen* LXXXIX 6, *mentre* XCVI 8 (mais *mientre* 3)
et *Castella* LXXIX 28. A ces formes viennent s'ajouter celles
du doc. LXXVIII, qui ne diphtongue jamais, mais qui manque
pourtant de plusieurs caractères occidentaux (cf. § 79).

Le groupe III enfin ne montre la diphtongaison que par
exception. Le nombre considérable de formes avec *ę* diphtongué

---

[1] Ce nom se trouve écrit de la même façon dans quelques autres
chartes, mais, remontant au suffixe *-aria* qui par dissimilation est devenu *ela*,
il ne peut pas avoir grande valeur comme exemple de *ę* non diphtongué, bien
que la forme *Berenguela* atteste une confusion avec *-ellam*.

dans le doc. XIV (Ponferrada) est étrange, le document portant des caractères occidentaux fortement accusés. Autrement les formes sporadiques avec *ie* ne sont pas étonnantes, on s'attendrait plutôt à en trouver davantage.

Si la fréquence relative des différentes formes dans nos documents correspond à peu près à l'état de choses réel, on est porté à croire que la diphtongaison de l'*ę*, d'abord confinée dans le domaine castillan, s'est peu à peu répandue vers l'ouest et qu'au XIIIe siècle elle avait presque complètement envahi la partie orientale du Léon, tandis que la partie centrale opposait encore une certaine résistance à cet envahissement qui n'était pas encore parvenu jusqu'à la partie occidentale.[1] Nous ne pouvons pas conclure avec M. Menéndez Pidal de l'état des patois modernes à la généralité de la diphtongaison à une époque aussi reculée que celle de nos documents.

11. Quelquefois on rencontre *ia* au lieu de *ie* : Gessner, p. 32, relève la forme *pia (< pedem)* du Fuero Juzgo, et M. Munthe, Z XV p. 230, ajoute d'autres exemples de cette forme tirés du même texte et y relève en outre deux exemples de *ya < est*. M. Menéndez Pidal, p. 19, compare ce phénomène au passage de *uo > ua* mais ajoute que *ia* pour *ie* n'apparaît que dans quelques mots et avec un accent instable. Avant de tenter une explication de ce passage, nous donnerons la liste des formes peu nombreuses avec *ia* qui se trouvent dans nos documents :

ya[2] *< et*: LXXVI 2, 5, 6, 7, 8, 9, 10, 12 etc., LXXXVI, 15,
   LXXXVIII 23, 23, 25. 26 LXXXIX, 21.
ya < est: LXXXVIII 5, XCI, 7,
pias < pedes XXV 39 (Suppl.) XC 9 (a pía del altar).
Castiala LXXXVIII, 18,
pialago LXXXIX, 7.
tiampus XCII, 2,
conuian XCII, 7.

Tous les documents appartiennent au domaine central ou occidental du léonais, excepté le doc. XXV. Mais la forme *pias* ne se trouve pas dans le document même, elle figure dans un morceau ajouté par une autre personne dont le dialecte porte des traces visibles d'une origine occidentale *(beyzo, uostra)*.

M. Munthe, Ant. p. 28,[1] constate la présence de formes analogues dans le dialecte qui fait l'objet de ses recherches (Villaoril de Bemeda et Posada de Rengos). Ce sont *pia, pias (< pedem), diaz (< decem) yia (< est)* et *ya (< et)*. Dans le dernier mot, l'accent porte sur l'*a*, et M. Munthe explique le passage à *a* par la valeur atone du mot (cf. pourtant p. 29). Dans les autres mots, l'accent porte sur l'*i*. M. Munthe croit que ces formes sont nées dans la position atone. C'est ce qui lui paraît prouvé par le fait que *est* revêt dans le cas d'accentuation forte la forme *yié*. Il en conclut à une forme correspondante de *decem*, tandis que *pia* ne peut guère d'après lui se trouver dans une position accentuée telle que les deux autres mots (cf. les exemples p. 28—29). Pour expliquer ces formes, il suppose ou bien la conservation dans ce cas spécial de l'accentuation originaire de la diphtongue *ie* avec passage de l'*e* atone à *a*, ou bien un déplacement secondaire de l'accent avec le même passage. M. Menéndez Pidal, p. 19, ajoute à ce que dit M. Munthe que *ya, yara* se dit encore à Villapedre et à Teberga où l'on prononce pourtant *yié, diés; pia* se dit à Luarca et jusqu'à Astorga. Quant à l'origine de ces formes, M. Menéndez Pidal croit à un déplacement secondaire de l'accent.

Ce qui doit être observé d'abord, c'est que nos documents offrent trois exemples où la diphtongue *ia* se trouve à la syllabe tonique d'un mot paroxyton *(Castiala, tiampus)* ou proparoxyton *(pialago)*, ce qui cadre bien avec le *yara* de Villapedre et de Teberga et montre que ce phénomène n'est pas toujours, comme dans les patois modernes examinés par M. Munthe, limité aux mots oxytons.

Nous voyons dans les exemples de *ya < et* la preuve que la diphtongue *ie*, lorsqu'elle perdait l'accent, avait dans certaines régions une tendance à devenir *ya*. On pourra comparer à ce phénomène la forme *diagano* XIV 38 (Ponferrada), mais *diegano* XXXVIII 31, ainsi que *piadad*, Fuero Juzgo p. 9 et 107.[2]

---

[1] Cf. aussi Z. XV p. 230.

[2] Cf. aussi esp. mod. *piadoso*.

— Quant aux autres formes, nous sommes tenté de les expliquer de la façon suivante. La partie du Léon où se trouvent ces formes ne connaissait pas originairement la diphtongaison, qui ne s'y est répandue que peu à peu grâce à l'influence du castillan. La diphtongue *ie* était donc un phonème étranger à ceux qui parlaient le dialecte de cette région, et on l'a comprise de différentes façons, tantôt bien, tantôt mal. Dans ce dernier cas, on a exagéré la différence des deux éléments en prononçant l'*e* trop ouvert. Ainsi on est arrivé à la prononciation *ia*. Cette prononciation s'est en général corrigée toute seule, mais ci et là elle a persisté et alors surtout dans les mots oxytons qui formaient un groupe à part offrant un autre aspect phonétique que les mots ordinaires. La diphtongue *ie* s'est répandue en Léon, croyons-nous, lorsqu'elle était encore une diphtongue décroissante. A l'époque du déplacement de l'accent, *pia* et les autres mots où l'*a* était devenu, dans certains endroits, d'un usage fixe, n'ont pas suivi le développement des mots paroxytons et proparoxytons, où l'*a* n'était que d'un usage sporadique.

12. Dans certains cas on trouve en léonais *ie*, sans que cette diphtongue se soit produite dans le castillan; il s'agit des formes léonaises de la conjonction *et* et des formes verbales *est, eram, erat, erant: ye, ye(s), yera, yeran*. Nous parlerons d'abord de la conjonction *et*.

Gessner, p. 34, regarde *ye* comme le résultat de la diphtongaison de *e*, qui, bien qu'en général plus restreinte en léonais qu'en castillan, se produit pourtant en léonais dans certains cas où elle est étrangère au castillan. Il compare à ce cas les formes diphtonguées de *esse* que nous venons de citer. M. Morel-Fatio, p. 30, est d'avis que *ye* (< *et* ou *est*) n'est peut-être pas comme le dit Gessner «vraiment léonais»; bien que répandues en Léon, ces formes paraissent — dit l'auteur — être plus rigoureusement appliquées en asturien. — M. Menéndez Pidal dit, p. 19, que l'*e* se diphtongue dans deux cas importants que la langue littéraire regarde comme atones: les formes citées de *esse* et la conjonction *et*. Cette dernière forme, *ye*, subsiste encore à Colunga et dans l'asturien occidental, où elle s'est changée en *ya*.

Dans le § 130 de sa grammaire, M. Menéndez Pidal dit
à propos de *et*: «La copulativa *ĕt* era en castellano mirada ge-
neralmente como átona y por lo tanto resultaba *e*; pero en
leonés era tónica: *ye*, y lo mismo en castellano primitivo cuando
sela consideraba acentuada por estar junto á un enclítico (los
cuendes ye los res) y el diptongo se reduce a *i* (quel guardasse
yl sirviesse.... is acorvan), especialmente cuando precedia á
una *e* (el uno y el otro); luego la *i* se generalizó y hoy domina,
salvo cuando sigue palabra que empiece con *i*—» La réduction
de *ie* à *i* est à l'avis de l'auteur du même genre que celle qui
a transformé *Sietmancas*, *Sietcuendes* en *Simancas*, *Cifuentes*, etc.
(voir Gram. § 10, 2).

Nous croyons qu'il faut comprendre le développement de
et > *y* et *ye* d'une autre façon. D'abord, il est certain que cette
conjonction, qui sans doute peut de temps en temps prendre
jusqu'à un certain degré l'accent, est pourtant presque toujours
atone. C'est ce qui résulte par exemple du fait que cette particule
est d'une façon générale incapable de servir d'appui à un pronom
suivant. Aussi M. Meyer-Lübke[1] regarde-t-il ce mot comme ab-
solument atone. Pour l'espagnol, il conclut même à un développement dépendant de la position enclitique: *padre y madre* se
trouverait à *patre et matre* dans la même relation que *ley* à *lee*
(< *lege*). M. Baist, Gr. p. 895, partage l'opinion de M. Meyer-
Lübke sur l'origine de *y*. Dans le discours rapide *voyelle* + *e*
passait d'après lui facilement à *voyelle* + *y*: *yoetu* devenait *yoytu*
comme *soes* devenait *soys*.

Cette explication de *y* parait en effet très probable et
préférable à celle de M. Menéndez Pidal. Car s'il faut regarder
un *et* accentué comme existant seulement dans des cas exceptionnels, il est difficile de croire que ces cas auraient pu déterminer le développement d'un mot qui en position atone est
peut-être le plus usité de la langue. Et on ne pourra guère
non plus regarder le *ye* du léonais comme le produit d'une
diphtongaison, puisque la diphtongaison n'a lieu que sous l'influence de l'accent.

---

[1] Cf. Gram III. § 716 et 726.

Tableau statistique.[1]

Groupe I. Doc. VII ɔ, e; IX ye 2, 11, 12, hi el dia 5, e en 15, hi en 18, 18, 18; XV ɔ, e 32, 44, 47; XVI e, ye alos 2, yel 23, 34; XVIII e, hien 19, 39, 39, 39, hiel 34, hi este 34; XIX ɔ, ye; XX ye; XXII ɔ, signe rendu par *et*, y el 20, y tan buenos 21; XXIII ɔ, ye he 5, e todas 13; XXV e; XXVI ɔ, ela 24, 24, elo 31; XXX ɔ, elos 15, 17, ela 17; XXXI ɔ, ye anos 8, ie aluaroch 10; XXXII e, ye atorgo 31; XXXIII ɔ, ye, e 9, 23, Et 20, 30; XXXV ɔ, ela 9; XXXVIII ɔ, E 23, 29, 35, signe rendu par E, ye ela 39; XXXIX ɔ, ye; XL e; XLII ɔ et, y, e, ye (voir ci-dessous); XLV ye, ɔ; XLVI ɔ, E, ye atodos 4; XLVII ɔ, ye auer ɔ, Bartolome ye ñra 5, yen 11, y estas 16; XLVIII ɔ, ye, Et; L ɔ, yel 39, ye enne 55; LI ɔ, Et; LII ɔ, Et; LIV ɔ, E, ye; LVI e; LVII ɔ, Et, ye al 42; LVIII ɔ, ye aluaroc 6, 33, 46, 54, yen 11, yesta 16, yeste 28, ye ij 45, ye Uan 50; LIX e, en uida ye muerte 3, ye al 14; LX ɔ, Et; LXIII ɔ, Et, desse ye pora 18; LXIV ɔ, E; LXV ɔ, E; LXVI ɔ do ye offrezco 2; LXVIII ɔ, Et; LXV ɔ, Et; LXXII ɔ, Et; LXXIII ɔ, Et; LXXIV ɔ, Et.

Groupe II. Doc. IV e, signe rendu par *Et*; XII ye; XXVIII ɔ, E; XLIII ye, ɔ; XLIV e, ɔ, ye en 10; LXVII ɔ, Et; LXIX ɔ, Et; LXXI ɔ, et; LXXV ɔ, Et, yel 2, parte ye donna 4, ye sos 4, 10, ye Diego 5, ye el 8, ye los 8, ye aun 12, yelos 16, ye los 26, ye el 28, ye otros 62, ye de 63; LXXVI, ya, e, E; LXXVII, ye, hie, he; LXXVIII ye, y el 8, y el 8, yela 10, y este 35; LXXXII ɔ, Et; LXXXIV ɔ, e yo 2, 3, 3, 3, e peche 21, ye appagamiento 10, ye en 11, ye auos 11, ye enayenada 14, ye a 14, ye esta 21, ye en 26, 26, 27 (4 f.), 28; LXXXV ɔ, e, E, he; LXXXVI e, ya este 15; LXXXVII ɔ, Et; LXXXVIII ɔ, e, ya outorgadores 23, ya leer 25, ya este 26; LXXXIX ɔ, ya a 21; XC ɔ, Et; XCVI ɔ, Et; IC ɔ, Et.

Groupe III. Doc. XCI ɔ Et, signe transcrit par *et*; XCIII ɔ, et 35, elo 36; XCIV ɔ, Et; XCV ɔ, Et; XCVII ɔ, signe transcrit par *et*, 22, elo 22; CI ɔ, Et.

Un regard sur le tableau précédent montre que les notaires se servaient généralement du signe d'abréviation ɔ pour

---

[1] Les documents où *et* est toujours représenté par le signe ɔ n'entrent pas dans ce tableau. Pour les autres, nous indiquons les différentes formes, et, lorsqu'il y a lieu, les circonstances auxquelles est lié leur emploi.

désigner la conjonction *et*. Nous avons laissé le signe sans
transcription étant donnée l'impossibilité de savoir quelle forme
il représente chaque fois. Souvent on rencontre dans la même
charte *z*, *ye*, *e*, *et*, ou bien deux ou trois de ces graphies ensemble. Le premier document où l'on rencontre *ye*, c'est le
n:o IX, qui en offre des exemples dans toutes les positions
(devant une voyelle aussi bien que devant une consonne),
excepté devant *e* où *ye* est remplacé par *hi*. Le doc. XVI
emploie *e* dans toutes les les positions, mais, l. 2, on trouve *ye
alos* et l. 23 *yel*. Le doc. XVIII a toujours *e*, excepté six
fois où la conjonction, se trouvant devant un *e*, affecte la
forme *hi*. Le doc. XXVI a toujours l'abréviation, excepté l.
24: *la casa ela eglisia ela heredat* et, l. 31, *elo que*. Les documents XXX et XXXV montrent *e* dans des conditions analogues. Nous passons au doc. XLII, qui offre un mélange
très riche des différentes formes. La statistique que nous
avons dressée de ces formes donne pour résultat que le signe
abréviatif prévaut de beaucoup, étant employé en somme 52
fois, dont 40 fois devant une consonne, 12 fois devant une
voyelle, qui 6 fois se trouve être un *e*. La forme *ye* est employée en somme 22 fois, dont 18 fois devant une voyelle, qui
11 fois est un *e*. On trouve encore *et* et *e* majuscule au commencement de la phrase, ce qui paraît avoir été d'un usage
fréquent et qui apparaît presque régulièrement dans les chartes
de la fin du siècle. En outre, *e* apparaît 9 fois à l'intérieur de
la phrase, dont 6 fois devant *lo*, *la*, *los*, *las*.

Il résulte de ce que nous venons de dire et de notre tableau
statistique dans sa totalité que, dans les documents où il y a
concurrence entre plusieurs formes, *ye* se trouve plus souvent
devant une voyelle que devant une consonne, et que cette forme
se trouve avec une fréquence toute particulière devant un *e*.
C'est cette dernière position qui à notre avis a donné naissance
à la forme *ye*, qui par conséquent serait due non pas à la diphtongaison, mais à un phénomène appartenant à la phonétique
syntactique. On peut se demander si les cas où *et* était suivi d'un
e étaient assez fréquents pour pouvoir déterminer la forme du mot.
Il faut se rappeler à ce propos qu'en léonais l'article et le pronom
personnel régime commençaient par cette voyelle. C'est là un

fait de la plus grande importance, vu la fréquence extrême de
ces parties du discours et la fréquence très grande des cas où
elles étaient précédées de *et*. Cette manière d'envisager le problème explique aussi pourquoi *et* devient *ye* justement dans le
léonais et non pas dans les autres dialectes. Comme il résulte
de nos documents et aussi, par exemple, de ceux publiés par
M. Fernández-Guerra, la forme *ye* s'était de bonne heure géné-
ralisée, et les traces qu'on trouve de la différence originaire dans
l'emploi de *ye* et *e* ne sont pas trop nombreuses. Parmi les
exemples que nous venons de citer se trouvent aussi quelques-
uns de *e*. Le fait que dans des chartes qui se servent presque
exclusivement du signe ː, on trouve *e* justement devant *lo(s)*,
la(s), nous paraît fournir une preuve du rapport intime qui existe
entre *e* et *elos*, etc. L'*e* représente dans ces cas non seulement la
conjonction, mais aussi la voyelle initiale de *illam*, etc., conservée
dans cette combinaison même si elle a disparu partout ailleurs.[1]

On pourrait objecter contre l'explication que nous venons
de tenter que justement dans celles de nos chartes où *e* ne
diphtongue pas, *et* ne donne pas non plus *ye*, mais *e(t)*. A cela
nous répondons que, même dans le centre et la partie orientale
du Léon, la formation dont nous parlons n'est pas partout de
la même fréquence et qu'il n'est en somme pas surprenant de
trouver dans des chartes qui se rapprochent à plusieurs égards
du portugais encore ce trait caractéristique de ce dialecte. Du
reste, il y a un document où *e* ne diphtongue pas et qui a
pourtant la forme *ye*, à savoir le nº LXXVIII. Dans le doc.
LXXVI, la forme de *et* est *ya* (cf. p. 193), qui s'y trouve 23
fois devant une voyelle, laquelle 14 fois est *a*, et 12 fois devant une
consonne. *E* y est employé 15 fois devant une consonne et 1
fois devant une voyelle. Au commencement de la phrase on
trouve toujours *E*. Ces chiffres pourraient faire croire que *ya*
< *et* a pris naissance dans la position devant *a* et ce serait
alors avant tout la prép. *a* (< ad), qui aurait contribué à la
création de cette forme. Mais, comme nous l'avons déjà dit, il
est plus probable que *ye* est devenu *ya* par la voie phonétique.

---

[1] Autre circonstance à noter: des doc. qui se servent d'une façon générale de l'art. fém. *la*, emploient *ela* après ː (e), tels VIII 10, 11, 29, XLII
25, LXIV 54.

Si par conséquent *ye* est, à notre avis, le résultat d'une fausse analyse de la combinasion *y + el, ela, elo*, etc., il reste à expliquer l'origine de cet *y*. Nous avons déjà cité l'explication de M. Meyer-Lübke et de M. Baist, qui pour le castillan nous paraît satisfaisante. Mais cette explication ne suffit pas pour le léonais. Si l'*y* de *ye* dépendait ici de la position après une voyelle, on s'attendrait à trouver non seulement *e* et *ye*, mais aussi *y*. Or cette forme existe, mais presque toujours devant un *e* (cf. doc. IX XVIII etc), ce qui rend probable que *e* (< et) a d'abord passé à *i* devant un *e* suivant: *e ella > yela > ye ela* ou *ye la*.

Remarque. On pourra comparer cette explication de *ye* à *come* et *coma* (fr., it., cat., etc.) de *com + e(t)* et *com + a(d)*. Voir Vising dans les Abhandlungen A. Tobler dargebracht p. 113 ss.

L'autre cas où l'on a vu, et avec raison, une diphtongaison particulièrement léonaise, est représenté par certaines formes de *esse*.[1]

Tableau statistique.

Groupe I. Doc. XX yes 15;' XXIV yera 7; XXVI yes 5; XXXII yes 11, 15, 16, 17, 18, 18, 30, 31; XLIII ye 35; LIV ye 7, 32; LXIII ye 47; LXVIII ye 53, 59.

Groupe II. Doc. XXVIII ye 23, 34; LV yera 9; LXXV ye 23, 29; LXXVII ye 32, 41, 51, 56, hierant 25; LXXXI yera 6; LXXXII ye 8, 11, 20; LXXXIV ye 9; IC ye 10.

Groupe III. Doc. XIV hye 27, yhe 30; CI ye 98, 101, yera 3.

Quant à ces formes, qui, comme on le voit, sont beaucoup moins répandues que *ye < et*, il n'y a pas de raison pour douter qu'on ne soit en présence d'une vraie diphtongaison. Ces formes pouvaient très bien porter l'accent, et il y avait sans doute une forme diphtonguée pour la position accentuée et une forme sans diphtongue pour la position atone. Bientôt les deux formes ont commencé à être employées l'une pour l'autre, et quelquefois *ye* est la seule usitée. Dans le doc. XXVI, on trouve les deux formes régulièrement employées: l. 5 *la nuestra casa que yes del hospital* (yes = appartient), mais l. 38 *el otra es carral* et l

---

[1] Voir Gessner p. 27.

43 *que es pornombrado*. Doc. XXXII, *yes* est employé dans le sens
de *est situé* par ex. l. 11 de *la quarta parte yes vinna del clerigo*,
mais l. 13 et 14, on trouve *es* employé dans le même sens.
Si le verbe est placé après le prédicat, il prend un certain accent et nous avons sans doute là un des cas où la forme diphtonguée a pris naissance, cf. CI l. 98 et 101 *commo sobredito ye*,
(mais l. 54 on trouve *es (he)* dans la même phrase).

13. *ę + y.* A noter ici les formes différentes du mot
ec(c)lesia, qui présente souvent comme voyelle tonique un *i* au
lieu de l'*e* castillan.   Les formes avec *i (eglisia, eglisa, egrisia,
eglixa, egrija)* se trouvent doc. XXVI, 17, 20, 21, 24, 45, 46,
XXVIII 5, 7, 12, 19, 24, XXX 4, XLV, 6, 9, 16, 17, 23, LV
11, LX 20, 30, 52, LXXV 6, LXXIX 8, 10, LXXXIII 6, XC
5, 6 etc.   A ces formes correspond un certain nombre d'exemples
avec *e* (eglesia, iglesa): doc. XXIX 11, XXXIII 35, XLII 56,
72, LXXVII 47, LXXVIII 6, 10 etc.

Pour expliquer la différence entre la forme castillane et celle
du léonais, il n'y a guère d'autre moyen que de voir dans le
mot castillan une forme savante et dans le mot léonais une
forme populaire, ce qui n'aurait d'ailleurs rien d'étonnant. Pour
l'espagnol, il faut partir de la forme **ecclẹsia* avec *e* fermé, qui explique aussi le portugais *igréja*. En castillan, cette forme a gardé
un caractère savant, en conservant la voyelle *e* malgré le *y* suivant. En léonais, la voyelle a régulièrement passé à *i*. Quant
à *sj*, il est certain que *x, j*, qui se trouvent dans certaines formes
léonaises, représentent un développement populaire. M. Baist
(Gr. p. 898) est aussi de cet avis et cite comme exemple *igreja*
de l'Archiprêtre, citation qui confirme le caractère léonais de ce
passage.[1] Les formes avec *s* (eglisa) doivent être regardées
comme demi-savantes.

ū.

14. Doc. XIV 42, *firmitudinem* est rendu par *firmedomne*.
Le passage isolé de *u* à *o* dans cet exemple, dépend probablement d'une attraction de la part de *nomne, omne*, tous deux des

---

[1] Cf. R. XXX (1901) p. 435.

mots d'un usage très fréquent et qui pouvaient facilement exercer une influence pareille sur le suffixe *-umne*.

o fermé.

15. Le traitement de l'*o* est d'une façon générale le même qu'en castillan; nous n'avons qu'à noter quelques cas isolés.

Dūbitāre figure en espagnol avec *u*. Le passage de *o* en *u* reste inexpliqué.[1] M. Baist (Gr. p. 888) fait observer que tandis qu'en anc. esp. la forme de *duda* était *dubda*, *cubitum* n'avait pas la forme *cobdo*, et paraît ainsi vouloir attribuer la transformation de l'*ŭ* au *b* suivant. La forme *cobdo* ne paraît pourtant pas avoir été rare, elle se trouve par exemple Cid 501, Berceo S. M. 228 et Fuero Juzgo, et il ne paraît par conséquent guère possible de trouver l'explication dans le consonnantisme. — En léonais, *u* est la voyelle ordinaire, mais nos documents offrent deux exemples avec *o*; dans les deux, *b* a passé à *l*[2]: *dolda* LXVI 15 et LXXXI 42 (mais cf. *dulda* XC 36, 44).

Le verbe *duplare* apparaît généralement sous sa forme régulière *doblar (dobrar)*, mais on rencontre la forme *duble (dubre)* doc. LXXXVIII 16, LXXXIX 22, XCII 16 et XCIV 25. Cette forme est probablement due à l'influence latine, d'autant plus qu'elle se trouve doc. VII 12, XIV 24 et XVIII 34 écrite avec un *p* qui révèle clairement sa nature savante.

Notons encore *poblico* (sous l'influence de *poble*) doc. LXIX 40 et *testemunnio* doc. XCVIII 26, où l'*o* a passé à *u* sous l'influence du *y*, cf. pg. *testemunho*.

Pour *dous*, voir le § des noms de nombre.

Pour *como*, voir *o* ouvert.

o ouvert.

16. Comme nous l'avons déjà fait remarquer, les formes avec *o* non diphtongué sont considérablement plus nombreuses

---

[1] Meyer-Lübke Gram. I § 147.
[2] Voir p. 243.

que celles avec *ç*. On pourra juger de leur fréquence dans nos documents par le tableau suivant dressé d'après les mêmes principes que celui des formes avec *ç* p. 190.

Tableau statistique.

Groupe I. Doc. I 1 ue, 76 f. ortos; III noue 5, bona 10; V Oterolo 5, bon 22; VII 1 ue, bon 12; VIII 4 ue (dont moeble 32), boes 8, 33, noua 8, 30, orto 19, 29, maiolo 26, fonte 26, porcos 36; IX 3 ue, couo 2, 25, 27; XIII 10 ue (dont moueble 8, cuemo 14, 15, 17), post 9, morte 16, bona 27; XV 6 ue (dont quemo 2, 34, 35), bonas 3; XVI 5 ue (dont moueble 5, 5); XVIII 5 ue (dont cuemo 2); XIX 7 ue (dont cuemo 2, 25), bona 17, 17; XX 5 ue; XXII 6 ue (como 1, 12); XXIII 2 ue; XXIV 1 ue; XXV 3 ue. (Suppl: quomo 40, corpo 40, uostra 41, bona 42); XXVI 12 ue, bona 42; XXIX 1 ue (vertos 10), bona 25, 25, depos 28, 30; XXX 5 ue, fontes 9, bona 13, (como 23); XXXI 4 ue (dont uuerto 24, 38) orto 5, 5, 6, 7, 8, 16; XXXII 3 ue; XXXIII 13 ue (dont mueble 18) uostros 6, 16, bonas 15 (como 37); XXXIV orto 6, 8; XXXVI 1 ue, uorto 5, 16; XXXVIII 3 ue, postos 10, bonos 11, logo 25, rebolta 38; XXXIX 7 ue, (como 26); XL 3 ue; XLI 4 ue, ortos 15, 18, 23, fontes 15, 18, 23, 47, couas 17; XLII 15 ue, (como 31); XLV 5 ue (como 3) uostros 7, moble 20; XLVI 6 ue; XLVII 3 ue, solo 3, 7, 10, 16, auolo 4, uorto 9; XLVIII 5 ue, (como 2); XLIX 4 ue; L 12 ue, noua 14, post 58; LI 2 ue, moble 17 (como 26); LIV 7 ue (como 24); LVI 1 ue, youes 26; LVII 19 ue, (como 2) soldos 9, 40; LVIII 3 ue; LIX 7 ue; LX 5 ue (commo 63); LXI (commo 29); LXII 4 ue; LXIII 11 ue (commo 22) Ffoueyollo 66; LXIV 7 ue (dont preua 36) bonos 61; LXV 21 ue (commo 13, 35 etc.); LXVI 2 ue, maiolo 3; LXVIII 4 ue; LXX 3 ue, bonos 40; LXXII 13 ue, (dont muebles 34) (commo 66); LXXIII 3 ue; LXXIV 3 ue (dont mueble 32), (commo 33).

Groupe II. Doc. IV uostros 5, 6, moble 7, ortos 8, post 10; XII Morerola 2, 12, etc., fora 10 (quomo 15, 21); XVII morro 6, bona 12; XXVIII 1 ue (cuenta 31); luago 25, fuaras 30, puasto 34, bonas 23, 24; XLIII 24 ue (dont 14 f. Moreruela), (como 10, 36, 43 etc.), Morerola 88, 90, 101; XLIV 4 ue, bona 19, (como 20); LV 1 ue, bonos 3, (como 13); LXVII 1 ue, (noces? 24); LXIX 1 ue, (commo 1), bonos 30; LXXV 5 ue; LXXVI uuestra 7, solos 5, 14, 17, etc., orto 5, 28, uostros 8, 9, 10, 12, 27, bona 56, 60;

LXXVII bona 30, sollo 45, morte 48, ruogo 62; LXXVIII morte 30, LXXIX ruego 24, bona 18; LXXX luego 6, bonas 15; LXXXI 6 ue; LXXXII 6 ue, LXXXIII nuastro 13, 16, 17, muarte 15, uostra 4, 13, vortos 6, fontes 7; LXXXIV 4 ue, bonas 23; LXXXV fontes 55, (como 34); LXXXVI morte 6, solos 7, fontes 7; LXXXVII 5 ue, boys 6, 8, 20, bonas 28; LXXXVIII nostra 11, 23, 26, bonas 23, (como 1); LXXXIX bon 5, 18, 22; XC 8 ue; XCVI 4 ue, (como 2); IC 3 ue, bon 10, boys 22, 29, 34, 39, corpos 33.

Groupe III. Doc. II novo 6, orto 9, 10, porta 9, XIV noue 5, 10, uostros 6, 13, 20, morte 16, bon 25; XCI 4 o; XCII 2 o; XCIII 20 o; XCIV 8 o; XCV 14 o; XCVII 4 o; XCVIII 4 o; C 14 o; CI 7 o (como 29).

Les mots avec *o* qui figurent dans les groupes I et II sont donc assez nombreux. Dans le doc. I, on trouve *orto*, forme dont l'*o* s'explique dans une certaine mesure par la date reculée du document mais qui revient dans plusieurs doc. suivants. Les autres mots avec *o* qui se trouvent dans les chartes du même groupe sont *noue, bono, boe, nouo, maiolo, porcos, couo, morte, uostros, postos, logo, rebolta, fontes, solo, auolo, moble, youes, soldos*. A ces mots viennent s'ajouter dans le groupe II: *Morerola, fora, morro, (noces),*[1] *(prouas), corpos*. Il serait difficile en présence de ces formes — et comme il résulte du tableau, plusieurs d'entre elle sont assez fréquentes — de croire simplement à une influence de la part du galicien. On ne peut pas non plus constater l'existence de certaines conditions auxquelles serait restreinte la tendance à employer *o* non diphtongué. — Peut-être certains mots s'expliquent-ils pourtant par des circonstances particulières. Remarquons d'abord que nous n'avons naturellement pas fait entrer dans le tableau des mots comme *obra, costa*, substantifs postverbaux qui s'expliquent sans difficulté par l'influence du verbe et qui montrent en général les mêmes formes en castillan. Nous n'avons pas davantage compté des mots comme *post, pos, depos*, qui ont pu se développer dans la position atone, mais il ne serait pas impossible de recourir à la position atone, même pour *bon* qui est souvent proclitique, formant pour ainsi dire un seul mot avec le substantif suivant *(bon ombre)*, ni pour *ponte, fonte* qui perdent facilement leur accent, étant employés comme des noms de lieu et suivis d'un substantif ou d'un adjectif. Le fait que ces formes persistent

---

[1] La forme esp. *nues*, remonte-t-elle à un *nocem* ou dépend-elle d'une analogie? La question n'est pas résolue. Cf. Meyer-Lübke, Gram. I § 146.

encore aujourd'hui dans certains endroits[1] rend néanmoins plus
probable que leur manque de diphtongaison est un trait
du vocalisme dialectal. — Les chartes du groupe occidental
manquent régulièrement de la diphtongaison aussi bien pour *ǫ*
que pour *ę*. Il n'y a qu'un petit nombre de mots avec *o*.

17. Quant au développement de l'*ǫ* latin en *ue*, M. Morel-
Fatio relève, p. 30, l'importance de certaines formes avec *uo*,
diphtongue qui doit nécessairement représenter une étape intermédiaire entre *ǫ* et *ue*, fait confirmé d'ailleurs par le français,
le provençal et l'italien. M. Morel-Fatio cite les formes *muobre*
Alex. 335, *uorto* et *buonas*, toutes deux des variantes du Concile
de Léon (XIIIᵉs.) (Muñoz p. 73 ss.). M. Meyer-Lübbe, Gram. I §
211, fait observer que ces formes n'aident point à résoudre la
question du passage *ǫ > ue*, puisqu'on prononce encore aujour-
d'hui *uo* dans les Asturies. Il allègue une autre preuve de ce
passage en citant l'anc. esp. *cuemo*, qui remonte nécessairement
à un *uo*, dont le développement ultérieur s'est confondu avec celui
de *uo < ǫ*. Cf. Cornu Rom. XIII p. 291. Il y a pourtant en
dehors des formes asturiennes[2] d'autres exemples avec *uo* provenant de régions où le dialecte moderne a *ue*. Aussi M.
Munthe, Z. XV p. 229, ajoute-t-il aux formes citées par M.
Morel-Fatio toute une série de formes analogues tirées du Fuero
Juzgo: *nuova, luogo, ruogo, puode, azuola, aguoradores, tuorto*.

La diphtongue *uo* se trouve aussi, bien que rarement, dans
nos documents:

uorto XXXVI 5, 16, XLVII 9, LXXXIII6
ruogo LXXVII 62.

Il faut encore observer une autre forme de la diphtongue
en question, à savoir *ua*. M. Morel-Fatio cite du Concile de
Coyanza *muarto, buanas, nuastra* (Muñoz pp. 216, 217, 218) qu'il
veut à tort corriger en *muerto*, etc. M. Munthe ajoute, à ces
formes, Ant. P. 16, *fuara* du Concile de Léon (Muñoz p. 88) et

____

[1] M. P p. 17. La persistance de l'*o* dans les patois modernes des Asturies paraît être liée à une nasale suivante.

[2] Sur les parlers asturiens qui gardent la prononciation *uo*, cf. M. P.
p. 18 et Munthe, Ant. p. 15.

Z. XV p. 219 *oabras, voaltas, encuantra, aguarodores*[1] du Fuero Juzgo.

Dans nos documents nous avons trouvé les formes suivantes:
Doc. XXVIII: luago 25, fuaras 30, puasto 34.
Doc. LXXXIII nuastro 13, 16, 17, muarte 15.

Nous comprenons le développement de l'ρ dans le léonais d'une manière analogue à celle par laquelle nous avons essayé d'expliquer les reflets différents de ρ. Originairement le léonais ne diphtongait pas et les formes avec *o* sont les traces de cet état de choses. La diphtongue *uo*, venue de l'est, a pénétré peu à peu et a suivi en général la même évolution en léonais qu'en castillan. Quelquefois on a mal compris ce phonème étranger et on l'a rendu par *ua*, diphtongue qui par conséquent, comme le dit M. Menéndez Pidal p. 19, est analogue à *ie* < ρ.

18. *Como*, que nous avons fait entrer dans notre tableau statistique, montre quelquefois la forme *cuemo*, mais se présente généralement sous celle de *como*, conformément à son *o* originaire ou par suite de sa position souvent atone. (Cfr. § 17).

Doc. LXIV 36, on rencontre *preua* pour *prueua*, réduction analogue à celle de *frente* pour *fruente*, etc.[2]

Mobilis est devenu sur le terrain espagnol comme en France *mobilis*. C'est ce dont témoignent les formes *mueble, moeble* VIII 32, XXXIII 18, LXXII 34, LXXIV 32. *Moble* IV 7, XLV 20, etc. etc. est donc une forme léonaise. *Moueble* XIII 8, XVI 5 etc., doit son *u* à l'influence de *mouer*.

19. $\rho + y$. En castillan un *y* qui suit empêche le passage de ρ à *ue*. En léonais, au contraire, on trouve souvent des exemples de *ue* dans ces conditions, voir Gessner p. 5, Munthe Ant. p. 29, M. P. p. 18. Les exemples trouvés dans les anciens textes

---

[1] Cette forme, qui ne devrait pas figurer parmi les autres, puisqu'elle ne remonte pas à un mot avec ρ, doit représenter la forme *agorador* commune au castillan et au léonais, ayant subi l'influence de *aguero: aguorador*, qui par l'assimilation de *uo* à l'*a* de la syllabe suivante est devenu *aguarador*. Cf. R. XX p. 392.

[2] Cf. Baist, Gr. p. 889, qui cite même la forme *prebo* des *Castigos y documentos* du roi Sancho (Rios IV 574).

léonais sont *nueche* < *noctem*, *mueyo* < *mollio*, *cueya* < *colligat*, *ue*
uue (< *hodie*), *nueyo* (< *oculum*). Nos documents contiennent
les exemples suivants appartenant aux groupes I et II:

Pedro *abrueyo* I 25. Le mot *abrueyo*, employé ici comme
nom propre, a les différentes acceptions de *chausse-trape* et vient
de *aperi oculum* (Körting 722). Nous avons donc ici la forme
de *oculum* citée tout à l'heure.

Pedro *redrueyo* XLI 94. Ce mot correspond au cast. *redrojo*
= grappillon qui reste après la vendange; fruit arriéré qui ne
vient pas à maturité; enfant chétif. Nous sommes ici en présence d'une formation avec le suffixe *-uclu*.[1] Il paraît donc
étonnant de trouver la diphtongue, mais c'est là un des exemples
d'une fausse application de la diphtongue par un Léonais auquel elle était étrangère.

nuey XLIII 23, 41, LXXXIV 13, *deune* XLVII 10,[2] LVIII, 10

vuecho (< octo) LV 20.

cuecho (< coctus) LXXXI 20 (employé comme nom propre).
A noter enfin les formes *nuoy* et *aruoyo* LXXXIII 12 et 37, qui
cadrent bien avec les mots en *uo*, *ua* de ce document cités plus
haut.

Si, comme nous l'avons supposé, la diphtongaison est originairement en léonais une transformation importée de dehors, il
n'est pas étonnant de la voir appliquer dans des cas où elle ne
se produit pas dans les régions où elle est autochtone. Nous
avons vu en *redrueyo* un exemple de son application à l'*o* fermé
et d'autres exemples sporadiques de ce phénomène sont cités
par M. P. p. 17 et par Gessner p. 5. Il était d'autant plus naturel
de l'appliquer à *ǫ* suivi d'une palatale que le timbre de la voyelle
était ici le même que dans les cas où *ue* devait légitimement
être appliqué. — Pour la persistance de cet *ue* dans certains
parlers modernes de la région occidentale, cf. M. P. p. 18.

Post figure sous la forme de *poys* XVI 25 et CI 70. C'est
donc la forme portugaise, un peu étonnante dans le doc. XVI
qui est de Sahagun, mais probablement autrefois employée sur

---

[1] Meyer-Lübke, Gram. II § 423.
[2] Le mot ressemble plutôt à *denne* (< deinde?).

un domaine plus étendu vers l'ouest qu'à présent. Quant à l'origine de *pois*, nous renvoyons à Meyer-Lübke, Gram. III, § 557, où les différentes formes romanes sont expliquées par *post*, *postea* et par la forme hybride *postj à laquelle remonterait entre autres le *pois* du portugais.

au

20. La diphtongue latine *au* se comporte en espagnol autrement que par exemple en français. Tandis que, dans cette dernière langue, elle s'est de bonne heure transformée en o et que *u* y a perdu toute valeur consonnantique, cet élément garde en espagnol longtemps la valeur d'une consonne. C'est pourquoi une explosive sourde ne passe pas après *au* à la sonore:[1] *paucum* > *poco*, *auca* > *oca*, *cautum* > *coto*, etc. et c'est pourquoi *gaudium* devient *gozo*[2]. Ce caractère particulier de *au* apparaît aussi dans le passage en *ou* que subit cette diphtongue dans la partie occidentale du léonais et qui constitue un trait commun entre le dialecte de cette région et le portugais. Dans les deux dialectes, cet *ou* représente aussi un *a* latin suivi d'un *l* vocalisé. Les anciens textes examinés par M. Gessner offrent des exemples sporadiques de cette diphtongue, qui figure aussi bien à la syllabe tonique qu'en position atone. Nos documents rendent généralement *au* par o, mais offrent les exemples suivants de *ou*.[3]

> *cousa* XC 2, 16, 20, 26, 34, XCI 1, XCII 1, 8, XCIV 1,
> XCVI 1, 6, 13, XCVIII 1, C 1, CI 23.
> *couto* (< *cautum*) LXXXVIII 14, LXXXIX 21, XCI 22, XCVI
> 6, XCVII 12.
> *pouco* XCIV 5.
> *ou* LXXXVIII 12, 13, C 18.
> *outro* XC 23, 29, XCI 11, 12, 20, 21, 34, XCII 16, XCIII
> 24, 30, 35, XCV 22, 23, 26, 34, 41, XCVI 11, XCVII

---

[1] Menéndez Pidal Gram. § 47,3.

[2] Ib. § 53,3; Meyer-Lübke Gram. I § 510.

[3] *ou* < *avit* se trouve mentionné dans le chap. consacré au verbe.

22, XCVIII 12, XCIX 24, C 10, 11, 12, 25, 31, 36, 42,
    42, 54, CI 7, 10, 22, 24, 24, 35, 45, 106.
ousados XCVI 6.
outorgar LXXXVIII 26, XCI 6, XCIII 30, XCIV 19, 38,
    XCV 3, 10, 24, 34, XCVII 18, XCVIII 6, 8, IC 16, 23,
    CI 41, 97, 99, 113, 115.
louçano CI 51(?).

Ces documents appartiennent presque tous au groupe III,
quelques-uns seulement au groupe II.   Dans le doc. LXXXIX.
on trouve à côté de *couto, cosa* l. 1.   Dans *oltras* XXVIII 28
(Léon), le *l* ne doit pas avoir eu de valeur phonétique, puisque
dans le même doc. *au* est écrit avec *o: cosa* 1, *otorgo* 27.

Doc. LXVI 3, on lit *el cueto de Penna uarzana*.   Ce *cueto*
est-il une forme de *coto < cautum*, dépendant d'une fausse diphtongaison à l'instar du *redrueyo* du doc. XLI? L'espagnol moderne
possède un mot *cueto* qui d'après le dictionnaire de l'Académie
remonte à *cautum* et signifie "sitio alto y defendido; prov. de
Asturias y Santander, colina de forma cónica y por lo común
peñascosa".   Lorsqu'on considère que *coto* signifie entre autres
choses "mojón que se pone para señalar la división de los tér-
minos ó de las heredades, y mas propiamente el de piedra sin
labrar", il ne sera pas trop hasardé de penser à une extension
du sens.   On a, par la voie métaphorique, donné le nom de la
borne de pierre à une colline rocheuse et de forme conique et
on a réservé à cette signification une forme dialectale du mot.
Le passage de ce sens à celui de "sitio alto y defendido" n'est
pas difficile à admettre.

Pour la conservation de *ou* dans les parlers modernes, voir
M. P. p. 20—21.

B. Voyelles atones.

Chute ou maintien de l'*e* final.

21. L'*e* final tombe en anc. espagnol dans certains cas où
il est plus tard rétabli. C'est ce qui arrive après un groupe de
consonnes finissant par *t*, *d*, *ç*, *z*, après *r* double, après une consonne labiale, après *ch*, *x* et *j*. Dans la vieille langue, les formes
avec et sans *e* se trouvent presque toujours mêlées, mais on peut
pourtant apercevoir dans certains textes une tendance plus mar-
quée soit à l'apocope soit au maintien de la finale.

Un cas spécial se présente dans la conjugaison, où, après *s*
et *r*, l'*e* tombait en anc. esp. selon la règle qui l'a fait disparaître jusqu'aujourd'hui dans ces conditions dans d'autres mots.
C'est l'analogie qui l'a rétabli dans les formes verbales et nous
parlerons de cette question dans le chap. où nous traitons du
verbe. Ici nous rassemblerons les cas qui pourront nous aider
à juger quelle était la tendance du léonais au sujet de l'*e* final
dans les conditions précitées, toutefois sans dresser le tableau
complet des mots en question.

rt. Parte figure dans 31 doc. du groupe I, dans 15 du
groupe II et dans 8 du groupe III. La forme *part* se retrouve
dans 6 doc. du groupe I (VI, VII, XVIII, XXXVII, XXXVIII,
L) mais manque totalement dans les autres groupes. Dans le doc.
XXXVIII, on trouve les deux formes, mais les exemples de *part*
sont toujours des abréviations: *pt* ou *p* avec un *a* écrit au-dessus.
Il se pourrait que ces abréviations soient des signes convention-
nels et qu'on doive les transcrire par *parte*, puisque c'est toujours cette forme qui est écrite en toutes lettres. Doc. L, il y a
aussi des exemples des deux formes, mais comme ce document
offre un exemple de *part* écrit en toutes lettres et que l'abréviation est *pt*, nous l'y avons toujours transcrite par *part*. — *Mortem*
figure sous la forme de *muerte* ou de *morte* dans 13 doc., sans
e final seulement deux fois, doc. XVIII 19, 29. En dehors de
ces deux mots on trouve en *rt*, *rd*: *Ruberte* I 28, *corte* LIII 3,
Guzberte LV 22, *verde* LXXIV 8 et avec apocope de l'*e Guzbert*

VII 6, les noms de lieu *Castrofert* LXXVI 5, 76 (mais doc. LXXVII 8, 18, etc. *Castroferete*) et *Montfort* LXXXV 57 (mais dans l'autre exemplaire du doc. *monforte*).

nt, nd. Les mots qui viennent en considération sont *montem, fontem, pontem*, les participes en *-antem* et *-entem, inde, unde*, etc. Généralement l'*e* persiste. Tandis que, dans le groupe I, 29 documents offrent plus d'une cinquantaine de mots avec *e*, la chute ne se présente que dans les cas suivants: doc. VI *ond* 5, VIII *aquent* 13, 23 (mais *fonte* 29), XVIII *adelant* 18, *mient* 33, *omnjpotent* 33, *tenient* 41, XXII *cabadelant* 37, 39, XXX *Daent* 36 (mais *Daente* 36), XLI *end* 49, LIV *on* 30 (mais *tenente* 39), LIX *fuent* 28 (mais *pendiente* 25), LXIII *inffant* 2, 3, 5, 23, *pendient* 47, *tenient* 53, *present* 55 (mais *ende* 31, 32, *puente* 44), LXVIII *pressent* 78 (mais *presente* 19), LXXIV *Daent* 52. — Dans le groupe II, on trouve plus de 50 ex. avec *e* dans 20 doc. contre les formes apocopées suivantes: doc. LXXXIII *yfant* 24, LXXXV *montfort* 57 (mais *teniente* 40) LXXXVII *mjent* 12, 23 (mais *Vicente* 37). Dans le groupe III enfin, 8 doc. offrent ensemble 17 exemples avec *e*, tandis que seul le doc. XCVIII contient une forme apocopée: *inffant* 24 (mais *presente* 25).

st. Dans le pronom *este*, qui figure presque dans chaque document de tous les trois groupes, l'*e* est toujours conservé, exception faite pour les doc. VI 9 *(est fecho)* et LXXIX 1 *(est escripto)*, où le mot suivant commence par un *e* prosthétique. Autrement le seul exemple d'un *e* perdu après *st*, est *Bienuenist* XVIII 45.

Les autres mots qui en castillan perdent souvent leur *e* final se présentent dans nos documents presque toujours sous leur forme pleine, ainsi *siete* LIII 10, LXIII 38, LXXXIX 11, *nueue* III 5, LVII 26, LXX 47 LXXI 77, XCVIII 16, *noche* LXV 47, CI 38, *leche* LXVII 19, *carne* LVII 19. Les cas où *e* est tombé s'expliquent par la position proclitique, ex. *cal, ual* devant un nom propre de lieu XI 9, 13, XLII 53, LXVIII 30, etc.

Quant aux autres cas où nous venons de constater l'absence de l'*e*, il faut les regarder de plus près. On verra alors que le notaire du doc. XVIII applique régulièrement l'apocope et on constatera qu'en somme la langue de ce document porte peu de traces du dialecte léonais; quant à la forme *ela* 7, 11, 42, elle peut aussi bien être comprise comme la conjonction *e + la*,

interprétation qui gagne en probabilité lorsqu'on considère
qu'exception faite pour les passages cités, l'article féminin
est toujours dans ce doc. *la*. Doc. LXIII, *inffant* est toujours muni d'un signe d'abréviation que nous avons cru faux.
Il se pourrait cependant qu'il représente l'*e* final. Mais l'apocope
assez fréquente de l'*e* dans ce mot s'explique d'ailleurs sans difficulté par l'emploi proclitique du titre devant le nom propre.
Dans le même doc., on pourra faire cette observation que l'*e* est
apocopé devant un mot commençant par *e* (47, 53, 55), tandis
qu'autrement le notaire se sert de la forme pleine (31, 32, 44).
Cf. aussi doc. LXVIII 78 et 19. Il reste sans doute un petit
nombre de formes apocopées appartenant surtout au groupe I,
mais, somme toute, le dialecte ne révèle même pas dans la région
oriental de tendance à l'apocope.

22. On trouve au contraire quelques mots où l'*e* est conservé contre l'usage ancien et moderne du castillan. Ce sont
d'abord quelques infinitifs: III 5 *sacare*, XXXII 26 *desfazere*,
contrariare, demandare, XXXVI 4 *abere*, LXXXV 22 *desfacere*.
On pourrait être tenté de regarder ces formes comme influencées
par le latin, puisqu'elles se trouvent dans des formules qui quelquefois apparaissent en latin même dans des documents écrits
en roman. Mais ce serait extraordinaire que ces seules formes
fussent latinisées, lorsque les phrases entières où elles figurent
sont romanes. M. Gassner, Das altsp. Verbum pp. 197 et 198,
rappelle des exemples d'infinitifs pareils, mais parmi ces exemples quelques-uns doivent certainement leur *e* paragogique à
l'habitude poétique dont l'origine doit d'après M. Menéndez Pidal
être attribuée à la musique. En parlant, Infantes de Lara p.
418—420, de cette habitude, M. M. P. dit ce qui suit: «Contribuyría,
sin duda, á implantar tal uso entre los juglares castellanos la
tradición de los cantores de la poesía galáico-portuguesa, en
cuya lengua hallaban ellos conservadas muchas *-ee* finales,
que en Castilla habían desaparecido; para esta imitación en-
contraban un poderoso apoyo en el habla leonesa donde se man-
tenía la *e* etimológica en los sustantivos imparisílabos y en los
infinitivos, v. g. *pece, crueldade* etc.» Dans *El dial. leonés*, l'auteur modifie, p. 28, un peu cette assertion à propos du léonais.

Il y dit que dans les anc. textes (Alex., F. Juzgo, F. Zamora etc.) l'*e* final est conservé comme en portugais après un *d* < *t*: *mesquindade*, *cidade*, *lide*, etc., et il ajoute que la même chose arrive encore aujourd'hui dans certains patois occidentaux. *R* et *l* — ajoute-t-il — peuvent prendre à Miranda, à Astorga et dans les Asturies un *e* paragogique: *mare*, *sale*, *tenere*, *partire*, etc.

Quant aux infinitifs en *e* que nous avons relevés, ils appartiennent presque tous au groupe I et sont — croyons-nous — des traces d'une prononciation qui était probablement à une époque plus reculée très répandue.

Les exemples du maintien de l'*e* final après un *d* < *t* ne manquent pas non plus dans nos documents, mais ils appartiennent en général à la région occidentale, qui se distingue par sa ressemblance avec le portugais. Voici les exemples:

Gr. II. Doc. XVII heredade 8; LXXVII abade 47; LXXXI herede 33; XC metade 13; XCVI verdade 17; Gr. III. Doc. XCI abbade 2, 12, 18 etc., meatade 10, 11, heredade 14; XCIII heredade 11; XCIV uoluntade 22; XCVIII herdade 3, 8, volontade 9, verdade 26; C abbade 3, meatade 23, 25; CI verdade 124.

Notons encore comme preuves de la tendance à la finale vocalique les exemples suivants; *Adame* XXV 32, *Roane* LXV 83, *ordene* LXXVII 25, 26, *Johane* C 50.

23. Le rétablissement de l'*e* finale perdu en castillan ne peut pas s'expliquer par des causes phonétiques. Si certaines raisons analogiques ont été de quelque importance — telle la restitution de l'*e* dans nombre de formes verbales — cela n'a guère pu être suffisant non plus pour déterminer l'evolution générale. Il est probable que le changement en question dépend d'une influence dialectale et d'après ce que nous venons d'exposer, on pourra être fondé à croire que c'est la tendance du léonais qui l'a emporté sur celle du castillan, comme cela a d'ailleurs été le cas pour certains autres changements phonétiques, bien qu'en général le léonais ait naturellement été vaincu par le castillan.

Chute ou maintien des voyelles posttonique, protonique et initiale.

24. La posttonique est traitée en léonais comme en castillan et c'est aussi le cas de la protonique. Quelques mots isolés méritent une mention.

La posttonique n'est pas tombée dans:

riendeda LXXXV 12 (mais rienda 26)

deueda XCVI 12. (La forme se trouve dans le F. Juzgo cf. Gessner p. 31).

Ces formes, qui appartiennent à l'ouest, paraissent avoir subi l'influence portugaise.[1] Une influence pareille se fait voir dans les mots suivants où la protonique (ou plutôt les deux protoniques) sont tombées à l'encontre de l'habitude castillane:

herdamento LXXVIII 7, 27, 47, XCIV 5, 9, 13, 18, C 24, 25.

herdat LXXVIII 10, 13, 19, 25 etc. (mais *deseredado* 19), LXXXI 13, 15, 29, XC 8, 11, 13, XCII 24, XCVIII 3, 8, C 9.

Notons aussi doc. XCIV *uenzon* (< venditionem) 27, 36 mais *uendizon* 24, 30.

L'influence savante se montre dans *heredital* VIII 6, 39 (mais *heredad* 31, 58), *offerenta* XXXIII 24, 39, *offeresco* XLII 5.

L'initiale tombe souvent dans le mot *obispo*, qui prend la forme *pispo* VIII 52 et *bispo* XXVIII 3, 41, 47, 48, XLI 63, XCIV 42, XCV 31. Cette forme, qui est fréquente dans le F. Juzgo et se trouve aussi dans l'Alexandre[2] s'explique par une fausse analyse de *obispo* précédé de l'article léonais *lo: l'obispo* a été compris comme *lo bispo*.

Changements des voyelles finales.

25. Le passage de *e* finale à *i*, qui dans l'ancien espagnol est particulièrement connu chez Berceo, ne manque pas d'exemples non plus dans le léonais. Dans les anciens documents ces formes

---

[1] Cf. Cornu, Gr., p. 957.

[2] Cf. Gessner, p. 30.

doivent pourtant être rares. M. P. dit, p. 26, dans la note que
les formes *facerlis, toui, esti* etc. figurent dans des documents
de Frios et Oña (Burgos). Mais il ne cite pas d'exemples léonais et M. Gessner ne mentionne pas ce passage. Dans les
chartes asturiennes reproduites par M. Fernández-Guerra, El
Fuero de Avilés p. 67 ss., on trouve des exemples assez nombreux de *esti, isti, aquesti*.

Exemples de nos documents: Gr. I. Doc. IX esti 11;
XXIX dessi 24; LXVI esti 13. Gr. II Doc. LXIX dessi 35;
LXXVII disti 32, 40, 44, isti 51, lis 42, li 52, eli 54, Vicenti
68; LXXVIII quitemj 11. Gr. III Doc. XCII ffirmi 17.

C'est donc presque exclusivement parmi les pronoms que
nous avons trouvé des formes pareilles,[1] mais dans les parlers
modernes où le phénomène en question survit, il n'est pas borné
à ces mots. M. P., p. 26, donne des exemples des Asturies, de
Santander, de Zamora, de Salamanca, de Caceres et de Miranda,
mais n'en connaît pas de Léon.

26. *u* pour *o* final n'est pas rare das les vieux documents
asturiens et léonais est paraît, d'après M. P. p. 20, être dans les
parlers modernes plus répandu que *i* pour *e*. Nos documents
offrent les exemples suivants:

Gr. I Doc. IX maiuelu 3, annu 4, oficiu 5, plenu 5, lu 6,
pescadu 6, uinu 8, otru, clerigu, consegu 9, pletu, maldictu 11,
infiernu, dannadu, cotu 12, mayordomu, hobispu 16, duennu 17,
merinu 18, conçeiu, conceiu 27, clerigu 28; XXXVII conuentu
3; XLII veierun, odierun 110. LXVI ecriuanu 17, 19; Gr. II
Doc. XII susu 19; LXXXIV susu 9, 19 Gr. III XCII escritu 1,
tiampus 2, conuentu, miismu 4, recibu 8, Martinu 6, 10, malditu
14, enffernu 15, tantu 16, manus, conffirmu 23, susu 24, zapateru
30, 36, caualleru 33, goneyru 37; C susu 60.

Dans tous ces exemples, l'*u* remonte à un *ŭ* latin, excepté
recibu XCII 8, *conffirmu* ib. 23. — Pour bien comprendre le
phénomène en question, il faudra examiner les documents pour

---

[1] Cf. Baist, Gr., p. 890.

voir quel est le développement des autres mots qui en castillan montrent un -*o* final. Dans les doc. XII, XXXVII et LXVI, les ex. cités sont exceptionnels, les mots avec -*o* sont nombreux dans les deux doc. Pour *susu*, on pourrait penser à une assimilation à la voyelle tonique. Les ex. du doc. XLII paraissent dépendre de l'influence du latin. Dans IX et XCII -*os* est toujours rendu par -*os* et -*o* (1 p. sg.) par -*o* IX 2. Encore trouve-t-on doc. IX *couo* 2. *mio* 3, *entroydo* 5, *trigo* 7, *centeno* 7, *descomungado* 11, *Fernando* 14, *Gonzaluo* 17, *Canpo* 18 et un certain nombre de noms de lieux; doc. XCII *termeno* 5, *Pedro* 7, *descomungado* 14, *dannado* 15, *obispo* 19, *todo*, *esto* 23, *clerigo* 27, 29, *Pedro* 28.

En parlant de ces formes dans l'asturien moderne, M. Meyer-Lübke, Gram. I § 308,[1] oppose au 1 sg. -*o*, N. Pl. -*os*, *komo*, *kresiendo*, *kuando*, *sedo*, *solo* et le neutre de l'adjectif (ainsi que *cabo* < caput) le sing. des subst. et des adj. masc. qui se termine par -*u*: *ŭ* final latin donne *u*, *o* donne *o*. Les neutres en -*ŭ*, ayant originairement un -*ŭ* d'une autre valeur que les masculins en -*us*, donnent des formes en -*o* (ce qui explique la forme en -*o* des participes).[2] — Cet état de choses paraît être réfléchi dans les deux documents précités. L'analogie, qui dans certains patois modernes a uniformé les terminaisons de sorte qu'on y a ou bien toujours -*o* ou bien toujours -*u*, a provoqué dans le doc. XCII les formes *recibu*, *confirmu* et *tiampus*. L'influence castillane se révèle par les nombreuses formes avec -*o* pour -*u*. Les noms propres de lieux peuvent pourtant remonter à un locatif en -*o*. — Les substantifs neutres s'étaient depuis longtemps associés aux masculins, *conceiu*, *escritu* n'ont donc rien d'étonnant. *Tantu* est plutôt frappant à cet égard.

27. *a* final passe quelquefois à *e*.[3] M.-P., p. 27, donne des exemples du XIIIe et du XIVe siècle pris dans des documents d'Oviedo et dans l'Alexandre et rend compte de l'existence de ces formes dans les parlers modernes.

---

[1] Cf. aussi § 643.

[2] Cf. Gram. III § 416 et Schuchardt Z XXII (1898) p. 396.

[3] Sur le passage de *ia* en *ie* voir le § consacré à l'imparfait.

Nous n'avons à noter que deux ex.: doc. LXVI 17 *cartes partides*. Dans le même doc. on trouve des formes ordinaires en *-as*.

28. Dans ce §, nous réunissons diverses formes où une voyelle atone s'est développée d'une façon qui n'est pas conforme au castillan.

Insïmul se trouve sous la forme de *en sembla* doc. XII 19, XVII 5, LXXXIII 3, LXXXVII 26, XCIV 13, 35. M. Gessner fait mention de cette forme p. 32 en parlant de *estoncia* pour *estonces*, forme qui ne figure pas dans nos documents. L'*a* de *ensembla* est sans doute dû à l'influence des adverbes en *-a contra, nunca, fuera,* etc. qui ont provoqué *mientra* pour *mientre*.[1]

Alfieres revêt doc. IX 15 la forme de *alfieras*.

Rason apparait comme *reson* doc. XXXIX 7 et LXX 17, 41.

Les mots suivants s'expliquent peut-être par une dissimilation ou par une assimilation vocalique:

1. Dissimilation: *Taresa* L 31, *osuras* LXI 5, *veluntad* LXXXII 23.

2. Assimilation: *auinideros* XXV 3, *ffelegresa* XLII 27, *Sauastian* LXIV 2, *defenetiua* LXIX 34, *Bortholote* LXXVI 74, *sobrodichos* LXXXI 29, 45, 47, *Sauastianes* LXXXVI 2, 3, *Bortolame* LXXXIX 30, 43, 46 etc., *Vallasquez* CI 117.

Espital, XLV 20, dépend d'une confusion de *l'ospital* avec *lo spital.* Quant à *yglesa* LXXVIII 10, 13 etc.,[2] l'*i* initial, qui est castillan, dépend probablement d'une dissimilation, puisque dans les formes léonaises où la voyelle tonique est *i*, l'initale reste *e*.

Conçele LXXXI 47, *Remonde* LXXXVIII 29 et *camarere* XLV 32 paraissent être des formes étrangères.

Meyrino XCI 25, XCV 31 et C 46, *enfermeyria* XCVII 6 montrent que l'*a* initial + *y* est traité dans la région occidentale de la même façon que l'*a* tonique.[3]

---

[1] Cf. Menéndez Pidal, Gram. § 128, 4.

[2] Voir p. 201.

[3] Cf. p. 187.

Notons enfin les formes suivantes: *eniuersario* LXVI 13, *iodios* XXIII 10, LXXIX 34, *mogier* LVI 6, *ioys* LXXIX 24, 32 *encuria* XCV 15, *Orraca* XCVII 2, 17.

Quant au passage de *e* et de *o* initiaux à *i* et *u* sous l'influence d'un *y* suivant, nous en parlerons sous le verbe.

Voyelles atones en hiatus.

29. En général, l'hiatus est traité en léonais comme en castillan. Il y a pourtant un certain intérêt à regarder un petit nombre de mots offrant un hiatus d'origine romane. Ce sont d'abord deux mots où il s'agit d'un hiatus entre deux voyelles de la même valeur, provenu par la disparation d'un *y*, mais placé à l'encontre du cas *rey*, *ley*, etc.,[1] avant l'accent. Ces deux mots sont *medietatem* et *sigillum* (avec *sigillare*).

Quant à *medietatem*, nos documents en offrent les formes suivantes:

mjtat Groupe I Doc. VII 17; Groupe II Doc. XXVIII 12.
mejtat Groupe I Doc. VII 17.
meetat (meetad) Groupe I Doc. XIII 7, 10, 13, XVIII 42, 42,
    XXIII 21, 21, XXVI 25, XXXIX 23, XLII 15, 18, XLIX
    25, 27, LVII 31, 31, 32; Groupe II Doc. XLIV 16, LXVII
    22, LXXV 6, 11, 15, 25; Groupe III Doc. XIV 3, 10.
meatat (meatad) Groupe I Doc. XXII 12, 13, 16 etc., LXII 18,
    19, 20, LXIV 17, 30, 31, 46, 47, LXV 56, 57, LXVIII 34,
    34, 50; Groupe II Doc. LXVII 17, LXIX 10, 14, 21, 24,
    31, LXXVIII 8, 8, 9; Groupe III Doc. XCI, 11, XCII 5,
    C 23, 25.
metad (metat) Groupe I Doc. XXVI 14, 15, 20, XXXIX 11,
    XLIX 19, 20; Groupe II Doc. LXXXVII 7, 8, 24, XC 7,
    10, 13.

Comme on le voit, le même document écrit quelquefois *meetat* et (avec contraction) *metat*. Au lieu de la contraction apparaît vers la fin de la période une dissimilation qui produit

---

[1] Voir p. 223 ss.

la forme *meatad*, qui d'ailleurs est fréquente dans l'ancien espagnol. La forme *mjtat* est rare, et quant à *meytat*, nos documents n'en offrent qu'un seul exemple.

On pourra tirer du tableau précédent la conclusion qu'il n'est guère permis de juger avec M. Baist, Gr. p. 895, *meytat* de la même façon que *rey*, etc., et aussi que le *t* ne peut pas dépendre du *y*, comme le croit M. Menéndez Pidal, Gram. § 54, 1, où il explique *mitad* par une syncope très ancienne après laquelle l'*y* aurait empêché le passage de *t* à *d*.

Nous croyons que le mot n'est pas entièrement populaire, et nous rappelons à ce sujet qu'il en est de même de l'adjectif *medio*.[1]

Dans *sigillum, sigillare*, *g* est régulièrement tombé et les formes *seello, seellar* se sont développées de différentes façons:

seello, seellar Groupe I Doc. XV 44, 48, (seellar), XXIX 32 (seellamos), XXXIII 48, 49, XLII 82, 85, 87, LII 12, LX 99 (seellar), 99, LXI 15 (seellada), 15, 16 (seellada), 16, LXIII 47, 51 (seellada), LXIV 56, 59, 62, LXV 66, 69, 72, 85 (seellassen), 85, LXX 44, 46; 44, 45 (seellada), LXXII 86, 88, 91; 86, 91 (sseellada), LXXIII 50, 50 (sseellada), LXXIV 48, 50; 48, 49 (sseellada); Groupe II Doc. XXVIII 42, XLIII 60 (seelar), LV 6 (seellada), LXVII 28; 27 (seellar), LXIX 38 (seellada), LXXI 72, 75; 71 (sseellada), 74 (sseelar), LXXV 39 (seellallas), LXXIX 24, 26, LXXXI 46, 48, 49, XCVI 16 (seeleymos); Groupe III Doc. XIV 42, 44.

sello Groupe I Doc. XV 44, 45, XXIII 31 (sellero), LI 42 (sellero).

seyello Groupe I Doc. XV 46, 46, 48, XXIX 32, 33, XXX 42, 43, XL, 30, XLI 69, 72, 73, XLVIII 68, 69, L 79, 80, LIII 23, LVII 81, LIX 25, LXIII 47, 52; Groupe II Doc. XLIV 22, LV 6, LXXV 39.

sielo (siello) Groupe II Doc. XLIII 61, 63, 64, 65, 67; LXIX 38, XCVI 16.

saelo Groupe II Doc. LXXVII 59, 62.

La forme la plus fréquente est *seello, seellar*, qui par contraction est devenue *sello, sellar* et par dissimilation *sielo* et

---

[1] Cf. Menéndez Pidal, Gram. § 53, 3 note.

saelo. La fréquence de la forme *seyello* et l'absence totale de *seyellar*, etc., ainsi que la présence de *seyello* et *seellar* dans le même doc. (XV, XXIX, LXIII; LV, LXXV) paraissent indiquer que *y* après un *e* est resté plus longtemps devant la voyelle accentuée que dans les autres positions.

Lorsque deux voyelles différentes se trouvent en hiatus, elles gardent généralement leur valeur respective pour former plus tard une seule syllabe au lieu de deux. Il n'y a ici qu'un mot qui nous intéresse, parce qu'il offre un développement particulier au dialecte léonais. C'est le mot *regina*, dont voici les formes:

reyna (reina) Groupe I Doc. IX 15, XIII 37, XVIII 37, 38
    XXXI 18, XXXVIII 41, XLI 76, XLII 104, XLVI 28,
    XLIX 47, L 69, LVI 27, LVII 56; Groupe II Doc. XII 31
    LIX 17, LXXX 20, LXXXIV 26, LXXXIX 27, 29.
rina Groupe I Doc. XXV 20, 21, XXXVI 19, XLVII 18, XLVIII
    76, LIV 35, LVIII 18; Groupe II Doc. XLIII 69, LXXVI
    68, LXXVII 17, LXXXV 37, 37, 39, 41.

La forme *rina* est évidemment le résultat d'une contraction de *reina*. Elle se trouve presque exclusivement (exceptions: doc. XLIII et LXXXV) dans les documents qui rendent *regem* par *re*, mais plusieurs documents qui ont *re* présentent pourtant *reina* sans contraction. Que la forme *rey* empêche en général le passage de *reina* à *rina*, cela dépend probablement de ce qu'on prononçait un *y* devant le *i* en regardant le mot comme un dérivé de *rey+ina*. — La forme *rijna* du Fuero Juzgo représente une étape intermédiaire entre *reina* et *rina*, l'*e* ayant été assimilé à l'*i*. Mentionnons enfin la tendance à intercaler un *y* qui se montre dans *Migayel(ez)* XLVI 42, XLIX 10, 55, LXXV 27. La forme ordinarie est *Migael*.

C. Consonnes.

y intervocalique.

30. En parlant du *y* latin intervocalique, nous parlerons aussi de *dy*, *vy*, *gy* et de *g* devant *e*, *i*, tous des phonèmes qui sont devenus un *y* simple d'assez bonne heure pour suivre le développement de cette consonne. A l'intérieur du mot, *g* tombe devant *e, i*, tandis que *y, dy* tombent après ces voyelles. Voilà la règle que donne M. Baist, Gr. p. 899, et qu'il confirme par les exemples suivants: *mear < mejere, deseo < dissidium, sello, seello < sigillum, hastio < fastidium, veo < video, peor < pejorem, vaina < vaginam, saeta < sagittam, cincuenta, cincuaenta < quinquaginta, reina < reginam, leer < legere*, etc. Avant ce passage, *ye* final était pourtant devenu *y: rey, ley* d'où *reyes*, etc. au lieu de *rees*. M. Menéndez Pidal, Gram. § 43, partage l'avis de M. Baist,[1] mais constate que *y* persiste devant une voyelle postérieure: *mayor, ayunar < jajunare* (pour *jejunare*), *mayo*. En somme ces règles s'appliquent aussi au léonais, tel qu'il est représenté par nos documents. Il importe pourtant d'examiner certains cas particuliers.

M. Gessner fait remarquer, p. 16, qu'en portugais *y* intervocalique disparaît quelquefois dans certains cas, dont on trouve des exemples aussi en vieux léonais. C'est ainsi que le pg. a *mor*, vpg. *moor < majorem*, et que dans l'Alexandre on rencontre souvent *maor, maoral* et encore v. 1630 d *mao* (< majo), v. 1197 b *audar < adjutare*.

Nos documents prouvent qu'il y avait une forte tendance dans le léonais à faire disparaître l'*y* entre *a* et *o* tonique, mais ils n'offrent pas d'exemple analogue à *mao*. Le mot qui vient surtout en considération, c'est *majorem*, mais il y a aussi des dérivés de ce mot. Le tableau suivant montrera la fréquence des deux formes, celle avec et celle sans *y*.

Formes avec *y*:

Groupe I Doc. VII major 18; XIII mayor 25, 39, 40; XV mayor 47; XVI maior 17, 18; XVIII mayor 3, 43, mayordomo 41; XX major 2; XXIII mayor 15; XXVII mayor 16, 16; XXXI major 20, 25, 27; XXXVI mayor 22; XXXVIII mayordomo 36, mayor 43; XLV major 3; XLVI majordomo 30; XLVII mayor 20; XLVIII Maiorga 4, 5, 13, 70, 72; XLIX mayor 51; L mayor 36, 40, foyales 41; LIII mayor 2, 7, 11,

---

[1] Pour *rey* etc. voir p. 223 ss.

12, 12, 13; LIV mayor 37; LVI mayor 28; LVII mayor
60, 61, 63, 67, 68, 70, 71, 72, 74; LVIII mayor 20; LX
mayorga 7, 33; LXI mayor 11, 20, 23, 25, 27, 37, 39;
LXII mayor 2; LXIII ayuda 35, Mayorga 3, 9, 35, 54, 69,
mayor 6, 52; LXVI mayor 23; LXVIII Mayorga 28, 37,
40, 51, 63; LXXII mayor 94; LXXIII mayor 2, 3, 13;
LXXIV mayor 2; Groupe II Doc. LXXI mayor 74; LXXVII
maior 52, Mayorga 66; LXXXV maior 39, Mayorga 50, 61;
XCVI mayor 5; Groupe III Doc. XCIII mayor 34; XCV
mayordomo 40; XCVII mayordomo 16; C Mayor 46.

Formes sans *y* :

Groupe I Doc. V maor 10, XXV maordomo 23, maor 24, 29,
31, 33; XXX maor 32, 33; XXXVI maordomo 21; XLII
maordomo 107, maor 108, 109, Maorga 114; L maordomo
71; LI Maorga 45; LVII maordomo 59; LIX Maorga 23; LXIV
maor 55, 67; LXV maor 65, 77; Groupe II Doc. XII maordomo 34, maor 35, 36; XLIII maordomo 72, 74, maor 73,
74, 77, 78, 80, 81, 83, 85, 87, Maorga 101; LV Maorga 5;
LXXVI maor 73; LXXIX maor 28; LXXXIII maor 25;
LXXXIV maor 29; LXXXV Maorga 50, 56; LXXXVI maor
17; LXXXIX maor 28; Groupe III Doc. XIV maor 31,
maorales 20; XCIV maor 43.

Dans les doc. XXXVI, XLVIII, L, LVII et LXXXV, il y a
des formes des deux sortes. La tendance à faire disparaître le *y*
paraît être de bonne heure entravée par l'autre qui appartient
aussi bien au portugais, où la forme *moor* n'est qu'exceptionnelle,
qu'au castillan. Elle se fait valoir à peu près dans la même
proportion dans les trois groupes de nos documents.

Comme forme correspondant au *mao* de l'Alexandre, qui dans
nos documents apparaît toujours comme *mayo*, il faudrait peut-
être citer *Pelao* XII 41, LXXXVI 16, mais cette forme peut avoir
été influencée par *Pela(e)z* < *Pelayez* ou par *Pela*.

Notons ici certaines formes du présent du subjonctif du
verbe *auer* dans lesquelles le *y* < *vj* est tombé: *aades* XIV, 14,
ades LXXXII 21, LXXXIII 14, *hades* LXXXIV 14 et *aan*
LXXXV 15.[1]

---

[1] Voir encore le chap. consacré au verbe.

Magis s'est développé en castillan, d'abord par la chute du *g*, en *maes*, devenu *mais* (Menéndez Pidal, Gram. § 28, 2) et, par suite de sa position souvent atone, *mas*. — Dans nos documents, on voit le même développement, mais, tandis que, dans le groupe I, *mas* est la forme de beaucoup la plus fréquente, la forme avec *y* prédomine dans le groupe II, pour devenir dans le groupe III la seule usitée. Comme on le voit par le tableau ci-dessous, il y a aussi quelques exemples de la forme intermédiaire *maes*, et doc. LXXVII, on rencontre *mayas*. Cette forme doit s'expliquer par une assimilation vocalique opérée dans *mayes* où le *y* dépend selon M. Menéndez Pidal, Gram. §§ 128 et 68, d'une épenthèse, telle qu'on en trouve encore aujourd'hui à Astorga: *veyo*, *leyo*, etc.

Groupe I Mas Doc. XXXIII 47, XXXIX 27, XLII 24, 58, 82, XLV 26, XLVIII 59, 67, XLIX 25, LVII 6, 52, LIX 23, LX 72, LXII 19, 35, LXXII, 83.
Maes Doc. VIII 32, XXIX 25, 30.
Mays (mais) Doc. XV 27, 42, LXVIII, 38.
Groupe II Mas Doc. LXXV 34, LXXXI 42, 44, LXXXV 30, LXXXVII 6, 33.
Mays (mais) Doc. XXVIII 39, LXXVIII 28, LXXXIII 17, LXXXIX 16, 19, 31, XC 20, 21, 26, 31, XCIV 20.
Mayas Doc. LXXVII 39.
Groupe III Maes Doc. XCII 10.
Mays (mais) Doc. XIV 41, XCI 19, XCVIII 17, C 26.

C'est toujours ou presque toujours avec le sens de *plus* que le mot figure dans nos documents. On n'y trouve donc pas de traces de la différence entre *mais = plus* et *mas = mais* dont parle M. Baist. Gr. p. 895.

Nous passons au mot *regem*. *Regem, legem, gregem* donnent en castillan *reï, lei, greï* au XIIIᵉ siècle. Les avis sont différents sur la nature de ce développement. M. Baist, Gr. pp. 890, 895, 899, croit qu'après le passage de *g* à *y*, le *ye* final de *reye*, etc. s'est transformé en *i*. M. Cornu, R. IX p. 71, est aussi de cet avis qu'il appuie tout particulièrement sur les mots suivants, dont l'*i* initial doit nécessairement remonter à *ye: hinojo(<genuculum)*, *fazilado (<faciem gelatum)*, *ygamos (<jaceamus* Cid v. 72) et le

pg. *irmão (< germanum)*, mot qui existe d'ailleurs aussi en vieil esp. (ex. F. Juzgo). M. Menéndez Pidal, Gram. § 28, ₂, est d'une autre opinion. D'après lui, *e* final passe à *i* lorsqu'il se trouve en hiatus avec une voyelle précédente: *rey, grey, ley, buey, hoy*. M. Hanssen enfin, dans ses Metrische Studien zu Alfonso und Berceo p. 27, croit que *regem>reye* dont l'*e* tombe conformément à la loi ordinaire de la voyelle finale. Nous nous sommes prononcé ailleurs [1] en faveur de l'opinion de M. Menéndez Pidal, qui est aussi celle de M. Meyer-Lübke, Gram. I § 317. Mais celle de MM. Cornu et Baist est sans doute aussi acceptable. Pour la théorie de M. Menéndez Pidal parle le mot *boem>buey* qu'autrement il faudrait expliquer par l'influence analogique des autres mots en question. En second lieu les mots cités comme preuves de la théorie Cornu-Baist ne présentent pas les mêmes conditions phonétiques que *regem*, etc., *ye* y étant protonique, et du reste d'autres mots analogues ne présentent pas cette transformation, tels *enero < jenuarium, enebre < jeniperum, emellizo < gemellicium, Eluira < Gelovira, encia < ginciva*. Encore faut-il rappeler que *hinojo < fenuculum* présente aussi *i* initial.

Comme nous allons le voir, nos documents montrent deux formes de *regem: rey* et *re*. Cette dernière représente nécessairement une contraction de *ree*. Mais comme le fait remarquer M. Hanssen, l. c. p. 26., s'il est vrai que *re* est une forme particulière au léonais, il ne faut pas pour cela regarder *rey* comme un emprunt au castillan. *Rey* est la forme prépondérante en léonais dès le Fuero de Avilés, et la plupart de nos documents des trois groupes se servent de cette forme. Or, si l'explication de M. Cornu et de M. Baist était la bonne, un dualisme pareil serait très étonnant, on s'attendrait dans ce cas à trouver toujours *rey*, à moins qu'on n'admette une influence du pluriel, qui pourtant n'est guère probable pour un mot comme *regem*. Si, au contraire, on part de *ree*, le fait ne paraît plus incompréhensible. Lorsqu'il s'agit d'un phénomène tel que la contraction de deux voyelles pareilles, une hésitation dans l'usage est naturelle, deux prononciations peuvent alors concourir pendant quelque temps. Ces considérations nous portent à préférer du moins pour le léonais, le point de départ de M. Menéndez Pidal.

---

[1] Et. sur les pronoms abrégés en anc. esp. p. 91.

Nous allons dresser le tableau des formes que contiennent nos documents des mots *regem*, *hodie* et *bo(v)em*.

Rey Groupe I Doc. VII 14, XIII 38, XVIII 37, 40, 43, XXIX 7, 17, 19, XXXI 18, XXXVIII 39, 40, 42, XL 8, XLI 75, XLII 103, 107, 107, XLVI 28, 30 XLIX 47, L 69, 72, LI 39, LVI 27, 28, LVII 55, 59, 59, LIX 15, 17, 20 LX 5, 76, LXIII 2, 7, 13 etc., LXIV 46, 70, LXV 56, 80, LXX 3, 6, 12, 15 etc.; Groupe II Doc. XII 28, 30, 34, XLIII 9, 68, 72, XLIV 15 LXIX 40, LXXI 15, 73, LXXIX 21, 27, 28, LXXXV 36, LXXXVIII 17, 21, LXXXIX 26, XCVI 4, 14; Groupe III Doc. XIV 25, 28, 40, XCI 22, 24, 25, XCIII 27, XCIV 26, 41, 43, XCV 28, 31, XCVII 12, 14, XCVIII 16, C 37, CI 19.

Re Groupe I Doc IX 14, 16, 18, XXV 20, 23, XXXVI 19, XLVII 18, XLVII 75, LIV 35, LVIII 18, LIX 13; Groupe II Doc. LXXVII 17, 61, LXXXIII 22, 25, LXXXIV 25, 29, LXXXVI 11; Groupe III Doc. XCV 29.

Oy Groupe I Doc. VIII 32, XVIII 17, 27, XXIX 13, XXXI 11, XLII 35, L 54, LXXII 15, 48, LXXIII 24; Groupe II Doc. XLIV 11, LXXXIII (uuoy) 12, LXXXIX 12.

Uuey Groupe II Doc. XLIII 23, 41; LXXXIV 13.

Uue Groupe I Doc. LVIII 10; Groupe XII Doc. LVII 10(?).

Boy(s) Groupe II Doc. XLIII 37 (bueys); LXXXVII 6, 8, 20, IC 22, 29, 34, 39.

Boe(s), *bue(s)* Groupe I Doc. VIII 33, XXII 10, 26, XXVI 10, XXXIII 8, XXXIX 33, LVII 12, 12, 13.

La contraction ne pouvant pas s'opérer après un *o, e* passe toujours dans cette position à *y*; la seule exception serait *boe* du doc. VIII, mais il est très probable que *oe* y signifie la diphtongue *ue*. D'autre part, il faut observer que le mot *boem* se trouve dans des conditions phonétiques différentes de celles de *hodie*. Dans ce dernier mot, l'*y* a généralement empêché la diphtongaison et c'est pourquoi *oy* est plus fréquent que *uue(y)*, tandis, que *bue(s)* est naturellement plus fréquent que *boy(s)*. — On peut en tirer la conclusion chronologique que *y* n'est tombé qu'après la diphtongaison.

Faisons remarquer que les doc. LIX et XCV offrent des
exemples aussi bien de *rey* que de *re*.[1]

b intervocalique.

31. Le *b* intervocalique montre une tendance à disparaître
devant *o* tonique. Le seul exemple est *laborem*, qui devient
tantôt *lauor*, tantôt *laor*.

Lauor Groupe I Doc. VIII 60, XLVI 5, 9, XLVII 17, XLVIII
55, XLIX 13, L 64, LVI 25, LVIII 41, 62, LX 44, LXII
14; Groupe II Doc. LXXXVII 22; Groupe III Doc. XIV 25.
Laor Groupe I Doc. XXVI 13, 14, XXXVI 17, XLII 76, LVIII
17, LXXIII 35.

A comparer les mots *saúco*, *treúdo*, *zahorra (sorra)* cités
par M. Menéndez Pidal, Gram. § 43, 2. M. Baist, Gr. p. 896,
hésite sur la provenance castillane de ces mots, mais constate
que le *b* et le *v* disparaissent relativement souvent dans les dialectes.

Les groupes lj, cl, gl entre voyelles.

32. Déjà Gessner a observé, p. 7, le traitement particulier
que subissent ces combinaisons en léonais. Mais il l'a compris
en partie d'une façon qui ne peut guère être juste. Ainsi, il
croit que c'est une particularité léonaise de faire passer *lj* en *j*
dans des mots comme *maravija*, *bataja*, *majo* (< *malleum*), qui
sont habituels dans l'Alexandre et dans le Fuero Juzgo, mais
qui se présentent en castillan avec *l* mouillé. Le fait est que
ces formes sont en castillan savantes, tandis que dans les textes
léonais dont il s'agit, on en trouve des formes populaires. Mais
cela ne constitue pas en soi une différence phonétique entre les
deux dialectes. M. Gessner cite des formes comme *toyer*, *apo-
stiya*, mais il y voit le même développement que dans *bataia*,
orguio, etc. Il n'a donc pas observé que la graphie *y* représente une
prononciation éminemment léonaise à côté des formes mouillées.

---

[1] Pour *viginti*, etc. voir § 60.

— M. Morel-Fatio, p. 31, objecte avec raison contre Gessner qu'il a tort en attribuant au *i* de *conseio*, etc. la prononciation gutturale moderne. La concurrence de *conseio*, *meior*, *oios* d'un côté et de *consello*, *mellor*, *ollos* de l'autre ne permet pas de croire à la prononciation précitée de *i*, qui serait beaucoup trop différente d'un *l* mouillé pour qu'on puisse en admettre l'emploi dans le même texte et dans les mêmes mots que ce dernier.

M. Cuervo, dans ses excellentes Disquisiciones,[1] établit quelle était la prononciation du *x* et du *j(g)* en ancien espagnol. Ses recherches aboutissent à ce résultat que la première de ces lettres signifiait une spirante analogue au *ch* du français, tandis que la dernière représentait le *gi* italien de *giardino* ou le *j* français de *jardin*. Il n'y avait donc pas d'élément guttural dans les sons représentés par ces lettres. M. Cuervo juge, p. 64, d'après les variantes du Fuero Juzgo, qu'au XIIIe siècle l'assimilation des deux éléments de *lj* était en train de s'achever. «Les graphies *coller*, *coyer*, *coger*; *muller*, *moyer*, *muier*, *muger*; *semella*, *semeya*, *semeia*; *ollo*, *oyo*, *oio*; *batalla*, *bataya*; *mellor*, *meior*; *alleno*, *aieno*, *ageno*; *aparellar*, *appareiar* usitées dans des manuscrits contemporains et souvent plusieurs dans le même manuscrit sont les signes de la confusion qui précède immédiatement l'élimination d'un des éléments.» De cette confusion vient une grande irrégularité dans l'orthographe, laquelle rend difficile de savoir ce que doit représenter chaque lettre. Et il faut considérer aussi que la langue mixte que présentent à ce que nous avons déjà vu plusieurs documents où les tendances léonaises luttent contre l'influence du castillan, rend probable qu'il ne faut pas toujours voir là des inconséquences orthographiques, mais admettre deux prononciations différentes.

Comme preuve de l'instabilité de l'orthographe en castillan, M. Cuervo fait remarquer que, dans les Reyes Magos, on lit *iugara* (= juzgará), *meiores*, *ieremia* — *io*, *iace*, *maiordomo* — *major gentes*, que, dans le Cid, qui distingue mieux *i* de *y*, on trouve *iura*, *iuntar*, *Taio*, *meior*, *corneia*, *oio*; *aya*, *atalaya*, *yo*, *trayo*, mais aussi *aiudaremos*, *iazen*, *iantar*; *fijo*, *fija*, *aguijar*, *juntados* (3621) et *acoien*, *mensaie*; *coger*, *muger*, *burgeses*, *vara-*

---

[1] Revue hispanique II, p. 52 ss.

gen et, enfin, que dans les *Cortes de Alcalá* de 1348, *y* a son emploi actuel : *seyendo, ayuntamiento, yuga, yerro, j* s'emploie à la position initiale: *juez, juyzio, jura, i* en position médiale : *conceio, semeiable, aparcio* avec des exceptions comme *fijo, fija* et que *i* concourt avec *g* devant un *e : carcelaie, conceiero, coger, euangelio, muger, enagenar, cobigera.*

M. P., p. 38, dit que le résultat de *cl* et de *lj* est dans les anciens monuments léonais *ll* et il en donne des exemples du Fuero de Avilés, du Fuero de Oviedo, de l'Alexandre et du F. Juzgo. Quelquefois on trouve *y: oveya*, F. Juzgo, *migaya, meyor*, Alex. 1735, 917.

Dans nos documents, *y* est la graphie la plus fréquente. — Comme dans les textes castillans précités, il y règne pourtant une grande confusion. Sans compter l'emploi capricieux de *i* et de *j*, lorsque ces lettres ont la valeur d'une voyelle, elles sont indifféremment employées pour le *j* par exemple de *judgar* et encore pour le *y* de *yacer*. Il n'y a en somme que deux points certains. D'abord *y* représente le son actuel de *mayo*. Mais ce *y* étant très souvent employé pour *lj*, nous avons là la preuve d'un développement particulier au léonais, développement qui n'a d'ailleurs rien d'étonnant au point de vue phonétique, puisqu'il se retrouve par exemple dans le castillan et le français moderne. Ce *y* est à présent général dans presque toute l'Asturie et dans la partie occidentale du Léon. [1] Comme nous allons le voir, il n'en était pas ainsi du temps de nos chartes. Celles de ces chartes qui proviennent du Léon occidental offrent surtout des formes avec *l* mouillé, tandis que *y* paraît être la caractéristique de la région orientale où le castillan a pourtant de bonne heure fait disparaître presque toutes les traces du dialecte originaire. — Ensuite, on peut considérer comme certain que *g* devant *e, i* représente la spirante dont nous avons parlé plus haut (*j* du français *jardin*). Et, en règle générale, *i, j,* devant *a, o, u* doit représenter le même son, mais ici il faut examiner chaque document en particulier et souvent il n'est pas possible d'arriver à une conviction sûre. — Dans le tableau statistique qui suit, nous enregistrons toutes les formes dont l'étymologie contient un *lj, cl*

---

[1] M. P., p. 38.

ou *gl*. Nous examinerons ensuite ceux de ces documents qui contiennent des formes différentes pour pouvoir établir quelle est la prononciation de ces graphies. Et nous regarderons enfin certaines formes particulières des trois groupes.

Tableau stastistique.

Groupe I. Doc. I meaya 20, 42, 47, fiyo 37, muyer 39; III fillos 8, mulier 12; VI muger 2, agenos 9, conceio 21; VII mugjer 3, 14, fijo 15; VIII filio 5, 6, 17, 50, 55, 57, 57, cascaio 11, caruaio 21, maiolo 26, apareiamento 34, uieio 34, oueias 35, meior 40; IX maiuelo 3, consegu 10, conceiu 27, 27; X cascayares 3; XI filio 2, 7, 16, 17, cornejal 6, cornex 16; XIII mulier 4, 36; XV mugier 3, meioramiento, meioraredes 35, conceyo 46; XVI muyer 3, 21, 25, 33, fijo 38, 39, 47; XVIII mugier 3, 6, 12, 20, 37, meioria 30, meior 35, fijo 46; XIX mulier 3, meyoria 11, uermeyon 24; XX consejo 3, 4, fijo 6, mugier 12, 13, 13, 14; XXI muier 4, fiios 7, meioria 8; XXII conseyo 2, mujer 6, 8, 37, mugier 22, paya 19, paia 32; XXIII mayuelo 7, oio 9, fiyo 12; XXIV muyer 4, 13; XXV muyer 4, 12, meyor 19, graiar 26; XXVI muyer 4, fijo 5, 44, meiores 15, coyeren 16, ayenar 23, rexas 39, arreyadas 41, payares 41, paya 42; XXVII fijos 9; XXIX conceio 2, 3, 6, 8, 22, 23, meioria 7, conseio 16; XXX Olaia 16, enayenar 25, fijo 28, 28; XXXI mugier 2, meyor 17, semeyable 17, Carayuelo 31, fiyo 32, 33, vieyas 35, teyero 44; XXXII meyor 29; XXXIII mugier 5, ffiyos 27, 29, 30, 43; XXXIV calleia 3, fijos 5, 9, Teiado 18; XXXV fiyos 4, fijos 5, Teiado 18; XXXVI filius 1, fiya 2, meyor 17, corneyon 28; XXXVII consejo 3, fijos 10, Olaja 11, Tejado 22; XXXVIII mugjer 3, 8, 14, etc., oueyas 4, 5, 9, fiyo 6, 20, 22 etc., meyores 40; XXXIX fiyos 3, 4, 15, 25, 30, 34, fijos 13, conseyo 7, enaienar 18, conceyo 50; XLI mugier 4, 6, 42, 45, 67, 69, enagenar 51, meyor 56, conceyo 73, redrueyo 94; XLII mugier 3, 104, fiyos 12, 18, 25, 28, 42, ffuyuelo 55, enagenar 66, 69, olio 73, meyor 98, conceio 115; XLVI fiyos 10, fijos 34, 38; mejoria 18, Grayar 32; XLVII fiyos 8, 24, 24; meyor 16, Grayar 22, moreion 30, toreion 30; XLVIII muyer 6, 7, 8, 11, 11, etc., conseyo 39, 40, 41, enagenar 57, conceyo 70, 72, 78; XLIX pagizas 10, meyor 11, enagenar 16, coger 28, ffijo 55; L Boadeleya 6, fijos 7, 18, 18, 23, 29, ffiyos 76, 76, pagiço 26, caleya 32, ffija 53, meyor

63, semeyable 64, Grayar 73, conceyo 79; LI muyer 3, 8, fijos 6, 9, 15, 24, 41, Boadelleya 18, partiya 22, 26, 30, partijas 28, conceyo 32; LII Castreyon 2; LIII conseyo 5, fijo 22; LIV partiya 5, fiyos 16, 18, 40, 41, pachiza 29, Grayar 39; LVI mogier 6, fijo 7 21, 39, fija 8, meior 25; LVII conceyo 4, 82, meyorado 20, ffijo 56, Grayar 62; LVIII muyer 3, 27, 30, 51, fiyos 8, 24, 24, 60, fiya 39, meyor 17, Grayar 22, mayuelo 38; LIX Castejon 4, fijos 8, 30, 30, mugier 17, concejo 34; LX ffiya 5, enagenar 37, meyor 42, meyorias 46; LXI conceyo 1, muger 9, fijos 10, 27, 42, Grayar 53; LXII fijo 3, cogades 21, cogier 23; LXIII ffijo 6, 62, 68, conceyo 35, Ffoueyollo 66; LXIV ffijo 3, 20, ffija 4, 21, muger 5, restroio 17, 29, 35, concejo 51, 58, 60, 75, 77; LXV ualejo 3, ffijo 5, 7, ffija 6, mojones 11, 25, 51, amojonado 50, concejo 62, 68, 70, 87; LXVI fija 1, fijo 24, maiolo 3, concello 17, 19; LXVIII mugeres 10, coya 47, 49, ffijo 73, 74, 75, 75; LXX conseio 39, baraya 26, çerneia 26; LXXII muger 4, ennagenar 10, 22, meyorias 24; LXXIII ffijo 4, muger 5, 17, 23, Grajar 19, 21; LXXIV ffijo 4, meiorias 18, 42, enagenedes 25, enagenamiento 27, meior 39.

Groupe II. Doc. XII fiyos 5, 7, 19, 26, 37, 45; XLIII conceyo 66, muyer 69, Grayar 75; XLIV conceyo 22; LV conceyo 2, nemigaya 12; LXIX conçeyo 7, 19, conseyo 30, trabayo 46; LXXI conseyo 57; LXXV fijos 4, fiyos 9, 10, 18, 31, 37, conceyo 63; LXXVI muyer 7, 11, 12, 15, 17, 20, 27, 29, fiyos 8, 9, 10, 10, 12, 13 etc., fylos 48, conceyo 22, 23, 28, oueya 56, 60, meyor 66; LXXVII muler 4, 14, 20, 27; LXXVIII fillos 3, 15, 16, 20 etc., fillas 17, alenar 30, ueyo 53, Caruallar 55; LXXIX conceyos 25, filo 43; LXXX fijo 1, 4, 8, muyer 2, fenoyal 4, mellor 17; LXXXI filos 19, 22, 24, 25, fillos 22, 23, conceyo 45, concele 47; LXXXII teyado 9, valeyo 11, Grayar 12, conceyo 35, ffiyo 41; LXXXIII muyer 3, 4, 27, 29, fiyos 3, 28, 39, paxeres 6, baruayon 12, magulya(?) 38; LXXXIV fiya 4, enayenada 14, muler 26; LXXXV muler 3, 17, 28, 33, 37, filos 23; LXXXVII muyer 4, 23, coger 8, 21, serondayas 11, cogien 11, fijos 25; LXXXVIII meyor 16; LXXXIX meyor 23, muyer 26; XC conceyo 14, 39; XCVI Conceyo 2, 15, 19, 20; IC aconsellamos 6.

Groupe III. Doc. II Paliares 17; XIV mulier 5, melor 24, fillo 36, 37; XCI muler 4, 5, melor 14; XCII melor 16; XCIII muler 3, filo 4, malolo 21; XCIV fillo 2, aparellamento 8, mellor

26, Olaya 34; XCV muler 4; XCVII muler 2, melor 11; XCVIII
muler 3, mellor 15; C muller 4, 28, 33, muler 57, fillos 11, 14, Fenolledo 51; CI Caruallo 117(?)

Dans un grand nombre de ces chartes, une seule graphie
rend les combinaisons *lj, cl, gl* du latin. Dans les groupes
I et II, c'est la graphie *y* qui est prépondérante et qui, comme
nous l'avons déjà fait remarquer, représente le même son que
cette lettre en castillan. Dans le groupe III, les graphies *l* ou *ll*
témoignent de la prononciation mouillée que gardait encore le
phonème dans le léonais occidental. — Mais dans le groupe I
— et quelquefois dans le groupe II — certaines chartes offrent
ou bien une autre graphie — *j* ou *i* — ou bien deux graphies
différentes: *j* ou *i* et *y*. Si, dans ces chartes, *y* est toujours —
en dehors des mots ou il s'agit d'un *cl, gl, lj* originaire — employé
avec la valeur du *y* castillan, et si *j, i* n'y figure pas avec cette
valeur, on a le droit de supposer que *i, j* pour *lj, cl, gl* représente le même son que ces lettres dans les mots correspondants
du castillan, à savoir le *j* du fr. *jardin*.[1] Le tableau suivant
où entrent toutes les chartes offrant des mots avec *i, j* pour
lj, cl, gl montrera quelle est dans chaque document la prononciation probable de la graphie *i, j*.

Groupe I Doc. VI i = ǧ. Cf. refoyo 3, arroyo 9.
   »   VII j = ǧ à en juger par *mugier*.
   »   VIII i = y. C'est ce que rend probable d'un
               côté *filio* 5, 6, etc., de l'autre *maiores* 35.
   »   IX i = ǧ. Cf. mayorales 9, mayordomo 16.
   »   XI j = y. Cf. d'un côté *filio* 2, 7, etc., de l'autre
               arojo 2.
   »   XV i = ǧ. Cf. aya 19, seyello 46, 48, mayor 47.
   »   XVI j = ǧ. Il est vrai qu'on trouve *suio* 30,
               maior 18, *haia* 27, mais *y* est fréquent ex.
               atalayero 12, *aradoy* 38, *Pelayo* 49, et on ne
               trouve jamais *j*.
   » XVIII i = ǧ. Cf. d'un côté *mugier* 3, 6, etc. de
               l'autre *mayor* 6, etc., *ayades* 18, 28, *aya* 32,
               Mayo 36.

____

[1] Nous désignons ce son par ǧ.

Groupe I Doc. XX j = ǧ ou y. Cf. major 4, 7.
    » XXI i = ǧ ou y. Les termes de comparaison manquent totalement.
    » XXII i, j = y ou ǧ. *Mugier* 22 parle en faveur de la seconde alternative, mais les graphies *suio* 9, *suios* 10 (et *iugo* 26, *iugadas* 32) à côté de *ayan* 9, 22, *uaya* 34, montrent que la première est aussi admissible.
    » XXIII i = ǧ. Cf. Mayor 15, ayades 18, sayon 35; monie 28.
    » XXV i = y. Cf. Migaielez 28.
    » XXVI i, j = ǧ. Cf. mayores 37 (et aussi *yuso* 6, 36, *pleyte* 8, *yugos* 10, 12, 39).
    » XXVII j = ǧ. Cf. mayor 16, 16.
    » XXIX i = ǧ. Cf. ayan 13, seyello 32, 34.[1]
    » XXX i = y. Cf. moios 18, seielo 42, 43. Sur la possibilité d'une autre prononciation de *fijo* voir ci-dessous.
    XXXIV i, j = ǧ ou y. Les termes de comparaison manquent.
    » XXXV i, j = ǧ. Cf. Pelayo 5.
    XXXVII j = ǧ ou y. Les termes de comparaison manquent.
    XXXIX i, j = ǧ. Cf. loya 29.
    » XLII i = ǧ ou y. Cf. d'un côté *mugier* 3, 104, *enagenar* 66, 69, de l'autre *jeiunios* 46, *veierun* 110.
    » XLVI j = ĝ ou j. Cf. *major* 30 à côté de *mayor* 31, *suyo* 10, 10, *arroyo* 38, 42, *sayon* 42.
    » XLIX j = ǧ. Cf. mayor 51.
    » L j = ǧ ou y. Cf. *mayor* 36, 40, *foyales* 41, *seyello* 80 à côté de *alfaiate* 25, *aiades* 56.
    » LI j = ǧ ou y. Les termes de comparaison manquent.
    » LIII j = ǧ. Cf. mayor 2, 7, 11 etc., seyendo 2.

---

[1] Il est vrai qu'on trouve dans ce doc. *iuso* 26, *io* 27, mais il ressort de l'usage de plusieurs doc. que *y initial* s'écrivait avec *i*, sans que cette lettre puisse entre deux voyelles avoir la valeur d'un *y*.

Groupe I Doc.   LVI j = ǧ. Cf. talaya 10, sayugos 13,
                         ayadella 18, mayor 28.
          »   LVII j = ǧ. Cf. uaya 13, mayor 63, 68,
                         etc., seyellos 81.
          »   LIX j = ǧ. Cf. seyello 25, ruyo 32.
          »   LXI j = ǧ. Cf. mayor 9, 11, 20, etc.
          »   LXII j = ǧ. Cf. mayor 2, ayades 33.
          »   LXIII j = ǧ. Cf. Mayorga 3, 35, 54, 69,
                         mayor 6, 52, uayades 27, seyello 47.
          »   LXIV j = ǧ. Cf. ayades 39.
          »   LXV j = ǧ. Cf. oyeron 77.
          »   LXVI j = ǧ. Cf. mayor 23.
          »   LXVIII j = ǧ. Cf. aya 15, Mayorga 37,
                         40, 63.
          »   LXX j = ǧ. Cf. mayo 46.
          »   LXXIII j = ǧ. Cf. ayades 26, aya 29.
          »   LXXIV i, j = ĝ. Cf. ayades 9.
Groupe II »   XLVII i = ǧ. Cf. ayades 11, mayor 20.
          »   LXXV j = ĝ. Cf. Migayel 27, ayalo 32,
                         seyellos 39.
          »   LXXX j = ǧ ou y. Pour la seconde alter-
                         native parle *mellor* 17. D'autre part
                         y est écrit *y: caya* 16.
          »   LXXXVII j = ǧ. Cf. cayesen 15, trayan 31.

Nous avons donc pu constater que non seulement il règne
dans nos documents une grande confusion orthographique, mais que
la prononciation même n'était pas fixée.   Cela nous paraît dépendre
aussi bien de ce fait que l'époque dont il s'agit était, comme le dit M.
Cuervo, une époque de transition où les phonèmes en question
étaient en train de revêtir de nouvelles formes que — tout particulièrement — de l'influence incessante du castillan, dont les formes ten-
dent toujours à remplacer celles du léonais, remplacement qui
vers la dernière partie du siècle paraît s'être achevé dans la région orientale à en juger par le témoignage de nos documents.

Dans une certaine mesure la confusion n'est pourtant qu'apparente; le développement dépend, comme nous allons le voir,
aussi des phonèmes qui entourent *lj (cl, gl)* et de cette façon

un certain dualisme passager se produit dans la prononciation.
C'est ce qui nous paraît résulter des formes que prennent les
mots *filius* et *mulier*.

Dans les plus anciens documents du groupe I, on rencontre
des traces de l'*l* qui s'est conservé régulièrement dans le groupe
III: *fillos* III 8, *filio* VIII 5, 6, etc., *filius* XXXVI 1, *mulier* III
12, XIII 4, 36, XIX 3. Ajoutons *concello* qu'on rencontre dans
un doc. plus moderne, LXVI 17, 19 et qui est étonnant, puisque
le même doc. écrit *fija* 1, 24 et *maiolo* 3. Mais cette charte
offre encore d'autres particularités[1] qui font croire que le vrai
dialecte du notaire était un autre que celui qu'il affectait de
se donner. — Les formes précitées de *filius* et de *mulier* pourraient
à la rigueur trouver leur explication dans leur âge reculé, mais
il faut observer que les mêmes documents offrent des formes
qui rendent *lj* d'une autre façon (voir le tableau). Un coup
d'œil sur les autres documents qui contiennent *filius* et d'autres
mots avec *lj* nous montrera qu'on peut souvent constater un
développement à part pour ce mot. Nous renvoyons pour
les exemples aux doc. XVI, XXVI, XLVI, L, LI, LIII,
LVII, LXI, LXIII, LXVIII, et, dans le groupe II, au doc. LXXX.
— Nous croyons que cette différence dépend d'une cause de
nature phonétique. Le *y* et la voyelle *i*, qui précède, pouvaient
par suite de leur articulation presque identique facilement se
confondre dans la prononciation. C'est en effet ce qui s'est
produit dans les parlers occidentaux où l'on prononce à présent
fio, *sorties*, etc.[2] Mais dans d'autres endroits, on a procédé d'une
autre façon. Par suite d'une espèce de dissimilation, *y* a pris
ici la valeur qu'avaient les reflets de *lj*, *cl*, *gl* en castillan, et de
cette façon l'envahissement du castillan a été sur un point spécial favorisé par les tendances de la région. — Le mot *mulier*
paraît offrir l'exemple d'une dissimilation analogue. Il apparaît
sous la forme de *mugier* (mujer) dans des doc. qui autrement
rendent *lj*, *cl*, *gl* par *y*. Voir outre les doc. déjà cités XV, XXII,
XXXI, XXXIII, XXXVIII, XLI, XLII, LXI. — Ici une dissimilation a eu lieu entre le *y* < *lj* et le premier élément de la diph-

---

[1] Voir chap. III.
[2] Voir M. P. p. 38.

tongue, qui risquait d'être absorbé par la spirante précédente,
ce qui cependant a été plus tard le cas.

D'une façon générale, les doc. du grupe I rendent *lj*, *cl*,
gl par *y* (écrit quelquefois *i*, *j*). La prononciation castillane
apparaît pourtant de bonne heure comme dans le doc. VI *agenos*,
conceio, pour être vers la fin du siècle la seule usitée. — Dans
le mot *cornex* XI 17, le *j* devenu final a passé dans la consonne
sonore correspondante, et, doc. LIV 29, *pachiza*, le notaire a
rendu un son castillan qui ne lui était pas familier par le signe
du son léonais qui lui a paru le plus ressemblant.

Notons la graphie *g* pour *ǧ* même devant une voyelle postérieure dans *consegu* IX 10 et *cogades* LXII 21.

Si nous passons au groupe II, les exemples avec *i, j* (*ǧ*) se
font rares. On en trouve dans les LXXV LXXX et LXXXVII.
Mais autrement le développement est léonais. Dans les doc.
LXXVI, LXXIX, LXXX et LXXXIV la forme occidentale, *l(l)*,
commence à concourir avec *y*, et ici encore on pourra constater
la tendance à un développement à part du mot *filius*. Les doc.
LXXVII, LXXVIII, LXXXI et LXXXV offrent exclusivement
ou presque exclusivement des formes en *l*.

A noter la forme *paxeres* LXXXIII 6, qui doit être comparée à *pachiza* du doc. LIV.

Les documents du groupe III ont tous des formes avec *l*
ou *ll*. Quant à la graphie *l*, c'est une manière défectueuse de rendre l'*l* mouillé. On trouve dans les documents qui offrent cette
graphie aussi l'*l* double du latin réduit à *l* simple. On n'avait
donc aucun signe qui représentât déjà *l* mouillé et on s'est par
conséquent contenté d'écrire seulement *l*.

Paliares, doc. II 17, est la forme latine, et *mulier*, doc. XIV
5, représente *l + ie < ę*, car *ę* est dans ce document presque toujours diphtongué.

Le groupe *ct* entre voyelles.

33. Le groupe *ct* entre voyelles devient en castillan *ch* en
passant par *yt*, étape intermédiaire qui en castillan a laissé une trace
dans l'influence que l'*y* a exercée sur un *a* précédent et qui

persiste en aragonais, en portugais et en léonais occidental.[1]
Après un *i*, l'évolution en *ch* n'a pas lieu, l'*y* étant absorbé par
la voyelle précédente: *hito < fictum*, etc. *Dicho* est l'ancien *decho*
influencé par les autres formes du paradigme. M. P., p. 39, dit
que quelques documents léonais rendent *ct* par *it: treytar, malfeytorias*.

Les mots de nos documents qui offrent le groupe en question sont surtout *fecho, dicho, pechar*, mais il y en a aussi
d'autres: *derecho, baruecho, ocho, frucho* etc.

Les documents du groupe I ont toujours *ch*. Quelques formes
sont dignes d'une mention spéciale. Tandis que la forme ordinaire est *dicho (sobredicho, antedicho* etc.),[2] on rencontre quelquefois le développement régulier de *ct* après *i*. Dans les formes
en question, il faut supposer que *i* est devenu *i* par la voie savante.
C'est le cas du nom propre *Benedictus: Beneyto* XXV 28, XLVIII
15, LXIII 59, *Beneites* LXXVI 10, 15, 47, XCI 5, 28, *Benaito*
XXXIV 19, XXXV 19. Nous attribuons par conséquent à ces
formes la prononciation *Beneïto*, d'où plus tard *Benito*. De cette
façon, la forme *Benaito* est compréhensible (cf. *saello*). *ti* pouvait pourtant passer à la diphtongue décroissante *ey*, c'est ce que
prouve la strophe 642 du Poème d'Alphonse XI avec les rimes
pleyto: beneyto. — Le même phénomène (*ïct > it*) se présente
dans *maledictus*, qui devient *maldito malito*. Ce mot est moins
savant que *Beneïto* en ce que la protonique est tombée de bonne
heure. La forme *dittos*, LXX 38, est savante. — *Electo*, qui représente généralement *electus*, est naturellement une forme savante, mais la forme *eleito*, qui se retrouve XXV 26, 31, LXI
13, 24, etc., montre aussi que *c* pouvait se développer en *y* dans
un mot adopté après l'époque où *yt > ch*. — *Fruto* représente
un développement savant; il se trouve écrit *fructo* VIII 31, et,
avec passage du *c* à *y*, *fruyto* LXXIII, 33, 36. La forme populaire *frucho* se trouve (Gr. I) doc. XVI 23, XXXIII 32, 33, XLI 57,
XLII 77, LIV 25 *(fruchedes)* LXII 20; (Gr. II) XVII 13, LXXVIII
54, LXXXVI 8 *(frucheros)*, LXXXVII 10.

Dans le groupe II, *ch* est encore la règle. Mais on y

---

[1] Voir Baist Gr. p. 902, Menéndez Pidal Gram. § 50, 1 et Meyer-Lübke
Gram. I § 462.

[2] Pour les ex. de *decho*, voir le chap. du verbe.

trouve aussi des formes avec *ch*, précédé d'un *y*. Voici les exemples:
LXXXVIII *feycho* 12, *peyche* 14, LXXXIX *peyche* 21, *ffeycho*
23, 24, 30 et, dans le grope III, doc. XCII *peyge* 15, XCIV *peyche*
27 (mais *feyto* 8). Ces formes doivent probablement être regardées comme les résultats d'une contamination entre deux dialectes. Les formes originaires du dialecte avaient *yt*, phonème
qui, sous l'influence des formes castillanes avec *ch*, a éte transformé en *ych* (*feycho* = *feyto* + *fecho*). C'est aussi ce dont
témoigne la forme *peyge* XCII 15.

Notons à ce propos *dichyo* LXXXV 20, 22, 31 (cf. Sanchyo
4, 15) où *chy* n'est pourtant qu'une autre graphie pour *ch*, mais
qui peut aussi représenter une étape plus ancienne de la prononciation.

Dans le groupe III, les formes avec *yt* forment la grande
majorité, mais celles avec *ch* ne manquent pas non plus. Nous
donnons le tableau complet des formes de ce groupe.

Doc. XIV derechos 6, 9, dichos 11, peche 25, ochubre 28;
XCI *dereytos* 7, *feytas* 17, peche 21, 22, *ffeyta* 22, *feyto* 29,
34, sobredictos 36; XCII *peyge* 15, ochure 17, *dito* 24; XCIII
dito 13, 20, 21, peche 25, *feyta* 26; XCIV *feyto* 8, *djto* 13, 14,
16, etc., ocho 15, *peyche* 27; XCV *peyte* 27, 28, *ffeyta* 28,
dito 33; XCVII *dita* 11, peche 12, *ffeyta* 13; XCVIII *oyto* 6,
20, *peyte* 15, *ffeyta* 18; C *dito* 9, 14, 21, etc., *oyto* 18, *peyte*
36, 38, *ffeytas* 42; CI *ditos* 8, 8, 11, etc., *malfeytrias* 21, *malfeytorias* 29, *dereyto* 37, 83, 102, 105, *noyte* 38, *peytar* 44.

Notons que *dichos* prend tout naturellement dans ce groupe
la forme de *dito*.

x entre voyelles.

34. L'histoire de la consonne *x* entre voyelles offre une
analogie complète avec celle de *ct*. Elle a abouti à *j* après avoir
passé par *yš*, *š*.[1] Elle a influencé un *a* précédent, qu'elle trans-

---

[1] Voir Baist Gr. p. 902, Menéndez Pidal, Gram. § 50, 2 et Meyer-Lübke
Gram. I § 464.

forme en *e*, mais, en portugais, elle laisse un *y* après l'*e*, traitement dont on trouve des traces aussi dans le léonais occidental.

En général, l'*x* intervocalique est dans nos documents rendu par *x*, qui représente la spirante prépalatale du franç. *chanter: exe* < exit VIII 25, *exidas* XV 8, XXIX 10, XXX 8, etc., *texedor* XVIII 50, *lexo* XX 3, *dexedes* LXXII 23, etc., etc.

Le doc. LXXIV, 16 offre la forme *deyedes*, où l'*y*, qui dans le léonais correspondait souvent au *j* castillan, a été employé, bien qu'il s'agisse d'une spirante sonore.

Dans le groupe III, on rencontre XCIII 20 *leyxardes*, forme qui correspond aux formes avec *yt* < *ct* (*feyto* etc.) et qui est d'ailleurs celle du portugais. — Comme, d'une façon générale, les mots avec *x* sont rares dans nos documents, c'est là le seul exemple de ce développement que nous ayons à noter.

Le groupe *lt* entre voyelles.

35. Lorsque le proupe *lt* est précédé de *u*, il devient *ch* en castillan.[1] M. P., p. 39, fait remarquer qu'à l'instar de *ct*, *lt* donne *it* dans quelques anciens textes léonais. Quant au dialecte moderne, les deux phonèmes donnent *it* dans les mêmes régions.

Le développement en *it* est représenté dans nos documents par le mot *multos*, qui donne *muytos* dans le doc. LXXXV 32 du groupe II et dans les doc. suivants du groupe III: XCI 34, XCIII 35, XCV 41, XCVII 22, C 54.

Autrement on trouve toujours *muchos*.

Le groupe *ld* entre voyelles.

36. Quant à *ld*, ce groupe reste généralement intact. M. Baist fait pourtant remarquer, Gr. p. 904, qu'il donne en anc. esp. aussi *ll*, mais que la délimitation géographique de ce phénomène reste à faire. Nos documents offrent quelques exemples isolés de ce traitement. *Maledictus* donne *malito*

---

[1] Cf. Baist Gr. p. 903, Menéndez Pidal Gram. § 47, 2 c et Meyer-Lübke Gram. I § 483.

VI 10, VII 10, *mallito* LVI 22, LVIII 15, LXXIX 18, *solidus*
donne *sollo* LXXVII 46 et *soldatatos* donne *solladados* LXXXV
13. — On pourra comparer à ces formes celle de *alcalle* pour
alcalde LVI 32, LXX 2, 21, 24, 33, etc. ainsi que *Girallo* XCIII 4, 30.

Le groupe *mb* entre voyelles.

37. En castillan *mb* donne *m :*[1] *lomo*, *plomo*. Le léonais,
comme le portugais, garde *mb*, et de ce dialecte *mb* en est arrivé
à remplacer *m* dans plusieurs mots castillans qui autrefois avaient
régulièrement *m: amos, camiar*, etc.

Le groupe I de nos documents montre ici comme toujours
une influence très forte de la part du castillan. Comme il résulte du tableau qui suit, les formes avec *m* sont presque aussi
nombreuses que celles avec *mb*. — Dans les groupes II et III
par contre, il n'y a que des formes avec *mb*, exception faite
pour *amas* du doc. XCII.

Tableau statistique.

Groupe I. Doc. VIII camio 16, Coloma 47, amos 56; X concamio 3; XI concamjo 2, 5; XVIII amos 3, camio 3; XIX *ambos*
18; XXI *concanbio* 2, 5; XXIV concamja 4, 10, 17; XXVII camio 3; XXIX *canbiaron* 7; XXXII *concambio* 4, 26; XXXIV concamio
2; XXXV concamio 2; XXXVII concamiamos 4; XXXIX *ambas*
7, 36; XLI *ambos* 52, 72, 74; L camiamos 4, *ambas* 38, 77; LI
amas 37, 46; LIV *ambos* 3, *cambio* 3, 31, 32; LX *cambiar* 36,
ambas 96; LXI amas 7, 42; LXIV amas 53, 65, 80; LXV amas
63, 75, 90; LXVI *ambas* 20; LXVIII *lonba* 29, *anbas* 64; LXXII
cambjar 10; LXXIII *canbio* 4, 12, 22, 31 etc.; LXXIV *anbas* 46.

Groupe II. Doc. XXVIII *ambas* 10; XLIII *concambio* 4, 8,
29, 44, 46, 52, etc., *ambas* 49, 53; XLIV *concambio* 4; LXXVI
concambia 4, *colomba* 57; LXXVII *ambos* 40, 43, 55; LXXXII *concanbiar* 23; LXXXVII *entranbas* 33; XC *anbas* 40, 43.

---

[1] Cf. Baist Gr. p. 904, Menéndez Pidal Gram. § 47, 2 a et Meyer-Lübke
Gram. I § 497.

Groupe III. Doc. XCII amas 22; XCIV *palombares* 10; XCV *palonbar* 8, *ambos* 11, 22; C *anbos* 20, 22, *anbas* 35, 40; CI *ambas* 13, 75, 100, 101, *ambos* 53.

Les groupes *pl, fl, cl* initiaux ou médiaux appuyés.

38. Les textes léonais offrent souvent des formes où ces groupes ont subi le traitement qui caractérise le portugais. Tandis que ces groupes donnent en castillan *ll* en position initiale, ils présentent en portugais un double traitement. Dans les mots vraiment populaires,[1] ils donnent *ch*, développement qui a lieu aussi dans la position médiale appuyée, mais, dans un grand nombre de mots appartenant à une couche plus récente, *l* se change en *r*, changement qui peut se produire aussi dans le cas où le groupe se trouve entre voyelles.

Nos documents offrent les exemples suivants:

ch Groupe I Doc. XXVI xenos 41; XXX chapusador(?) 39, 39; L xosa 44, 45, 48, 51, 52.

Groupe II Doc. XXVIII xano 38; LV xamado 16; LXIX xamado 41.

Groupe III Doc. XCIII chamam 5, chantedes 13, 14, 22; XCIV achar 12; XCVII chamam 4; C chantedes 17; CI chamadas 17, chamaua 86.

l > *r* Groupe I Doc. XIII astiprado 14 (< adstipulatum?); XXIII egrisia 19; XLV egrija 17 (mais *eglixa* 6).

Groupe II Doc. XXVIII egrisia 5, 7 etc.; LXXIX egrisia 8, 10; LXXXIII egrisia 6.

Groupe III Doc. XCII dubre 16; XCIV ygrisyarios 11; XCVIII aprougo 7; C preyto 17, pourado 18, prazer 35; CI prazio 18, 96, prazer 88.

Il y a aussi des exemples de mots avec un *r* qui, dans une position analogue, se change en *l*. Tels sont dans nos documents *poble* LXVII 7 et *plados* XCII 7. Les exemples de ce genre sont pourtant relativement rares. M. Gessner n'en fait pas mention, et, chez M. P., on ne trouve cités (p. 40) que *tem-*

---

[1] Cf. Cornu, Gr. p. 972 ss.

plano, pobledad, blavo. M. Munthe, Ant. p. 37, donne quelques exemples tirés de Juan Ruiz (*nomblado, bletador, ableviado*, etc.). Ces formes sont peut-être souvent des graphies inverses, mais il n'y a pas de doute qu'il ne régnât un certain dualisme dans la prononciation, provenue de la concurrence entre la tendance dialectale et l'influence castillane sur les mots savants avec *pl*, *gl*, etc. Ce dualisme a du reste laissé certaines traces dans les parlers modernes (M. P. p. 40).

Le son qui en portugais est rendu par *ch*, se trouve dans quelques doc. traduit par *x*, ce qui indique sans doute une prononciation différente de celle représentée par *ch*.

Remarquons, avant de passer aux détails, que les formes castillanes ne manquent nullement et qu'on trouve naturellement aussi des formes purement savantes. Cf. doc. LXIV 64, LXV 11, LXXXV 49, etc.

Quelques-uns des mots précités méritent d'être regardés de plus près.

Doc. XXX 39, on trouve deux fois le mot *chapusador*. L'esp. moderne possède un verbe *chapuzar = plonger*, qui vient de *subputeare* d'après l'étymologie de M. Scheler, Anhang II b, étymologie qui depuis n'a pas été remplacée par une autre. La signification de ce mot nous empêche de l'identifier avec celui qui nous occupe. *Chapusador* appartient plutôt au groupe des mots que M. Körting traite dans son article 5282, et qui remontent à une racine germanique (onomatopéique) *klap*. De cette racine dérive en espagnol (Parodi, Rom. XVII p. 60) un mot *chapa* qui signifie 1. plaque, feuille de métal plus ou moins épaisse 2. renfort, petite bande de cuir pour renforcer les chaussures. Ces deux significations se reflètent aussi dans le dérivé *chapucero* qui signifie entre autres choses 1. cloutier, taillandier, artisan qui fait toute sorte d'outils de fer 2. savetier, ouvrier qui travaille grossièrement. Nous voyons dans notre *chapusador* un synonyme du mod. *chapucero* dans n'importe laquelle de ces deux significations.

Xosa, L 44, etc., pourrait être une forme de *plutea*, qui se présente ordinairement comme *choza* (Baist Gr. p. 901). Mais il n'est pas impossible non plus que nous soyons en présence de *clausa*, développé à la façon portugaise et correspondant à l'esp.

llosa. Il se pourrait dans ce cas que le mot ait la signification de *presa* = *digue, écluse*, ce qui irait bien dans le texte, puisqu'il s'agit de «los molinos de la xosa». Mais rien n'empêche que le mot ne puisse avoir le sens de *llosa*, mot qui, d'après le Dict. de l'Académie, appartient à présent aux provinces des Asturies, de Santander et de Vizcaya, et qui désigne «un terreno labradio cercado, mucho menos extenso que el de las mieses, agros ó erias y, por lo común, próximo á la casa o barriada á que pertenece».

Groupe roman de deux explosives.

39. C'est un trait caractéristique du dialecte léonais que, si, par suite de la chute d'une voyelle atone, deux explosives (ou une fricative et une explosive) se rencontrent, la première de ces consonnes se transforme en *l.* Voici les exemples qu'offrent nos documents de ce phénomène:

Groupe I Doc. XXXIX pelgassen 9; XL portalgo 2, 7, 20; LXVI dolda 15; LXX prioralgo 14, 23.

Groupe II Doc. LXIX padronalgo 11, 15, 21, 32, julgasse 16, ajulgola 33, julgo 34; LXXI julgo 60; LXXXI dolda 42; XC dulda 36, 44.

Groupe III Doc. CI iulgando 38, 99.

Remarquons d'abord qu'à côté de ces formes, il y en a aussi d'autres: (I) LVI pedgadores 34; LVII judgar 43; LXVIII judgar 16, dubda 60; (II) LV prioradgo 4; LXXVII adebdar 38; LXXXII dubda 34. Il y a aussi des exemples de la forme française *-age* < *aticum:* LXXX linage 13; LXXXVI linage 9; XCII portage 35; XCVI portage 10.

M. Gessner, p. 10, et M. Menéndez Pidal, p. 41, énumèrent un certain nombre de mots de ce genre, tirés d'anciens textes léonais. Ceux dont nos documents n'offrent pas d'exemples, sont *caldal* < *capitale, recaldar* < *recapitare, coldo* < *cubitum, delda* < *debita, beldo* < *bibitum, coldicia* < *cupiditia, muelda* < *movita, alce* < *avice, dolce* < *dodecim, trelce* < *tredecim,* plusieurs mots en *-algo* < *aticum* et, dans des conditions un peu différentes, *selmana* < *septimana, vilva* < *vidua.* — Pour les nombreuses traces que

cette prononciation a laissées dans les parlers modernes, voir M.
P., p. 40 ss.

On distingue ici deux changements différents: ou bien c'est un
b (v) qui passe à *l*, et dans ce cas la consonne suivante est en
général une dentale, ou bien c'est un *t*, et alors la consonne
suivante est une palatale. M. Meyer-Lübke, Gram. I § 538,
croit que la consonne qui précède la voyelle atone est devenue
spirante avant la chute de cette voyelle. Pour *-aticum*, on
serait par conséquent arrivé à *-aðego*, forme qui se serait développée en castillan à *-azgo*, en léonais à *-algo*. Dans *dolda*, etc.,
l est d'après M. Meyer-Lübke guttural. Cette dernière hypothèse
paraît en effet très probable, puisque la différence entre un *u*
sémi-voyelle et un *l* vélaire n'est pas grande. M. Munthe ne
dit rien sur la valeur de cet *l* dans l'asturien moderne, mais il
paraît probable qu'elle est autre que dans *-algo*, car ces deux
phénomènes ne se suivent pas. M. Munthe, Ant. p. 38, aussi
bien que M. Braulio Vigón [1] donnent des exemples de *l* < *b*
— *d*, mais il n'y a chez M. Munthe aucun exemple de *l*
< *d* — *c*, et M. Vigón n'en donne qu'un, *pielgo*, qui peut fort bien
n'être qu'un emprunt. Quant à *-aticum* (et en général *t*—*c*),
nous ne croyons pas avec M. Meyer-Lübke qu'il faut partir de
-aðego pour expliquer *-algo*. Si le phonème était arrivé jusqu'à
-aðego, il n'est guère probable qu'il eût pris la forme de *-algo*.
Et si dans *sedecim*, etc., où il faut évidemment admettre que
l'assibilation du *c* s'était accomplie avant la syncope, un *ð*
s'était rencontré avec un *s*, il est certain que le résultat serait
devenu *seze* (cf. *placitum* > *plazo*). Nous croyons par conséquent
que *-algo* remonte à *-adgo*, forme qui n'est d'ailleurs pas rare.
Dg, étant un groupe peu conforme aux habitudes du langage,
a été refondu en léonais sur le modèle des mots contenant un *l*
suivi d'une explosive, tandis qu'en castillan le *d* passe à l'état de
spirante, passage qui n'a pourtant guère eu lieu qu'après la syncope, et qui ne dépend par conséquent pas de la position intervocalique de la dentale.

Parmi les mots de nos documents, énumérés ci-dessus, il
faut observer *pelgassen*, XXXIX 9, dont le thème se retrouve

---

[1] Cf. aussi M. P., p. 41, tout particulièrement les formes mirandaises.

dans *pedgadores*, LVI 34. L'étymologie de ces mots doit être *pedicare*, *pedicatores*. Dans les dialectes modernes se retrouve un mot *pielga* à Colunga (Asturies) et à Serradilla (Caceres), *pielgo* en Salamanca. [1] A Colunga ce mot a d'après Vigón la signification d'une «pieza semicircular, cerrada con una clavija, que se pone en la mano del buey para que no pueda saltar» et, au sens figuré, d'une «persona pesada, importuna.» — Dans les deux passages où nous avons trouvé le mot, il ne peut pas avoir cette signification. Il n'y a que le premier de ces passages qui puisse nous aider à le comprendre. On y dit à propos d'un héritage en litige que «el electo . . . dio por juizio y mando que Juan Garcia ye sos sobrinos pelgassen aquella heredat de Miguel Esana ye la mostraria al prior de Piascha . : que la partissen por medio». Le sens qui nous paraît le plus naturel, c'est celui de *mesurer:* le mot serait donc un terme d'arpentage. — Le mot latin *pedicare* n'est pas connu dans ce sens, et *pedica* n'a pas non plus de signification qui puisse appuyer la supposition d'un dérivé pareil. — Mais M. Thomas, R. XXXVI (1897), p. 442, [2] parle d'un mot *pie* «nom donné en Franche-Comté aux parcelles de l'assolement, aux soles.» Ce mot existe dans le sud-est de la France du Nord, et dans le Nord-Est de la région provençale y correspond un *pea*, qui plus loin vers le sud ou l'ouest est remplacé par *peazo < pedationem.* M. Thomas en conclut que le *peda* qu'on trouve chez Ducange et d'où dérive *pie(e)* est le substantif verbal d'un verbe *pedare*, signifiant mesurer en *pieds*. — Nous supposons que notre *pelgar* remonte à **pedicare*, dérivé de ce *pedare*. *Pedgadores* signifierait par conséquent *arpenteurs*. Il ne serait point étonnant de trouver des représentants de ce métier parmi les témoins d'un document tel que le Nº LVI.

Le groupe roman m'n.

40. Le groupe latin *mn* donne en espagnol *ñ*. Dans les mots savants, on trouve *mn* conservé, mais il s'est alors souvent

---

[1] M. P., p. 41.

[2] Cf. aussi Essais de Phil. française p. 354.

introduit un *b* ou un *p* entre *m* et *n: damnado*, mais aussi *dampnado*, *dambnado* et *dabnado.* — Il en est autrement du groupe roman. En castillan, l'*n* s'y est changé en *r*, et un *b* s'est intercalé entre le *m* et le *r:*[1] *hombre, nombrar.*

M. Gessner fait remarquer, p. 10, que les anciens textes léonais paraissent favoriser un autre développement. On y rencontre souvent des formes avec *mn: nomne, mansidumne*, etc. D'autre part, M. Gessner pense avec raison que le castillan pour arriver à *mbr* doit avoir passé par *mn*, et il hésite entre deux façons de comprendre les formes léonaises : ou bien ces formes sont les résultats d'un développement dialectal particulier au léonais, ou bien elles représentent un degré de développement antérieur, dont les traces ont été plus longtemps conservées dans les textes léonais que dans les castillans. M. Gessner est pourtant disposé à voir dans les formes avec *mn* plutôt un trait dialectal particulier aux régions septentrionales, où l'influence portugaise et provençale aurait empêché, jusqu'à une époque assez avancée, le développement de *mn* en *mbr.* — En effet *mn* est une graphie qui n'est pas rare dans les textes castillans, mais il n'y a pas de doute que cette prononciation ne se soit maintenue beaucoup plus longtemps dans le léonais, et les patois modernes de l'Asturie occidentale et centrale montrent (M. P. p. 42) que *mn* s'est même en plusieurs endroits changé comme en portugais en *m.*

Dans nos documents, les mots en question sont généralement abrégés d'une façon qui ne permet pas de savoir au juste quelle était leur vraie forme. C'est ce qui arrive surtout pour le mot *hominem* (o͞me, o͞e). Il y a pourtant un certain nombre de formes écrites en toutes lettres et qui rendent possibles quelques conclusions. Nous les avons réunies dans le tableau suivant.

Tableau statistique.

Groupe I. Doc. IX *nomne* 1; XIII *nomrada* 11, firmedumbre 25; XV firmedumbre 47; XVIII *omnes* 1, nombrado 5, 21; XXIV

---

[1] Cf. Baist Gr. p. 905, Menéndez Pidal Gram. § 59, 1 et Meyer-Lübke Gram. I § 526.

pornonbrado 9; XXVI lumbrera 17, legumbre 20, pornombrado 43;
XXXIII sembrada 31, sembre 33; XLI nonbrados 57, alunbrar 62;
XLII *omnes* 1, *alumnar* 73; XLV ommes 2, nombre 7; XLVII
nombrado 6; L pornombrados 30; LVI pernombrado 9; LVII nombre 1, senbrar 17, techumbre 31; LVIII pornombrado 4, 32, 44,
53, nombrado 5, 33, 45, 54; LX nombre 27, costumbre 29, por-
nombrada 59; LXIII nombre 43, ffirmidumbre 52; LXIV ffirmedumbre 55; LXV ffirmedumbre 65; LXVIII nombre 2, 54; LXXII
alumbrar 17.

Groupe II. Doc. XVII *nomrados* 9, *omre* 12, 14; XLIII
nombrada 10; LV *pornomnado* 17; LXVII *acustumo* 23; LXIX
nombre 52; LXXI *nomne* 59, fermedumbre 74; LXXVII *nomne*
49; LXXIX *nomre* 1; LXXXI *pornomnados* 8, *firmedumne* 44;
LXXXII *nomne* 6; LXXXIII *pornomnada* 9; LXXXIV *pornomna-*
des 8; LXXXVIII *nomrado* 9; XC *nomre* 31, 44.

Groupe III. Doc. XIV *firmedomne* 42; XCIV *ome* 29; XCVII
nomrado 5; XCVIII *acustomado* 26; C *nomrado* 7; CI *queixumes*
7, *firmedume* 48, *costume* 85.

Nous observons d'abord qu'il y a des exemples de la forme
en *mr*, dont M. Gessner ne parle pas (voir doc. XIII 11, XVII
9, 12, 14, LXXIX 1, LXXXVIII 9, XC 31, 44, XCVII 5 et C
7). M. de Lollis[1] croit que *mn* est devenu *mbr* sans passer
par l'étape *mr*. Cette dernière graphie, dont M. Gorra[2] cite
deux exemples tirés d'un document castillan de 1206, n'est
pour lui qu'un essai d'ortographe étymologique, une sorte de
compromis entre *mbr* et *mn*. La rareté des exemples avec *mr*, dont
M. de L. ne paraît avoir rencontré que ceux cités par M. Gorra,
le confirme dans cette opinion. — Nous ne croyons pas à cette
théorie. D'abord les exemples que nous avons réunis et qui
appartiennent presque tous au léonais central ou occidental, tandis
que le groupe I n'offre qu'un seul exemple analogue, font croire
qu'on se trouve en présence d'un phénomène phonétique plus fréquent en léonais qu'en castillan. Ensuite, il nous paraît nécessaire pour expliquer le *b* de supposer une étape antérieure *mr*.
Sans cela, il faudrait croire que *b* se soit intercalé entre *m* et *n*,

---

[1] Studj di Filologia romanza VIII (1901) p. 371.
[2] Lingua e litteratura spagnuola delle origini p. 67.

aprés quoi *n* se serait changé en *r*. Mais comment expliquer alors l'absence totale de la graphie *mbn*? — Si la graphie *mr* est plus richement représentée en léonais qu'en castillan, cela tient à ce que le développement *mn* > *mbr* s'est opéré beaucoup plus lentement dans un dialecte que dans l'autre; dans la région la plus occidentale, il n'a même jamais eu lieu.[1]

Les formes avec *mbr* se trouvent naturellement représentées surtout dans le groupe I. Mais même dans ce groupe, il y a assez de formes avec *mn* pour qu'on puisse y voir un caractère dialectal. Doc. XVIII, on remarque *omnes* à côté de *nombrado*; dans un cas pareil, il n'est pas nécessaire de comprendre *mn* comme une graphie représentant *mbr*, ce que fait M. de Lollis; l'influence castillane pouvait ici comme dans d'autres cas amener une prononciation double. Dans le groupe II, *mn* est prépondérant, mais il y a à côté des formes avec *mn* et *mr* quelques exemples avec *mbr*, prononciation qui commençait par conséquent à pénétrer aussi dans le léonais central. — Dans le groupe III, enfin, la plupart des formes montrent le développement portugais de *mn* en *m*, il n'y a qu'une forme avec *mn*, *firmedomne*, et deux avec *mr*, *nomrado*.

Nous devons peut-être faire remarquer *ommes* du doc. XLV (où l'on trouve aussi *nombre*). Il est certain que cette forme était très répandue dans l'ancien castillan.[2] M. de Lollis, l. c., la fait dériver du nominatif *homo* par la voie savante. Ce serait d'abord dans le langage juridique qu'aurait pris naissance cette forme, répondant au nominatif si fréquent dans les formules latines. M. de Lollis croit aussi pouvoir constater que la forme en question est particulièrement fréquente dans les textes du genre du *Fuero Juzgo* et des *Siete partidas*. — Quant au pluriel, on l'aurait formé par l'addition simple d'un *s* au singulier *home*. — En tout cas, la vie de cette forme n'aurait été que pour ainsi dire artificielle, et la concurrence de la forme populaire *hombre* l'a bientôt fait disparaître.

---

[1] M. P. p. 42.

[2] Cf. Gessner p. 11, note.

n final.

41. M. Gessner fait remarquer, p. 12, que la substitution de *m* final à *n* à la façon portugaise est rare et n'apparaît que dans quelques documents. Dans le Concile de Léon, Muñoz 73 ss., il a trouvé *aom (= aun), furem, falsarem*, etc., dans les documents reproduits par M. Fernández-Guerra *forem, emparassem, fezessem, sanassem* et dans les manuscrits léonais du Fuero Juzgo *quem, sem, linagem*. M. Morel-Fatio, p. 28, ajoute à ces formes quelques-uns des exemples qu'il a trouvés dans le manuscrit de Paris du Fuero Juzgo, où cette habitude est presque constante pour toutes les 3ᵉ p. pl., pour *unus* et ses composés et en général pour les mots monosyllabiques; *seam, devem, demandem, cuydarom, ningum, algum, cadaum, dom, nim,* etc. D'après M. Morel-Fatio, cet emploi de -*m* est un trait caractéristique des textes galiciens et léonais. — M. P. ne parle pas de ces formes, qui doivent être inconnues au léonais moderne.

Nos documents nous fournissent un nombre relativement considérable de ces formes, qui paraissent surtout familières aux groupes II et III:

Groupe I Doc. XLVII Juam 1, 9, 24, dom Bartolome 5, 28, Leom 19, 21, Ffagum 25, porqueriom 26, lirom 31; LVIII uenditjom 3, 31, 43, 52, Juam 9, dom 18, 20, Fagum 22, 39, 63, sam Pedro 40, 61, generatjom 41, 62, Jaem 41, 62, Leom 41, 50, 62, 63, cagom 42, 63, nom 55; LXIII sepam 1, querellarom 12, ffagam 36; LXVIII vierem 1, 5.

Groupe II Doc. XVII quiem 11; XLIII pam 37, seam 45, sacristam 82, 83; LIV Juam 8, 16, 18, sam Pedro 12, ferem 24, contrastarem 26, aueram 27, seam 32, Leom 36, 38, Jaem 36, Guzmam 37, sam Fagum 38; LXXI ordem 46, 56; LXXVII sam Pedro 18, Iordam 65, Dom Miguel 65; LXXVIII Jam 42, Joham 48, 56; LXXXVI ujrem 2; XCVI fiziessem 8.

Groupe III Doc. XCI Leom 24; XCIII sabam 1, uirem 1, oyrem 1 etc., um 4, 5 etc., sam 7, sem 16; XCV sam 17, sem 23; XCVII sabam 1, uirem 1, oyrem 2 etc., sam 5, algum

9, Leom 14, uirom 22, oyrom 22; CI sam Miguel 14, fim 16,
sem 28, liurassem 35, touessem 36 etc., cem 42, 43, sam 52.

Les formes en *m* se trouvent généralement mêlées à celles
en *n:* souvent le même mot se trouve écrit des deux façons
dans le même document. Il est probable qu'il ne faut pas voir
ici un passage de *n* à *m*, mais qu'il s'agit d'une nasalisation
qu'on a désignée tantôt par un *n*, tantôt par un *m*. On
pourra comparer à ce phénomène ce qui arrive en anc. castillan, où, devant une labiale, *m* alterne avec *n* sans que pour
cela la prononciation change : *sempre* ou *senpre*, etc. [1] Cf. aussi
uolumtat doc. LIV 3. 12. — Dans certains cas, *sam Fagun, sam
Pedro*, on serait tenté d'admettre une assimilation à la consonne
suivante, mais cela n'explique que peu de cas.

Il paraît que cette prononciation d'une voyelle + nasale finale,
qui en portugais a passé à l'état de règle, [2] était originairement
très répandue en Léon, puisqu'on en trouve des traces si fréquentes
même dans le groupe I. Il faut pourtant observer que les
chartes de ce groupe où se trouvent ces formes ne sont pas de
Sahagun même. [3] La graphie en question n'est jamais appliquée
avec régularité, mais il semble qu'elle est particulièrement fréquente après une voyelle gutturale tonique et après les voyelles
atones. Après un *e* tonique, on en trouve peu d'exemples.

t final après une voyelle.

42. En castillan, *t* final latin était au moyen âge représenté
indistinctement par *d* ou *t*. C'est aussi ce qui arrive dans nos
documents du groupe I. On peut pourtant apercevoir une
tendance à la dissimilation, tendance qui se traduit par les
formes fréquentes en *-t -d* ou *-d -t: uoluntad, heredat*, etc. Mais
les exceptions sont nombreuses, et dans un mot indifférent sous
ce rapport comme *abbatem*, les formes en *-t* et celles en *-d* sont
à peu près de la même fréquence. — Dans les groupes II et

1 Cf. Menéndez Pidal, Gram. § 47, 1.
2 Cf. Cornu, Gr. p. 967.
3 Voir p. 182.

III, *t* devient beaucoup plus fréquent, *d* ne s'emploie presque plus que si la voyelle est précédée d'un *t*. Autrement les seuls exemples qu'on en trouve sont *abbad* LXXVI 3, 70 et *heredad* LXXXIII 4 (mais *-t* 9, 9, 11). Nous nous bornerons à donner le tableau des groupes II et III.

Tableau statistique.

Groupe II. Doc. IV heredat 4, 8, etc.; XXVIII mjtat 4, 12, heredat 7, 19, 22, etc.; abat 28; XLIII abbat 3, 6, 26, etc., heredat 8, 24, etc., volontat 48; XLIV abbat 3, 5 etc., meetat 16; LV abbat 10; LXVII *meatad* 17, 22; LXIX abbat 3, meatat 10, 14, etc., verdat 39, 42, 53; LXXI abbat 6, 49, 82, verdat 75, 84; LXXV meetat 6, 11, 25, etc., abbat 7, 17, tempestat 21; LXXVI *abbad* 3, 70 heredat 66; LXXVII abbat 6, 48, etc., heredat 10, 34, etc.; LXXVIII herdat 10, 20, uerdat 6, *meatad* 8, 8, 9, abbat 23; LXXIX abbat 6, 11, 20, *uoluntad* 18; LXXXI abbat 3, 5, 11, etc., herdat 13, uerdat 46; LXXXII uoluntat 3, 23, 24, abbat 5, verdat 39; LXXXIII *herredad* 4, heredat 9, 9, 11; LXXXIV podestat 15; LXXXV abbat 4, 15, etc., heredat 9, 12, 13, etc.; LXXXVI abbat 4, heredat 5; LXXXVII abbat 3, 29, *metad* 7, 24, 25, metat 8, 10; LXXXIX abat 3, uolontat 15, heredat 22; XC abbat 3, etc., *metad* 7, 10, herdat 8, 13, uerdat 45; IC salut 3, 3, autoridat 15.

Groupe III. Doc. XIV *meetad* 3, 10; XCII meatat 5, erdat 24; XCIII abbat 2; C abbat 55, 56, uerdat 59; CI abbat 4, 12, etc., auctoridat 28, heredat 103.

Dissimilations, assimilations, métathèses, sons accessoires, etc.

43. Dans le § précédent, nous avons parlé d'un cas de dissimilation consonnantique. Il y en a encore d'autres que nous croyons devoir enregistrer, bien qu'ils ne soient guère particuliers au léonais. Nous laissons de côté les noms propres (Ferrando, Bernald, Vicente, Antolin, Melendez, Beltran, Guillerme), auxquels nous pensons consacrer un examen spécial. Pour *fratrem*, voir p. 186.

ifant < *infant* VII 15, LVI 31, LXXXIII 24. Cf. le mod. *Vicente*, fréquent dans nos documents.

couento < *conuento* LXIX 36, XCI 3.

desne < *desde* VIII 32, 60.

gouernaledes < *gouernaredes* XXVI 17.

molazino < *monazino* XLI 90, XLVI 41, mais *monazino* LXXV 52, 52.

canoligo < *canonigo* XXVIII 45, LV 7, LXXI 13, 22, XC 47.

roular < *roborare*, qui est aussi la forme de l'esp. mod., se trouve doc. XXXI 47, XXXVIII 54, LXXVI 72, LXXIX 23; la forme savante *roborar* XXXIX 37.

Notons enfin la forme non dissimilée de *arbol* : *aruores* LXXXIII 7, *arbores* XCIV 10, XCV 7 et de *miercoles* : *mercores* XCVIII 19.

44. Nous n'avons à noter qu'un seul exemple d'assimilation consonnantique : *pispo* < *bispo* VIII 52.

45. Parmi les exemples de métathèse, citons d'abord celle de *nr* en *rn* qu'on trouve au futur des verbes *poner, venir* et *tener (porne, verne, terne)* et dont nous donnerons des exemples sous le chapitre qui traite du verbe. — Doc. LVIII 32, on rencontre *Panqueros* pour *Camperos*, doc. LXXXIII 4, *Froles* pour *Flores* et doc. XC 15 *gerenal* pour *general*.

Crebantar, forme non dissimilée de *quebrantar*, se retrouve VII 10, IX 11, la forme correspondante de *entregar* se trouve doc. XXXIX 22: *entegraron*, et celle de *olvido* doc. LVI 2: *oblido*. — Doc. LXII 32 et LXXIV 37, on rencontre une forme intermédiaire entre le mod. *prendar* et *pignorare : prendrar*.

46. L'*e* prosthétique manque quelquefois dans certains documents. En voici les exemples :

Groupe I Doc. VII Steuan 25; XIII scripto 20, ste 24; XVI Steuan 6; XIX spirital 18, 23; XXV scriuan 38; XXXI Steuanez 45; XXXIII sta 42; XXXIX Steuan 45; LIII Scobar 16; LXI scriptos 2; LXIV special 65; LXV special 75; LXVIII scrito 60.

Groupe II Doc. XII scriptas 11; XLIII Stephan 100; LXIX
special 41; LXXV scripto 36, Steuanez 44, Spino 51;
LXXVI scripto 1, 64; LXXIX staule 22; LXXX stranio
13; LXXXVIII scripto 12; LXXXIX studioron 39, scudero
43; IC Spinareda 10.

Groupe III Doc. XCI Steuano 2, 26; XCIV scriuj 64; XCV
Steuan 36; C stan 5; CI scripto 17, 74, special 17.

Des exemples de ce genre se trouvent dans plusieurs anciens textes, par exemple le Cid,[1] mais ils s'expliquent en général
par la position du mot après une voyelle qui sert d'appui au
groupe et remplace ainsi l'*e*. C'est aussi le cas pour la plupart
des exemples précités. Les exceptions *Steuan* VII 25, *scriptas*
XII 11, *spirital* XIX 18, 23, *special* LXIV 65, LXV 75, CI 17
stranio, LXXX 13, *scudero* LXXXIX 43, *Steuano* XCI 26, XCV
36, *scripto* CI 74, sont généralement des formes savantes. Le
mot *special* se trouve les trois fois après un *s*, *scudero* après
un *z*, position qui peut avoir empêché le développement de l'*e*
prosthétique.

Si, comme on l'admet en général, l'esp. *hincar* remonte à
figicare,[2] on a là un exemple d'un *n* adventice. Il peut donc y
avoir un certain intérêt à dresser la statistique de la fréquence
des deux formes que revêt ce mot dans nos documents, de
celle avec et de celle sans *n* adventice.

fincar Groupe I Doc. XIII 9, XV 37, XXIII 29, XXV 19, XXVI
28, 31, XXX 26, XXXI 10, XXXIII 18, XLI 53, 58, XLII
79, XLV 18, 25, XLVIII 58, XLIX 17, 34, LVII 28, 31,
46, LXI 7, LXII 27, LXVIII 55, LXX 11, LXXIII 17,
LXXIV 23;
Groupe II Doc. LXVII 7, LXXVII 55, LXXXVII 25.

ficar Groupe I Doc. XV 27, 41, XXIX 20, XXXIX 16, LIV 19,
LXXII 38;
Groupe II Doc. XVII 11, LXXV 34, LXXVIII 30, LXXXI
27, 33, 34, LXXXII 30, LXXXVIII 6.
Groupe III Doc. XIV 5, 26, XCV 9, 22, XCVIII 17, C 24,
CI 46.

---

[1] Voir Koerbs, Sprachl. Eigentümlichk. des altsp. P. del Cid, p. 40.
[2] Cf. Foerster Z XXII (1898) p. 264 et Hetzer, Die Reichenauer Glossen
(Halle 1906) p. 129.

Il ressort de ce tableau que *fincar* appartient surtout à la région orientale, tandis que *ficar* est la forme habituelle du centre et de l'ouest, ce qui cadre bien avec le fait qu'en portugais *ficar* est la forme ordinaire, bien que *fincar* y soit aussi employé. Cette dernière forme est probablement un emprunt fait à l'espagnol.

D. Phénomènes appartenant à la phonétique syntactique.

47. Un trait important du dialecte léonais consiste dans la tendance qu'a ce dialecte d'assimiler la consonne finale de certains mots à la consonne initiale de certains autres. Il s'agit avant tout de l'*n* final des prépositions *en* et *con*, et de l'*l* initial de l'article et du pronom personnel. Nous commencerons par le tableau des exemples, pour passer ensuite aux réflexions que suggèrent ces formes.

I. *n + l.* A. *en + l'article.*

en + lo(s) > enno(s): Groupe I. Doc. XXXVI 18, L 34, LVII 7, 29, LXXII 68, 73.

Groupe II. Doc. LV 9, LXXV 32, 42, LXXX 17, LXXXII 11, LXXXIV 18, 25, XC 22.

Groupe III. Doc. XCII 5, 15, 17, CI 9, 10, 10, 22, 22, 22, 61, 72, 76, 77, 90, 96, 98, 112.

en + la(s) > enna(s): Groupe I. Doc. XIX 8, XXII 13, 25, XXXVI 4, L 10, 34, 35, 44, 51, LIII 3, LVII 19, 21, 54, 54, LX 67, LXIII 46, LXVIII 20, 20, 24, 37, 50, 53, LXXII 57, 69.

Groupe II. Doc. XXVIII 15, 30, 31, LV 7, 18, LXXI 66, LXXV 25, 43, LXXVIII 13, 13, 48, LXXXIII 6, LXXXIV 5, 16.

Groupe III. Doc. XIV 15, XCII 12, 12, CI 14, 16, 22, 56, 71, 86, 104, 108.

en + lo(s) > enos: Groupe I. Doc. I 28, XIII 10.

Groupe II. Doc. LXXVI 19, 28, 67, LXXXV 39, LXXXVIII 4, 17, LXXXIX 5, 13.

Groupe III. Doc. C 45.

en + la(s) > ena(s): Groupe I. Doc. XVI 7, 9, XXVI 7, 15, 36,
     45, XXVII 8, L 39, LVIII 12, 13.
Groupe II. Doc. LXXI 43, LXXVI 5, 13, 16, 18, 32, 38,
     49, 69, LXXVII 24, 27, 47, LXXXVIII 6, 27.
Groupe III. Doc. XIV 16, XCII 8 (desdena) 6, 8 (atana),
     XCIV 5, 12, 22, 38, XCVII 4, C 13, 15.

en + le > enne: Groupe I. Doc. XXVI 36, XXXI 24, XLII
     26, 31, 43, L 55, LX 18, LXXII 65, 82, 92.

en + le > ene: Groupe I Doc. V 4, XLVII 3, LIV 34,
     LVIII 4, 32, 45, 53.

B. *con + l'article.*

con + lo(s) > conno(s): Groupe II. Doc. XXVIII 28, 33,
     LXXVII 59.
Groupe III Doc. XCIII 2, 29.

con + la(s) > conna(s): Groupe I. Doc. XLVI 28.
Groupe II. Doc. XXVIII 19, 26, XC 18, 27, 35.

con + lo(s) > cono(s): Groupe III. Doc. C 23.

con + la(s) > cona(s): Groupe I. Doc. LIV 24, LVI 27.
Groupe III. Doc. C 5.

C. *La troisième personne pluriel d'un verbe + l'article ou
le pronom personnel.*

-n + l- > -nn- ou *-n-.* Groupe I. Doc. VIII dena 58, uendana
     59; XLVI faganno 11, denno 12, vendanno 13.
Groupe II. Doc. LXXVII partirona 59, saelaronna 59, po-
     sieronos 62.
Groupe III. Doc. CI outorgaronna 113.

-n- + l- > ll: Groupe I. Doc. III saquella 7.

D. *Non + le pronom personnel.*

non + lo(s), la(s), le(s) > nolo(s), nola(s), nole(s): Groupe I.
     Doc. III 10, XXII 15, LVII 28, LXII 11, LXV 36.
Groupe II. Doc. LV 13, LXXXV 7, 29.
non + los nonnos: Groupe III. Doc. XCIII 22.

II. *r + l.* A. *por + l'article ou le pronom personnel.*

por + lo(s), la(s) > pollo(s), polla(s): Groupe III. Doc. XCIV
35, 38.

por + lo(s), la(s) > polo(s) pola(s): Groupe I. Doc. XX 16.
Groupe II. Doc. XXVIII 13, 14, XLIII 29, LXXVI 31, 32,
35, 43, 52, LXXXII 16, 16, 17, 17, 18, LXXXV 10, 19.
Groupe III. Doc. XCI 15, XCIII 23.

B. *per + l'article ou le pronom personnel.*

per + lo(s), la(s) > pello(s), pella(s):
Groupe III. Doc. XCI 2, XCV 1, XCVIII 12.

per + lo(s), la(s) > pelo(s), pela(s):
Groupe II. Doc. XXVIII 2, XLIII 3, 26, 61, LV 8, LXXVI
2, LXXIX 5.
Groupe III. Doc. XCI 17, XCIII 2, 7, C 2.

C. *Un infinitif + le pronom personnel.*

-r + l > l ou *ll:* Groupe I. Doc. III sacala 5, dallo 11;
XXXIII fazellas 16; XXXVIII traelos 38; XLVI con-
duchallos 17; LIV fazelo 16, dales 17; LXXIII crialla
16, llabralla 16, desffazelle 43.
Groupe II. Doc. XLIII desfazelo 47; LXXV saellallas 39;
LXXVII prouallo 20; LXXXI ffaceles 7, partillas 44.
Groupe III. Doc. C comprala 31.

III. *s + l.* A. *Un pronom + un pronom.*

-s + l > l ou *ll:* Groupe I. Doc. XXIII uollos 23; XLI uollas 55; LIV uolo 26; LXXII uollo 66, 75.
Groupe II. Doc. LXVII todalas 19; LXXXIX uola 18,
uolla 19, 20.
Groupe III. Doc. XCV uolo 25; XCVIII uolla 11; C uolo 17.

B. *Un verbe + un pronom.*

-s + l > l ou *ll:* Groupe I. Doc. VIII complimoles 8, da-

> moles 8; XXII damoielo 9; XLVII vendemolo 5; LVI
> ayadella 18; LVIII robramo, confirmamola 28, robramola,
> confirmamola 42.
> Groupe II. Doc. XLIII fazemolas 30; LXXVI damola 20;
> LXXXVI otorgamolo, confirmamolo 6.

Observons d'abord que les formes ainsi contractées n'étaient
généralement pas d'un emploi obligatoire. Il est vrai que, dans
un grand nombre de documents, il n'y a que des contractions
sans formes pleines correspondantes, mais cela dépend souvent
de ce que, dans ces documents, les combinaisons en question
sont peu nombreuses. Il y a d'autres documents où l'on ne
trouve que les formes pleines. Les documents qui sont assez
étendus pour offrir des exemples nombreux des combinaisons dont
il s'agit, offrent des formes contractées à côté de formes pleines.
Ainsi les doc. XXII *enna* 13, 25, *en la* 24, 25; XXVI *ena* 7, 15, 36,
enla 12; LVII *enno* 7, *enna* 54, 54, *en el* 54, *con la* 56; LXXII
enna 69, *en la* 65. Dans quelques documents, l'assimilation est
pourtant appliquée avec rigueur (tel le n° LXXVI): le groupe
III montre tout particulièrement, comme il est naturel, que, dans
la région occidentale, elle avait passé à l'état de règle.

M. Gessner attire avec raison l'attention sur la forme *enno*,
conno, parce qu'elle ne peut remonter qu'à la forme *lo* de l'article, forme qui est celle du portugais, et qui, comme nous allons
le voir, a laissé encore d'autres traces dans le léonais (cf. p. 265).
Cette forme représente la syllabe finale de *illum*, tandis que
l'article espagnol remonte au nominatif *elli*, dont le voyelle a
subi l'influence de *ellum*.[1] Il s'ensuit donc que, lorsque l'accusatif *ellum* était évincé par le nominatif *elli*, les formes *conno*,
enno ont pu, grâce à la forme particulière qu'elles avaient prise
par l'assimilation, persister à côté de *con el, en el*.

Nos documents offrent aussi la forme *enne (ene)*. On peut
remarquer à propos de cette forme qu'il n'y a pas de changement analogue pour *con*. Mais les exemples de *con* sont en
somme beaucoup moins nombreux que ceux de *en*, et ce peut très
bien n'être qu'un effet du hasard que la combinaison **conne* manque.
Une autre circonstance à remarquer — plus importante celle-

---

[1] Cf. Baist Gr. p. 909.

là — c'est que la forme *enne* ne figure que dans les documents du premier groupe, tandis que *enno* est proportionnellement beaucoup plus fréquent dans les groupes II et III que dans le groupe I. Ce n'est là qu'une nouvelle confirmation du fait que nous avons mainte fois relevé: plus on s'approche vers l'ouest, plus les formes approchent de celles du portugais. Les documents de Gessner appartiennent tous à un domaine central ou occidental. — Comment expliquer *enne?* Vu l'absence de *conne*, on pourrait être tenté d'admettre la possibilité d'une assimilation de la voyelle finale atone à la tonique, mais — sans compter avec la rareté relative de *conno* — cette hypothèse rencontre des difficultés qui la rendent inadmissible. Car on s'attendrait alors à trouver aussi au pluriel un *ennes* et au féminin un *enne* < *enna*, etc. Encore trouve-t-on, doc. L, deux fois, 12 et 51, *tras lé*, où l'*e* ne s'explique pas par une hypothèse pareille. — On pourrait aussi voir dans *enne* le résultat d'un croisement entre *enno* et *en el*, mais cela n'expliquerait pas non plus *tras le*. — Nous croyons donc qu'il faut voir dans *enne* la trace du nominatif avec perte de la syllabe initiale: *en + elle > en le > enne*, de même *trás elle > tras le*. Le nominatif était sans doute employé au régime déjà avant d'avoir perdu la syllabe initiale, perte qui d'ailleurs eut lieu plus tard en léonais qu'en castillan. Grâce à cette manière d'envisager la question, on comprend aussi que ces formes se trouvent de préférence dans la région occidentale du Léon, où l'accusatif de l'article n'a presque pas laissé de traces.

Comme on le voit par notre tableau, l'assimilation de *n* et *l* donne ou bien *nn* ou bien *n*, graphies qui se trouvent souvent représentées dans le même document. Les formes avec *n* simple augmentent vers l'ouest. Dans la région centrale et orientale, il est probable que *en* s'est d'abord combiné avec l'article, lorsque celui-ci se prononçait avec *l* mouillé: *en + llo > enno (eño)*, après quoi *ñ* s'est fréquemment réduit en *n* sous l'influence de la préposition.

Au lieu de *nn* ou *n*, on trouve *ll* doc. III 7 dans la forme *saquella*. Voici ce passage: «si ellos moriren saquella sos fillos el qui primero diere estos morabetinos : istos homines que aqui sunt nominatos enesta carta quela an asacar.» La forme

doit être au pluriel. Ce résultat de l'assimilation, qui n'est pas
sans exemples dans les anciens textes, [1] se produit du reste
dans un cas très fréquent: celui de la particule *non* avec le
pronom: *nolo, nole,* etc. Nous croyons que l'assimilation en *l,*
qui n'est que sporadique, représente un phénomène postérieur à
celle en *n.* Si c'est cette assimilation-là qui l'a emporté pour
non, cela dépend en partie de ce que l'*n* de *non* avait souvent
disparu pour d'autres raisons, ce qui donnait à la forme *no* une
certaine force.

Quant à l'assimilation $r-l > ll\ (l),$ elle constitue un trait qui
n'est pas inconnu non plus au castillan, où elle n'est pourtant
pas, au XIIIe siècle, aussi fréquente qu'en asturien et en léonais.
Et, en castillan, c'est seulement dans la combinaison d'un infinitif avec un pronom suivant que cette assimilation apparaît. Avec
les prépositions *por* er *per,* elle constitue un trait des dialectes
occidentaux. M. Cuervo, qui traite à fond de l'assimilation d'un
infinitif avec un pronom[2], fait observer que ce sont tantôt les
formes mouillées du pronom, tantôt les formes non mouillées qui
apparaissent dans ces combinaisons. Quant à la répartition de
ces deux espèces de formes dans nos documents, celles avec *l*
simple sont plus répandues à l'ouest, tandis que *ll* prévaut dans
la région orientale, ce qui correspond d'ailleurs à ce que nous
avons constaté à propos de *n* et *nn.*

Il ressort aussi de notre tableau que les formes avec *per*
et, par conséquent, cette préposition même, sont répandues dans la
région centrale et celle de l'ouest, tandis qu'elles paraissent être
presque inconnues dans la région du groupe I. Il n'y a dans
cette région pas un seul exemple de la combinaison de *per*
avec l'article, et de *per* seul nous n'y avons trouvé que
deux exemples. [3]

Notons ici que la métathèse bien connue du *d* final de
l'impératif et de l'*l* initial du pronom, dont parle M. Cuervo, l.
c. p. 261—263 n'est pas inconnu à notre dialecte, bien que,
dans nos documents, nous n'en ayons rencontré que deux ex.
doc. LXIII *amparalldos* 32 et *deffendeldos* 35. L'impératif étant

---

[1] Voir M. P. p. 44.

[2] Rem. XXIV (1895) p. 253—261.

[3] Cf. § 61.

d'un usage fort restreint dans des textes de ce genre, l'absence presque totale de ces formes est toute naturelle.

La perte de l's d'un verbe ou d'un autre mot, surtout des pronoms *nos* et *vos*, devant l'*l* du pronom est un trait léonais que relève M. Gessner p. 14. Pour ce qui est de la combinaison d'une forme verbale et d'un pronom, il dit que les exemples très rares font croire que cet usage n'était pas très fréquent en léonais et il n'en cite qu'un seul *auedelos*, Alex. 2460, forme qu'allègue aussi M. P. p. 45. — A en juger par nos documents, c'était pourtant là une habitude fréquente et — chose bizarre — la plupart des exemples appartiennent à la région de Sahagun. — M. Gessner relève encore d'autres combinaisons *amballas*, *tralos*, etc. dont l'absence dans nos documents ne peut dépendre que du hasard.

Pour la forme *daiela menor* doc. VIII 33, voir p. 269.

Quant à l'emploi des combinaisons assimilées dans les patois modernes, nous renvoyons à M. P. p. 43—45, en faisant seulement remarquer qu'exception faite pour les combinaisons du type *adugannos*, qui n'ont persisté nulle part, et du type *matalo* dont on trouve des traces jusqu'en Santander et en Extremadura, les formes en question sont confinées dans les parlers asturiens et occidentaux.

Ajoutons ici les quelques exemples d'un autre phénomène analogue qu'offrent nos documents, à savoir le cas où *con* ou *en* devant un mot commençant par *m*, perdent leur *n* par suite d'une assimilation à la consonne suivante. C'est ce qui arrive doc. XXXVI 1 *comeus filius*, XLVII 1 *comio ermano*, 17 *emes* et LVIII 2, 27, 30 *comie mueyer*.

48. Nos documents offrent un grand nombre d'élisions. Bien qu'il ne s'agisse pas là d'un trait dialectal, nous citerons quelques exemples des cas principaux, surtout à cause de l'intérêt qu'offre cette question encore obscure au point de vue métrique.

1. Elision de l'*e* de la préposition *de* ou d'autres mots atones devant un mot commençant par un *e* (souvent prosthétique): Doc. I d Esteuan 8, 17, dEscobar 22; VIII dEscobar 15, dEr-

demestaio 27, quesent (= que se ent) 31; IX mescriuio 28;
XVI del (= de [prés. du subj.] + el) 26; LIV questa 2, 42, senantes 26; LVIII questa 28; LXIII dEscobar 2, 40; LXVII
derua 18; LXXII dElgar 97; LXXV dEscalzon 59; LXXXIII
destranna 16; XCI dEspinareda 3; XCII dEspinareda 4; XCVII
dextrana 10; XCVIII jur derdade 8; C dEspinareda 3.

2. Même élision devant un mot commençant par une autre
voyelle que *e*: Doc. I d Aluar 24; VIII ual dOntio 25 (mais *de
O.* 24); XXIII dAlmanza 13; XXIX doy 8, dotra 15; XXXI
damor 43; XLVI dArroyo 38, 42; LI dAluires 38; LXVII
d ortaliza 18; LZXII dArroyo 95; LXXVI dAldonza 34, 45,
55 etc., dAguilar 53; LXXVII dAllonza 3 (mais *de A.* 18);
LXXIX dAllonza 6, 20, d abril 27, d Ouiedo 29; LXXXI dAldonza 3, 31; XCII dArganza 33; XCVIII dAstorga 2, 18.

3. Contraction de deux voyelles pareilles: Doc. VII cabel
3; XII a = a a 20; XVI 23, XXII 25, LXXV 27 cadanno;
XLIII 79, XLIV 8, 23, LI 2, LXIX 46 Vill Alpando; XCII
desdena 8.

4. Contraction de deux voyelles différentes: Doc. XXVIII
poral 18; XLVI contral 19; LXI fatal 21, 26; LXXVIII asse =
aesse 14; XCII atana 8.

Les mots atones subissent souvent une réduction qui consiste dans la perte de la voyelle finale ou de la syllabe finale
en position proclitique:

Dona perd souvent son *a* devant un nom commençant par
une voyelle:[1] doc. XII don Elo 4, 18, 25, 45; XXXVII don
Olaja 11; LIV don Elvira 5.

Todo peut perdre son *o*: XLVIII *tod ome* 49; XCIV *todeste* 30.

Don perd de temps en temps son *n*, ce qui est naturel devant un mot commençant par *n:* do Nicolas LIV 38, LVIII 22,
mais ce qui arrive particulièrement souvent devant le nom *Yuanes: do Yuanes* XI 7, XXIII 15, LXIV 3, LXV 82, LXXVI
78, LXXXVIII 31, 31, 33. Doc. XXXIX 3 *Do Garcia*.

La combinaison *fijo de* s'abrège très souvent devant un
nom propre en *fi de:* doc. VI 19, 20, XVI 42 (fij de Domingo),
XXIV 11, 22, XXV 37, XXX 37, 41, etc., etc.

---

[1] Cf. Cid: «don Eluira e dona Sol».

Sur les abréviations du mot *fraile*, voir p. 186.

Notons enfin les formes suivantes: doc. XXXVII 1 *cosea* = *cosa sea* et LXXVIII 27 *enssa* = *en essa*, LIX 20 *duen de tierra*, XIV 36, 37 *el con don Fernando*, ainsi que l'abréviation habituelle de *valle* > *val* (Ual de Miriel XVI 47) et l'expression connue *demancomun* (XVIII 3).

Plusieurs formes qui appartiennent à la phonétique syntactique sont traitées dans d'autres §§. Ainsi l'article, plusieurs pronoms, certaines formes verbales et certains adverbes, les prépositions et les conjonctions doivent souvent leurs formes à leur position atone dans la phrase, mais nous en reparlerons sous les §§ consacrés à ces différents genres de mots.

———

Chap. II.

Morphologie.

A. L'Article.

49. L'article offre en léonais certaines particularités. Nous avons déjà parlé des assimilations avec une préposition précédente (cf. p. 253 ss.). Ici nous avons d'abord à noter les formes *ela (ella), elas (ellas), elos (ellos)* pour *la, las, los,* c'est-à-dire les formes latines maintenues sans apocope de la syllabe finale, à côté des formes castillanes. La réduction presque constante de *ll* en *l* dépend sans doute de l'influence de la forme masculine.

ela(s) Groupe I Doc. I 17, 18, VIII 10, 11, 29, XVIII 7, 11, 42, XXIII 7, XLII 25, LVII 15, 16, 17, etc., LX 6, 8, etc., LXIII 5, LXIV 54, LXVIII 30.

    Groupe II Doc. IV 7, 10, XII 9, 11, 12, 14, 15 etc. XVII 8, XXVIII 18, XLIII 8, 33. 56, 58, LV 14, LXXVI 8, 13, 26, 27, 35, etc., LXXVII 7, 8, 17, 52; LXXX 5, 7, 20, LXXXII 7, 7, 8, 11, etc., LXXXIV 8, 12, LXXXIX 22, XC 7, 28, 33; 13 (ellas).

    Groupe III Doc. II 8, 8, 9, 9, 11, 12, XIV 3, XCI 6, 10, 11, XCV 4, 8, 9, 12 etc., XCVIII 14, 14, C 23, 25.

elos Groupe I Doc. I 25, 29, 36, XXXVIII 7.

    Groupe II Doc. IV 2, XII 16, 19, 21, XVII 13, XLIII 94, LXXVIII 9, 20, 45, LXXXI 8 (ellos).

    Groupe III CI 80.

Un autre phénomène qui appelle notre attention, bien qu'il ne soit pas particulier au léonais, c'est la forme de l'article féminin devant un mot commençant par une voyelle. Dans ce cas, on trouve ou bien l'article abrégé *la* ou bien *ela,* dans l'un ou l'autre cas l'*a* peut être élidé: *l* ou *el.*

la Groupe I Doc. VIII la era 9; XVI la obra 19, la otra 26; XVIII la ira 32; XXIII la egrisia 19, 21; XXVI la eglisia

17, 20, 24, 46, la heredad 24, la offerenda 46; XXX la eglisia 4, la otra 5; XXXII la una 9, la otra 18; XXXIII la otra 46; XXXV la una 7; XXXVIII la otra 29; XXXIX la heredat 14, 21; XL la otra 28; XLI la heredat 25; XLV la egrija 9, 17; XLVIII la una 65, la otra 66; XLIX la heredat 7, 17; L la otra 60, la una 66; LI la auenencia 7, la otra 29, 35, la una 33; LIV la una 33; LVII la enfforcion 35; LX la una 97, la otra 98; LXI la una 14, 46, la otra 16, 48; LXII la una 41, la otra 20, 41; LXIII la enquisa 46; LXIV la otra 47, la una 53; LXV la una 63, la otra 56, 64; LXVI la una 18; LXVIII la era 33, la arffia 48, la una 65, la otra 67; LXX la orden 5; LXXII la una 85, la otra 90, la huerta 44.

Groupe II Doc. XIV la honor 30; LV dela una 10; LXVII la egl'ia 3; LXIX la egl'ia 2, 5, 7, etc., la una 4, la ochaua 21, 24, la entrellinadura 49; LXXI la una 8, la otra 8, la ordem 46, 56; LXXV la una 3, la otra 5, la antedicha 9, la eglisia 25; LXXVI la una 38; LXXVII la una 3, la otra 6, la heredad 34; LXXVIII la otra 8; LXXXVI la heredat 5; LXXXVII la otra 25; XC la egl'ia 18, 22, 35; IC la otra 24.

Groupe III Doc. C la heyra 23, la outra 36; CI la una 6, la outra 7.

l Groupe I Doc. X lera 4; XLV luna 26, lotra 27.

ela Groupe I Doc. V dela enfermeria 28; XVIII ela una 7; XXVII ela una 8; XXXVIII ela heredad 39; LVII ela otra 16, 17, etc., ela heredat 25; LX ela excepcjon 70; LXIV ela otra 54.

Groupe II Doc. XVII ela heredade 8; XXVIII dela egrisia 12, 24, 25, dela heredad 7 (*ela* ou *la*?); XLIII ela una 58; LXXVI ela una 36; LXXX ela otra 5, 7; LXXXII ela antigua 7, 18, ela otra 11.

Groupe III Doc. XCI ela outra 11.

el Groupe I Doc. VII el otra 17; XV el una 40, ell otra 41; XVI del almosna 30; XXV del anjma 40; XXVI el otra 37; XXIX del Espina 34; XXXVII el una 9; XLII el alma 42; L el otra 39; LIV del una 9, del otra 9, 9, 10, 11, el otra 34; LVI del era 13; LXVI el otra 18.

Groupe II Doc. IV el otra 11; LV del otra 11; LXXVI
el otra 37, 41, 55, 57; LXXXI al otra 41.
Groupe III Doc. XCI al outra 21; XCIII al outra 24.

Comme on le voit par cette collection d'exemples, il ré-
gnait une grande liberté dans l'usage. On pouvait employer
ela ou *la*, mais on pouvait aussi employer *el* devant n'importe
quelle voyelle, de préférence pourtant devant une voyelle tonique,
tandis que dans la langue moderne ce dernier usage est restreint
au seul cas où le mot suivant commence par un *a* accentué.
Comment faut-il expliquer cet usage de *el* au féminin? M.
Morel-Fatio parle de cette question, R. IV (1875) p. 21, à propos de la strophe 63 de l'Alexandre, dont le second vers doit
d'après lui être ainsi rétabli:

Mester l'es que bien sepa de l'espada ferir

M. Morel-Fatio fait remarquer que *del espáda* est l'orthographe moderne, mais qu'il faut écrire *de l'espada*. Il ne croit
pas que «l'emploi de l'article *el* (qu'il ne faut pas nommer masculin) devant les féminins commençant par une voyelle pro-
vienne de la forme *ela*, dont l'*a* tombe devant une voyelle initiale. Ce sont plutôt les formes des cas obliques *de l'*, *a l'*
abrégées de *de la*, *a la* devant des voyelles, par conséquent
identiques aux cas obliques du masculin, qui ont déterminé
l'application au nominatif de la forme anormale *el* pour *l'* = *la*».

M. Morel-Fatio veut par conséquent placer l'élision seulement après la chute de l'*e*. A notre avis, il est plus probable
que ces deux phénomènes ont été parallèles. *Ela* se réduisait
devant une voyelle par l'élision de l'*a*: *el*; devant une consonne
l'*a* restait, mais les combinaisons *dela*, *ala*, *sobrela*, etc. amenèrent
la perte de l'*e*: *(de)la*, *(a)la*, etc. Comme la dernière position
était de beaucoup la plus ordinaire, c'est la forme *la* qui a prévalu
(ayant encore l'avantage d'être différente du masculin), excepté
dans certains cas. Dans le léonais, où *ela* persistait très longtemps
même devant une consonne, cette explication paraît s'imposer
comme presque certaine. Quant à *dela* et *ala*, l'élision s'y est
opérée en même temps et de la même façon que dans *ela*. — On
s'attendrait d'ailleurs, si l'explication de M. Morel-Fatio était
juste, à trouver de nombreux exemples de *la* avec élision, mais

ils sont en effet peu fréquents. Les trois que nous avons enregistrés dans nos documents, sont du reste peu concluants, car dans les trois cas l'*e* est précédé d'un autre *e*, qui peut remplacer l'*e* de *ela*.[1]

L'article offre encore quelques formes singulières dans nos documents: doc. XXI *lospital* 3; LIV *ye luno* 33; LXX *la abbat* 8; LXXVII *entre labbat* 2; LXXXI *lotro* 26, *labbat* 36.

Quelques-uns de ces cas peuvent s'expliquer à l'aide de l'*e* final du mot précédent, qui représenterait en même temps l'*e* de *elo*, *ela*, tels LIV 33, LXXVII 2, LXXXI 26. Mais comme les trois autres cas ne sont pas susceptibles de cette explication (lospital, la abbat, labbat), nous préférons voir dans tous ces exemples des restes de l'article *lo* avec élision de l'*o*. Nous avons déjà vu que cette forme de l'article était d'un usage fréquent dans certaines combinaisons prépositionnelles. Hors de ces combinaisons, nous n'en avons trouvé que deux exemples tous deux appartenant au groupe III: *con lo lagar* XCIV 13 et *por lo conuento* CI 49. Les anciens textes[2] en montrent des exemples et la forme élidée est encore d'usage dans certains parlers asturiens. (M. P. p. 50).

M. Gessner, p. 16, et M. P., p. 50, font remarquer qu'en léonais, l'article commence assez souvent par *l* mouillé, surtout après une préposition qui se termine par une consonne. Nos documents offrent les ex. suivants: LXIV *en lla* 56, 59 *por lla* 6; LXV 19 *en lla*.

Dans XV 41 *ellotra*, LIX 14 *all abbat* et LXXXI *dellos* 4, *alla* 19, *allabat* 11, 35, il s'agit de *ll* resté intervocalique et ayant résisté à l'attraction analogique de *el*.[3]

---

[1] Cf. Menéndez Pidal, Gram. § 100 2.

[2] Cf. Gessner p. 16 et Morel-Fatio p. 32. Lorsque M. M.-F. dit que *lo* était la forme la plus usitée, l'auteur compte probablement aussi les combinaisons prépositionnelles. Car en dehors de ces combinaisons, l'emploi de *lo* paraît être partout relativement rare.

[3] M. P., p. 31, parle de la tendance du léonais à palataliser un *l* qui commence un mot ou une syllabe. La palatalisation de l'*l* de l'article et du pronom peut dans les dialectes modernes être de cette nature, mais les formes citées par nous montrent sans doute des traces de la palatalisation originaire. — Dans quelques-uns de nos doc., on trouve des ex. d'un *l* initial palatalisé, à savoir doc. XLVI *llauor* 5, 9, *allabrador* 15, LXIX *entrellinadura* 49, LXXIII *llabralla* 16.

Il ne nous reste à relever que deux exemples du groupe III, tous deux de Cacabelos, c'est-à-dire du point le plus occidental de la région que nous étudions, exemples qui offrent des contractions portugaises: XCVIII *dos* 5, *da* 5; CI *as* 68, 120. Pour ce dernier document, il faut observer qu'à ces deux formes portugaises correspondent plusieurs formes castillanes.

B. Pronoms.

Pronom personnel.

50. Comme le montrent MM. Gessner, p. 20, et Morel-Fatio p. 33, la forme *elli*, *elle* s'employait souvent en léonais pour *el*. Il est donc étonnant de n'en rencontrer dans nos documents que deux exemples: *elle* LV 18 et *eli* LXXVII 54, mais il est vrai que le pronom *el* n'est pas très fréquent sous sa forme ordinaire non plus. Nous devons pourtant citer aussi la forme *(d)ele* du doc. C 5, 7, qui, comme nous l'avons déjà fait remarquer, approche du portugais.

Comme pour l'article, nous avons à noter ici un certain nombre d'exemples où la première syllabe persiste.

Groupe I Doc. LVI elo 19, LVII elos 12, LXV elos.

Groupe II Doc. LXXX elo 12, ela 22; LXXXIV elo 15; LXXXVIII elos 1, 1, ela 15, 26; XC elo 28.

Groupe III Doc. XCV elos 35.

Il y a aussi un grand nombre de formes commençant par un *ll* double.

Groupe I Doc. LXIII gelles 11, gello 16, 21, 23, 24, 34, gella 37, 52; LXIV quellos 14; LXV quelles 39; LXVIII sille 16, LXXIII ssilla 28, 29, quello 29.

Groupe II Doc. LXVII dolle 16; LXIX que lle 23; LXXI die lle 26, con llos 27, que lle 71; LXXXI quelles 6; LXXXII quellos 21, 22, 23;

Groupe III Doc. XCV que llo 11, 14, 21; XCVIII que lla 8; CI que lles 12, 93, quellos 28, quelle 82, 92, quellas 91, sello 104.

Il y a aussi quelques exemples où *ll* a abouti à *y* : VIII
33 *doiela menor*, 36 *doiel la menor*, 58 *qui ia dioron*; XLVI 21
que yas; LV 13 *ye*.

Avant de discuter la valeur phonétique de *ll*, nous allons
dresser le tableau des combinaisons de deux pronoms, dont le
premier est *le(s)*, le second *lo(s)*, *la(s)*. Comme en castillan, *les*
perd dans ce cas toujours son *s* devant le pronom suivant, de
façon que *selo* équivaut aussi bien à *leslo* qu'à *lelo*.

Groupe I Doc. XIII damos gelo 14, non gelo 19; XXII damoi-
    elo 9, comoyelas 15; XXIII non yelos 25, dar gelas 26;
    XXVI dargelos 19; XXXVIII damos yelo 32; LXI non
    gelos 38; LXIII quegelles 11, quegello 16, 21, 23, 24,
    gello 34, dadgella 37 non gelos 49, nengellos 50, diemos-
    gella 52; LXVIII diemosgela 23; LXX quegela 7, ningela
    7, quegela 15, nunqua gela 31, dargela 32, diemos le la 45.
Groupe II LXIX que yela 16, LXXI que gela 36, 73; LXXVII
    que lola 54.

Quant aux formes de l'accusatif de l'article et du pronom
personnel qui commencent par un *l* double, M. Gessner, p. 16—
17, croit que *ll* signifie un *l* mouillé, tandis que M. Morel-
Fatio, p. 33, n'attribue à cette graphie que la valeur d'un *l*
ordinaire. L'opinion de M. Gessner, que partagent d'ailleurs
M. Baist, Gr. 910, et M. Menéndez Pidal, Dial. leonés p. 49,
nous paraît être la vraie, vu les graphies sporadiques avec *y* et
le fait que ce sont sans aucun doute les formes mouillées qui
entrent dans les combinaisons prépositionnelles. C'est du reste
presque toujours dans une combinaison avec une particule
finissant par une voyelle qu'on trouve ces formes, et il est en
effet très naturel que la mouillure persiste dans ce cas, puisque
en réalité *ll* reste intervocalique.

Cette question se rattache de près à une autre: celle de
l'origine des formes cast. *selo*, léon. *yelo*. L'ancienne forme
castillane, très répandue aussi en Léon, était *gelo*. On paraît
s'accorder à regarder *gelo* comme provenu de *llelo* par une sorte
de dissimilation. Mais, tandis que M. Menéndez Pidal, Gram.
§ 94, 3 explique la conservation de *ll* par une dissimilation, et
dit que, plus tard, on substituait à cet *ll* un *g*, d'où *gelo*, etc.,

M. Baist [1] regarde précisément *gelo* comme provenu de *llelo* par
dissimilation. Si en castillan *gelo* est devenu *selo*, M. Menéndez
Pidal essaye d'expliquer cette transformation en renvoyant au
mot *cosecha*, qui à travers l'anc. *collecta* et le vulg. *cogecha*
dérive de *collecta*. M. Baist croit que c'est dans la position
fréquente après un *r* ou un *n* (dargelo, dengelo) et sous l'influence
de la tendance *rž, nž > rz, ns(esparcer, encia)*, et aussi grâce
à l'analogie du pronom réfléchi, que *yelo* est devenu *selo*. Il
indique aussi comme une possibilité que le passage *rž, nž
> rs, ns* ait été une loi phonétique du XVe siècle, tandis qu'à une
époque plus reculée ces phonèmes donnaient *rz, ns*.

Quant au mot *collecta*, il ne me parait guère pouvoir nous
aider à comprendre l'évolution de *llelo* à *selo*. Si le *ll* de
collecta est devenu *g*, cela peut dépendre et dépend probablement
de la forme *coger* et des autres formes de ce verbe où *lg* est
devenu *g*. Que ce *g* soit devenu *s*, c'est ce qui s'explique par
une dissimilation entre les deux spirantes palatales. Si *ct*
n'a pas abouti à *ch*, le passage à *s* n'a pas lieu, comme le
montre la forme de Colunga *coxeta* [2] (Boal *coyeta*) et *cogeta*
doc. LXXXVII 16. — Nous croyons avec M. Baist, l. c., que
le passage de *g > s* s'explique par sa position fréquente surtout
après l'*r* de l'infinitif, mais il nous paraît difficile de comprendre
la naissance de ce *g* comme le résultat d'une simple dissimilation. A notre avis, les formes *illi, illum, illam*, etc. avaient l'*l*
mouillé, lorsque dans certaines formes la première, dans d'autres
la seconde syllabe est tombée. Dans ce dernier cas, le mouille-
ment a disparu, tandis que dans *lla, llo, lle*, etc., il a été conservé. Mais, comme l'influence de *el* a souvent en léonais (et
en castillan) réduit *ella* à *ela*, etc., il en est résulté un certain
dualisme dans les formes pronominales, dualisme qui s'est étendu
aux formes précitées *llo, lla*, etc. pour les réduire à *lo, la*. A
ce passage contribuait aussi la position enclitique de ces pronoms, position où ils étaient souvent précédés d'une consonne
après laquelle *ll* se réduisait à *l*. Dans la combinaison *llello*
(*llella*, etc.), le second *ll* a d'abord passé à *l* par dissimilation

---

[1] Gr. p. 910.

[2] Cf. Braulio Vigón, Vocabulario dialectológico del Concejo de Colunga.

avec le premier, dissimilation qui a aussi pu maintenir le premier *ll*. Mais il faut observer que la persistance tenace de *ll* dans *lle* aussi en dehors des combinaisons pronominales, montre que la voyelle *e* favorisait ce son mouillé qui se réduisait plus facilement devant un *a* ou un *o*. — Comment *llelo* est-il devenu *gelo* en castillan et *yelo* en léonais? Dans les deux dialectes nous voyons *ll* initial représenté dans ce cas par le son qui généralement rend les groupes latins *lj, cl, gl*, non par celui qui rend le *ll* intervocalique qui devient *l* mouillé. Il paraît par conséquent probable que cet *l* mouillé provenant d'un *l* double intervocalique, mais devenu initial par la chute de la première syllabe, a du même coup changé d'articulation, de façon à suivre dans son développement ultérieur la même voie que *lj, cl, gl* intervocaliques. Ce changement, provoqué ainsi par suite de la position nouvelle de *ll*, n'a rien que de très naturel. Tout au plus pourrait-on objecter que la position de *ll* n'est pas initiale, puisque ces pronoms étaient enclitiques et formaient avec le mot précédent une unité phonétique. Mais il n'en est pas moins vrai qu'après la chute de l'*e* dans *elli*, etc., le *ll* se trouvait dans une autre position qui devait sans doute amener un nouveau développement phonétique. Peut-être faut-il penser déjà ici à la place après un *r* ou un *n* qui plus tard a été d'une grande importance. — Résumons notre raisonnement: *elli > ell > el, ella > lla > la* (pour des raisons analogiques et phonétiques). *Elli > lle > ye* (en léonais), *le* (en castillan). *Lllello > llelo > yelo* (léonais), *gelo* (castillan) par suite du changement de position de *ll*. *Gelo > selo* (castillan) grâce à la position fréquente du *g* après *r* ou *n*.

Nous avons déjà fait observer qu'en léonais *lle* devient *ye* aussi en dehors de la combinaison avec un autre pronom. Nos documents n'offrent que trois exemples de ce développement: LV 13, VIII 33 et 36. Pour ces deux derniers, on peut pourtant douter si l'article suivant n'a pas eu l'effet d'un pronom personnel: *daiela menor* 33, *doiel la menor* 36. — Il paraît résulter du contexte que l'*a* du premier exemple est une faute du notaire pour *o*, et que, par conséquent, les deux exemples se ressemblent. La seule différence est que dans le premier le notaire a réuni l'article au pronom, dans le second il paraît avoir été sur le point de le faire (*iel*), mais il s'est corrigé.

Autrement le document montre *les* cf. l. 4, 9 et 33. Il y a lieu de comparer ces passages aux vers 3675, 3678 et 3680 du Cid *(falsso ge la guarnizon)*. — A observer, l. 58 du même doc., *qui ia dioron* où *ll* a abouti à *y* peut-être sous l'influence de l'*i* qui précéde, à moins qu'on ne soit en présence d'une faute du notaire. Cf. pourtant XLVI 21 *que yas*.

Les formes *lle(s)* et *le(s)* font concurrence à *ye(s)* seul, *gelo*, etc., fait concurrence à *yelo*. *Gelo* n'est peut-être pas autre chose que la forme castillane, qui a pénétré en Léon, mais, étant données les conditions dans lesquelles ces formes se sont développées, il se peut qu'il y eût deux formes appartenant au même dialecte, quoique provenues de positions différentes. *Gelo* l'aurait emporté en castillan, *yelo* en léonais.

Doc. LXX, 45 *lela* et LXXVII 54 *lola*, témoignent que l'analogie du pronom simple pouvait influencer les combinaisons en question.[1]

Pour les quelques exemples de *li(s)* et de *lu* qu'offrent nos documents, nous renvoyons aux §§ 25 et 26. — Mais nous allons citer ici un petit nombre de pronoms abrégés, appartenant presque tous au groupe I.

Verbe + le: Doc. XIII pechel 23.

Quel: Doc. XIII 18, XLIX 30, LXII 22, LXIII 51, XLIV 37, 37, LXV 44, LXX 6, 37, 41.

Conj., pronom. prép. etc. + le: Doc. XIII todestol 13; XLI ol 35; XLII ol 95; XLVI sel 20; LXIII commol 22, LXV del 44.

Subst. + le: Doc. LIV contrastal 20.

Verbe + se: Doc. VIII tornes 57.

Ques: Doc. XXXIII 34.

Pron. + se: Doc. XXXIII quisquier 44.

Doc. LIV l. 25, on rencontre une forme curieuse. La phrase est celle-ci: «Estos solares sobredichos conso ferem enesto uos meto que seades tenedor ques fruchedes ye leuedes sin todo peccado fata XV annos.» On serait tenté de voir dans *ques* une contraction de *que yes*. Une forme enclitique de *les* analogue à celle du français n'est guère possible en espagnol. Il

---

[1] *Lo la* LXXVIII 54 = *les la* cf. l. 40 *dieron los*.

se pourrait aussi qu'on fût en présence d'un verbe *esfruchar*
(cast. mod. *desfrutar*), bien qu'une forme pareille nous soit inconnue en espagnol.

51. La forme ordinaire de *ego* est *yo*, comme en castillan.
Il y en a pourtant deux autres formes, *you* et *eu*, toutes les
deux appartenant presque exclusivement au groupe III.

you Doc. XCI 26, XCII 2, 14, 21, XCIII 1, C 54.
eu Doc. XVII 6, XCIV 2, 5, 23, 63, XCV 1, 32, XCVIII 17,
    22, CI 67, 120, 121.

La première de ces formes est caractéristique du léonais
occidental et se rencontre aujourd'hui dans les mêmes régions
où l'on trouve *ou* < *au*. M. P., p. 21, fait remarquer que cette forme
était probablement originairement *ieu*, dont la diphtongue *eu*,
peu connue comme elle l'était, aurait cédé la place à *ou* qui était
une diphtongue familière à la langue. Il y a des ex. de *Dious*
et *miou*, formes qui doivent s'expliquer de la même manière. —
Il est possible que cette explication soit juste, mais, étant donné
que dans presque tous les documents où apparaît *you*, *e* ne
diphtongue pas, nous préférons voir dans cette forme le résultat
d'un compromis entre la forme portugaise *eu* — représentée dans
plusieurs de nos documents — et la forme castillane et léonaise *yo*.

52. Notons ici les reflets de *connoscum* et de *convoscum*:

con nusco LXXII 15.
conuosco Doc. XVI 24, XLIII 4, XLIV 4. LXXIII 4, 23.
conuusco Doc. XVIII 4, XXXII 4, XLIX 26, 28, L 4, LI 5,
    LXXII 37. LXXXVII 10.

La seconde de ces formes est la plus fréquente en léonais,
comme en castillan. La cause du passage de l'*a* à *u* est difficile à voir. M.-Cornu, R. XIII p. 291, «n'hésite pas à y voir
l'influence de l'*u* sur l'*a*». M. Meyer-Lübke, Gram. I § 147, dit:
«span. *connusco* hat sich nach *comigo* gerichtet». Quoiqu'il en
soit, les formes avec *u* sont certainement les régulières au point
de vue phonétique, tandis que celles avec *o* s'expliquent facilement par l'influence des formes simples *nos* et *vos*.

iste et *ipse*.

53. Nous avons déjà fait remarquer à propos des voyelles atones que *este* garde presque toujours son *e*. Si ce n'est pas là le cas de *ese*, c'est que ce pronom se trouve généralement dans la combinaison *desmismo*, où le pronom est éminemment proclitique, ne formant en somme qu'un mot avec *mismo*. Cette forme figure dans la plupart des documents, mais *esse mismo* n'est pas inconnu non plus, car on en trouve les exemples suivants.

Groupe I Doc. LXIV 7, 50, LXXIII 3.

Groupe II Doc. XII 3, 13, LXIX 44, LXXVIII 14, LXXXV 4, 16, 27, LXXXVII 3.

Groupe III Doc. LXXXIX 4, XC 3, 12, XCI 3, 27, XCII 4, XCIII 3, XCV 2, C 3.

On voit que les formes pleines apparaissent surtout, comme on pouvait s'y attendre, dans les groupes II et III. En dehors de la combinaison avec *mismo*, on trouve toujours *ese*, excepté LXVI 9 *es dia*.

Les ex. de *esti essi* se trouvent énumérés p. 215.

L'*i* final de ces formes paraît avoir eu la faculté d'infléchir l'*e*, bien que les traces de cette tendance ne soient que sporadiques. Les voici:

Groupe I: Doc. VIII *ista* 37, 39, *istos* 51.[1]

Groupe II Doc. XVII istas 6, istos 8, 10; LXXVII disti 32, 40, 44.

A noter dans le doc. LXXXVIII l. 14 *asse mismo = a esse* et l. 27 *enssa deuandicha uilla = en essa*.

54. Avant de quitter ces pronoms, nous dirons quelques mots sur l'étymologie de *ese*. Avec la plupart des auteurs—tels M. Baist, Gr. 910, et M. Menéndez Pidal Gram. § 99, 2 — nous y voyons l'*ipse* du latin. M. Meyer-Lübke, Gram. I, § 458, donne une autre étymologie. D'après lui *esse* vient de *este*, qui devant une consonne se serait réduit à *es*. *Ipse* ne peut pas être

---

[1] Nous devons noter, à propos de *este*, l'emploi peu ordinaire de cette forme avec l'article, emploi dont on trouve un exemple doc. XXXI 47: *la esta carta*.

la vraie étymologie, car *ps > is* cf. pg. *queixo*, esp. *quijada*, *quijal*. *Yeso < gypsus* dépendrait d'une dissimilation entre les deux spirantes. D'ailleurs M. Meyer-Lübke cite l'anc. esp. *exe* pour *ipse*, forme que nous n'avons rencontrée dans aucun texte castillan. — Cette étymologie est contestée par M. Baist, Jahresbericht I p. 534. M. Baist fait remarquer que *gypsum* aurait sans doute donné *ejo* avec la dissimilation supposée par M. M.-L. (cf. *echar, uncir, ayunar*) et que les mots *quijada*, etc. remontent probablement à des étymologies avec *ss*. Il affirme l'absence de la forme *eje* en castillan et appuie sur l'usage de *ese*, qui remonte aux plus anciens monuments de la langue, et qui est particulièrement fréquent dans des combinaisons antévocaliques *essotro*, etc. Ascoli, Arch. Glott. XV (1900) p. 30 ss., s'oppose aussi à la théorie de M. Meyer-Lübke et relève tout particulièrement la différence qu'on peut constater dans l'emploi de *ese* et de *este*. — Le fait que, dans nos documents, *este* ne figure presque jamais avec l'apocope, même comme adjectif, nous paraît fournir une nouvelle preuve en faveur de l'étymologie *ese < ipse*.

Pronoms possessifs.

55. Nous donnerons d'abord le tableau des pronoms conjoints des trois personnes du singulier, en dressant pour chaque groupe le paradigme ordinaire suivi de la liste des exemples de chaque forme, ainsi que de toutes les autres formes qui figurent dans nos documents. Le pronom de la seconde personne ne se trouve représenté dans aucun document.

	M.	F.	M.	F.	M.	F.
Groupe I S.	mio	mi	so	so	[to	to
P.	míos	mis	sós	sos	tos	tos]

Exemples: *mio* Doc. IX 3, XX 11, 15, XXXIII 24, 42, 44, XLII 10, 15, 27, etc., XLVI 5, 6, 8, 9, XLVII 1, 5. LVII 84, LIX 2, 7, 10 36, LXI 55, LXII 46, LXIII 13, 14, 72, 72, LXIV 81, LXV 92, LXVI 5, 6, LXVIII 79, 79, LXXIII 55.

mios Doc. VIII 55, XIII 19, XX 12, XXXIII 43, 43, XLII

11, 11, XLVI 3, LI 24, LIX 8, 8, LX 93, LXVIII 57,
LXXIV 31, 37, 40, 40.

mi Doc. VII 2, IX 4, 5, XV 3, XVIII 3, 20, XX 9, 12, 13,
13, 14, XXIV 13, XXV 4, 12, XXX 2, XXXI 2, XXXIII 24,
XXXVIII 2, 8, 14, 34, 53, XLI 6, 69, XLII 14, XLVIII
41, 47, 61, 69, LI 8, LIV 2, 13, 22, 28, LVI 6, LXIII 27,
LXVI 6, 7, LXXIII 15, 17.

mis Doc. XXX 7, LI 13.

so Doc. III 6, 7, IX 4, XIII 9 (*fin*), 33, XV 10, 11, XXII 26,
34, XXIII 24, 32, XXIV 4, XXVI 27, 44, XXIX 15, 15,
XXXI 39, 49, XXXIII 49, XXXIX 31, XLI 10, XLII 12,
XLVI 38, 39, 41, XLVII 16, XLIX 53, LI 9, 17, 39, 41,
LIII 20, 22, LVI 39, LVII 30, 50, 53, 56, LVIII 25, LIX
27, LXIII 61, 62, LXIV 37, 77, LXV 69, 88, LXVIII 65.

sos Doc. III 8, VIII 57, XXIII 28, 29, XXIV 19, XXVI 39,
XXX 21, XXXIX 8, 9, 13 etc., XLI 62, XLII 44, 56, 68,
XLV 9, 10, XLVI 10, 35, LI 6, 15, LX 38, 38, 43, LXI
10, 27, 42, 49, LXXII 42, 90.

so (fém.) Doc. XIII 36, XXII 6, 8, 8, 11 etc., XXV 21,
XXXI 48, XXXIX 4, XL 22, XLI 38, XLVIII 7, 8, 11,
15, etc., L 65, LIV 25, LVII 38, 38, LXIII 18, 46,
LXXII 42, 42.

sos Doc. XXII 7, 16, XLI 61.

Autres formes employées:

1. Pour *mio*:   *mie* Doc. LIV 7 (*pro*).
               mi Doc. XXX 2, 10, XLV 19, 19, LIII 23, LIV
                    7, LXVI 7, LXXII 88, 89, 100, LXXIV 10.
2. Pour *mios*: *meus* Doc. XXXVI 1.
               mis Doc. LXVI 7, LXXIII 16.
3. Pour *mi*:   *mia* Doc. XXXVI 2, LIV 4, 5.
               mie Doc. XIII 3, 4, 8, 9, 27 etc., XVI 3, XXXIII
                    43 (*fin*), XLII 33, 92, LIV 6, 12, LVIII
                    2, 27, 30, 51, LIX 2, 36.
               mio Doc. XI 2, XIX 2.
4. Pour *mis*:   *mias* Doc. XXXII 29.
               mies Doc. XXIII 5, LIX 9.

5. Pour *so :*   *su* Doc. VII 15, 18, LXV 2, 41, LXVIII 4, 41, 46, LXX 15.

6. Pour *sos :*   *sues* Doc. XLVIII 14, 71.

        sus Doc. LI 6, LX 53, LXIII 11, LXXII 14, 14, 14.

7. Pour *so* (fém.):*sua* Doc. III 12, LXV 6.

        sue Doc. XIII 9, 10, 17 etc., XVI 33, XXXIX 11, 23, XLII 103, XLVIII 6, 11, 14, 28, 73, LIX 17.

        suo Doc. LVIII 62 *(suo lauor).*

        su Doc. VII 14, XVIII 37, 38, 43, XXI 4, XLVII 17 *(lauor)* LVIII 17 *(laor),* LXIII 23, LXV 3, 4, LXVIII 4.

8. Pour *sos :*   *sues* Doc. XLII 16, 59, XLVIII 55, LIII 4.

        sus Doc. XVIII 16, XXVI 39, XLVII 3, LXII 13 *(lauores),* LXX 4.

	M.	F.	M.	F.	M.	F.
Groupe II S.	mio	mia	so	sua	[to	tua
P.	mios	mias	sos	suas	tos	tuas]

Exemples: *mio* Doc. IV 7, LXVII 12, 28, LXIX 38, 52, 53, LXXI 72, 75, 84, LXXVIII 18, 22, LXXIX 4, 17, LXXX 13, LXXXII 38 *(señal),*[1] LXXXVI 2, 13, LXXXIX 13, 13, 17, 23, 30, XC 45 *(señal),* XCVI 21 *(señal).*

mios Doc. XII 45, 45. LXXVIII 3, 15, 16, 20, 32, LXXIX 4, LXXXII 29, LXXXIII 3, 28.

mia Doc. LV 18, LXIX 42, 51, LXXI 37, 47, LXXVIII 14, LXXIX 4, 16, 17, LXXXII 3, 20, 21, 29, LXXXIII 3, 27, LXXXV 3, LXXXVIII 2, 22, LXXXIX 16, 20, 50, *mias* Doc. LXXVIII 17, LXXX 22, LXXXIX 18.

so Doc. XII 22, 49, XXVIII 8, LXVII 27, LXIX 6, 35, 36, LXXV 36, LXXVII 62, LXXVIII 47, 51, LXXIX 34, 41, LXXXII 14, 41, LXXXIII 10, LXXXIV 30, LXXXVIII 31.

sos Doc. XII 5, 7, 26, 26, LXVII 25, LXXI, 26, LXXV 4, 9, 10, 31, 33, LXXVI 15, 16, 18, LXXXI 22, XCVI 6, 10, IC 28, 29, 30.

sua Doc. XII 25, XXVIII 9, XLIII 69, LV 13, LXXI 35,

---

[1] Lorsque le genre du substantif déterminé par le possessif peut être douteux, nous avons ajouté le substantif entre parenthèses, plaçant toujours l'exemple là où l'usage ordinaire nous paraît lui indiquer sa place.

46, 60, LXXVI 15, 20, 28, 59, LXXVII 4, 5, 14, 15 etc.,
LXXXIII 10, LXXXIV 25, 30, LXXXVI 6, LXXXIX 26,
IC 14.

suas   Doc. XXVIII 5, 12, 23, LXXI 28, LXXXII 15, LXXXIII
8, 8, LXXXVI 8, XCVI 11, IC 28, 29, 32, 37.

Autres formes employées:

1. Pour *mios: meos* Doc. IV 9, 10.
2. Pour *mia: mea* Doc. XVII 11.
    mie Doc. LXXIX 3.
3. Pour *sos: sus* Doc. LXXXVII 17, 18.
    sous Doc. IC 38.
4. Pour *sua: so* Doc. LXXXV 36, 37.
5. Pour *suas: sus* Doc. LXXXVII 17.
    sos Doc. LXXXV 11, 15.

		M.	F.	M.	F.	M.	F.
Groupe III.	S.	meu	mia	sou	sua	[tou	tua
	P.	[meus]	mias	sous	suas	tous	tuas]

Exemples: *meu* Doc. XCIV 16, 17, 65, XCVIII 26 *(sinal)* C 58
    (sinal) CI 123, 124.
    mia Doc. XIV 5, 21, XCII 12 XCIV 24, XCVII 2,
    XCVIII 12.
    mias Doc. XCII 24, XCIV 20, XCVIII 10.
    sou Doc. XIV 26, 42, XCIV 8, XCV 8, 8, 10, XCVII
    16, C 50, 60, CI 40, 41, 42, 61, etc.
    sous Doc. XCI 7, 24, XCIII 22, XCIV 42, XCV 6,
    7, 7, 30, C 11, 14, 45.
    sua Doc. II 9, XCIV 43, XCV 6, 7, C 46, 57, CI
    11, 27.
    suas Doc. II 8, XCIII 21, XCV 6, 14, CI 7, 9, 20, 57, etc.

Autres formes employées:

1. Pour *meu: mio* Doc. XIV 13, 22, 42.
2. Pour *sou: suo* Doc. II 9.
3. Pour *sous: sos* Doc. XCIII 28, CI 27, 47, 71.

Parmi ces différentes formes, quelques-unes sont régulières
au point de vue phonétique, tandis que d'autres sont dues à

l'analogie. Dans le groupe I, les formes masculines *mio*, *mios*, *so*, *sos* sont régulières. Il en est de même pour les formes féminines *mi*, *mis*, qui dérivent de *mia*, *mias* en passant par l'étape intermédiaire *mie*, *mies*, formes dont l'*e* a disparu par suite de la proclise. *Mie*, *mi* et *mis* au masculin sont des emprunts faits au féminin. La forme *meus* du doc. XXXVI 1 est sans doute une forme latine, comme d'ailleurs *filius* et tant d'autres mots de ce document. — *Su*, *sues*, *sus* au masculin ont été empruntés au féminin, tandis que *so*, *sos*, les formes ordinaires du féminin, constituent elles-mêmes un emprunt au masculin. Les formes phonétiques *sua*, *sue*, *su*, *sues*, *sus*, analogues, quant à leur origine, à *mia*, *mie*, *mi*, font pourtant une concurrence vive à *so*. *Sos* au pluriel paraît être d'un usage moins fréquent que *sues*, *sus*.

Quant au groupe II, les formes du féminin de la 1ʳᵉ p. ont gardé un aspect plus ancien, *mia*, *mias*, et il en est de même pour les deux autres personnes, où *sua*, *suas (tua, tuas)* n'ont pas, comme dans le groupe I, succombé à l'envahissement des formes masculines. *Meos* du doc. IV 9 est probablement une forme latine. Dans la même phrase, on trouve *ego*. L. 10, l'abréviation que nous avons transcrite par *meos* peut signifier *mios*. Le sing. *mio* est attesté par la ligne 7. Nous inclinons à regarder aussi *mea*, doc. XVII 11, comme ayant subi l'influence latine, d'autant plus que nous n'avons rencontré cette forme dans aucun texte espagnol. *Mie* du doc. LXXIX offre la réduction fréquente dans le groupe I. *Sus* au masc. révèle l'influence féminine, tandis que *sous* est la forme phonétique du masculin appartenant à la région du groupe III. *So*, *sos* au féminin ont été empruntés au masculin, *sus* représente une réduction de *sua*, *suas* du même genre que celle du gr. I, ou bien opérée sous l'influence des formes *so* et *sos* du masculin.

Groupe III. Les formes ordinaires de ce groupe sont celles citées M. P. p. 49—50, bien que, dans les patois modernes qui ont conservé ce paradigme, la 1ʳᵉ personne présente l'*ę* diphtongué: *mieu*. Doc. XIV, on trouve *mio*, forme ordinaire des groupes I et II, à côté de *sou* (cf. doc. IC). *Sos* pour *sous* doit probablement être regardé comme une contraction de cette dernière forme.

Quant à *suo* des doc. II et LVIII, ce sont là les seuls exemples que nous ayons trouvés de cette forme, bien que, d'après M. Hanssen[1], elle ne soit pas très rare. Si, doc. LVIII, *lauor* est réellement du féminin, on est en présence de l'emploi ordinaire en léonais du possessif masculin pour le féminin. Hors du Léon, cette forme nous est connue par le Fuero Viejo de Castilla.[2] C'est M. Cornu qui, Z. XXI p. 415, attire l'attention sur les formes *suo*, *suos* de ce texte, et M. Hanssen, l. c. p. 12, s'appuyant entre autres sur les formes analogues qu'il a trouvées en léonais, veut le localiser au nord-ouest de la Vieille-Castille, où le dialecte devait se rapprocher du léonais. En elle-même la forme *suo* n'a rien de surprenant. On avait *mio*, *mia* et le fém. *sua;* rien de plus naturel que de former sur cette dernière un masc. *suo* d'après le modèle *mio : mia.* Mais les documents ne permettent pas encore une localisation de cette attraction analogique.

M. Hanssen, l. c. pp. 6 et 7, dresse les paradigmes du pronom possessif en léonais. Pour le léonais proprement dit, les formes ordinaires sont d'après lui

> mio mia so (suo, su), sua (su, sue, so)
> mios mias sos (suos, sus), suas (sus, sues, sos).

Comme on le voit, les formes ordinaires de ce paradigme sont analogues à celles de notre groupe II. Quant au groupe I, le trait particulièrement léonais que relève M. Menéndez Pidal, Gram. § 96, et qui consiste dans le remplacement des formes féminines par celles du masculin (contrairement à ce qui a lieu en castillan) y est nettement accusé pour le pronom de la 3e p. et apparaît aussi pour la 1re. Dans les doc. examinés par M. Hanssen, ainsi que dans nos doc. du groupe II, la forme *so* au fém. est très rare.

56. Les pronoms possessifs des 1re et 2e pp. du pluriel offrent dans les textes léonais des formes sporadiques avec *ǫ* non diphtongué: à côté de *nuestro(s)*, etc. on trouve *nostro(s)*, etc.[3] Doc. LXXXIII, on peut remarquer que le pronom de la 1re p.

---

[1] Das Possessivpronomen in den altspanischen Dialekten p. 6.

[2] Elle est fréquente aussi dans les *Tratados de Cabreros* Esp. sagrada 36 p. CXXXII ss. Cf. Hanssen, Altsp. Präterita p. 21.

[3] Pour les exemples, voir le tableau p. 203.

est *nuastro* 13, *nuastra* 16, 17, celui de la 2ᵉ p. *uostro* 13, *uostra*
4, 29. Cette différence s'explique, si l'on admet que le premier
élément de la diphtongue *uo* dans **nuostro* a été absorbé par l'*u*
consonne initial (cf. *vortos* 6), d'où par conséquent *uostro*, tandis
que dans **nuostro* la diphtongue a passé conformément à la
tendance dialectale à *ua: nuastro*.

Le groupe III offre les formes suivantes:

nosso	nossa	uosso	uossa
nossos	nossas	uossos	uossas

Exemples: Doc. XCIII 3, 4, 12, 18, 20, XCIV 22, 26, 36,
XCV 3, 4, 15, 19, 21, 22, 24, XCVII 4, 10, XCVIII 3, C 4,
5, 6, 9, 19, 20, 24.

Le groupe *str* a subi ici la réduction en *ss*, probablement
d'abord en position atone (cf. franç. *nostros > nos*). Cette réduction est connue non seulement du galicien et du portugais, mais
aussi de l'anc. espagnol[1] et de ceux des patois modernes de
la région occidentale qui ont aussi *sou*, etc.[2]

57. Les formes accentuées du pronom possessif sont rares
dans nos documents et n'offrent d'ailleurs guère d'intérêt. Les
exemples qu'on trouve permettent d'établir le paradigme suivant:

mio	mia	suyo	suya
mios	mias	suyos	suyas

Exemples: *mio* Doc. XIII 8, LIV 15, 20, 21, LIX 9; *mios*
            Doc. XLVI 23.
         mia Doc. XCVIII 14.
         suyo Doc. XXII 9, XXXVIII 33, XLVI 10, 10,
            LIV 16, 18, 21, 28; *suyos* Doc. XXII 10.
         suya Doc. XXII 25, LXIX 16, 34.

Il n'y a que trois exemples d'autres formes: *so* pour *suyo*
doc. XXII 12, *sou* XCV 14 et *sos* CI 81, tous représentant les

---

[1] Cf. Menéndez Pidal, Gram. § 97, 1.
[2] Cf. M. P. p. 50 et Munthe, Ant. p. 43.

formes phonétiques qui cédaient peu à peu le pas devant la formation analogique *suyo*. [1]

Les formes accentuées des 1re et 2e pp. du pluriel sont identiques aux formes atones. Nos documents du groupe III n'en offrent pas d'exemples, mais dans les parlers modernes les formes avec *ss* s'emploient aussi en position tonique.

Pronoms indéfinis.

58. Le groupe de pronoms indéfinis *aliquem*, **alicunum*, etc. offre souvent en léonais des formes avec un *d* initial épenthétique. Voici les exemples de nos documents:

dalguno Groupe I. Doc. XLVI 23, LVII 24, 46, 49, LIX 11, LXIV 20, 28, 43 (mais *alguno* 17).
Groupe II. Doc. XII 25, XXVIII 22, LXXXIII 16.
dalguien Groupe II. Doc. LXXXVIII 11.

M. Munthe, Z. XV p. 230, a rassemblé un certain nombre d'exemples de ces mots du Fuero Juzgo et d'autres anciens textes, et il cite aussi des formes correspondantes de l'asturien moderne: *dalgun, dangun, daquien, daqué, dacuando, dayure*. [2] M. Munthe rappelle que les mots négatifs correspondants figurent quelquefois avec *d* initial pour *n*. Dans l'anc. esp., on ne connaît que deux formes de ce genre: *degun, deguna* d'un manuscrit du Fuero Juzgo (pp. 146, 149), mais, dans l'asturien moderne, on a *dengun, delgun, denyure*, dans l'andalou *denguno*, en catalan *dengú, degú, dingú* et en provençal *degun*. M. Schuchardt, Z. V p. 305 (Cantes flamencos), explique la transformation de *nengun* en *de(n)gun* par une dissimilation consonnantique, explication admise par M. Munthe, l. c., et par M. Meyer-Lübke, Gram. I § 573. M. Munthe, qui fait remarquer que cette dissimilation a nécessairement été tout particulièrement favorisée par des combinaisons comme *nen nengun, sin nengun, en nengun* (cf. pendola < pennola), croit que *dalguno, dalguien*, etc. doivent leur *d* à l'influence

---

[1] Sur cette forme, voir Cornu R. XIII 313 et Menéndez Pidal Gram. §§ 96, 2 et 68.

[2] Cf. aussi le Dicc. de Vigón et Z. XXIII p. 323.

des pronoms négatifs, théorie adoptée par M. Meyer-Lübke, Gram. I § 430. En faveur de cette théorie, qui est sans doute en principe acceptable, semble parler le fait que les mots affirmatifs commençant par un *d*, ont toujours la syllabe initiale atone comme *ninguno*, tandis qu'on ne trouve pas *dalgo* pour *algo*. D'autre part il serait extraordinaire qu'une forme comme *dengun*, dont on ne connaît en anc.-esp. que deux exemples, eût pu changer la forme de mots aussi habituels que *alguno*, etc. On s'attendrait plutôt à trouver alors des formes comme **nalguno*, etc., puisque *ninguno* est en tous cas beaucoup plus fréquent que *dengun*. Dans nos documents, *ninguno*, *nenguno* et *neguno* sont d'un usage très fréquent, mais il n'y a aucune forme avec *d*. Dans ces circonstanses, il nous paraît difficile d'attribuer a *dengun* l'origine des formes *dalguno*, *dalguien*, etc. M. Baist, Jahresbericht IV 1 p. 317, regarde cette attribution comme impossible.

C. Noms de nombre.

59. La forme masculine de *duos* est *dos*, exception faite pour quatre doc. du groupe III: XIV 19, XCIV 27, C 10, 20, et CI 2, qui ont *dous*, forme analogue à *sous* < *suos* et qui se conserve encore dans des parlers occidentaux (M. P. p. 47). Au féminin on trouve *duas, dues* ou la forme masculine *dos*. Voici les exemples:

duas (dues): Groupe I. Doc. XIII 25, XXVI 37 *(dues)*, XLVIII 64 *(dues)*, LXVI 17 *(due)s*.

Groupe II. Doc. XLIII 51, 58, LXXV 38, LXXXI 44, LXXXII 6 XC 39, 42.

dos: Groupe I. Doc. XV 40, XVIII 6, XXVI 41, XXXIV 8, XXXV 9, 11, XLII 87, XLV 26, XLVI 20, LVII 10, 14, 15, 18, LX 96, LXI 13, 28, LXII 12, LXIV 52, LXV 62, LXVIII 63, LXXII 85, LXXIII 12, 31, 47, LXXIV 11, 14, 46.

La forme masculine était donc dès le commencement du XIIIe s. d'un usage fréquent dans la partie orientale du léonais.

60. *Viginti* et *triginta* revêtent dans nos documents les formes suivantes:

veynte Doc. LIX 7, LXV 74, LXVIII 25, 34, 54, 69, LXXI 75, 76.

vent Doc. LXX 47.

vinte Doc. LXXIV 13, 14, 20 etc. LXXXIX 24, IC 41, C 37.

treynta Doc. LXXIII 32, 51.

trinta Doc. LXXXIX 21, XCV, 13.

Pour les autres dizaines, on trouve les exemples suivants: *quarenta* IC 16, 26, 31, 36; *cinquaenta* C 37, *sexsaenta* LXXXIX 11, *nonaenta* LIII 10, LV 20.

Pour l'explication phonétique de ces formes, nous nous bornons pour le moment à renvoyer à l'intéressant article de M. J. Jud, *Die Zehnerzahlen in den romanischen Sprachen* p. 25 ss.[1] M. P. p. 47 cite d'autres exemples des formes précitées.

D. Particules.

61. *Si* figure dans nos documents sous les formes *si* et *se*. Quant à l'origine de cette dernière, qui l'a emporté en italien, en portugais et qui prévaut en anc.-français, M. Meyer-Lübke Gram. I § 613 propose de l'expliquer par l'influence de *que* < *quid*. — Il est inutile d'énumérer les exemples de nos documents. Il suffit de dire que, dans le groupe I, les deux formes sont nombreuses: *si* se trouve dans 18 doc., *se* dans 11, dans le groupe II, *se* est beaucoup plus habituel, se trouvant dans 9 doc. contre 2 avec *si*. Dans le groupe III, *se* se trouve dans 3 doc., tandis que *si* n'y est pas représenté.

Nec donne *ne, ni, nen, nin*. Ces deux dernières formes s'expliquent par l'influence surtout de *no—non* (Meyer-Lübke Gram. I § 549) mais peut-être aussi de *bien, sin* (Menéndez Pidal Gram. § 128, 4). *Ne* est la forme atone régulière, tandis que *ni* peut, d'après M. Meyer-Lübke Gram. I § 613, s'expliquer par l'influence de *y—e* < *et*. Dans le groupe I, on trouve *ni, nin* dans 14 doc., *ne, nen* dans 6. Dans le groupe II, 7 doc. ont *ne(n)*, 2 *ni (n)*. Dans le

----

[1] Tirage à part de «Aus rom. Sprachen und Literaturen, Festgabe für Heinrich Morf. Halle 1905».

groupe III, enfin, il n'y a pas d'exemple de *ni(n)*, tandis que *ne(n)* figure dans 5 doc. — Comme on peut s'y attendre, les deux formes se trouvent de temps en temps dans le même doc., ex. doc. XXXIII *nin* 11, *nen* 11, LXXXI *nin* 35, *nen* 36, 37.

Sine prend généralement la forme *sin*, dont la voyelle reste inexpliquée. Cette forme figure dans 16 doc. du groupe I. Un seul document de ce groupe, LXIV 35, offre l'autre forme, *sen*, caractérisée par M. Menéndez Pidal, Gram. § 129, comme particulière à l'anc. léonais, et qui dans notre groupe II se retrouve doc. LXXVII 50 et LXXXII 3, dans le groupe III (*sem*), doc. XCI 13, XCIII 16, XCV 23 et CI 28. D'autre part, *sin* figure dans les doc. LXXI 64 et XC 22, 30 du groupe II. — Outre ces deux formes, nos documents en offrent une troisième: *sien*, dont on trouve les exemples suivants:

Groupe I Doc. XXXIX 17.

Groupe II Doc. XXVIII 36, LXIX 36, LXXXI 32, IC 12, 12.

Nous croyons qu'il faut voir là une forme hybride entre *sen* et *sin*, qui s'employaient toutes deux. La forme se trouve justement dans le groupe II, situé entre la région de *sin* (Gr. I) et celle de *sen* (Gr. III). Nous avons déjà vu plus d'un résultat pareil du mélange dialectal dont le centre du Léon offrait le spectacle.

Notons enfin sous ce § quelques exemples de la préposition *per* en dehors des combinaisons avec l'article:[1] XL, 47, 47, XLV 7, LXXV 13, 21, 27, 39, et quelques exemples de *no* en dehors de la combinaison avec un pronom suivant: XV 46, XXII 22, XCI 19.

E. Le Verbe.

Chute ou maintien de l'e final dans certaines terminaisons.

62. Conformément à la loi qui règle la chute de l'*e* final, cette voyelle doit tomber et tombe réellement en ancien espagnol dans certaines formes verbales où la langue moderne montre

---

[1] Cf. Gessner p. 34.

pourtant toujours des formes avec *e*. Il s'agit des 1re et 3e personnes du futur et de l'imparfait du subjonctif dans toutes les conjugaisons, de la 3e p. du présent de l'indicatif des verbes en *-er* et en *-ir*, de la 1e et de la 3e p. du présent du subjonctif des verbes en *-ar*, de la 2e p. de l'impératif des verbes en *-er* et en *-ir*, de la 1re p. des parfaits forts et de la 2e p. de tous les parfaits. — Dès les plus anciens textes, on trouve dans l'usage de l'*e* final de ces formes une certaine hésitation. L'analogie tend partout plus ou moins fortement à rétablir cet *e*, mais les effets de ce travail analogique n'apparaissent pas à la même époque ni également abondants dans les différentes parties de l'Espagne. Nous allons jeter un regard sur l'usage tel qu'il se montre dans nos documents, mais d'abord nous allons dire quelques mots sur la nature des analogies qui agissent dans ce cas, en nous bornant toutefois aux formes qui figurent dans nos chartes.

Remarquons que partout l'*e* apparaît presque régulièrement à la 3e p. du présent du subj. des verbes en *-ar*: des formes comme *pech, pes, perdon* sont très rares.[1] En effet, les analogies qui tendaient à remettre l'*e* dans ce cas étaient très fortes. D'abord, il y avait les verbes où l'*e* etait précédé d'un groupe de consonnes qui empêchait sa chute (*finque*, etc.). Ensuite le présent de l'indicatif où 2 *as*, 3 *a*—5 *ades* 6 *an* réclament la même relation phonique entre les formes du subjonctif, ce qui est enfin aussi le cas du présent du subj. des verbes en *-er* et en *-ir* avec 1. *a* 2. *as* 3. *a* — 4. *amos* 5. *ades* 6. *an*. — La 3e p. du prés. de l'indicatif a déjà par suite de sa fréquence plus grande une force de résistance plus considérable, et n'est d'ailleurs pas exposée à toutes les influences qui agissent sur la personne correspondante du subjonctif. Ainsi celle que nous avons nommée en troisième lieu est ici beaucoup moins forte, la conjugaison en *-ir* n'offrant pas un paradigme de la même structure que celle en *-ar*: 1. *o* 2. *es* 3. *(e)* — 4. *imos*, 5. *ides*, 6. *en*.

Le futur et l'imparfait du subjonctif suivent le présent du subjonctif et tout le système verbal où règne — exception faite pour le parfait et pour les 1res pp. du présent de l'indicatif (et

---

[1] Cf Menéndez Pidal Gram. § 107, 4.

du futur) — cette loi que le pluriel se forme en ajoutant les terminaisons *-mos, -des, -n*, aux thèmes du singulier, loi qui est cause aussi de l'échange de l'*o* à la 1re p. du subj. du futur contre *e*. Cette action analogique a eu lieu plus tard dans le futur du subjonctif si, comme c'est le cas du léonais, les 4e et 5e personnes sont sujettes à la syncope. Dans ce cas, le singulier et le pluriel subissent pourtant à la longue tous les deux l'analogie des autres temps du verbe.

Nous ne voyons par conséquent dans la présence de plus en plus fréquente de l'*e* final dans ces cas qu'un effet de l'action analogique et nous ne pouvons pas croire avec M. Menéndez Pidal que le *t* perdu de la 3e p. y soit pour quelque chose. Dans ce cas, il faudrait attribuer la disparition fréquente de l'*e* à une analogie, car si le *t* est tombé pendant que la loi des voyelles finales était encore en vigueur, il n'y a pas de raison pour croire que cette loi n'eût pas frappé avec sa force ordinaire l'*e* en question; si d'autre part le *t* pouvait empêcher cette chute, c'est que la loi n'agissait plus lorsque le *t* est tombé, et dans ce cas la perte de l'*e* n'est plus attribuable à la loi en question. Mais, à notre avis, cette loi était en vigueur encore longtemps après la disparition de l'*e*: si l'*e* apparaît de temps en temps dès les plus anciens textes, c'est que l'analogie exerçait déjà de bonne heure son influence.

Quant à nos chartes, nous pouvons d'abord constater que la 3e p. du présent du subjonctif des verbes en *-ar* est représentée dans la plupart des documents, mais qu'il n'y a pas un seul exemple de cette forme apocopée. — La 3e p. du présent de l'indicatif des verbes en *-er* et *-ir* figure aussi dans presque tous les documents et presque toujours sans *e*. Les mots les plus fréquents sons *jaz, faz, tien, (con)vien, quier*. Le doc. VIII offre seulement des formes non apocopées (*tiene* 9, *exe* 14, 15, *iaze* 26, 30). Autrement les formes pleines sont sporadiques, se trouvant à peu près dans la même proportion dans les trois groupes et mêlées à des formes apocopées. Voici la liste des formes non apocopées: *tjne* VII 17, *quiere* XIV 4, *faze* XXIX 26, *sale* XXXVIII 24, 27 *pertenece* XLI 44, 48, XLIII 23, 40, LXII 5, LXXI 62, LXXIII 6, LXXIV 7, C 7, *dize*, LX 63, LXVIII 57 *iaze*, LXV 25, LXXX 6, 7. C'est donc surtout le mot *pertenece* qui figure sans apocope. Ce même mot est souvent apocopé, et, comme *iaz* aussi bien que plusieurs autres formes finissant par *s* figurent extrêmement souvent dans nos chartes, on ne peut pas attribuer ce fait à une tendance phonétique à remettre l'*e* après *z* *(ç)*. A notre avis la forme non apocopée de *pertenece* tient à ce que ce mot était relativement peu ordinaire, tandis que *iaz*, *faz*, *vien*, *quier* étaient des formes extrêmement fréquentes, qui, par là, opposaient une résistance plus forte à l'action analogique.

Les 1re et 3e pp. de l'imparfait du subjonctif ont généralement subi l'analogie. Des formes apocopées se trouvent dans 14 documents, presque tous appartenant à la première moitié ou au milieu du siècle, tandis que vers la fin de la période les formes pleines, qui en somme figurent dans 31 doc., sont les seules employées. Les doc. XIII (21, 30, 31) et LXXIII (40, 47) offrent des formes des deux espèces. Les doc. XVIII 31, 34, XXII 18, XXVI 11, XL 9, 10, XLI 35, XLII 33, 34, 95, XLIV 12, XLIX 42, LI 32, 33, LV 12, 13, LXVI 17 et LXXVII 54, 58 ont seulement des formes apocopées.

Les 1re et 3e pp. du futur du subjonctif sont généralement apocopées dans nos documents, qui, comme nous allons le voir dans le § 63, appliquent avec beaucoup de rigueur l'apocope dans les 4e et 5e personnes. 49 documents offrent seulement des formes apocopées, tandis que les formes pleines ne règnent exclusivement que dans les doc. III 5, 6, VIII 31, 56, XV 37, XXIX 30, XXXII 26, LIX 11. Autrement les formes pleines se trouvent, en petit nombre, mêlées aux formes apocopées, dans les documents suivants: XXII 13, 17, 23, 36, 36, mais cf. 33 XXIII 4, 21, 22, mais cf. 26, 27, XXXIII 45, mais cf. 18, 31, 32, XLIX 24, 28, 30, mais cf. 32, LVII 45, mais cf. 20, 24, 28, 30, 32, etc., LXII 18 mais cf. 18, 20, 23, 25, LXIV 16, 30, 43, mais cf. 17, 29, 34, 47, LXXII 74, mais cf. 66, 68, 69, 73, 75, LXXIII 44 mais cf. 25, 28, etc., LXXIV 10, mais cf. 32, 39, 39, 43, LXXIX 21, mais cf. 17, LXXX 15, mais cf. 13, LXXXV 21, 22, mais cf. 23. Le groupe II n'a que 4 formes pleines, le groupe III n'en offre aucune.

Quant à la 1re p. du parfait fort enfin, *fiz* figure dans 19 doc., *fice (feci)* dans 4. Le doc. LXIII offre *fiz* 39 et *ffice* 72,

pus se trouve doc. LI 47 et LXXXII 38, *puse* LXXXIX 50,
oue doc. XXVIII 28 et LXVI 4. — Sur les causes du rétablissement de l'*e* dans ce cas, voir Menéndez Pidal, Gram. § 107, 4.

Terminaisons des 1ʳᵉ et 2ᵉ pp. pl. du futur du subjonctif.

63.   Un trait important du dialecte léonais consiste, comme
nous venons de le dire, dans la syncope de l'*e* pénultième atone
des terminaisons *-aremos, -aredes, -eremos, -eredes, -iremos, -iredes.*

Tableau statistique.

Groupe I. Doc. XV *pudieredes* 27, *meioraredes* 35, *fizieredes* 36;
XIX *aprouecharemos* 12, *acreçiremos* 12; XXV quisiermos 8; XXV
dierdes 13, ouierdes 26, quisierdes 28, *dexaremos* 30, diermos 32,
32; XXX ganardes 25, comprardes 25, ensanchardes 26; XXXI
quesierdes 13; XXXII quisierdes 21, dierdes 22; XLI fizierdes 58,
acrecierdes 58; XLII quisierdes 38; XLVII quisierdes 12; XLIX
podierdes 11, entrardes 16, ffuerdes 17, dierdes 36, 37; L quisierdes
57; LVII ouierdes 12, 12, fizierdes 21, troxierdes 22, tornardes 22;
LVIII quisierdes 12; LX fezierdes 47, fallarmos 50, 51, (pagarmos
67); LXII pagardes 11, labrardes 14, 16, dierdes 24; LXIII ouierdes 34; LXIV quissierdes 19, 28, 33; LXV fuerdes 32, quisierdes
45, pasciermos 46, pascierdes 47; LXVIII podierdes 44; LXXII
fizierdes 12, 25, quisierdes 50, 71, recibierdes 65, toujerdes 70;
LXXIII touierdes 27, quesierdes 28, labrardes 35; LXXIV ouierdes
18, pudierdes 29, sopierdes 29.

Groupe II. Doc. XLIV *podieremos* 13, *quisieremos* 17; LXXVIII
uenermos 34; LXXX quisierdes 12; LXXXI quixermos 28, morardes
31; LXXXII falardes 22; LXXXIII ueniermos 18; LXXXIV ueniermos
18; LXXXVII podiermos 6, quisiermos 9, toujermos 23, oujermos 24;
IC ouierdes 18, dierdes 20, enviardes 20, laurardes 21, aiudardes 21.

Groupe III. Doc. XIV quisierdes 15, ouierdes 20; XCI (facerdes) 35, (seerdes) 12, 37; XCII quesierdes 11; XCIII (laurardes) 16,
(dardes) 17, (leyxardes) 20; XCIV puderdes 11; XCVII queserdes
9; XCVIII (ffacerdes) 9; C (tenerdes) 19, (dardes) 20, mandardes
24, ouuerdes 29, quisermos 31, (venderdes) 31, quiserdes 32.

Le tableau précédent montre que la syncope était dans ce cas appliquée avec beaucoup de conséquence. Il n'y a qu'un petit nombre de documents du groupe I qui offrent des formes non syncopées.

M. Gessner, p. 23, et M. Menéndez Pidal, Gram. § 118 ₅, rappellent que la syncope en question n'est pas inconnue non plus au castillan, où elle est pourtant limitée à la 2e personne.

Les exemples du groupe III que nous avons mis entre parenthèses, ne sont pas des futurs du subj., mais nous les avons placés ici parce que, étant formés sur le modèle de ce temps, ils offrent la même syncope. Ce sont des exemples de l'infinitif personnel connu du portugais et du galicien. [1] L'exemple du doc. LX est remarquable puisque l'infinitif personnel est presque inconnu hors du portugais (cf. M. P. p. 56).

Terminaisons de l'imparfait de l'indicatif II et III.

64. Nous n'allons pas rendre compte ici de toutes les différentes opinions qui ont été émises sur le paradigme de l'imparfait II et III en ancien espagnol. Nous renvoyons au compterendu très détaillé qu'en donne M. Fitz-Gerald dans son intéressant ouvrage *Versification of the cuaderna via as found in Berceo's Vida de Santo Domingo de Silos* (New York 1905) pp. 68—87. En prenant comme point de départ les formes de nos documents, nous discuterons cependant quelques-uns des points en litige.

Tableau statistique.

Groupe I. Doc. XIX auiedes 22; XXIX 3 *fazia* 6, *auiamos* 3₂; XXXVIII deuiemos 3, podiemos 9, auiemos 10, yemos 12, 3 ualie 13; XXXIX 3 auie 2, tenien 14, dizien 29; XL deujen 7, dizien 7, diziemos 8, 3 deuje 10, prouariemos 11; XLII 1 auie 18; XLVII 3 auie 4; XLVIII tenien 9, 3 deuie 10, 34, 3 auie 12, 36, auien 14, 17, 22, 24, deuien 30, fazien 40, prodriemos 42; LI 3 auie 9, 23, 3 dezie 20, 3 tenie 20, auiemos 21, 3 deuie 25; LII 3

---

[1] Cf. Diez II³ p. 187, Cornu Gr. pp. 1024 et 1034.

auia 5; LX deuiemos 67, *acrecian* 68, 3 *podria* 69; LXI auien 5, 3 *tenia* 5, 3 *deuia* 14, cumplien 19, 3 *uenia* 20, 22, 26, apareçien 21; LXIII 1 *mandaria* 34, 1 *tornaria* 36; LXIV *auiamos* 8, 11, dariedes 13, *soliamos* 15, 3 *auja* 32; LXV aujemos 8, 14, 19, podiemos 18, perderiemos 19; aujemos 19, *auiamos* 17, 28; LXVI 1 podie 11; LXVIII rreçebiriemos 19; LXX 3 *auia* 7, 3 *daria* 8, 3 *disia* 8, 3 *tenia* 8, *auian* 17, 3 *tornaria* 18, 3 *queria* 19, *sabian* 22, 28, *tenian* 23, 3 *fasia* 35, 41; LXXII 1 *tenja* 88.

Groupe II. Doc. XII 3 auie 8, 3 *auia* 23, 3 *deuia* 23; XXVIII 3 *auja* 8, 13, 14, 21; LV 3 *auia* 13; LXVII 3 podie 4, 3 *queria* 4, 3 dizie 8, 3 *ponia* 12, 3 *solia* 13; LXIX 3 *pertenecia* 12, 3 *creya* 20, *aujan* 24; LXXI 3 *contenia* 17, 19, 24, 3 *queria* 25, 1 *podia* 45; LXXV auien 13; LXXVII *pediant* 14, *queriant* 19, deuient 23, *deuiant* 25, dizient 26, 3 *deuia* 26, *teniant* 30, farient 30, *auiant* 38, tenient 41, auient 53; LXXVIII 1 *auia* 13; LXXIX 1 *auia* 10; LXXXII 1 *tenia* 18, 19, 1 *ffaria* 24; LXXXV auien 10, podien 11; LXXXVI 3 *auja* 5; XC 1 *poderia* 32; XCVI *disian* 5, 7, 9, 11, 3 *pecharia* 14; IC 3 *podria* 12.

Groupe III. Doc. XIV *tenian* 30; CI auien 8, 18, 93, dezien 9, 12, 3 *queria* 24, recebirien 63, 3 *auia* 81, 102, 103, 115, 3 *uenia* 84, 3 *fasia* 86, fazien 87, 3 *daria* 95, 3 *podia* 103, 3 *esturia* 116.

Comme il ressort de ce tableau, il règne dans nos documents la même hésitation entre les formes avec *ie* et celles avec *ia* qu'on connaît d'un grand nombre de textes littéraires du XIII⁰ siècle. Souvent les deux formes sont employées dans le même document. Il n'y a pas beaucoup d'exemples de la 1re p. du sing.: doc. XLII *auie*, LXIII *mandaria*, *tornaria* LXVI *podie*, LXXII *tenja*; LXXI *podia*, LXXVIII *auia*, LXXIX *auia*, LXXXII *tenia*, *ffaria*, XC *poderia*: en somme 2 formes avec *ie*, 9 avec *ia*. Pour toutes les autres personnes, les formes avec *ie* sont beaucoup plus nombreuses que celles avec *ia*. Tout cela cadre parfaitement avec les résultats généraux auxquels ont abouti les recherches faites sur cette question.

M. Hanssen[1] a le premier prouvé qu'il y a une différence de forme entre la 1re et la 3e personne. Il a clairement dé-

---

[1] Sobre la formación del imperfecto de la II y III conj. cast. en las poesías de G. de Berceo, Anales Santiago 1894—95.

montré que, tandis que les personnes 2—6 offrent généralement *ie* monosyllabique, la 1re personne se termine presque toujours en *ia* dissyllabique. C'est là un résultat acquis auquel tous ceux qui ont écrit sur ce sujet ont donné leur adhésion.

On a tenté différentes explications de ce phénomène. M. Hanssen,[1] en s'occupant des pronoms possessifs, pose pour l'explication des formes du pluriel *miòs, miès, tuès suès* (c'est là l'accentuation qu'attribue M. Hanssen à ces formes) la loi suivante: les terminaisons dissyllabiques *io, ia, ie, iio, iia, iie* deviennent monosyllabiques, lorsqu'elles sont suivies d'une consonne, par exemple *s*, *n* ou un *t* disparu plus tard. Le résultat de cette contraction, qui entraîne un déplacement de l'accent, est *iò, iè, ié, ó, ué, uè*. Ainsi s'expliquent les formes *diòs, saliò, teniès, teniè(t), tenièn, diès, dos (< duòs), duès, fuè* et les formes précitées du pronom possessif. Tous les pluriels en *-ias* sont des formations analogiques d'après le singulier. Tandis que M. Baist, Jahresbericht V 1 p. 401 rejette cette loi tout entière, M. Zauner, Litteraturblatt 1899 p. 33 et Das Imperf. II, III im Altspanischen p. 4, l'accepte dans une certaine mesure. Sans parler ici de *ios > iòs*, M. Zauner croit que *a* après un *i* accentué, persiste, étant final, mais se change en *e*, étant suivi d'une autre consonne. M. Zauner n'admet donc pas le déplacement de l'accent. Une troisième explication est fournie par M. Gassner, Das altsp. Verbum p. 128—129, qui est d'avis qu'*a* s'est affaibli en *e* d'abord dans les verbes auxiliaires et modaux à cause de leur emploi fréquent qui nécessite la brièveté, et une prononciation facile. Et ce serait alors à la 3e personne que ce changement se serait opéré tout d'abord, parce que cette personne était la plus usitée, tandis que la 1re personne, étant la moins fréquente, aurait opposé une résistance efficace à cette tendance à l'affaiblissement. Des verbes auxiliaires et modaux, l'usage se serait répandu aux autres verbes. M. Baist, qui regarde cette dernière théorie comme inacceptable, voit, l. c., dans la persistance de *-ia* à la 1re personne «la preuve de l'accentuation plus énergique par laquelle l'homme s'oppose lui-même à l'existense plus ou moins indifférente d'autrui, accentuation qui peut se faire valoir lorsqu'il s'agit d'un phonème très sensible.»

---

[1] Das Possessiv-pronomen in den altsp. Dialekten p. 22.

Nous partageons avec une légère modification, l'avis de M. Zauner sur cette question, et nous appuierons tout particulièrement sur l'importance du mot *dia*, qui nous paraît de nature à pouvoir éclaircir la question. M. Hanssen, l. c. p. 23, croit que le plur. *dies* du latin est devenu *dies*, et que, comme singulier, on a par une formation régressive créé *dia*. M. Baist, l. c. p. 402, n'hésite pas à qualifier d'erronée cette explication de *dia*, et M. Zauner, Litteraturblatt 1899 p. 34, rappelle les formes it. et prov. *dia*, qui prouvent l'existence d'un *dia* dans le latin vulgaire, forme à laquelle doivent d'ailleurs remonter aussi les mots respectifs du catalan et du portugais.

Ajoutons qu'une formation régressive partant de *dies* n'aboutirait pas sûrement à *dia*. En admettant que les substantifs en *-ia* avaient régulièrement au pluriel *-iës*, ces pluriels étaient pourtant trop rares pour qu'on puisse croire qu'avec leur singulier en *-ia*, ils eussent pu former des couples modèles dont on a pu tirer de nouvelles formes. Un pluriel *diës* aurait avec beaucoup plus de vraisemblance donné naissance à un singulier *dië*.

Nous croyons donc qu'il faut partir d'un singulier *dia*, dont le pluriel *dias* donnerait à notre avis *dies* (Cf. Zauner). Nos documents offrent un certain nombre d'exemples de ce *dies*, dont M. Hanssen cite un ex. tiré des doc. p. p. F. Guerra p. 85. Nos exemples se retrouvent doc. IV 5, 10, XXXIX 14 (mais *dia* 24), LXVI 21 (mais *dia* 9, 9), LXXVII 63 (mais *dia* 46) XCI 23, XCIII 26, XCVII, 13.[1] Comme on le voit, le même document emploie au sing. *dia*, au plur. *dies*. Inutile d'ajouter que dans la plupart de nos documents, on trouve au pluriel la forme analogique *dias*. L'*a* était par conséquent phonétiquement légitime à la 1ʳᵉ p. de l'imparfait, *e* dans toutes les autres personnes. Que dans ces circonstances *e* pénètre très souvent aussi à la 1ʳᵉ personne, cela n'est guère surprenant. Il paraît plutôt étrange qu'on trouve *a* aussi souvent aux autres personnes. Mais il ne faut pas oublier que l'imparfait de la 1ʳᵉ

---

[1] La forme *die* des doc. LVI 26 *die joues* et LX 100 *die sabado* montre l'affaiblissement en position atone et peut être comparée au pron. possesif atone *mia > mie > mi*. La dernière étape est représentée par *diniercoles* doc. XVIII 33.

conjugaison était toujours là pour exercer son influence analogique, qui était très puissante et à laquelle on doit le rétablissement définitif de *ia* dans la langue littéraire.

En supposant un déplacement de l'accent dans *ie*, qui
se serait toujours prononcé *ié*, M. Hanssen va sans doute
trop loin. Nous croyons avec M. Fitz-Gerald que cette
prononciation existait, mais qu'elle n'était pas la seule. Il
nous paraît même probable que l'autre, *íe*, était la prononciation ordinaire, car, comme le relève M. Zauner, l. c., on ne
comprend pas autrement comment le paradigme actuel aurait pu
se former. Ce paradigme suppose *íe*, non pas *ié*. Mais M.
Zauner se trompe en disant, p. 8, qu'aucun dialecte moderne
n'a *ié*. M. Menéndez Pidal, Gram. § 117, 2, parle de l'existence de
cette forme près d'Astorga. — M. Munthe, Ant. p. 50, en parlant
des formes modernes *dié*, *estié* du prés. du subj., suppose que
dïa, *estïa* sont devenus *die*, *estie*, et croit que c'est dans le
cas où *e* se trouvait être pénultième, c'est-à-dire lorsque ces
formes servaient d'appui à un pronom enclitique, que le déplacement de l'accent a d'abord eu lieu: *diémi*, *diémilu*, etc. Si
l'accentuation *ié* existait à l'imparfait — et cela paraît probable,
vu les traces qu'elle a laissées dans quelques patois et vu certains exemples (du reste peu nombreux) des anciens textes — il
est très possible que le cas relevé par M. Munthe ait contribué
aussi à l'évolution de l'imparfait. Il est d'ailleurs naturel que
la grande fréquence de la diphtongue *ie* dût favoriser la prononciation *ié* à côté de *íe*.

M. Fitz-Gerald veut revendiquer pour *ia* la même liberté de
prononciation, mais en s'appuyant, nous paraît-il, sur des argu-
ments peu solides. Dans le vers 297 du Cid, l'imparfait *salie* se
trouve dans une laisse dont l'assonnance est en *a*, d'où M. Fitz-
Gerald conclut à la forme *saliá*. Mais, sans compter que le passage
en question paraît, surtout à cause du vers 298, suspect et peu
utile à servir de preuve à quoi que ce soit, l'émendation à faire,
s'il en faut faire une, nous paraît être aussi bien ou plutôt *salie*,
puisque tous les verbes excepté *tornos* (qui justement est suspect)
se trouvent dans ce passage au présent. — Les preuves tirées
de Santo Domingo de Silos ne sont pas plus convaincantes.
Quant aux strophes 684, 751, la prononciation *ia* est en tout

cas possible aussi bien que l'autre (cf. Cuad. via p. 66), quant aux strophes 8 et 185, M. Fitz-Gerald conclut du manque d'une syllabe dans un des manuscrits à la prononciation dissyllabique *ia*, qui restituerait le vers régulier dans ce manuscrit en nécessitant la prononciation *iá* pour les trois autres vers. Nous croyons qu'il faut le restituer par les émendations que M. Fitz-Gerald à l'aide d'un autre manuscrit a introduites dans son excellente édition du poème. Le vers 482 b de E est trop corrompu pour qu'on puisse y attribuer aucune importance.

Terminaisons du parfait.

65. La seconde personne du parfait de la conjugaison I montre en ancien espagnol souvent *-este* au lieu de *-aste*. L'*e* a pénétré aussi dans le pluriel où *-amos* devient *-emos*, *-astes* *estes*. Ces formes se trouvent aussi bien en léonais qu'en castillan, mais les formes du pluriel, surtout celle de la 4e p., sont plus fréquentes dans les textes léonais. Il est probable que c'est grâce à l'influence analogique de la 1re personne que cet *e* s'est introduit d'abord à la 2e, puis à la 4e et à la 5e, changement qui donnait au paradigme la même régularité qu'avait celui de la conjugaison en *-ir*. La fréquence plus grande de l'*e* à la 2e p. qu'aux autres parle pourtant en faveur de la théorie de M. Cornu, d'après laquelle *e* serait dû à l'inflexion.[1]

Tableau statistique.

Groupe I. Doc. XVI conpramos 6; XXXVIII rogamos 10, *mandemos* 54; XLI heredamos 12, 19; XLII *mandemos* 87; XLVIII *demandemos* 4, 35, *mandemos* 64, *roguemos* 70; L compramos 29; LI *roguemos* 31; LII otorgamos 3; LIV *mandemos* 42; LVII usastes 20; LVIII *mandemos* 28; LX *mandemos* 96, 98; LXIII *entreguemos* 42, *encotemos* 47, *mandemos* 53; LXIV lauramos 37, dexamos 37, *roguemos* 51, 58; LXV *roguemos* 61, 68; LXVI rogamos 16; LXVIII *roguemos* 62; LXX juramentamos 25, acordamos 34, 39; LXXII *roguemos* 84; LXXIII *rroguemos* 46; LXXIV rogamos 45.

[1] Rom. XIII p. 285. M. Meyer-Lübke, Z. IX p. 234 ss., M. Baist, Gr. p. 913 et M. Menéndez Pidal, Gram. § 118, 4 attribuent tous l'*e* à l'analogie.

Groupe II. Doc. XII *mandemos* 47; XXVIII *roguemos* 41; XLIV usastes 11; LXXVI *mandemos* 71; LXXVIII quitastes 26; LXXXI *mandemos* 43, *rogemos* 45; LXXXIII *comprestes* 11, *acomendemos* 29, 30; LXXXIV *mandemos* 32, 33; LXXXVI *mandemos* 14; LXXXVIII *mandeymos* 25, 27; XC assingnastes 27, 35, *roguemos* 38; XCVI *seeleymos* 16.

Groupe III. Doc. C *mandeymos* 34.

Mandeymos des doc. LXXXVIII et C, et *seeleymos* du doc. XCVI, sont des formes caractéristiques de la région occidentale, où la 1ʳᵉ p. se termine par *-ey*. [1] Nos documents offrent les exemples suivants de cette forme:

Groupe II. Doc. LXXVIII quitey 14 (mais *quite* 11, *lexe* 20); LXX mandey 22, 23.

Groupe III. Doc. XIV mandey 42, 43; XCII mandey 22; XCVIII comprey 3, mandey 18, 25; C mandey 58.

La région où *au* devient *ou*[2] rend *-avit* par *-out*, forme dont nos doc. contiennent quelques exemples:

Groupe II. Doc. XCVI mostrou 3.

Groupe III. Doc. II conparou 10; XCII mandou 10; CI renunciou 18, obligou 47, pronuntiou 99 (mais *obligo* 20, *outorgo* 41, *mando* 76).

Le parfait faible des verbes en *-er*, qui d'une façon générale a été remplacé par celui des verbes en *-ir* en espagnol, tandis que le portugais a gardé la différence, a laissé dans le léonais certaines traces aussi bien dans les anciens textes que dans les parlers modernes du nord-ouest. [3] Ces traces consistent dans la forme *-eo* (< *évit*) de la 3ᵉ p. (à présent *-eu*). Dans nos documents, nous n'en avons rencontré qu'un seul exemple, doc. LXXVIII 48 *meteo*. Le même verbe figure doc. CI avec la terminaison du parfait des verbes en *-ir*, mais sous la forme dialectale *-iu: demetiu* 18, *prometiu* 41.

La 6ᵉ p. du parfait en *-oron* sera traité dans le § 67 avec les formes en *-ioron*.

---

[1] Cf. § 8.

[2] Cf. § 20.

[3] Cf. M. P. p. 55 et Gessner p. 24—25.

i et *ie* dans le parfait et les temps qui en dérivent.

66. Dans la 6e personne du parfait des verbes en *-er* et
en *-ir*, ainsi que dans les temps derivés du parfait, le léonais
remplace souvent l'*ie* du castillan par *i*. Nous commencerons
par dresser la liste complète des formes de ce genre qu'offrent
nos chartes.

Groupe I. Doc. III morire 6, moriren 7; VIII morire 56; XIX
       acrecjremos 12; XXI uiren 1; XXIII uiren 2; XXIV uiren
       2; XXVI ujren 2, perdissedes 24; XXXII uiren 2; XXXIII
       perdissedes 12, conplissedes 36; XXXIV uiren 1; XXXV
       uiren 1; XXXVII ujren 2, oujren 2, ujnisse 11; XXXIX
       partiron 22, odiron 49, uiron 49, ujren 2, partissen 10,
       perdissen 20; XL uiren 2, uendis 10; XLI oyron 78;
       XLII cairen 71, ualis 34; XLV uiren 2; XLVI uiren 2;
       XLVIII uiren 2; XLIX uiren 2, cairen 12; L metissen
       80; LIII viren 1; LIV uirem 2; LVI uiren 4, oyren 5;
       LVII ferir 41, partiren 47, 51; LIX uiren 1; LX viren 1,
       recebissedes 82; LXII venir 18; LXIII viren 1, escriuisse
       54; LXVI uiren 1; LXX viron 31, 33, viren 1.

Groupe II. Doc. XII uiron 36, 47, odiron 37, 47, uiren 2, despen-
       diren 16; XXVIII ujren 1, atendir 33; XLIII viron 95,
       oyron 95; XLIV uiren 2; LXVII recebisse 5; LXXI viren
       1; LXXV uiren 2, ferir 21; LXXVI odiron 73, pertenecir
       31; LXXVII partiron 59, uirent 2, morir 55; LXXVIII
       uiren 3; LXXIX uiren 2; LXXXI pediron 4, recebiron
       19, morir 32; LXXXII viren 2; LXXXV uiren 2; LXXXVI
       ujrem 2; LXXXVIII uiron 28, oyron 28; LXXXIX viren
       2; XC uiren 2, cumplisse 27; XCVI uiren 1, oudiren 1;
       IC uiren 2.

Groupe III. Doc. XIV remanecisse 41; XCI uiren 1, audiren 1;
       XCIII uiron 35, oyron 36, uirem 1, 15, oyrem 1, recebir
       25; XCIV ujren 2; XCV viron 35, 42, oyron 35, 42,
       viren 1, oyren 1, recebir 27; XCVII uirom 22, oyrom 22,
       uirem 1, oyrem 2; XCVIII viren 1; C viron 54, oyron 54,
       uiren 2, oyren 2; CI metiron 31, recebiron 57, 77, ujren
       2, oyren 3, comprir 45, comprisse 25.

En examinant le tableau précédent, on trouvera qu'il comprend 1. des verbes en -*ir*, soit latins, soit romans avec un parfait faible: *conplir, escribir, ferir, morir, oir, partir, pedir, recibir* 2. des verbes faibles en -*er*: *acrecer, atender, caer, despender, meter, perder, pertenecer, remanecer, vender* 3. deux verbes forts: *venir* et *ver*.

Les verbes faibles en -*er* ont de bonne heure pris au parfait la même flexion que ceux en -*ir*. Ce qui importe d'abord, c'est par conséquent de voir quel est le rapport entre la terminaison -*iron*, (-*ira*, etc.) de nos documents et -*ieron* (-*iera*, etc.) du castillan, représenté aussi dans nos chartes. M. Meyer-Lübke s'est prononcé sur cette question d'abord Z. IX (1885) pp. 234 et 253, ensuite Gram. II § 276. Le paradigme du latin a d'après lui, et c'est ce qui est généralement admis, [1] ces terminaisons: -*ii, -isti, -iut, -imus, -istis, -irunt*. Aux temps dérivés, on avait donc -*iro, -ira, -isse*, etc. Le résultat régulier de ces formes est le paradigme léonais -*i, -iste, -io, -imos, -istes, -iron, -ir, -ira, -isse*, représenté par le tableau précédent et qui se retrouve en portugais. Quant aux formes avec -*ie*, fréquentes en léonais et devenues les seules usitées en castillan, M. Meyer-Lübke y voit le résultat d'une influence analogique de la part surtout des verbes en -*er*. Ces verbes ont en portugais une flexion à part, et la terminaison -*eo* de la 3e p., dont nous avons déjà constaté l'existence en ancien léonais, témoigne que ce dialecte possédait une fois un paradigme analogue. Si l'on considère, ce dont nous avons déjà vu maint exemple, que le léonais représente une étape plus jeune que le portugais et plus ancienne que le castillan, il ne peut guère y avoir de doute que ce paradigme n'ait été autrefois répandu aussi sur le territoire du castillan. Ce paradigme présentait les terminaisons suivantes: -*ei, -esti, -eo, -emos, -estes, -eron*. *Eo* passait à -*io*, ce qui entraînait d'après le modèle des verbes en -*ir* à la 1re p. -*i* et à la 2e p. -*iste*. L'influence analogique des parfaits de *ver* et de *dar*, *vi, viste, vio, viemos, viestes, vieron* et *di(e), diste, dio, diemos,*

---

[1] Cf. Baist Gr. 913. Z. IX, M. Meyer-Lübke postule pour la 4e p. -*immus*, ce qui ici n'a pas d'importance. Grundriss 2e éd. p. 479, il donne à la 3e p. la terminaison -*it* au lieu de -*iut*, ce qui impliquerait pour l'espagnol l'influence de I sur II.

diestes, dieron transformait le pluriel en *-iemos, -iestes, -ieron*. *Ieron* pénétrait définitivement, *-iemos, -iestes* sporadiquement aussi dans les verbes en *-ir* qui pourtant, comme nous l'avons vu, gardaient en ancien léonais leur paradigme originaire; *-imos -istes* pénétrèrent de la conjugaison en *-ir* dans l'autre, et ainsi les deux conjugaisons furent identiques en castillan depuis les plus anciens monuments de la langue, en léonais considérablement plus tard. Les temps dérivés subirent la même influence directe ou indirecte de *dier, diera, diesse*.

M. Gassner, Das altspanische Verbum pp. 153 ss. et 183 ss., partage d'une façon générale l'opinion de M. Meyer-Lübke.

M. Menéndez Pidal, Gram. § 118, exprime une autre opinion sur ces formes. D'après lui «les formes castillanes de la 6me p. du parfait et des temps analogues reposent sur la contraction du latin littéraire: *audieram, audiissem, audiero*, tandis que les anciennes formes léonaises reposent sur la contraction vulgaire: *audiram* etc., qui pour le plus-que-parfait appartenait aussi au latin classique: *audissem*, etc.»

Il paraît bien difficile d'admettre que la terminaison du latin littéraire eût survécu à la 3e p. du parfait au détriment de celle qu'on connaît être la vulgaire, et il est tout particulièrement difficile de croire que cela aurait été le cas en Espagne, lorsque dans toutes les autres langues romanes c'est la terminaison du latin vulgaire que nous trouvons reflétée. Considérant que le portugais et l'ancien léonais offrent *-iron*, on ne pourra plus douter que cette terminaison ne fût aussi celle du castillan prélittéraire.

La théorie de M. Meyer-Lübke nous paraît acceptable, surtout si, avec M. Baist Gr. § 913, on exclut le verbe *ver* des influences analogiques pour s'en tenir à *dar*. Tandis que le paradigme de *dar* montre régulièrement *-ie* dans toutes les personnes du pluriel: *diemos < de(di)mus, diestes < de(d)istes, dieron < de(de)runt*, il en est autrement pour *ver* qui a *vimos < vi(de)mus, viestes < vi(d)ēstis, viron < viderunt*. Nous croyons donc que *l'ie* de *viemos, vieron* est analogique, d'autant plus que les reflets ordinaires de ces formes sont en léonais *vimos, viron*, tandis que les formes avec *-ie* sont jusque vers la fin du siècle très rares (X 2, LI 1, LXII 1, LXXXVII 2).

Résumons ce que nous venons de dire en l'appliquant aux formes de nos documents. Le paradigme des verbes en *-ir* du latin vulgaire a été régulièrement continué dans le léonais — et se trouve représenté par nos formes en *-iron*, etc., tandis que dans le castillan *-iron* a dès les plus anciens temps cédé la place à *-ieron*. Le paradigme des verbes en *-er*, continué en portugais, a en espagnol de bonne heure subi l'influence d'un côté du parfait de *dar*, de l'autre des verbes en *-ir*, grâce à la ressemblance de la 3e personne des deux conjugaisons. Tantôt les verbes en *-er* ont entièrement adopté le paradigme en *i* — tels ceux de nos documents que nous avons cités sous le no 2 — tantôt ils montrent au singulier *i*, mais gardent au pluriel *-iemos*, *-iestes*, *-ieron*, terminaisons dues à l'influence analogique de *dẹdi*, et qui pénètrent sporadiquement même dans les verbes en *-ir*. Les verbes faibles en *-er* qui dans nos documents ont *-iemos*, *-iestes*, *-ieron* se retrouvent doc. XXII *repintjere* 36, 38, XXVI *coyeren* 16, XLI *acrecierdes* 58, XLIV *acaetieren* 18, XLVIII *uendieron* 16, LVII *uendier* 28, 30, LX *cayeren* 40, LXI *ualiessen* 33, *uendjesse* 36, LXII *enpeeciesse* 37; LXV *pasciermos* 46, 47, LXVIII *establescier* 15, LXXVII *prometieront* 30, 41, *cunnucieront* 32, *uenciesent* 43, LXXXVII *cayesen* 15. Les verbes en *-ir* où *-ie* a pénétré se trouvent doc. XLII *odierun* 110, XLV *receuier* 24, XLIX *compliessedes* 38, LX *recebiessedes* 92 (mais *recebissedes* 82), LXII *reçibieren* 17, LXIV *oyeron* 67, LXV *oyeron* 77, LXXII *recibierdes* 65. Si, par conséquent, il règne une certaine confusion dans l'usage, il y a pourtant en ancien léonais deux paradigmes différents, un caractérisé par *-iron*, *-ir*, *-ira*, *-isse*, l'autre par *-ieron*, *-ier*, *-iera*, *-iesse*, tandis qu'en castillan, grâce aux analogies dont nous avons déjà parlé, ce dernier était le seul usité, et la confusion ne se traduisait que par l'emploi de *-iemos*, *-iestes* à côté de *-imos*, *-istes*. Que *-iemos*, *-iestes* aient pu persister aussi longtemps, cela dépend évidemment de l'influence de *-ieron*.

Les verbes forts ont aussi en léonais presque toujours *-ieron*, circonstance naturelle, si l'on considère que leurs formes du singulier les soustrayait à l'influence des verbes en *-ir*. Les seules formes en *i* que nous ayons rencontrées dans nos documents, sont celles de *ver*, qui s'expliquent par le développement phonétique particulier de ce verbe (voir ci-dessus) et de *venir* dont l'in-

finitif en -*ir* a dû être le point de départ. Ni M. Hanssen ni
M. Gassner ne font d'ailleurs pas mention d'autre parfait fort
de ce genre à une exception près: *dexiron* Alex. 473. Comme
cette forme ne figure pas à la rime, et qu'elle appartient
à une strophe incomplète dont les deux lignes qui restent
sont incorrectes, il est plus que probable qu'il faut la corriger
en *dixioron* ou en *dixieron*. — A la 4ᵉ p., nos documents offrent
pourtant deux exemples de -*imos*: LXXXI 48, 48 *(pussimos)*.

Quant aux formes avec -*ie* des verbes forts, on en trouve
dans la plupart des documents. Citons quelques exemples:
quisier(e) III 5, VIII 58, 59, XII 25, etc., *ficier(e)* IX 6, XV 36,
XXIII 26, etc., *ueniesse* XLIII 54, etc.

Notons enfin la forme *cunnuceront* du doc. LXXVII 28, qui,
si elle est correcte (cf. *cunnucieront* 32), doit être une trace de la
conjugaison en -*er* n'ayant pas subi l'analogie de *dieron*, et aussi les
formes en -*eron* -*era*, etc. des documents où l'*e* n'est pas sujet
à la diphtongaison et où par conséquent *deron* (pour *dieron*) n'a
pu exercer d'influence: LXXVIII *ueneren* 18, *uenermos* 34; XCI
vener 9, *queser* 21; XCIV *puderdes* 11, *quiser* 24, *ouuer* 26;
XCVII *queserdes* 9; XCVIII *quiser* 13, C *quiser* 26, 36, *der* 22,
31, *ouuerdes* 29, *quisermos* 31, *quiserdes* 32; CI *dixeron* 75, 78,
84, *onueron* 85, *ueneron* 97, *estouuer* 45, *touesse* 24, 29, 36, 91,
prouguesse 30, *estuuessem* 91 (mais *auenieron* 17, 30, *posieron* 60,
fezieran 9, 21, 113, *dieron* 82, 105, 113, *quesier* 44, *estouiesse* 40,
touiesse 83). Pour ce dernier document, dont le mélange des
formes est frappant, nous aurons l'occasion d'en parler dans
notre chapitre III.

6ᵉ p. du parfait en -(i)oron.

§ 67. Nous commencerons ce § par le tableau complet des
différentes formes de la 6ᵉ p. du parfait qu'offrent nos documents, pour donner ainsi une idée de l'extension de la concurrence que fait *(i)oron* à -*aron* et -*iron* -*ieron*.

Tableau statistique.

Groupe I. Doc. VII *ujoron* 21, *odioront* 21; VIII *dioron* 57,
58; XIX *prometioren* 23; XXIII costaron 6; XXIV quitaron 7, dexaron

8, sobieron 7; XXIX canbiaron 7, *eredoron* 11, ganaron 13, ouieron
13, 22, fizieron 23; XXXI *metioron* 24; XXXIX entegraron 22, *dioron*
34, partiron 22, odiron 49, uiron 46; XLI *uioren* 78, oyron 78;
XLII veierun 110, odierun, estidieron 110; XLVIII compraron 6,
23, entregaron 27, uendieron 16, fizieron 21, 29; LXI *mandoron* 8,
22, 45, *dixoron* 5, *recibjoron* 42, *djoron* 43; LXIII querellaron 10,
12, leuaron 31, *pedioron* 25; LXIV rogaron 74, uieron 66, oyeron
67, estedieron 74; LXV rogaron 85, ujeron 76, oyeron 77, *este-*
dioron 84; LXX dixieron 30, viron 31, 33; LXXII vsaron 15.

Groupe II. Doc. XII uiron 36, 47, odiron 37, 47; XXVIII
uenioron 11; XLIII dieron 56, viron 95, oyron 95; LXIX *venjoron* 2;
LXXI prouaron 59, venieron 6, quesieron 55; LXXV quitaron 13,
arenunciaron 13, obligaron 35, *connocioron* 11, *fisieron* 38; LXXVI
odiron 73; LXXVII quitaront 29, 41, otorgaront 42, 57, saelaron
59, rogaront 60, prometieront 30, 41, cunnuceront 28, cunnucieront
32, dieront 39, 45, 52, 54, posieronos 62, partiron 59; LXXVIII
otorgaron 18; LXXXI pediron 4, recebiron 19; LXXXV *uioron* 43,
odioron 43; LXXXVIII uiron 28, oyron 28; LXXXIX *studioron* 39.

Groupe III. Doc. XCIII uiron 35, oyron 36; XCV viron 35,
42, oyron 35, 42; XCVII uirom 22, oyrom 22; C viron 54, oyron
54; CI tomaron 33, entraron 56, obligaron 58, mandaron 89, outorgaron 97, 113, auenieron 17, 30, posieron 60, dixeron 75, 78,
ouueron 85, ueneron 97, fezieron 113, dieron 113, metiron 31,
recebiron 57, 77.

Sanchez, Colección III XXXVI, fait observer la fréquence de
la terminaison *-ioron* dans l'Alexandre. Il caractérise cette forme,
comme léonaise, et fait savoir que le peuple disait encore
dans la contrée de Salamanca *salioron*, *vioren* pour *salieron*,
vieron. On a beaucoup discuté l'origine de la terminaison *-ioron*.
Diez II[3] 173 trouva tout de suite la solution très simple: il y
voyait une formation analogique sur la 3ᵉ p. *-io*. M. Caix[1]
fait dériver *-ioron* de *-iverunt* par les étapes intermédiaires *-iv'runt*,
-iurun. M. Cornu, R. IX (1880) p. 94, objecte contre cette
théorie que si elle était vraie, on trouverait *io* aussi au futur
du subjonctif et au plus-que-parfait. M. Cornu voit en *dioron*
le résultat phonétique de *dederunt*, qui aurait passé par les

<hr>

[1] Giornale di filologia romanza 1878 p. 232.

étapes intermédiaires *dederon, dedoron, deoron*. L'*e* posttonique
serait devenu *o* sous l'influence de l'*o* final. Les parfaits de la
conjugaison en -*ir* s'expliqueraient de la même façon : *partierunt,
portioron, partioron*. Les parfaits forts avaient probablement
subi l'influence de *dioron*. M. Baist, Z. IV (1880) p. 473 combine
l'explication de M. Cornu avec celle de M. Caix, en admettant
que *(ex)iv'runt* serait devenu *(ex)ioron* sous l'influence de la
voyelle finale. M. Baist abandonne pourtant, ib. p. 586, cette
explication. En considérant que -*ioron* fait toujours concurrence
à -*ieron*, il cherche une explication qui embrasse ces deux formes.
Il établit d'abord que la prononciation de la diphtongue *ie* était
ie. Dans le parfait -*ieron*, l'*o* final aurait transformé l'*e* en *o*
dans une petite partie du domaine. Ainsi, on aurait eu -*ioron*,
prononcé d'après lui sans déplacement de l'accent.

Toutes ces théories ne reposent que sur les formes de l'Alexandre et sur quelques formes sporadiques d'un manuscrit du
Fuero Juzgo. On a pourtant constaté depuis non seulement que
cette terminaison est beaucoup plus répandue qu'on ne l'avait cru,
mais aussi que le même phénomène apparaît dans la 1re conjugaison, ce qui fait naturellement écrouler toutes les explications
précitées, excepté celle de Diez, qui est acceptée par M. Baist
Gr. 913, et à laquelle tous les grammairiens donnent à présent
leur adhésion.[1] Le point de départ était naturellement les verbes
faibles dont l'influence analogique a transformé la terminaison
aussi des verbes forts. Quant à la fréquence de cette forme dans les
parlers modernes, nous renvoyons à M. P. p. 53, en faisant observer
qu'elle se rencontre aujourd'hui non seulement dans les dialectes léonais, mais aussi dans le Haut-Aragon, où sa présence
est d'ailleurs attestée déjà par les anciens documents.[2]

L'Alexandre n'offre pas d'exemple de -*oron* pour -*aron*,
mais cette forme n'est pas rare, et, sur notre tableau, elle figure
dans deux documents. — M. P. donne de nombreux exemples du
passage de l'*o* final de -*(i)oron* en *e* : -*(i)oren*, forme dont nous
n'avons pas vu alléguer d'exemples des anciens documents léo-

---

[1] Cf. Menéndez Pidal Gram. § 118, 4 ; Hanssen, Über die altspanischen
Präterita s. 44 (qui ne connaît pourtant pas d'ex. de la 1re conj.) ; E. Gorra
p. 146 ; Gassner, Altsp. Verbum p. 138.

[2] Cf. Menéndez Pidal l. c. et Baist Gr. p. 913.

nais. Notre tableau en offre deux: doc. XIX 23 *prometioren*, XLI 78 *uioren*. Ajoutons à ces deux exemples *foren* IX 19, *furen* XXXII 6, 28, XXXVI 4, XLVII 4, *fueren* LXXIV 46. — M. Menéndez Pidal explique cet *e* par l'influence analogique de la désinence *-en* d'autres temps du paradigme: *echen, salen, saliesen*, etc. Dans les parlers modernes, cet *e* n'est pas limité à *(i)oren*, on trouve aussi *-aren -ieren*. Si, dans les temps anciens, on ne trouve pas ces formes, cela dépend peut-être d'une certaine tendance à éviter l'emploi de la même forme pour plusieurs temps: tandis que *-(i)oren* n'avait pas d'autre fonction, *-aren* et *-ieren* appartiennent aussi au futur du subjonctif. Que cette tendance n'eût pourtant pas une très grande force, c'est ce qui résulte des formes *furen*, *fueren*, etc.

Parfaits forts.

I. Parfaits en *-ui*.

§ **68.** M. Meyer-Lübke distingue, Gram. II § 284, deux classes de parfaits en *-ui*. La première a comme voyelle thématique un *a*, qui, par l'attraction de l'*u*, donne *o*, tandis que la voyelle thématique de la seconde classe est un *o* ou un *e*, qui, par la même attraction, donnent *u*.

A. Verbes avec *a* comme voyelle thématique[1]:

Habuit > ouo.[1] Groupe I. Doc. VIII 60 (ouieren), XV 14 (ouo), XXIX 30 (ouiere), XLVIII 40 (ouiesse), etc.
Groupe II. Doc. XXVIII 28 (oue), LXXI 27 (ouiera), etc.
Groupe III. Doc. XIV 9 (oue), XCIV 26 (ouuer), etc.

Placuit > plogo. Groupe I. Doc. XXXI 9, LVI 19 (ploguier).
Groupe II. Doc. XLIII 25, 43 (ploguier), LXXX 11, LXXXIII 15 (ploguier), LXXXIV 11.
Groupe III. Doc. XCVIII 7 (aprougo), CI 30 (prouguesse)

---

[1] Ces tableaux comprennent aussi bien le parfait que les temps analogues. Pour *ouo, touo,* et *vio*, qui n'offrent qu'une sorte de formes, nous ne donnons que quelques exemples de chaque groupe.

Capuit < copo. Groupe I. Doc. XXII 13 (copiere).
Tracuit + traxit. Groupe I. Doc. LVII 22 (troxierdes).
Tracuit > trogo. Groupe II. Doc. LXXI 28, 55.
Sapuit > sopo. Groupe I. Doc. XXIV 7 (sobieron), LXIII 14,
        19 (sopiesse), LXX 21 (sobiesemos), LXXIV 29 (so-
        pierdes).

B. Verbes avec *o* comme voyelle thématique:

Potuit a. Formes avec *u*:[1] (*pudieron*, etc.).
        Groupe I. Doc. XV 27, LXIII 18 (pudo), LXXIV
          29, 39.

        Groupe III. Doc. XCIV 11.

    b. Formes avec *o*: (*podieron*, etc.)

        Groupe I. Doc. XLIX 11, LX 72, 76, 77, LXVIII 44.
        Groupe II. XLIV, 13 Doc. LXXXVII 6.

Posuit a. Formes avec *u*: (*pusieron*, etc.)

        Groupe I. Doc. XLVIII 71, LI 47 (pus), LII 11.
        Groupe II. Doc. LXXXI 48, 48 (pussymos), LXXXII
          38 (pus), LXXXIX 50 (puse), XCVI 20 (pus).
        Groupe III. Doc. XCIV 65 (pus), XCVIII 26 (pus),
          C 58 (pus), CI 94 (puso), 123 (puys).
    b. Formes avec *o*: (*posieron*, etc.)

        Groupe I. Doc. XXXVIII 11, LI 33, LXIV 56, 62,
        LXV 66, 72, LXXII 89.
        Groupe II. Doc. XXVIII 41, LXXVII 61, 62.
        Groupe III. Doc. CI 60.

C. Verbes avec *e* comme voyelle thématique:

Tenuit > touo: Groupe I. Doc. XXII 36, XXXIX 11, etc., etc.
        Groupe II. Doc. LXXI 28, 32, 40 (touo), LXXXVII
          23.
        Groupe III. Doc. CI 24, 29.

Stetuit a. Formes avec *e*:

---

[1] Lorsque la forme n'est indiquée que par le renvoi au document et
à la ligne, il s'agit toujours d'une forme à thème atone: 2e, 4e, 5e, 6e pp. du
parfait, imparfait, futur et conditionnel du subjonctif.

Groupe I. Doc. LXIV 74 (estedieron), 30 (estediere), LXV 84 (estedioron).

b. Formes avec *i:*

Groupe I. Doc. XXX 23 (estidier), XLII 110 (esti-dieron), LXXIV 10, 36 (estidiere).

c. Formes avec *o:*

Groupe I. Doc. LXX 13 (estodieran), LXXIII 44 (estodiere).

Groupe II. Doc. IC 27, 32, 36 (estouioren).

Groupe III. Doc. CI 45 (estouuer).

d. Formes avec *u:*

Groupe I. Doc. XLI 57 (estudier), XLII 77, 79 (estu-dieron), XLIX 28 (estudiere), LXIV 17 (estudier).

Groupe II. Doc. LXXXIX 39 (studioron).

Groupe III. Doc. CI 40 (estuuiesse), 91 (estuuessem).

II. Parfaits en *-si.*

Dixit > dixo. Groupe I. Doc. LXI 5 (dixoron), LXX 7, 19 (dixo), 30 dixieron.

Groupe II. Doc. LXVII 2 (dixo), LXIX 10, 18 (dixo), LXXI 9, 25 (dixo).

Groupe III. Doc. CI 75, 78 (dixeron), 115 (dixo).

Remansit > remaso. Groupe II. Doc. LXXXIV 11.

Quæsit a. Formes avec *e* (*quesieron*, etc.):

Groupe I. Doc. VII 10, XXXI 13, 14, XXXVIII 37, XXXIX 32, XLII 95, 95, LXVIII 47, 52, 53, LXXIII 28, 29.

Groupe II. Doc. XII 25, LXXI 31, 39, 55, LXXVI 64, LXXXV 22, 22, LXXXVIII 13, LXXXIX 17, XC 26.

Groupe III. Doc. XCI 21 (queser), XCII 11, 13, XCVII 9 (queserdes), CI 44.

. Formes avec *i* (*quisieron*, etc.):

Groupe I. Doc. III 5, 10, VI 10, VIII 58, 59, IX 11, XIII 16, 29, 31, XVI 32, XVIII 31, XXV 8, 15,

XXVI 28, XXVII 11, 13, XXX 19, 27, XXXII
21, 26, XXXVII 12, XLI 35, XLII 38, XLVI 7,
11, etc., XLVII 12, L 57, 59, 60, LI 29, LVII 24,
32, LVIII 12, 14, 14, LXIV 26, 34, 47, etc., LXV
37, 45, etc., LXVI 13, LXXII 50, 52, 71.
Groupe II. Doc. XII 27, XVII 11 (quiser), XLIII 51,
XLIV 17, LXXIX 17, LXXX 12, LXXXI 28 (quixermos), LXXXVI 9, LXXXVII 9.
Groupe III. Doc. XIV 15, 22, XCIV 24 (quiser), XCVIII
13 (quiser), C 26, 31, 32, 36.

III. Parfaits en -*i*.

Vidit > *vio*. Groupe I. Doc. VII 21, XXIII 2, XXIV 2, etc.
Groupe II. Doc. XXVIII 1, LXVII 1, etc.
Groupe III. Doc. XCI 1, XCIII 35, etc.

Venit a. Formes avec *e* (*venieron*, etc.):
Groupe I. Doc. XXXVIII 16, XLV 22, LI 28, LVII
34, 52, LX 79, 88, LXII 18 (uenir), 25, LXIII 33,
LXIV 11, 42, LXVI 12, LXVIII 43, 47, LXXIII
36, 43.
Groupe II. Doc. XXVIII 11, 37, XLIII 54, LXIX 2,
LXXI 32, 49 (vieno), 6, 48, LXXVII 54 (convieno),
LXXVIII 18 (veneren), 34 (uenermos), LXXX 13,
LXXXI 12, LXXXII 27, LXXXIII 17, 18, LXXXIV
17, 18, LXXXV 21, LXXXVIII 11, LXXXIX 16,
XC 25.
Groupe III. Doc. XCI 9 (vener), CI 74 (uene), 17, 30,
38, 97 (ueneron).

b. Formes avec *i:* (*vinieron*, etc.)
Groupe I. Doc. XIII 21, XVIII 34, XXII 17, XXIII
24, 27, XXIV 18, XXXVII 11 (uinisse), XL 28,
XLI 35, XLVIII 19 (auino), XLIX 24, LIV 20,
LXXII 32, 66.

Fecit. a. Formes avec *e:* (*fezieron*, etc.)
Groupe I. Doc. IX 6, XXXIII 12, XXXVIII 12, LI 32,
LX 47, LXI 38, LXVI 19 (1 fezi), 17 LXVIII 20,
64, LXXIII 47, LXXIV 46.

Groupe II. Doc. LV 12, LXXI 11, LXXVII 16 (fezo),
LXXVIII 19 (fezer), LXXXII 16, 35, LXXXV 7,
8, 33, LXXXIX 38, XC 39.
Groupe III. Doc. C 5 (fezo), CI 9, 21, 62, 106, 108, 113.

b. Formes avec *i*: (*fisieron*, etc.)

Groupe I. Doc. XV 45, 46 (fiz), 23, 36, 47, XXIII
4, 26, XXIV 6 (fizo), XXVI 23, XXIX 18, 23,
XXXI 38 (fizo), XXXIII 39, XXXIX 19, XLI 58,
XLII 17 (fiz), 33, XLVI 9, 16, 19, etc., XLVIII 79
(fiz), 21, 29, etc., LI 17 (fizo), LIV 18, LVII 83
(ffiz), 21, 35, 41, 80, LXI 55 (fiz), LXII 46 (fiz),
LXIII 39 (ffiz), 72 (ffice), LXIV 81, 81 (fiz), 52,
LXV 91, 91 (fiz) 62, LXVIII 79 (ffiçe), LXXII 99,
99 (fize), 12, 25, 85, LXXIII 54, 54 (ffiz), LXXIV
54 (ffiz), 27, 27.
Groupe II. Doc. XXVIII 49 (fizo), 40, LV 18 (fiz),
LXVII 27 (fiz), LXIX 52 (fiz), LXXI 16, 39, 74,
83 (fiz), 53 (fiço), LXXV 38, LXXIX 18 (fiz),
LXXX 24 (fizo), LXXXIX 49 (fiz), XC 42, 45, 49
(fiz), XCVI 20 (fiz), 8.
Groupe III. Doc. C 55 (fiz), CI 123 (ffiz).

Les parfaits *fuit* et *dedit* seront traités sous les §§ consacrés
à chacun de ces verbes.

Les parfaits en *-ui* avec *a* comme voyelle du thème ne donnent guère lieu à des remarques, étant identiques aux formes
correspondantes du castillan. *Placuit* offre dans le groupe III
des formes avec *ou* d'après la tendance de cette région à faire
passer *au* en *ou*. A noter *trago* < *tracuit*, forme dont M. Hanssen,
Conj. leonesa p. 44, donne d'autres exemples, ainsi que *sobieron*
et *sobiesemos*, dont le *b* se retrouve dans d'autres textes léonais.[1]

Quant aux verbes dont la voyelle thématique est un *o*, ils
montrent en castillan des formes avec *u*, qui sont seules employées dans le Cid, l'Apollonio, les documents de Silos, l'Estoria
de los Godos[2], et seules ou presque seules dans plusieurs textes

---

[1] Cf. Hanssen Conj. leonesa p. 44 et Altsp. Präterita p. 20.
[2] Cf. Hanssen Altsp. Präterita p. 8 ss.

de provenance castillane, tandis que dans les textes léonais
les formes à terminaison accentuée montrent fréquemment *o* dans
le thème. C'est ce qui a lieu dans nos documents pour *potuit* et
posuit. M. Meyer-Lübke, Gram. II § 284, explique l'*u* de
hubieron en castillan par l'inflexion, mais l'absence totale de
formes avec *u* dans les plus anciens textes montre que cette
inflexion a dans ce cas eu lieu plus tard que celle des mots où
il s'agit non pas d'un *au* originaire mais d'un *o* (*durmio, dur-
mieren*).[1] On pourrait donc admettre la possibilité d'une inflexion dans *pudieron, pusieron*, mais si dans le castillan pareille
hypothèse est très plausible, vu l'emploi exclusif des formes avec
u, il est difficile d'y croire, lorsqu'il s'agit du léonais, où les
formes avec *o* sont presque aussi fréquentes. Il faut dans ce
dialecte s'en tenir à l'influence de la 1re personne sur le reste
du paradigme, influence clairement attestée par les formes avec
u, sans *y* dans la syllabe suivante (cf. *pussymos* LXXXI 48).
Dans la 1re p., l'*o* est devenu *u* sous l'influence de l'*i* final.
L'influence de la 1re p., qui naturellement s'est exercée aussi en
castillan, n'a pourtant pas été assez forte pour unifier, sans l'aide
de l'inflexion, le paradigme.

Que l'inflexion n'ait pas été en léonais aussi répandue qu'en
castillan, c'est ce qui ressort encore mieux des verbes qui ont
e comme voyelle thématique. M. Hanssen, Conj. leonesa p. 42,
dit à propos de la conjugaison faible en *-ir* que le léonais se
distingue au parfait du castillan non seulement par les terminaisons avec *i* (*-iron*, etc.), mais aussi par l'invariabilité du thème, et
il ne donne dans son paradigme que les formes *pedio, pedieron*,
etc. Ces formes se retrouvent aussi dans nos documents LXIII
25, LXIX 13, LXXI 11, 29, 36, 42 (mais *pidio* LXX 36, 43),
XLIII 102 (*escreuio*). Et comme on le voit par notre tableau,
les nombreuses formes avec *e* atone des parfaits *stetit, quœsit,
venit* et *fecit* révèlent la même tendance. Les formes avec *i* de
ces verbes s'expliquent surtout par l'influence de la 1re personne,
ce qui résulte clairement des formes occidentales ayant *i* dans

---

[1] Pourvu que, dans *hubieron*, l'*u* soit vraiment le résultat d'une inflexion.
M. Baist, Gr. p. 915, émet l'hypothèse que les formes parallèles *anduve, an-
dove, estuve, estove* auraient donné naissance à la forme *uve*, qui plus tard
aurait évincé *ove*.

le thème, mais *e* dans la terminaison. Souvent l'influence du castillan a pourtant ici, comme d'ailleurs pour les formes avec *o*, été d'une grande importance. [1]

Parmi les thèmes en *o*, notons la forme *puys* du doc. CI, qui révèle une étape intermédiaire entre *posi* et *pus*.

Parmi les parfaits en *e*, celui de *tener* a été entièrement modelé sur *ove*.

Pour *stare*, M. Menéndez Pidal, Gram. § 120, et M. Gassner, p. 156, admettent deux formes latines *stēti* et *stētui* (cf. Meyer-Lübke II § 298). La première aurait donné *estiede* (par anal. *estide*), et notre tableau montre plusieurs exemples du paradigme auquel cette forme a servi de point de départ. La seconde aurait donné d'après M. Menéndez Pidal *estouo* et *estudo* — sous l'influence de *ouo* et de *pudo*. M. Baist, Gr. p. 915, explique *estude* de *estode* par l'influence de *pude* et *estuve*, *estove* par l'influence de *uve*, *ove*. Le rapport très faible qui existe entre *estar* et *poder* au point de vue du sens, et aussi entre *estide* et *pude* au point de vue de la forme, ne semble pas rendre cette explication probable. Nous préférons partir de la forme *stētui*, qui aurait donné *estude*, *estodieron*, formes qui par l'influence de *ove* seraient devenues *estode*, *estodieron*, *estoue*, *estouieron*. Ces dernières formes se seraient changées sous l'influence de *estude* en *estuve*, *estuvieron*.

La forme *quixermos* pour *quisieremos* doc. LXXXI 28 montre le passage de *sj* en *x(j)* dont parle M. Baist Gr. p. 898, et dont le manuscrit S. de l'Archiprêtre fournit de nombreux exemples. Dans nos documents, on trouve *egrija* XLV 17 et *eglixa* ib. 6, 9, 16, 23. [2]

Le paradigme de *veni* offre quelques formes dignes d'être observées. Doc. CI, on trouve *vene* (< venit) avec l'*e* connu en anc. portugais dans d'autres verbes analogues (cf. Cornu Gr. p. 1029). Doc. LXXI et LXXVII, la forme en question est représentée par *vieno*. M. Hanssen, Conj. leonesa p. 48 fait

---

[1] Quant aux différentes théories sur le dévoloppement des parfaits en *-ui*, nous renvoyons à l'ouvrage de M. Hanssen, Über die altspan. Präterita.

[2] *Eglisa* XXVI 45, 46, *yglesa* LXXXVIII 6, 10, 13, offrent l'exemple d'une autre réduction de *sj*, qui apparaît aussi dans *provison* doc. LXVII 6, 11, 16.

dériver cette forme de *vĕnuit. M. Gassner, p. 181, l'explique par l'influence du présent. Cette dernière explication ne nous paraît guère acceptable, et la première supposition paraît inutile. La forme s'explique à notre avis mieux par l'influence analogique de *estiedo*. Comme on avait *estide, estiedo, estidieron* et *vine, vene, vinieron*, la transformation de *veno* en *vieno* était tout indiquée. Les deux formes *vieno* et *estiedo* figurent dans l'Alexandre 124 et 546.

Les documents LXXVII et C offrent des exemples de *fezo* sans changement analogique de la voyelle.

Doc. LXVI 19, on trouve à la 1re personne *fezi*. Ce document révèle la tendance à changer l'*e* final atone en *i*: *Telliz* 5, *esti* 13. Peut-être, s'agit-il seulement d'une faute pour *fizi*. Il se pourrait pourtant qu'on soit en présence d'une formation faible sur le thème fort du parfait, et que par conséquent la forme doive être prononcée *fezi*. Notons à ce propos la forme *ficio* du manuscrit V de Berceo S. Domingo, caractérisée par M. Gassner comme »halbschwach«, mais qui n'est pas attestée par la rime. [1] Des formes pareilles devraient leur existence à l'analogie de *pedi, -iste, -io- ieron*, d'après laquelle on aurait fait pour *feziste, fezieron* les formes *fezi, fizió*.

Verbes et formes verbales remarquables.

69. *Esse*. Au présent de l'indicatif, les formes ordinaires sont 1. *so*, 3. *es*, 4. *somos*, 6. *son*. *So*, dont on trouve 7 exemples dans le groupe I (V 6, LI 13, LIV 14, 14, 30, LVIII 47, LXXIV 12), prend, doc. XXV 41, la forme *soy*, qui figure seule dans le groupe II (LXXX 11, LXXXIX 12, XC 18). Dans le groupe III, ou rencontre doc. XCIV 17 *soy*, doc. XCII 23 *soey*. La forme ordinaire du Poème d'Alexandre *soe* n'est pas représentée dans nos chartes. Comme dans l'usage général *seyo < sedeo* faisait concurrence à *so*, il n'est pas impossible que *soy* représente une contamination entre ces deux formes. *Soey* représenterait l'étape primitive de cette contamination, *soe* et *soy*[2] seraient des

---

[1] Sur les formations pareilles, voir C. Michaelis Rom. Forsch. VII p. 123 ss. et Baist Jahresbericht IV 1 301, V 1 395.

[2] Rappelons aussi la forme *sey* du Poème d'Alf. XI 216.

réductions différentes de cette forme. — A la troisième personne, ainsi qu'à l'imparfait, sont à noter les formes diphtonguées dont nous avons parlé p. 200. *Yes* devient souvent *ye* par suite de la tendance à mettre cette forme d'accord avec la 2e p. *yes*. Doc. XCIII 15 et CI 54, on trouve la forme portugaise *he*. *Es* est fréquent dans le groupe I et figure dans les doc. LXVII, LXIX, LXXI, LXXXV et LXXXVII du groupe II. La confusion avec *sedere* se traduit, doc. XXVIII 29 et LXXIX 24, par la forme *sie* < *sẹdet*. Au lieu de *sie*, on trouve *seye* doc. LXXVIII 33, forme analogique faite sur la 1re p.: *seyo*. — Notons enfin, à la 3e p. du pluriel, *sum* doc. LXXVIII 45 et *su* ib. 56.

Le présent du subjonctif est représenté par ses formes ordinaires *sea*, etc. (< *sedeat*),[1] dans presque tous nos documents. L'*y* a été conservé dans *seja*, doc. XI 1, LXXVII 1, XCIII 14, XCIV 24, C 1, 18.

Quant au parfait, il faut distinguer les formes qui remontent au paradigme abrégé du latin vulgaire *(fúi, fús, fút, fúmos, fústis, fúrunt)* de celles qui dérivent du paradigme ordinaire, et, dans chacun de ces groupes, les formes qui ont adopté l'*u* de la 1re personne de celles qui gardent la voyelle originaire.

La 1re personne est toujours *fui (fuy)*: Gr. I. Doc. LXIV 79, LXV 89; Gr. II. Doc. LV 16, LXIX 41, LXXI 80, LXXXII 36, XC 42; Gr. III. Doc. XCIV 3, 63, C 55, CI 69, 121. *Ffue*, doc. LXIII 55 et LXVIII 78, garde la finale régulière sans subir l'influence de la conjugaison en -*ir*. *Ffoy*, doc. XCVIII 25, a subi l'influence des autres personnes et se retrouve dans l'asturien.[2]

a) Formes non abrégées ayant subi l'influence de la 1re personne.

Groupe I. Doc. XV fuere 37; XXII fuere 23; XXIII fue 8; XXXI fue 44, fueron 23; XXXIII fuer(e) 31, 32, 45; XXXVIII fuese 5; XL fues 9, fuer 21; XLII fue 3; XLIX ffuerdes 17, fuere 30, ffuer 32; L fueron 33; LVII fuer 20, fue 49, fueron 51, LIX fuere 11; LX ffuessen 82, 92; LXI fue 9, fuesse 43; LXIII ffuemos 42, ffue 55, ffueron 58; LXIV ffue 5, ffueren 21, 22, 24, 26, ffueron 66; LXV fueron 76, ffuessemos 20, fuerdes 32; LXVIII

---

[1] Cf. Baist Gr. p. 914.

[2] Cf. Meyer-Lübke Gram. II § 297.

ffue 24, ffueron 69, ffuessemos 19; LXXII ffueron 46, ffue 48, 92; LXXIV ffueren 46.

Groupe II Doc. XLIV fues 12.

b) Formes non abrégées n'ayant pas subi l'influence de la 1re personne :

Groupe I. Doc. LIX foy 36.
Groupe II. Doc. LXXVII foe 2.
Groupe III. Doc. XCV foy 5; C foy 9.

c) Formes abrégées ayant subi l'influence de la 1re personne :

Groupe I. Doc. I. fu 2, 4, 5, etc., VIII fu 12, 14, 17, etc.; furon 13, etc.; XVI furon 8, 9, 10, 11, fur 15; XXIII fu 7, furon 9; XXIV fu 5; XXXII furen 6, 28; XXXIII fu 5; XXXVI furen 4; XXXIX furon 5, 21, fu 49, fusse 33; XL furan 7; XLI fu 79; XLVII furen 4, fu 8, 9; XLVIII furon 5; XLIX fu 8; L fu 31; LIV fu 4; LVIII fu 36, 57.
Groupe II. Doc. IV. fu 5; XXVIII fu 2, 7, 19, furon 43; XLIII furen 33, 95; LV fu 14, 18, furon 21; LXXI ffuron 14, 23, fur 16, fura 20, ffuse 15; LXXV fu 2, 7, 41, furon 43, 62; LXXVI furon 73, fu 11, 17, 19; LXXIX fure 21; LXXXI fur 11, 33, LXXXV fusen 12; LXXXVIII fu 8; LXXXIX fu 8; XCVI fussen 5, 12.
Groupe III. Doc. XIV. furon 31, fusse 41; XCII ffuse 14, furon 25; C furon 59.

d) Formes abrégées n'ayant pas subi l'influence de la 1re personne :

Groupe I. Doc. VII fo 8; IX foren 19; XVIII fo 14, 23, XLV for 23.
Groupe II. Doc. LXXVII for 48, fos 58; LXXVIII foron 10, 45.
Groupe III. Doc. XCIV foron 46; XCV foron 35; C foron 12, 15, 42, 48; CI foron 71, 75, for 44, fosse 26, 61, 109.

Dans certains documents, on trouve des formes avec *u* analogique à côté de formes avec *o*: tels LIX *foy* 36 et *fuere* 11; C *foy* 9, *foron* 12, 15, 42, 48 et *furon* 59. La forme non abrégée de la 3e personne se trouve unie à des formes abrégées dans les doc. XXIII *fue* 8, mais *fu* 7, *furon* 9; LXXVII *foe* 2, mais *for* 48, *fos* 58 et C *foy* 9, mais *foron* 12, 15, 42, 48, *furon* 59. La forme abrégeé de la 3e p. se trouve unie à des formes non abrégées doc. XXIII *fu* 7, mais *fue* 8; XXXIII *fu* 5, mais *fuer* 31, 32, *fuere* 45; XLIX *fu* 8, mais *ffuerdes* 17, *fuere* 30, 32. Notons aussi le doc. XL avec *furan* 7 mais *fues* 9, *fuer* 21. — *Foy* à la 3e p. n'a pas de formes correspondantes non abrégées aux autres personnes.[1]

Il ressort de notre tableau que les formes non abrégées avec *u* figurent presque seulement dans le groupe I. Les formes abrégées avec *u* du groupe I sont nombreuses, et leur nombre relatif s'accroit dans le groupe II. Les formes avec *o* figurent dans tous les groupes, mais constituent sans doute, comme les formes abrégées en général, un trait léonais.[2]

A l'infinitif, on trouve partout *seer* < *sedere*, devenu par contraction *ser* dans les doc. XLIV 18, XLVI 21, LXXII 54, 63. C'est aussi de *sedere* qu'on a tiré le gérondif *seyendo* doc. LIII 2, LXXXIII 25, 27, LXXXIV 28, 29, CI 13, 38, etc.

70. Habere. Au présent de l'indicatif, les formes ordinaires 1. *he*, 3. *a*, 4. *auemos*, 5. *auedes*, 6. *an* se retrouvent dans la plupart des documents. Notons les exemples de la forme occidentale *ey* < *habeo:* Gr. II. Doc. LXXX 3, LXXXIX 5; Gr. III. Doc. XIV 4, 10, 12, XCII 5, 8 et XCVIII 4. Doc. XCIV 5 offre un exemple de la forme galicienne *aio*.[3] *Hee*, doc. LVIII 44 doit être une faute amenée par l'*e* initial du mot suivant. Il n'y a qu'un seul exemple de *emos* pour *auemos*, doc. LXXVI 27 (mais 5 *auemos*).

Au subjonctif l'*y* est tombé avec ou sans contraction subséquente des deux *a* dans les doc. suivants: Gr. II. Doc. LXXXII *ades* 21 (mais *aya* 33); LXXXIII *ades* 14, LXXXIV *hades* 14, LXXXV *aan* 15; Gr. III. Doc. XIV *aades* 14.

Doc. XXXVIII 12 *auiesemos* montre la voyelle du présent, cf. les formes *avier*, *avieres* de l'Astronomie d'Alphonse le Savant, citées par Hanssen Altspan. Präterita p. 16.

Pour le parfait, voir § 68.

---

[1] Cf. Hanssen, Conj. leonesa p. 50.
[2] Cf. Hanssen, Altspan. Präterita pp. 38—39.
[3] Cf. Cornu Gr. p. 1025.

Notons aussi la persistance de la protonique dans *aueran* LIV 17, 27.

71. Dare et *stare*. Les formes ordinaires du présent de l'indicatif 1. *do*, 3. *da*, 4. *damos*, 5. *dades*, 6. *dan* sont les seules usitées à une exception près: doc. XIV 17 *dou* < **dao* (mais *do* 2, 5, 10), forme occidentale qui persiste non seulement dans le portugais, mais aussi dans l'asturien moderne.[1]

Au présent du subjonctif, on remarque les formes *diant* LXXVII 46 et *diedes* LXXXI 9, 11, XCV 15, exemples du paradigme, fréquent en léonais, qui remonte à **deam*, **steam*, etc. Le plus probable paraît être que cette transformation a d'abord frappé *stem* devenu *estea*, grâce à l'influence de *sea*, dont l'emploi et le sens étaient rapprochés de ce verbe. Ensuite *dem* a suivi l'exemple de *stem*.[2]

La 1re personne du parfait a la forme *die* doc. LXIX 37, LXXI 26, XC 43; *diey* doc. XIV 9; *di* doc. LXXVIII 14. *Die* est la forme régulière; elle est peu fréquente. M. Baist Gr. p. 914 n'en connaît pas d'exemples.[3] *Diey* a été, croyons-nous, muni d'un *y* final d'après le modèle des 1res pp. du parfait en *-ey* de la 1re conjugaison. *Di* est la forme analogique qui a seule survécu. — A la 3e personne, c'est toujours *dio* qu'on trouve (ex. XXXIX 8, XLIII 9, XLIV 15, etc.), excepté doc. CI 48, 52, où figure la forme portugaise *deu*. — La 4e est toujours *diemos*: doc. XII 22, XXXVIII 5, LXXXV 11, la 2e *diestes*: XV 33, L 5, LXXXV 19. A la 6e personne *dioron* fait concurrence à *dieron*, voir § 67. Les temps dérivés sont toujours *dier(e)*, *dies(e)*, exemples: doc. XXIII 22, 25, XXXII 22, LXX 37, 43, etc. Notons *der* C 22, 31; ce doc. ne diphthongue pas.

Les formes de *stare* — d'ailleurs peu nombreuses en dehors du parfait — sont analogues à celles de *dare*. Notons au présent du subjonctif *estya* doc. XCIV 35. — Pour le parfait et les temps dérivés de *stare*, voir § 68.

---

[1] Cf. Menéndez Pidal Gram. § 116, 4.

[2] Cf. Munthe Z. XV p. 229.

[3] Menéndez Pidal, Gram. § 120, 2, la donne dans son paradigme comme dialectale, sans toutefois en citer d'exemples.

72. Facere, dicere. Les formes ordinaires sont au présent de l'ind. 1. *fago*, 3. *faz(e)*, 4. *fazemos*, 5. *fazedes*, 6. *fazen*. Doc. VI 10, on trouve *femos* < *fac'mus*, doc. XV 18 *feches* < *factis* et doc. XXV 42 à la 1re p. *fe*, formation analogique sur *femos*. Cette forme se trouve dans le supplément, qui est empreint d'une couleur occidentale. — Au présent du subjonctif, le doc. XCII offre, l. 11, un exemple de la forme portugaise *ffazade(s)*. — L'infinitif est toujours *fazer*, excepté doc. LXXXVIII 25 *fer* (mais *facer* 27).

Dezir. A noter l'infinitif en *-er: contradicer* LXXX 14, XCIV 24. [1]

Pour le parfait et les temps que en dérivent, voir § 68.

73. *Saber.* Le présent du subjonctif montre à la 6e p. *saban*: Gr. I Doc. XIII 1, XXXIX 1, LII 1, LIII 1, LXII 1; Gr. II Doc. LXXXVIII 1; Gr. III Doc. XCIII 1, XCV 1, XCVII 1, CI 2. La forme moderne *sepan* figure dans tous les doc. depuis LXIII jusqu'à LXXIV du groupe I et dans le doc. LXIX du groupe II. *Saban*, formation analogique sur l'indicatif, est fréquent en léonais. [2] *Sobemos*, doc. LXXVIII 5, doit être écrit par erreur pour *sabemos*.

Ver. Dans le gérondif *veyendo* doc. XIX 16, XLII 39, etc. *ye* représente la diphtongue. Il en est de même pour *veierun*, doc. XLII 110, qui montre le thème faible par analogie avec *fice*, *fecieron*, etc. [3]

Tener et *venir.* A noter les formes diphtonguées *tienga*, doc. XLIII 59, 60 *vienga* doc. XC 36, 44. La diphtongaison de ces formes n'est pas rare dans les textes léonais. [4] *Tener*, *poner* et *venir* montrent au pluriel la métathèse ordinaire de *nr* en *rn*. Ex. doc. XX 11, XXVI 10, 32, XLI 9, etc.

Poder. *Padades*, doc. XXVI 22, doit sans doute être corrigé en *podades*.

Traer. A noter *tragan*, *tragades* doc. LXII 9, formes faites sur *fagan*, *fagades*, mais *trayan* LXXXVIII 31. [5]

---

[1] Cf. Gessner p. 29, M. P. p. 51, et Gassner p. 199.
[2] Cf. Hanssen, Conj. leonesa p. 20, Gessner p. 28.
[3] Cf. Gassner p. 180.
[4] Cf. Hanssen, Conj. leonesa pp. 16 et 30, Gassner p. 15.
[5] Cf. Hanssen, Conj. leonesa p. 19.

Coger. Doc. XLIX 26, on trouve *cuelga* < *colligat*, mais cf. doc. LXVIII 47, 49 *coya*. *Cogien* XXXVII 11, dépend probablement d'une erreur et doit être *cogieren*.

Caer. Formes sans *y* au présent du subjonctif: doc. LXXVI *caa* 65; LXXXVI *decaha* 10; LXXXVIII *caa* 15, mais *caya* doc. LXXX 16, LXXXIV 21, etc.

Posideades doc. LXXXIX 14 et XCIV 21 doit être une forme savante isolée, appartenant à la formule juridique où figure ce mot. Sans cela, il faudrait admettre un infinitif *possideer*, qui, à notre connaissance, n'existe pas.

Constrener doc. LXXXV 24 et *correger* doc. CI 20 diffèrent du castillan en gardant l'infinitif en *-er*. Cf. *dizer* § 72.

Cubriades, doc. XCV 14, présente *ia* au lieu de *a* au présent du subjonctif, particularité dont parle M. Menéndez Pidal, Dial. leonés p. 52.

Oir < *audire* a perdu le *d* par l'influence des formes où ce *d* était suivi d'un *y: audio, audiam*, etc., analogie qui a vite saisi tout le paradigme du verbe. Autrement le *d* devait rester après *au*.[1] M. Gassner énumère p. 37 quelques formes sporadiques ayant gardé le *d*. Nos documents offrent, à côté de nombreuses formes sans *d*, les exemples suivants de formes qui gardent cette consonne: doc. XII *odiron* 37; XXXIX *odiron* 49; LXXVI *odiron* 73; LXXIX *odi* 23; LXXXV *odioron* 43; XCI *audiren* 1. XCVI *oudiren* 1; — Doc. XXXVII 2 offre la forme singulière *ouiren*.

Doc. XLV 10 offre à l'infinitif *conplier* pour *conplir*.

74. *Participes.* Les participes passés de certains verbes en *-er* hésitent entre la forme en *-udo* et celle en *-ido*.

conoçudo. Groupe I. Doc. IX 1, XV 1, XXI 1, XXII 1, XXIII 1, XXV 1, XXVII 1, XXIX 1, XXXVII 1, LIV 1, LVII 1, LVIII 1.

Groupe II. Doc. XII 1, XLIII 1, XLIV 1, LV 1, LXXI 1, LXXV 1, LXXVII 1, LXXVIII 1, LXXXI 1, LXXXII 2, LXXXIX 1, XC 2.

Groupe III. Doc. XCI 1, XCIV 1, C 1.

---

[1] Cf. Baist Gr. p. 897.

conocido. Groupe I. Doc. X 1, XI 1, XVI 1, XVIII 1, XX 1,
XXVI 1, XXX 1, XXXII 1, XXXIII 1, XXXIV
1, XXXV 1, XL 1, XLI 1, XLII 1, XLVI 1, XLVIII
1, XLIX 1, L 1, LI 1, LIX 1, LX 1.
　　　Groupe II. Doc. XXVIII 1, LXVII 1, LXXVI 1,
LXXIX 1, LXXXV 1, LXXXVI 1, XCVI 1.
　　　Groupe III. Doc. XIV 1, XCII 1, XCVIII 1.

conosada. Doc. XXIV 1. Bien que la forme soit clairement
écrite dans l'original, il paraît possible qu'il faut lire
conoscida. Cf. doc. XXXIV et XXXV, qui paraissent
avoir été écrits par le même scribe.

tenudo. Groupe I Doc. XV 26.
　　　Groupe II XXVIII 23, LXXXIV 22; XCVI 12.

tenido. Groupe I. Doc. XIII 32, XXIII 23, XXIV 18, LXV 44.
　　　Groupe II Doc. XLIII 55, XLIV 12.

perdudo. Groupe I. Doc. LXIV 11, LXV 17.

perdido. Groupe I. Doc. XLII 68.

entendudo. Groupe I. Doc. LXX 40.

Dicho, qui est la forme ordinaire, se présente quelquefois comme
decho (trait asturien) ou *dito* (trait occidental):

decho Groupe I Doc. LXVI 6.
　　　Groupe II Doc. LXXVII 28, 37, etc.

dito Groupe II Doc. XC 18, etc., IC 25.
　　　Groupe III Doc. XCII 14, 24, XCIV 13, etc., XCV 33,
etc., C 14, etc, CI 4, etc.

Pour *fecho*, voir § 33.

Chap. III.

Caractères dialectaux des documents et des groupes.

75. Dans ce chapitre, nous examinerons les caractères de chaque document spécial, ainsi que les traits communs qui distinguent les régions représentées par nos trois groupes. Nous énumérerons pour chaque document tous les traits léonais que nous y avons trouvés, en citant pour chacun d'eux un exemple typique, suivi du renvoi au paragraphe de notre travail qui a été consacré au phénomène en question, et où l'on trouvera les renseignements nécessaires sur sa fréquence dans la charte respective et dans les autres, ainsi que sur les problèmes phonétiques qui s'y rattachent. Nous donnerons le paradigme complet du pronom possessif autant qu'il se trouve représenté dans le document.

Après cette énumération des caractères — dans laquelle nous ne ferons pas entrer les particularités traitées dans notre travail, mais qui ne se rapportent pas au dialecte,[1] — nous noterons les autres singularités de la charte qui, souvent sans avoir été dans les chapitres précédents l'objet d'une mention, nous paraissent dignes d'être observées.

Cette revue des chartes de chaque groupe sera suivie d'un coup d'œil d'ensemble sur le groupe tout entier. Tout en considérant les traits communs des documents qui y appartiennent nous essayerons de voir, s'il y a par hasard aussi des traits qui caractérisent les documents provenant d'une partie spéciale de la région.[2]

----

[1] Cf. § 6.

[2] Sur la répartition géographique des groupes et des documents, voir §§ 4, 5.

Groupe I.

a. Caractères des documents.

76. Doc. I. *Sahagun* 1171: ortos 1 § 16. — abrueyo 25
§ 19. — meaya 20 § 32. — enos 28 § 47. — ela 17 § 49. —
fu 2 § 69.

Ce doc. contient la liste des jardins donnés en 1125 (cf.
Vignau, Indice 1562 p. 360) aux habitants de Sahagun par l'abbé
D. Bernardo ainsi que l'indication des charges dont chaque pro-
prietaire avait à s'acquitter.

Doc. III. *Feres* 1186: noue 4 § 16. — Sacare 5 § 22. —
fillos 8 § 32. — saquella 7 § 47. — so (m.) 6, sos 8, sua 12 §
55. — morire 6 § 66.

Notons la régularité avec laquelle *pora* est encore ici écrit
en deux mots: *por asi* 6, 10. *por aotro* 6, 10.

Doc. V. *Sahagun* 1199: maor 10 § 30. — ene 4 § 47.

Doc. VI. *Sahagun* 1211: Il n'y a dans ce document
rien qui révèle son origine léonaise, si ce n'est *malito* 10 § 36.
Notons aussi la forme *femos* 10 § 72.

Doc. VII. *Sahagun* 1213: tjne 17 § 10. — bon 12 § 16.
— malijcto 10 § 36. — su (m.) 15, su (f.) 14 § 55. — quesier
10 § 68. — fo 8 § 69.

A noter: *chrebantar* 10 § 45, *romio* 25.

Doc. VIII. *Villanueva de San Mancio* 1222: noua 8 §
16. — pispo 52 §§ 24, 44. — boes 8 § 30. — filio 6 § 32. —
maes 32 § 30. — dena 58 § 47. — complimoles 8 § 47. — ela
10 § 49. — istos 51 § 53. — mios 55, sos (m.) 57, § 55. —
morire 56 § 66. — dioron 58 § 67. — fu 12 § 69.

Doiela menor, voir p. 269. A noter *desne* 60 § 43, *uea* 27
(= *vega*).

Doc. IX. *Piasca* 1229: couo 2 § 16. — ye 2 § 12. — esti
11 §§ 25, 53. — annu 4 § 26. — mio (m.) 3, mi (f.) 4, so (m.)
4 § 55. — re 14 § 30. — nomne 1 § 40. — fezieren 6 § 68.
— foren 19 § 69.

A noter *crebantar* 10 § 45. «Pedro Martiniz de Frama mes-criuio.» (28). Frama est situé comme Piasca dans le part. jud. de Potes, prov. de Santander.

Doc. X. *Sahagun* 1232: terra 3 § 10. — cascayares 3 § 32. Sur *lera* 4, voir § 49.

Doc. XI. *Sahagun* 1232: filio 2 § 32. — Mio (f.) 2 § 55. — seja 1 § 69.

Doc. XIII. *San Felizes de Ceya* (?) 1233: morte 16 § 16. — mulier 4 § 32. — astiprado 14 § 38. — nomrada 11 § 40. — enos 10 § 47. — mios 19, mie (f.) 3, so (m.) 33, sue (f.) 9, so (f.) 36 § 55. — duas 25 § 59. — saban 1 § 73.

Doc. XV. *Sahagun* 1236: bonas 3 § 16. — mays 27 § 30. — conceyo 46 § 32. — fique 27 § 46. — mi (f.) 3, so (m.) 10 § 55.

Sur *ellotra* 41, voir § 49 p. 265, sur *feches* 18 § 72. *Deuotion* 13, offre la graphie *ti* au lieu de *ci*, graphie que nous aurons l'occasion de relever aussi dans quelques autres documents.

Doc. XVI. *Sahagun* 1236: ye 2 § 12. — orto 5 § 16. — poys 25 § 19. — muyer 3 § 32. — ena 7 § 47. — mie (f.) 3, sue (f.) 33 § 55. — furon 8 § 69.

Enlos hospital 15: le notaire a pensé écrire *en lospital*, il s'est ravisé, mais a oublié de changer *los* en *el*.

Doc. XVIII. *Pedradiello* (?) 1239: Omnes 1 § 40. — ela 7 § 49. — mi (f.) 3, su (f.) 37, sus (f.) 16 § 55. — fo 14 § 69.

A noter la graphie *ti* dans *pertinentias* 16 (mais *pertinencias* 26). — *Dimiercoles* 35 p. 291.

Doc. XIX. *Sahagun* 1239: ye 5 § 12. — bona 17 § 16. — meyoria 11 § 32. — ambos 18 § 37. — ennas 8 § 47. — myo (f.) 2 § 55. — acrecjremos 12 § 66. — prometioren 23 § 67.

Doc. XX. *Sahagun* 1240: ye 1 § 12. — yes 15 § 12. — pola 16 § 47. — mio (m.) 11, mios 12, mi (f.) 9 § 55.

Doc. XXI. *Sahagun* 1243: canbio 2 § 37. — lospital 3 § 49. — su (f.) 4 § 55. — uiren 1 § 66.

Doc. XXII. *Nogar* 1243: bues 26 § 30. — conseyo 2 § 32. — enna 13 § 47. — damoielo 9 §§ 47, 50. — so (m.) 26, so (f.) 6, sos (f.) 7 § 55. — tragan 35 § 73.

Notons la forme *ayda*, 13, pour *ayuda*.

Doc. XXIII. *Sahagun* 1244: ye 5 § 12. — egrisia 19 §§ 13, 38. — fiyo 12 § 32. — ela 7 § 49. — yelos 25 § 50. — mies (f.) 5, so (m.) 24, sos (m.) 28 § 55. — uiren 2 § 66. — fu 7 § 69.

Iodios 10, cf. § 28.

Doc. XXIV. *Sahagun* 1245: yera 7 § 12. — muyer 4 § 32. — mi (f.) 13, sos (m.) 19, so (f.) 4 § 55. — uiren 2 § 66. — fu 5 § 69.

A observer le participe *conosada* cf. § 74.

Doc. XXV. *Sahagun* (?) (ou San Felices) 1245: Adame 32 § 22. — rina 21 § 29. — re 20 § 30. — maor 24 § 30. — muyer 4 § 32. — mi (f.) 4, so (f.) 21 § 55. — quisiermos 8 § 63.

Le morceau qui commence par la ligne 39 et dont la langue porte des caractères occidentaux, offre les formes dialectales suivantes: beyzo 39 § 8. — pias 39 § 11. — corpo 40, uostra 41, bona 42 § 16. — quomo 40 § 18. — soy 41 § 69. Notons aussi *fe* 42 § 72.

Doc. XXVI. *Sahagun* 1245: yes 5 § 12. — eglisia 17 § 13. — bues 10 § 30. — laor 13 § 31. — muyer 4 § 32. — xenos 41 § 38. — ena 7, enne 36 § 47. — so (m.) 27, sos (m.) 39, sus (f.) 39 § 55. — dues 37 § 59. — dierdes 13 § 63. — ujren 2 § 66.

A noter les trois formes de *dejar: lexa* 35, *delexo* 44, *dexo* 45.

Doc. XXVII. *Sahagun* 1245: enas 8 § 47.

Doc. XXIX. *Villa garcia* 1246: bona 25 § 16. — maes 25 § 30. — dessi 24 §§ 25, 53. — canbiaron 7 § 37. — fique 20 § 46. — so (m.) 15 § 55. — eredoron 11 § 67.

Au lieu de *uernan*, on trouve, l. 28, *uergan* (?). Pour *estonç* 32, cf. Gessner p. 31.

Doc. XXX. *Piasca* (?) (ou Sahagun) 1246: eglisia 4 § 13.
— fontes 9 § 16. — maor 33 § 30. — enayenar 25 § 32. —
mi (m.) 2, mi (f.) 2, mis (f.) 7, sos (m.) 21 § 55. — ganardes
25 § 63.

A observer la forme *attentico* 42, et *do y* 4, 5, combinaison
qui revient doc. LIX 3, 7. Peut-être est-ce à cette combinaison et à des combinaisons semblables (*do ye offrezco, doyela*,
etc.) qu'il faut attribuer l'origine de la forme *doy*.

Doc. XXXI. *Sahagun* 1247: ye 8 § 12. — orto 5 § 16.
— meyor 17 § 32. — enne 24 § 47. — mi (f.) 2, so (m.) 39,
so (f.) 48 § 55. — quesierdes 13 §§ 63, 68. — metioron 24 § 67.

Doc. XXXII. *Sahagun* 1247: ye 31 § 12. — yes 11 §
12. — contrariare 26 § 22. — meyor 29 § 32. — concambio
4 § 37. — mias (f.) 29 § 55. — quisierdes 21 § 63. — uiren 2
§ 66. — furen 6 §§ 67, 69.

Doc. XXXIII. *Nogar* 1248: ye 17 § 12. — uostros 6 §
16. — bues 8 § 30. — ffiyos 27 § 32. — mio (m.) 24, mios
43, mi (f.) 24, mie fin 43, so (m.) 49 § 55. — perdissedes 12 §
66. — feçiessedes 12 § 68. — fu 5, fuer 31 § 69.

Doc. XXXIV. *Sahagun* (?) 1250: orto 6 § 16. — fijos 5
§ 32. — uiren 1 § 66.

Ferran, l. 7, doit être fautif, cf. 3, 4, 6 et 3, 3 du doc.
prochain, qui est écrit par le même notaire.

Doc. XXXV. *Sahagun* (?) 1250: fiyos 4 § 32. — uiren
1 § 66.

Doc. XXXVI. *Galliguiellos* (?): 1250. uorto 5 § 17. —
abere 4 § 22. — rina 19 § 29. — maor 21, re 19 § 30. — laor
17 § 31. — fiya 2 § 32. — comeus 1, ennas 4 § 47. — meus
(m. pl.) 1, mja 2 § 55. — furen 4 §§ 67, 69.

Doc. XXXVII. *Sahagun* (?) 1251: conuentu 3 § 26. —
uiren 2 § 67.

A noter *connuzuda* 1, *ouiren* 2 § 73 et *cosea = cosa sea* 1.

Doc. XXXVIII. *Villanueva de San Mancio* (?) 1252: egua 32 § 10. — ye 39 § 12. — postos 10 § 16. — oueyas 5 § 32. — elos 7 § 49. — yelo 32 § 50. — mi 2 § 55. — mandemos 54 § 65. — posiesemos 11, feciemos 12, ueniesemos 16, quesieren 37 § 68.

Auiesemos 12 § 70. A noter la forme *cuncta = cuenta* l. 12 et *uea* 29, cf. doc. VIII 27, lequel est aussi de Villanueva de San Mancio.

Doc. XXXIX. *Piasca* 1252: ye 9 § 12. — bues 33 § 30. — fiyos 3 § 32. — ambas 7 § 37. — pelgassen 9 § 39. — fique 16 § 46. — so (m.) 31, sos (m.) 13, so (f.) 4, sue (f.) 11 § 55. — sien 17 § 61. — ujren 2 § 66. — dioron 34 § 67. — quesiessedes 32 § 68. — furon 5 § 69. — saban 1 § 73.

A noter *rezones* 7 § 28, *odiron* 49 § 73 et *entegraron* 22 § 45. *Eston*, 42, a été écrit par erreur pour *Estos*.

Doc. XL. *Sahagun* 1252: portalgo 2 § 39. — so (f.) 22 § 55. — uiren 2 § 66. — furan 7, fuer 21 § 69.

Doc. XLI. *Sahagun* 1253: ortos 15 § 16. — redrueyo 94 § 19. — bispo 63 § 24. — meyor 56 § 32. — ambos 52 § 37. — uollas 55 § 47. — mi (f.) 6, so (m.) 10, sos (m.) 62, so (f.) 38, sos (f.) 61 § 55. — fizierdes 58 § 63. — oyron 78 § 66. — uioren 78 § 67. — fu 79 § 69.

A noter *molazino* 90 § 43 et *toto* 29 pour *todo*.

Doc. XLII. *Sahagun* 1254: ye 4 § 12. — bues 78 § 30. — maor 107 § 30. — laores 70 § 31. — fiyos 12 § 32. — omnes 1 § 40. — enne 26 § 47. — ela 25 § 49. — mio (m.) 10, mios 11, mi (f.) 14, mie (f.) 33, so (m.) 12, sos 56, sue (f.) 103, sues 59 § 55. — quisierdes 38 § 63. — mandemos 87 § 65. — ualis 34 § 66. — quessies 95 § 68.

A noter les formes *veierun* et *odierun* 110 (mais *estidieron* 110) § 73 et la graphie *ti: seruitio* 12, *oratjones* 45, *donation* 91.

Doc. XLV. *Juara* (?) 1256: ye 9 § 12. — egrija 17 §§ 13, 38 et § 68 p. 308. — moble 20 §§ 16, 18. — mi (m.) 19, sos (m.) 9 § 55. — uiren 2 § 66. — uenier 22 § 68. — for 23 § 69.

Notons *luna* 26 § 49, *conplier* (?) 10, *ceygo* 33 § 9.

Doc. XLVI. *Galliguiellos* (?) 1256: ye 4 § 12. — fiyos 10
§ 32. — faganno 11 § 47. — llauor 5 § 49 et p. 265. — yas 21
§ 50. — mjo (m.) 5, mjos 3, so (m.) 38, sos 10 § 55. —
dalguno 23 § 58. — uiren 2 § 66.

A noter *molacjno* 41 § 43 et *calomja* 19, 21.

Doc. XLVII. *Galliguiellos* (?) 1257: ye 2 § 12. — solo 3
§ 16. — uorto 9 § 17. — rina 18 § 29. — uue 10, re 18 § 30. —
— fiyos 8 § 32. — Juam 9 § 41. — comio 1, ene 3, vende-
molo 5, emes 17 § 47. — mio (m.) 1, so (m.) 16, su lauor 17, sus
(f.) 3 § 55. — quisierdes 12 § 63. — furen 4 §§ 65, 69.

Notons *qui*, l. 12, écrit par erreur pour *que*.

Doc. XLVIII. *Mayorga* 1257: ye 23 § 12. — rina 76 §
29. — re 75 § 30. — muyer 6 § 32. — mi (f.) 41, sues (m.)
14, todos sues lauores 55, sue (f.) 6, so (f.) 7 § 55. — dues 6 4 § 59.
— demandemos 4 § 65. — uiren 2 § 66. — furon 5 § 69.

A noter *aidorio* 60, cf. *ayda* XXII 13, et *foales* 27, cf. *foyales* L 41.

Doc. XLIX. *Sahagun* 1257: meyor 11 § 32. — so (m.)
53 § 55. — podierdes 11 §§ 63, 68. — uiren 2 § 66. — fu 8
§ 69.

A noter *cuelga* 26 § 73.

Doc. L *Sahagun* 1258: noua 14 § 16. — maor 71 § 30.
— caleya 32 § 32. — xosa 44 § 38. — ennas 10, trasle 12 § 47.
— so (f.) 65 § 55. — quisierdes 57 § 63. — fu 31 § 69.

Doc. LI. *Sahagun* 1259: moble 17 §§ 16, 18. — Maorga § 5
30. — muyer 3 § 32. — mios (m.) 24, mi (f.) 8, nis 13, so (m.)
9, sos 6 § 55. — roguemos 31 § 65. — venier 28 § 68.

Doc. LII. *Paredes* 1259: Castreyon 2 § 32. — saban 1
§ 73.

Doc. LIII. *Sahagun* 1259: conseyo 5 § 32. — enna 3
§ 47. — mi (m.) 23, so (m.) 20, sues (f.) 4 § 55. — viren 1 §
66. — saban 1 § 73.

L. 6 *aydorio*, cf. XXII 13 et XLVIII 60.

Doc. LIV: *Galliguiellos* (?) 1260: terra 11 § 10. — ye 20 § 12. — ye (< *est*) 7 §§ 12, 69. — rina 35 § 29. — re 35 § 30. — fiyos 16 § 32. — ambos 3 § 37. — Juam 16 § 41. — ficar 19 § 46. — uolo 26, ene 34 § 47. — luno 33 § 49. — mi (m.) 7, mia (f.) 4, mie 6, mi 2, so (f.) 25 § 55. — mandemos 42 § 65. — uirem 2 § 66. — fu 4 § 69.

Sur *pachisa* 29, voir § 32 p. 235. *De me* 30 est une faute du notaire et doit être *qué me*. Notons *aueran* 17, 27.

Doc. LVI. *Melgar de suso* 1250: neto 11 § 10. — youes 26 § 16 — mallito 22 § 36. — elo 19 § 50. — ayadella 18 § 47. — mi (f.) 6, so (m.) 39 § 55. — uiren 4 § 66.

Oblido 2 § 45, *mogier* 6 § 28; notons encore *die youes* 26.

Doc. LVII. *Sahagun* 1262: ye 42 § 12. — soldos 9 § 16. — maordomo 59, bues 12 § 30. — conceyo 4 § 32. — enno 7 § 47. — ela 16 § 49. — elos 12 § 50. — mio (m.) 84, so (m.) 30, so (f.) 38 § 55. — dalguno 24 § 58. — partiren 47 § 66. — uenier 34 § 68.

Doc. LVIII. *Galliguiellos* (?) 1264: ye 25 § 12. — uue 10 § 19. — rina 18 § 29. — re 18 § 30. — laor 17 § 31. — fiyos 8 § 32. — mallito 15 § 36. — uenditjom 3 § 41. — comie 2, ene 4, confirmamola 28 § 47. — mie (f.) 2, so (m.) 25, su laor 17, suo lauor 62 § 55. — quisierdes 12 § 63. — mandemos 28 § 65. — fu 36 § 69.

A noter la graphie *tj* dans *uenditjom* 3, 31, 43, 52, *generatjom* 13, 41, 62. — L'instabilité de l'usage se traduit clairement par la manière différente dont les mêmes mots ont été écrits dans les quatre chartes, qui émanent pourtant du même notaire et qui portent la même date. Exemples: l. 17 *su laor*, l. 62 *suo lauor*, l. 18 *dom Alfonso*, l. 41 *don Alfonso*, l 5, 45, 53 *Camperos*, l. 32 *Panqueros*, etc.

Quant à notre localisation des documents XXXVI, XLVI, XLVII, LIV et LVIII, nous en indiquons les raisons § 77. Les trois derniers de ces documents ont été écrits par le même notaire (Martinus notuit).

Doc. LIX. *Lorieso* 1264: ye 3 § 12. — Maorga 23, re 13 § 30. — mio (m.) 2, mios 8, mie (f.) 2, mies 9, so (m.) 27, sue (f.) 17 § 55. — dalguno 11 § 58. — uiren, § 66. — foy 36 § 69.

A noter *do hy* 4, 7 (cf. doc. XXX), *desqomulgado* 12, et *allabbat* 14 § 49.

Doc. LX. *Sahagun* 1267: yglisias 20 § 13. — ffiiya 5 § 32. — cambiar 36 § 37. — enne 18, ennas 52 § 47. — ela 6 § 49. — mios (m.) 93, sos (m.) 38 § 55. — fallarmos 50 § 63. — viren 1 § 66. — mandemos 98 § 65. — fezierdes 47, podiesse 72, uenier 79 § 68.

Mantegades, 38, est une faute du notaire. L. 67, *pora pagarmos* est le seul exemple que nous connaissions de l'infinitif personnel dans un document de la région orientale du Léon. L. 100 *die sabado,* car la combinaison est beaucoup plus étroite que *dia de Sancta Eulalia* de la même ligne. cf. *die youes* LVI 26 et *dimiercoles* XVIII 35, voir p. 291, la note.

Doc. LXI. *Sahagun* 1278: conceyo 1 § 32. — mjo (m.) 55, sos (m.) 10 § 55. — dixoron 5 § 67. — feziesse 38 § 68.
Madoron 22, *quinietos* 39 sont des fautes du notaire. A noter la graphie *cassa* 10 et *seze* 50.

Doc. LXII. *Sahagun* 1278: mjo (m.) 46, sus lauores 13 § 55. — pagardes 11 § 63. — uenir 18 §§ 66, 67. — saban 1 § 73.
Le notaire de ce doc. étant le même que celui du doc. précédent, il n'est pas étonnant de retrouver l. 41 *tegades. cogades,* l. 21, n'est peut-être qu'une faute pour *colgades* (cf. p. 235). Pour *tragades* 9, voir § 73. A noter le mot *arfia* 18, la forme *prendia* 34, et *seze* 42.

Doc. LXIII. *Mayorga* 1280: ye 18 § 12. — ye (< *est*) 47 §§ 12, 69. — Ffoueyollo 66 § 16. — conceyo 35 § 32. — sepam 1 § 41. — ennos 44 § 47. — ela 5 § 49. — quegelles 11 § 50. — mjo (m.) 13, mi (f.) 27, sso, (m.) 61, ssus (m.) 11, sso (f.) 18, ssu (f.) 23. — ouierdes 34 § 63. — entreguemos 42 § 65. — viren 1 § 66. — veniesse 33 § 68.

La charte de don Sancho, insérée dans ce document, y revêt la même forme dialectale que le reste du document. Tout au plus pourrait-on croire que *ssu* au fém. et au masc., ne figurant que dans cette charte, sont attribuables au notaire qui l'a d'abord écrite.

Doc. LXIV. *Sahagun* 1282: mentre 25 § 10. — bonos 6, § 16. — maor 55 § 30. — lla 6, ela 54 § 49. — mjo (m.) 81, so (m.) 37 § 55. — dalguno 20 § 58. — sen 35 § 61. — quissierdes 19 § 63. — roguemos 51 § 65. — possiemos 56, estedieron 74 § 68.

A observer la graphie *ss* dans *possiemos* 56, 62, *pesquissas* 64, *pressente* 79 et la forme *otorgaçon* 74.

Doc. LXV. *Sahagun* 1282: Roane 83 § 22. — lla 19 § 49. — elos, quelles 39 § 50. — maor 65 § 30. — mjo (m.) 92, su (m.) 2, so (m.) 69, su (f.) 3, sua (f.) 6 § 55. — fuerdes 32 § 63. — roguemos 61 § 65. — estedioron 84 §§ 67, 68. — posiemos 66 § 68.

L. 19, le notaire a oublié *que* entre *la* et *auiemos*. A noter les formes *mortuero* 12, *sierna* 23, 24 (autrement *serna*) et *boenos* 71. La graphie *ss* figure dans *pesquissas* 74 et la forme *otorgaçon* se retrouve l. 84. Ce doc. et le doc. précédent ont été rédigés par le même notaire, Domingo Diaz, mais certaines différences font croire qu'ils n'ont pas été écrits par le même scribe: *estedieron* LXIV 74, *estedioron* LXV 84, *possiemos*, *possiessen* LXIV 56, 59, 62, *posiemos*, *posiessen* LXV 66, 69, 72. Mais ces différences peuvent aussi dépendre de l'instabilité de la langue (cf. doc. LVIII).

Doc. LXVI. *Potes* 1282: ye 2 § 12. — maiolo 3 § 16. — cueto 3 § 20. — esti 13 §§ 25, 53. — escriuanu 17 § 26. — cartes 17 § 27. — concello 19 § 32. — ambas 20 § 37. — dolda 15 §§ 15, 39. — mio (m.) 5, mj (m.) 7, mis 7, mj (f.) 6 § 55. — dues 7 § 59. — uiren 1 § 66. — fezi 19, uenieren 12 § 68.

A noter *eniuersario* 13 § 28, et *pesquisclas* 22, ainsi que les formes asturiennes *decho* 6 § 74 et *auenturia* 12.

Doc. LXVIII. *Mayorga* 1287 : ye (< *est*) 53 §§ 12, 69.
— coya 47 § 32. — demays 38 § 30. — anbas 64 § 37. —
vierem 5 § 41. — ennas 20 § 47. — ela 30 § 49. — lle 16 §
50. — mjo (m.) 79, mios 57, su (m.) 4, su (f.) 4 § 55. — podierdes 44 §§ 63, 68. — rroguemos 62 § 65. — ffeçier 20, uenier
43, quesier 47 § 68.

A noter les formes *juys* 15, *eclesiastigo* 15 et le mot *arffia*
43 (cf. LXII 18).

Doc. LXX. *Beluer* 1291 : bonos 40 § 16. — baraya 26 §
32. — prioralgo 14 § 39. — enno 4 § 47. — la abat 8 § 49. —
lela 45 § 50. — su (m.) 15, delos sus yantares 4 § 55. — vent
47 § 60. — viren 1 § 66.

Dans notre tableau § 55, nous avons compris *sus* 4 comme
étant du féminin, ne connaissant pas d'exemples de *yantar* au
masculin. Il s'ensuit que *los* doit être corrigé en *las*. A noter
rrezon 17 § 28, *alcalles* 2 (cf. § 36).

Doc. LXXII. *Sahagun* 1291 : meyorias 24 § 32. — cambjar
10 § 37. — fficar 38 § 46. — ennas 57, enne 65, uollo 66 § 47.
— mi (m.) 89, sus (m.) 14, sos (m.) 90, so (f.) 42 § 55. — fizierdes 12 § 63. — roguemos 84 § 65. — posiesen 89 § 68.

Notons la graphie *vssos* 14.

Doc. LXXIII. *Sahagun* 1293 : laores 35 § 31. — canbio
4 § 37. — llabralla 16 § 49, pag. 265. — ssilla 28 § 50. — mjo
(m.) 54, mis (m.) 16, mi (f.) 15 § 55. — quesierdes 28 §§ 63, 68. —
rroguemos 46 § 65. — uenier 36, ffezies 47 § 68.

rreçieta, 14, doit être *rreçienta*. Notons *fruyto* 33, 36 § 33.
Aprouenedes, 38, doit être un verbe formé sur *provena* = mugrón
de la vid (Dicc. Acad.).

Doc. LXXIV. *Sahagun* 1299 : anbas 46 § 37. — ela 47
§ 50. — mi (m.) 10, mios (m.) 31 § 55. — vinte 13 § 60. —
ouierdes 18 § 63. — ffeziese 46 § 68.

Notons les formes *deyedes* 16 § 34, *alcalyde* 5, *predrar* 37
§ 45.

b. Caractères du groupe I.

77. Outre les chartes de Sahagun même, le groupe I comprend un nombre considérable de documents d'endroits situés vers le nord jusqu'en Santander et vers le sud jusque dans la région de Potes de la province de Zamora. Les différences qui se laissent apercevoir entre ces chartes ne sont cependant pas assez considérables pour que nous ayons cru devoir en établir une subdivision, ce qui dépend naturellement jusqu'à un certain degré de l'insuffisance de nos matériaux.

Le tableau précédent permettra pourtant dans plusieurs cas de constater la présence de formes qui tiennent au dialecte spécial du document où elles figurent. C'est là le cas, par exemple, pour le passage de l'*e* et de l'*o* final à *i* et à *u* dans les doc. IX et LXVI (Piasca et Potes), qui offrent d'ailleurs encore d'autres traits asturiens *(concello, cartes, decho, foren)*. Un trait pareil se retrouve doc. LIX (Luriezo): *foy*. Dans des documents qui paraissent avoir été écrits à Sahagun, l'origine du notaire se révèle quelquefois par des traits isolés: ainsi *conuentu, connusuda* du doc. XXXVII 1, 3 sont des formes asturiennes.

Les chartes qui proviennent de la région méridionale (Villanueva de San Mancio, Saelices, Villa Garcia, Mayorga, Melgar, Beluer), ainsi que celles qui appartiennent à la région septentrionale, se distinguent d'une façon générale par une couleur léonaise plus prononcée et plus persistante que celles de Sahagun ou d'endroits situés dans le voisinage de ce centre. La forme *mais* (§ 30), par exemple, figure dans trois documents méridionaux, mais seulement dans un doc. de Sahagun, où *mas* est la forme ordinaire. L'usage de *m* final au lieu de *n* (§ 41) paraît aussi être étranger à Sahagun même, mais on le trouve dans deux documents de Mayorga et dans trois documents que nous avons localisés avec deux autres à Galleguillos, situé au sud de Sahagun mais peu éloigné de cette ville.

A ce groupe de Galleguillos appartiennent d'abord les quatre chartes réunies sous le numéro LVIII, dans lesquelles il s'agit de la vente d'une vigne, etc. à Camperos non loin de Galleguillos, dont les «diuiseros» figurent dans le document. Le contractant de cette charte porte le même nom (Pedro

Garcia) que celui du doc. LIV, où sont aussi cités les diuiseros
de Galleguillos, et les deux chartes ont été écrites par le même
notaire, ce dont témoignent aussi bien le nom du notaire (Martinus notuit) que les particularités graphiques et linguistiques
des deux documents (-*m*, *mio*, *mie*, *questa*, etc.). Dans le doc.
XLVII, c'est encore Pedro Garcia qui est contractant, les diviseros y sont aussi, et, bien que le nom du notaire ne soit pas nommé,
la langue révèle clairement son identité avec le Martinus précité. Notons la particularité commune aux documents XLVII
et LVIII d'assimiler le *n* de *con* et de *en* avec le *m* initial d'un
mot suivant: *comio* XLVII 1, *comie* LVIII 2, *emes* XLVII 17
(§ 47), mais *enemes* LVIII 17 et LIV 34. Dans le doc. XLVI,
c'est encore de Pedro Garcia, cavallero de Galliguiellos, qu'é-
mane la charte. Mais le notaire est un autre, et la langue n'est
pas tout à fait la même. Les diviseros en Galleguillos se retrouvent enfin dans le doc. XXXVI, où Sancha Mames et ses
enfants contractent une vente avec Pedro Garcia. On y trouve,
l. 1, *comeus*, et les autres caractères sont en somme d'accord
avec ceux des doc. XLVII, LIV, LVIII *(furen, mja)*. Notons
tout particulièrement *uorto*, qui figure dans les doc. XXXVI et
XLVII, et que nous retrouvons dans des documents de Léon
appartenant au groupe II.

Nous passons aux traits qui sont communs aux chartes du
groupe I. Tous ces traits ne figurent naturellement pas dans
chaque document. Souvent les mots respectifs manquent dans
beaucoup de chartes, souvent l'influence castillane amène ou
bien un mélange de formes, ou bien l'usage exclusif de certaines
formes castillanes, dans une charte qui autrement porte des
traits léonais.

Le plus commun des caractères dialectaux qui nous occupent, c'est le passage de *lj* à *y* (§ 32), qui se trouve représenté
dans presque tous les documents. On voit toutefois, pendant
le dernier quart du siècle, *y* céder de plus en plus la place à
j ou *g*, graphies qui, dans les derniers documents, sont seules ou
presque seules usitées.

En second lieu, il faut relever la persistance des formes
avec *i* au lieu de *ie* des conjugaisons II et III (§ 66). C'est là

un trait fort répandu, et M. Menéndez Pidal[1] fait remarquer que les formes de ce genre abondent même dans les textes qui ne montrent qu'une légère teinte léonaise. Si, dans un certain nombre de nos chartes, on trouve pourtant des formes avec *ie* (telles X, XXIX, LI, LII), cela prouve la force de l'influence castillane, qui, à partir du doc. LXIV (1282), l'emporte entièrement sur la tendance léonaise. Après cette date, on ne trouve pas d'autres formes avec *i* que *uiron* (LXVI 1, LXX 1, 31, 33).

La forme léonaise *ye* < *et*, qui figure dans un grand nombre de documents (§ 12), ne se retrouve pas après le doc. LVII (1262) à Sahagun même, où elle paraît tomber en désuétude dès avant le milieu du siècle. Dans les documents du nord et du sud, elle est fréquente pendant toute la période.

Le futur du subjonctif (§ 63) montre la syncope dans presque tous les documents où ce temps est représenté. Il est étonnant de trouver la forme non syncopée dans des documents qui autrement gardent aussi bien leur couleur léonaise que les nos XV, XIX et XLIV.

Enno, enna, enne (§ 47) sont des formes fréquentes dans les documents du groupe I, la dernière de ces formes est même caractéristique de ce groupe. Les combinaisons de *con* ou d'un verbe avec le pronom, ainsi que celles de *nos, uos,* etc., ou d'un verbe avec *lo(s), la(s), le(s)* y sont moins fréquentes, tandis que celles de *per* et de *por* avec un pronom n'y sont pas employées (exception: doc. XX 16).

Ela (§ 49) est fréquent comme article féminin.

Quant au pronom possessif, on remarque l'emploi ordinaire de *so* au féminin.

Mentionnons enfin les traits suivants, que nous énumérons, en suivant l'ordre approximatif de leur fréquence: *-emos* (§ 65), *ambos* (§ 37), *-oron* (§ 67), *maor* (§ 30), *re* (§ 30), *ye* (< *est*) (§ 12), *riua* (§ 29), *laor*, caractéristique du groupe I, (§ 31), *quesier, venier, fesier* (§ 68), *lle, llo* (§ 50), *dalguno* (§ 58), *saban* (§ 73) et ajoutons qu'on trouve des exemples sporadiques de *nomne* (§ 40), de *-algo* (§ 39), d'*egrija* (§ 38), de *mallito* (§ 36), de *xosa* (§ 38).[2]

---

[1] Dial. leonés p. 56.

[2] Cf. encore § 79.

Groupe II.

a. Caractères des documents.

78. Doc. IV. *Cañiso* 1197: uostros 6 § 16. — elos 2
§ 49. — mio (m.) 7 § 55. — fu 5 § 69.

A noter la graphie *tj* dans *conuenientja* 1, *Gartja* 20 et
fatjo 27.

Doc. XII. *Moreruela* 1233: Morerola 2 § 16. — ye 3 § 12.
— susu 19 § 26. — ensembla 19 § 28. — maor 35 § 30. —
fiyos 5 § 32. — ambas 27 § 37. — ela 9 § 49. — mios (m.)
45, so (m.) 22, sos 5, sua (f.) 25 § 55. — dalguno 25 § 58. —
mandemos 47 § 65. — uiren 2 § 66. — quesier 25 § 68.

Pour les différentes formes de *fratrem*, voir § 7. *Odiron*
47 § 73.

Doc. XVII. *Castro Coraf* 1237: morro 6 § 16. — heredade
8 § 22. — insembla 5 § 28. — nomrados 9 § 40. — quiem
11 § 41. — ficar 11 § 46. — ela 3 § 49. — eu 6 § 51. —
istas 6 § 53. — quiser 11 § 66.

A noter *paguent* 8 (mais *pagen* 10).

Doc. XXVIII. *Léon* 1246: ye (< *est*) 23 § 12. — egrisia
5 §§ 13, 38. — bonas 23 § 16. — luago 25 § 17. — bispo 3
§ 24. — mais 39 § 30. — ambas 10 § 37. — xano 38 § 38. —
pela 2, polas 13, enna 15, conna 19 § 47. — ela 18 § 49. —
so (m.) 8, sua (f.) 9, suas 23 § 55. — dalguna 22 § 58. — sien
36 § 61. — roguemos 41 § 65. — ujren 1 § 66. — uenioron
11 §§ 67, 68. — posiese 41 § 68. — fu 2, sie 29 § 69.

Notons *canoligo* 45 § 43.

Doc. XLIII. *Moreruela* 1254: emelgo 96 § 10. — ye 2 § 12.
— ye (< *est*) 35 §§ 12, 69. — Morerola 88 § 16. — uuey 23 § 19. —
ryna 69 § 29. — maor 73 § 30. — conceyo 66 § 32. — concambio 4 § 37. — pam 37 § 41. — pela 3, pola 29, fazemolas
60 § 47. — ela 8 § 49. — so (m.) 67, sua 69 § 55. — duas 51
§ 59. — viron 95 § 66. — ueniesse 54 § 68. — escreuio 102,
cf § 68, p. 307. — furon 33 § 69. — tienga 59 § 73.

L'influence castillane se traduit visiblement dans ce document par la façon dont le notaire, moine de Moreruela, écrit le
nom de son monastère. Après s'être servi dans tout le document de la forme diphtonguée, il retombe vers la fin dans l'habitude qui lui était familière, pour écrire l. 88, 90 et 101 *morerola*.

Doc. XLIV. *Moreruela* 1254: ye 8 § 12. — bona 19 §
16. — conceyo 22 § 32. — concambio 4 § 37. — uiren 2 § 66.
— podieremos 13 § 68.

Notons *cartherizas* 20 et la graphie *ti: donation* 15, *acaetieren* 18.

Doc. LV. *Léon* 1260: yera 9 § 12. — eglisia 11 § 13. —
bonos 3 § 16. — vuecho 20 § 19. — Maorga 5 § 30. — conceyo 2 § 32. — xamado 16 § 38. — nomnado 17 § 40. — enna
7, pela 8 § 47. — ela 14 § 49. — ye 13, elle 18 § 50. — mia
sennal 18, sua 13 § 55. — fezies 12 § 68. — fu 14 § 69.

A noter *canoligo* 7 § 43, et, l. 14, «*de vieruo a yeruo*», expression où la disparition du *v* dépend probablement d'une
dissimilation.

Doc. LXVII. *Léon* 1286: monesteyro 13 § 8. — dezmo
18 § 10. — (noçes 24 § 16). — poble 7 § 38. — padronalgo
13 § 39. — acustumo 23 § 40. — todalas 19 § 47. — dolla 16
§ 50. — mio (m.) 12, so (m.) 27, sos (m.) 25 § 55. — recebisse
5 § 66.

A noter *rettor* 16, *cossas* 22. Pour *prouison* 6, voir p. 308,
la note.

Doc. LXIX. *Léon* 1289: leygo 46 § 8. — bonos 30 § 16
— conçeyo 7 § 32, — xamado 41 § 38. — padronalgo 11 §
39. — yela 16, lle 23 § 50. — dessi 35 §§ 25, 53. — mjo (m.)
38, mja 42, sso (m.) 6 § 55. — ssien 36 § 61. — venjoron 2 §§
67, 68. — pedio 13 § 68 p 307. — die 37 § 71.
A noter *defenetiua* 34 § 28, *poblico* 40 § 15.

Doc. LXXI. *Léon* 1291: dessusu 81 § 26. — conseyo 57
§ 32. — julgo 60 § 39. — nomne 59 § 40. — ordem 46 § 41.
— enno 17, enas 43 § 47. — lle 26 § 50. — mio (m.) 72, mia

37, sso (m.) 33, sos 26, sua(?) 35, suas 28 § 55. — viren 1 § 66.
— vieno 49, venieron 6, quesiesse 31, trogo 28 § 68. — pedio
11, 29, 36, 42, 51, 71 cf. § 68 p. 307. — ffuron 14 § 69. —
die 26 § 71.

A noter *canoligos* 13 § 43.

Doc. LXXV. *Villa Rabines* 1241: ye 4, yera 12 § 12. —
eglisia 6 § 13. — fiyos 9 § 32. — ficar 34 § 46. — pella 20,
enna 25 § 47. — so (m.) 36, sos (m.) 4, § 55. — duas 38 § 59.
— per 13 § 61. — uiren 2 § 66. — connocioron 11 § 67. —
fu 2 § 69.

A noter *Migayel* 27 § 29 et *prindien* 31 (cf. *prendia* LXII 34).

Doc. LXXVI. *Eslonza* 1243: erno 33 § 10. — ya 2 §
12. — orto 5 § 16. — ensembla 3 § 28. — rina 68 § 29. —
maor 73, Pelao 51 § 30. — muyer 7 § 32. — concambia 4 §
37. — pela 2, ena 5, pola 32, damola 20 § 47. — ela 8, lotro
19 § 49. — sos (m.) 15, sua (f.) 15 § 55. —. mandemos 71 §
65. — pertenecir 31 § 66. — quesier 64 § 68. — fu 11 § 69.

A noter *heriedan* 13 § 9, *determenados* 21, *Domenguez* 59
(autrement toujours avec *i*), *maleito* 65 (cf. *beneito* § 33), *se* (de
Ouiedo) 69, *emos* 27 § 70, *caa* 65 et *odiron* 73 § 73.

Doc. LXXVII. *Léon* 1245: ye 3, hierant 25 § 12. —
bona 30 § 16. — ruogo 62 § 17. — abade (?) 47 § 22. — disti
32 §§ 25, 53. — rina 17 § 29. — re 17, mayas 39 § 30. —
muler 14 § 32. — sollo 46 § 36. — ambos 40 § 37. — nomne
49 § 41. — Iordam 65 § 41. — ena 24, connos 59, posieronos
62 § 47. — ela 7, labbat 2 § 49. — lis 42, eli 54 § 50. — so
(m.) 62, sua (f.) 4 § 55. — sen 50 § 61. — uirent 2 § 66. —
fezo 16, conuieno 54, posieron 62 § 68. — seia 1, foe 2, for 48 §
69. — diant 46 § 71.

Notons *decho* 28 § 74, *cunnuceront* 28 § 66, *iglesa* 47 § 68
p. 308, *pescaduria* 9, 33 (cf. LXVI 12) *uigario* 47 et la combinaison *lola* 54.

La 6ᵉ p. des verbes se termine dans ce document toujours
par *nt*, si le verbe n'est pas suivi par un pronom enclitique (39,

59, 62) ex. *uirent* 2, *demandauant* 7, *prometieront* 30, etc. Ce trait, qui n'apparaît pas dans les autres chartes de Léon, s'explique, si l'on considère que le notaire (Fernan Ioan) était un «monge de san Vicenti de Ouiedo» (68). On le retrouve avec la plupart des autres traits qui distinguent cette charte dans les documents publiés par M. Vigil dans sa *Colección histórico-diplomática del Ayuntamiento de Oviedo* (cf. par ex. le doc. XX avec *sabant, elli, aventuria, concello, Giralliz*).

Doc. LXXVIII. *Pesquera*(?) 1248: quitey 14 §§ 8, 65. — parentes 15 § 10. — ye 3 § 12. — ueyo 53, yglesa 6 § 13. — morte 30 § 16. — herdat 10 § 24. — quitemj 11 § 25. — mays 28 § 30. — fillos 15 § 32. — Iam 42 § 41. — fique 30 § 46. — enna 13, ayana 10 § 47. — ela 8 § 49. — mio (m.) 18, mios 3, mia (f.) 14, mias 17, so (m.) 47 § 55. — uenermos 34 §§ 63, 68. — meteo 48 § 65. — uiren 3, ueneren 18 § 66. — sum 45, seye 33, foron 10 § 69. — di 14 § 71.

A noter *cunuzuda* 2, *cunucemos* 5 (cf. *cunnuceront* LXXVII 28), *sobemos* 5 (probablement une incorrection), *asse* 14, *eussa* 27 (§ 48), *iuyzo* 24 (qui offre par conséquent un ex. du développement populaire de *cj*). Cf. § 79.

Doc. LXXIX. *Villa Rabines* 1252: parentes 4 § 10. — egrisia 8 §§ 13, 38. — bona 18 § 16. — maor 28 § 30. — filo 43, conceyos 25 § 32. — mallito 18 § 36. — nomre 1 § 40. — pela 5 § 47. — mio (m.) 4, mia (f.) 4, mie 3, so (m.) 34 § 55. — uiren 2 § 66. — sie 24, fure 21 § 69.

A noter *auer auia* 10, *tot* 15 (cf. doc. XLI 29), *ioyzes* 24, 32, *iodio* 34 (cf. doc. XXIII 10 et § 28), *odi* 23 (§ 73), *elecho* 30 (§ 33) et *uiada* 15 (?).

Doc. LXXX. *Valencia de Don Juan* 1260: ey 3 §§ 8, 70. — bonas 15 § 16. — muyer 2, mellor 17 § 32. — dubre 16 § 38. — enno 17 § 47. — ela 5 § 49. — mio (m.) 13, mias (f.) 22 § 55. — quisierdes 12 § 63. — mandey 22 § 65. — venier 13 § 68. — soy 11 § 69 — contradicer 14 § 73.

Doc. LXXXI. *Eslonza* (?) 1272: yera 6 § 12. — cuecho 20 § 19. — herede 33 § 22. — herdat 13 § 24. — filos

19 § 32. — dolda 42 §§ 15, 39. — pornomnados 8 § 40. —
fica 27 § 46. — lotro 26, dellos 4 § 49. — quelles 6 § 50. —
ssos (m.) 22, sua (f.) 9 § 55. — duas 44 § 59. — sien 32 § 61.
— quixermos 28 §§ 63, 68. — mandemos 43 § 65. — pussymos
48 § 66. — uenjeren 12 § 68. — fur 11 § 69. — diedes 9 § 71. —

Notons la graphie *ss*, (*cossa* 1, *pesso* 10, *poderossos* 36, *pus-symos* 48), *cunta* 8 (cf. XXXVIII 12) et *yxidos* 15. *Recalle*, 13, doit représenter *recalde* de *recabde*, et montre par conséquent le passage d'un *ld* secondaire à *ll* §§ 39, 36. *Sobrodichos* 29, 45, 47, cf. § 28.

Doc. LXXXII. *Léon* 1280: ye (< *est*) 8 §§ 12, 69. — con-ceyo 35 § 32. — concanbiar 23 § 37. — nomne 6 § 40. —
fique 30 § 46. — enno 11, polo 17 § 47. — ela 7 § 49. —
quellas 22 § 50. — mio sinnal 38, mios (m.) 29, mia (f.) 3, so (m.) 14, suas (f.) 15 § 55. — duas 6 § 59. — sen 3 § 61. —
falardes 22 § 63. — viren 2 § 66. — ffeciestes 16, veniesse 27
§ 68. — ades 21 § 70. —

A noter *Domenguez* 2, 37 (cf. LXXVI 59 et § 9), *veluntat*
23 § 28.

Doc. LXXXIII. *Léon* 1240: egrisia 6 §§ 13, 38. — fon-tes 7 § 16. — vortos 6 § 17. — nuastro 13 §§ 17, 56. — uuoy
12 § 19. — ensembla 2 § 28. — re 22, maor 25, mais 17 § 30.
— muyer 3 § 32. — pornomnada 9 § 40. — enna 6 § 47. —
mios (m.) 3, mia 3, so (m.) 10, sua (f.) 10, suas 8 § 55. — dal-guno 16 § 58. — ueniermos 18 §§ 63, 68. — comprestes 11
§ 65. — ades 14 § 70.

Notons *paxeres* 6 (§ 32), *aruores* 7 (§ 43) et *froles* 4 (§ 45), *uendecion* 17, 28. Cf. doc. XXVIII, qui porte la même date et qui émane du même notaire Domingo Martinez.

Doc. LXXXIV. *Rioseco de ordás* (?) 1254: ye 11 § 12. —
ye (< *est*) 9 §§ 12, 69. — uuey 13 § 19. — re 25, maor 29
§ 30. — fiya 4, muler 25 § 32. — pornomnados 8 § 40. — ennas
5 § 47. — ela 5 § 49. — so (m.) 30, sua (f.) 25 § 55. — uenier-mos 18 §§ 63, 68. — mandemos 32 § 65. — hades 14 § 70.

A noter *susu* 9, 19 (§ 26), *escontra* 10, *adonca(s)* 16, *meismos* 17.

Doc. LXXXV. *Sandoval en Mansilla* 1235: fontes 55 § 16. — desfacere 22 § 22. — rina 37 § 29. — Maorga 50 § 30. — muler 3 § 32. — muitos 32 § 35. — solladados 13 § 36. — eno 39, polos 10 § 47. — mia (f.) 3, so (f.) 36, sos 11 § 55. — uiren 2 § 66. — uioron 43 § 67. — feciemos 7, ueniere 21, quesiere 22 § 68. — fusen 12 § 69. — aan 15 § 70. — constrener 24 § 73.

A noter les graphies *chy: dichyo* 20, 31 (mais *dicha* 29), *Sanchyo* 4, 15, etc., et *ti: generation* 23, 25, *servitio* 32, 34. Observons aussi *riendeda* 12 (mais *rienda* 26) § 24, *odioron* 43 § 73 et *Domengues* 52 (mais autrement *Domingo*) § 9.

Doc. LXXXVI. *Sandoval en Mansilla* 1242: ya 15 §§ 11, 12. — morte 6 § 16. — re 11, maor 17 § 30. — ujrem 1 §§ 41, 66. — otorgamolo 6 § 47. — mjo (m.) 2, sua (f.) 6, suas 8 § 55. — mandemos 14 § 65.

Notons *Sauastianes* 2 § 28 et *tj* dans *pertenentjas* 8.

Doc. LXXXVII. *Sandoual en Mansilla* 1251: erno 26 § 10. — bonas 16 § 16. — ensenbla 26 § 28. — boys 6 § 30. — muyer 4 § 32. — entranbas 33 § 37. — mja (f.) 23, sus (m.) 17, sus (f.) 17 § 55. — podiermos 6 §§ 63, 68.

A noter *cogien* 11 § 68, *cogetas* 16. Petrus *legionensis* scripsit.

Doc. LXXXVIII. *Manganeses* 1247 (?): feycho 12 §§ 8, 33. — ben 5 § 10. — ya (< *et*) 25 § 12. — ya (< *est*) 5 §§ 12, 69. — bonas 23 § 16. — couto 14 § 20. — meyor 16 § 32. — nomrado 9 § 40. — fica 6 § 46. — eno 4 § 47. — elos 1 § 50. — mia (f.) 2, so (m.) 31 § 55. — dalguien 11 § 58. — mandeymos 25 § 65. — uiron 28 § 66. — uenjer 11, quesier 13 § 68. — fu 8 § 69. — saban 1 § 73.

A noter *uendecion* 3 (cf. LXXXIII 17, 28), *remanes* 11, *fer* 25 (§ 72).

Doc. LXXXIX. *Villa Rabines* 1267: peyche 21 §§ 8, 33.
— conuen 6 § 10. — pialago 7 § 11. — ya 21 (< *et*) § 12. —
bona 18 § 16. — couto 21 § 20. — mays 16, maor 28 § 30. —
meyor 23 § 32. — eno 13, uola 18 § 47. — ela 22 § 49. —
mjo (m.) 13, mia (f.) 16, mias 18, sua (f.) 26 § 55. — trinta 21,
viute 24 § 60. — viren 2 § 66. — studioron 34, § 67. — uenier 16,
quesier 17, feciese 33 § 68. — soy 12, fu 8 § 69. — ey 5 § 70.
— dito 43 §§ 33, 74.

A noter *cumo* 6, *determena* 6 (cf. LXXVI 21), *uolontat* 15
(cf. § 28), *posideades* 14 § 73. — Ce doc., qui est daté de Villa
Rabines, est écrit par don Aparicio, clerigo de Villa Omandos,
sur l'ordre de son chef Gonzaluo Migueliz, notaire de Benavente. Le dialecte de cette dernière ville a laissé des traces
dans le document (*ou* < *au*).

Doc. XC. *Benauente* 1275: eglisia 5 § 13. — pia 9 § 11.
— cousa 2 § 20. — metade 13 § 22. — herdat 8 § 24. — demais 21 § 30. — conceyo 14 § 32. — anbas 40 § 37. — dulda
36 § 39. — nomre 31 § 40. — conna 18, enno 22 § 47. — ela
7 § 49. — mio (m.) 44 § 55. — duas 39 § 59. — roguemos
38 § 65. — uiren 2 § 66. — uenier 25, quessiese 26, feziesse
39 § 68. — soi 18 § 69. — die 43 § 71. — uienga 36, 44 § 73.
— dita 18 § 74.

A noter la graphie *ngn* dans *asingnamos* 6, 17, 27, 35,
juyzo 20 (cf. LXXVIII 20), *auenturia* 25 (cf. LXVI 12 et LXXVII
9, 33), *canoligo* 47 (§ 43), *poderia* 32, *benefecio* 17, 27, 35, et
uigueros 9.

Doc. XCVI. *Bienvibre* 1270: seeleymos 16 § 8. — mentre
8 § 10. — cousa 1 § 20. — verdade 17 § 22. — deueda 12
§ 24. — conceyo 2 § 32. — fiziessem 8 § 41. — mio sinal 20,
sos (m.) 6, suas (f.) 11 § 55. — mostrou 3, seelcymos 16 § 65.
— uiren 1 § 66. — fussen 5 § 69.

A noter *oudiren* 1 (§ 73), *veyga* 7, *azeymilas* 11 (§ 9), *alcalldes* 2 et *portage* 10.

Doc. IC. *Benauente* 1283: ye (< *est*) 10 §§ 12, 69. — bon
10 § 16. — outros 24 § 20. — boys 22 § 30. — aconsellamos 6

§ 32. — sos (m.) 28, sous (m.) 38, sua (f.) 14, suas 28 § 55.
— vinte 41 § 60. — sien 12 § 61. — ouierdes 18 § 63. — uiren
2 § 66. — dito 25 §§ 33, 74.

A noter *reemir* 5, mais *reymades* 18.

b. Caractères du groupe II.

79. Le groupe II montre peu de traits que nous n'ayons
pas vus représentés déjà dans le groupe I. Mais, d'une façon
générale, ceux de ces traits qui, dans le groupe I, tout en étant
très fréquents, commençaient pourtant à céder devant l'envahissement des formes castillanes, règnent ici sans aucune concurrence;
ceux qui, dans le groupe I, étaient d'une fréquence moyenne,
l'emportent ici facilement sur les autres formes employées, et
ceux, enfin, qui, dans le groupe I, n'apparaissaient que sporadiquement, offrent ici des exemples relativement nombreux.

Comme le groupe I, celui-ci comprend des endroits assez
éloignés l'un de l'autre, depuis la région de Riaño vers le nord
(LXXVIII Pesquerà) jusqu'à celle de Zamora (XVII Castrotorafe)
et d'Alcañizes (XII, XLIII, XLIV Moreruela, IV Cañizo) vers
le sud. Vers l'ouest, nous avons compté dans ce groupe un
document (XCVI) de Bembibre, dont les caractères sont plus
conformes à ceux du groupe II qu'à ceux du groupe III. Dans
ce dernier document, ainsi que dans ceux de Benavente (XC et
IC) et de Manganeses (LXXXVIII), *au* passe à *ou* (§ 20) d'après
la loi qui règne dans le groupe occidental. Le même passage
apparaît dans le doc. LXXXIX de Villarrabines, ce qui s'explique
par l'origine du notaire qui l'a écrit (cf. § 78). C'est aussi à
l'origine du scribe qu'il faut attribuer les caractères asturiens de
la charte LXXVII, écrite à Léon (cf. § 78). Celle de Pesquera,
LXXVIII (cf. § 78), doit aussi avoir été écrite par un notaire
parlant un autre dialecte que celui de Pesquera ou d'Eslonza.
C'est là le seul document du groupe II où les voyelles ouvertes
restent régulièrement sans diphtongaison. Il est vrai que pour
o, il n'y a qu'un exemple (*morte* 30), mais *e* figure dans *parentes*
15, *veneren* 18, *fezer* 19, *herdamento* 27, *venermos* 34, *quinentos*
35, *ueyo* 53. Comme *lj* passe régulièrement à *l(l)*, et qu'on

trouve un exemple de *-ey* (*quitey* 14), on a là des caractères qui rendent probable que le notaire était d'origine occidentale, bien qu'il eût dans plusieurs cas attrapé le dialecte du Léon central (*-ero*, *-e*, *o < au*, *ye*). Cette charte ne nous permet pas, par conséquent, de constater une différence entre la région plus septentrionale de Pesquera et celle de Léon.

C'est la ville de Léon qui est le centre du groupe II. Huit de nos chartes y ont été écrites; celles de Villarrabines, d'Eslonza, de Valencia de Don Juan, de Rioseco et de Villaverde de Sandoual sont toutes rédigées dans une langue qui ne diffère pas sensiblement de celle de Léon.

Nous avons déjà fait remarquer que les chartes du groupe II diffèrent de celles du groupe I surtout par la couleur dialectale beaucoup plus forte qui les caractérise. Il est donc inutile d'énumérer tous les traits, puisqu'ils sont d'une façon générale les mêmes que ceux du groupe I, exception faite pour les formes *enne* (§ 47) et *laor* (§ 31) qui, fréquentes dans le groupe I, manquent totalement dans les chartes du centre que nous avons dépouillées. Nous nous bornerons à relever les caractères peu nombreux qu'on ne trouve pas dans le groupe I ou qui y figurent à l'état d'exceptions, pour devenir fréquents dans le groupe qui nous occupe.

Notons pourtant d'abord que les formes avec *o* et *e non diphtongués* sont plus nombreuses dans le groupe II, et que c'est là tout particulièrement le cas pour les exemples où la diphtongue a pris un développement particulier (*ia*, *uo*, *ua* §§ 11, 17). La diphtongue *ue* devant un *y* (§ 19), qui, dans le groupe I, n'est représentée que par deux exemples (XLVII 10 et LVIII 10) y figurent dans 5 documents.

Le *pronom possessif* montre au féminin presque exclusivement les formes *mia(s)*, *sua(s)*, qui dans le groupe I étaient des exceptions (§ 55).

Le *parfait de esse* a toujours (à une exception près) la forme abrégée (*furon*, rarement *foron*), qui, dans le groupe I, était moins fréquente que la forme non abrégée (§ 69).

L'*e final* se trouve quelquefois conservé dans des cas où cette voyelle tombe en castillan (§ 22).

Lj, qui devient ordinairement *y*, passe dans quelques documents à *l(l)*, développement caractéristique du groupe III (§ 32).

M'n devient presque toujours *mn* ou *mr*, tandis que *mbr* n'est représenté que par un exemple (§ 40).

T final reste régulièrement *t*, excepté dans le cas *uoluntad* (§ 42).

Aux combinaisons *enno(s)*, *conno(s)*, *partirona* viennent s'ajouter celles de *per* et de *por* avec *lo(s)*, *la(s)* (§ 47).

Sine prend souvent la forme *sien*, quelquefois la forme *sen* (§ 61).

Pour *fecho*, on trouve dans deux documents la forme intermédiaire *feycho* (§§ 8, 33).

Viron n'est plus sujette à la concurrence de la forme castillane (§ 66).

Venieron n'est plus sujet à la concurrence de *vinieron*, et *fecieron* est plus fréquent que *ficieron* (§ 68).

Notons enfin les formes *soy* (§ 69), *a(a)des* (§ 70), *diant, die* (§ 71) et *saban* (§ 74).

Pour les autres caractères, nous pourrons nous borner à renvoyer au § 77, ainsi qu'aux paragraphes respectifs des chapitres I et II.

Groupe III.

a. Caractères des documents.

80. Doc. II. *Matela*(?) 1185: vntre 6 § 9. — Merendela 6 § 10. — nouo 6 § 16. — Iohane 10 § 22. — ela 8 § 49. — suo (m.) 9, sua (f.) 9, suas 8 § 55.

A noter *irmano* 7. La langue de cette charte la renvoie au groupe III; le notaire était en effet un «Iohanes presbyter purtugalensi» (48), bien que le document paraisse avoir été écrit dans un endroit appartenant à la région du groupe II.

Doc. XIV. *Ponferrada* 1235: ey 4 §§ 8, 70. — bye (< *est*) 27 §§ 12, 69. — firmedomne 42 §§ 15, 40. — noue 5 § 16. — maor 31, mais 41 § 30. — melor 24 § 32. — fican 5 § 46. — enna 15, ena 16 § 47. — ela 3 § 49. — mio (m.) 13, mia (f.) 5, sou (m.) 26 § 55. — quisierdes 15 § 63. — dous 19 § 59. —

mandey 43 § 65. — remanecisse 41 § 66. — furon 31 § 69. —
aades 14 § 70. — dou 17, diey 9 § 71.

A noter *con* 37 (cf. § 48), le mot *folbes* 8 et *por u* (< *ubi*) 4.

Doc. XCI. *Espinareda* 1256: feytas 17 § 8. — sempre 20
§ 10. — ya (< *est*) 7 §§, 12, 69. — bona 14 § 16. — cousa 1
§ 20. — abbade 2 § 22. — mays 19 § 30. — muler 4 § 32. —
dereytos 7 § 33. — mujtos 34 § 35. — omes 20 § 40. — sem
13 §§ 41, 61. — pella 2, pola 15 § 47. — ela 22 § 49. — you 2 §
51. — sous (m.) 7 § 55. — seerdes 12 § 63. — uiren 1 § 66.
— vener 9, queser 21 § 68.

A noter l'emploi de l'infinitif personnel 12, 35, 37, la graphie *generation* 9, 11 et *audiren* 1 § 73.

Doc. XCII. *Ponferrada (?)* 1264: goneyru 37 § 8. —
pelago 6 § 10. — tiampus 2 § 11. — morte 12 § 16. — cousa
1 § 20. — erdat 24 § 24. — ffirmi 17 § 25. — escritu 1 § 26.
— maes 10 § 30. — melor 16 § 32. — peyge 15 § 33. —
plados 7, dubre 16 § 38. — enno 5, desdena 8 §§ 47, 48. —
you 2 § 51. — mia (f.) 12, mias 24 § 55. — quesierdes §§
63, 68. — mandou 10, mandey 22 § 65. — soey 23, ffuse 14
§ 69. — ey 5 § 70. — ffazade 11 § 72. — dita 24 §§ 33, 74.
A noter *portage* 35, : lo = elo 11.

Doc. XCIII. *Espinareda* 1266: paleyro 6 § 8. — ben 14
§ 10. — orto 5 § 16. — outra 24 § 20. — heredade 11 § 22. —
muler 3 § 32. — feyta 26 § 33. — leyxardes 20 § 34. — muytos
35 § 35. — Girallo 4 § 36. — chamam 5 § 38. — um 4 § 41. —
pela 2, pola 23 § 47. — you 1 § 51. — sous (m.) 22, sos (m.)
28, suas (f.) 21 § 55. — nosso 18 § 56. — sem 16 § 61. —
laurardes 16 § 63. — uirem 1 § 66. — seia 14, he 15 § 69. —
sabam 1 § 73. — dito 13 § 74.
A noter l'infinitif personnel 16, 17, 20, *hu* 5 (< *ubi*), *Domenguez* 10 § 9, *lauorias* 21.

Doc. XCIV. *Cacauellos* 1270: feyto 8 § 8. — conuen 4
§ 10. — bona 45 § 16. — cousa 1 § 20. — uoluntade 22 § 22.
— herdamento 5, byspo 42 § 24. — ensenbla 13 § 28. — mays
20, maor 43 § 30. — fillo 2 § 32. — feyto 8, peyche 27 § 33.

— mujto 5 § 35. — palombares 10 § 37. — achar 12, ygrisiarios
11 § 38. — ome 23 § 40. — ena 5, pollo 35 § 47. — conlo 13
§ 49. — hos 46 cf. § 49 p, 266. — eu 2 § 51. — meu (m.) 16, mya (f.)
24, myas 20, sou (m.) 8, sous 42, sua (f.) 43 § 55. — uossa 22
§ 56. — dous 27 § 59. — puderdes 11 § 63. — ujren 2 § 66.
— soy 17, seya 24, foron 46 § 69. — ayo 5 § 70. — estya 35
§ 71. — contradizer 24 § 73. — djto 13 § 74.

A noter *conezuda* 1 (cf. § 28), *uenzon* 9, 36, mais *uendizon*
3, 24, 30, *possideades* 21 (cf. § 73), *desogemays* 20 (*hodie* < pg.
hoje).

Doc. XCV. *Espinareda* 1270: celleyro 19 § 8. — ben 12
§ 10. — logo 19 § 16. — couto 28 § 20. — bispo 31 § 24. —
re 29 § 30. — muler 4 § 32. — ffeyta 28 § 33. — muytos 41
§ 35. — palonbar 8 § 37. — sem 23 §§ 41, 61. — fique 9 § 46.
— pella 1, uolo 25 § 47. — ela 8 § 49. — que llo 11, elos 35
§ 50. — eu 1 § 51. — sou (m.) 8, sous 6, sua (f.) 6, suas 6 §
55. — nosso 3 § 56. — trinta 13 § 60. — viren 1 § 66. — foy
5. — foron 35 § 69. — diedes 15 § 71. — saban 1, cubriades 14
§ 73. — ditos 33 § 74.

A noter *deus* 2, *veyga* 5 (cf. § 9), *encuria* 15.

Doc. XCVII. *Espinareda* 1273: faueyro 4 § 8. — ben 8
§ 10. — morte 9 § 16. — couto 12 § 20. — muler 2 § 32. —
ffeyta 13 § 33. — muytos 22 § 35. — chamam 4 §§ 38, 41. —
nomrado 5 § 40. — ena 4 § 47. — mia (f.) 2, sou (m.) 16 § 55. —
nossa 4 § 56. — you 2 § 51. — queserdes 9 §§ 63, 68. —
uirem 1 § 66. — sabam 1 § 73.

A noter *Domenguez* 20 (§ 9).

Doc. XCVIII. *Cacauellos* 1280: primeyra 5 § 8. — ben 7
§ 10. — noue 16 § 16. — cousa 1 § 20. — herdade 3 §§ 22,
24. — mays 17 § 30. — muler 3 § 32. — peyte 15 § 33. —
aprougo 7 § 38. — acustomado 26 § 40. — ffique 17 § 46. —
pella 12, uolla 11 § 47. — ella 14, dos 5 § 49. — quella 8 §
50. — meu sinal 26, mia (f.) 12, mias 10 § 55. — uossa 3 §
56. — eu 17 § 51. — ffacerdes 9 § 63. — comprey 3 § 65. —
viren 1 § 66. — ffoy 25 § 69. — ey 4 § 70.

A noter l'infinitif personnel *ffacerdes* 9, *ceo* (< *ecce hoc?*) 7,
vençon 11, 13, *enguayar* 9 et *mercores* 19 (§ 43).

Doc. C. *Espinareda* 1283: eyra 13 § 8. — senpre 39 § 10.
— poulo 5 § 16. — cousa 1 § 20. — herdade 9 §§ 22, 24. —
susu 60 § 26. — mays 26 § 30. — muller 4 § 32. — ffeytas 42
§ 33. — muytos 54 § 35. — anbas 35 § 37. — chantedes 17,
pourado 18 § 38. — nomrado 7 § 40. — ficar 24 § 46. — ena
13, conas 5, pela 2, uolo 17 § 47. — ela 25 § 49. — dele 5,
elos 59 § 50. — you 54 § 51. — meu (m.) 58, sou (m.)
50, sous 11, sua (f.) 46 § 55. — uossa 4 § 56. — dous 10 §
59. — vinte 37 § 60. — ouuerdes 29 § 63. — mandey 58 §
65. — uiren 2 § 66. — fezo 5 § 68. — sseia 1, foy 9, foron 12,
furon 59 § 69. — der 22 § 71 — dito 14 § 74. —.

A noter l'infinitif personnel 19, 20, 31, *pra* (= *pora*) 25, 26
(cf. Cornu Gr. p. 956) et *o* = *lo* 26.

Doc. CI. *Cacauellos* 1294: Jeneyro 1 § 8. — contenda 3 §
10. — yera 3 § 12. — noua 42 § 16. — despoys 70 § 19. —
outra 7 § 20. — uerdade 124 § 22. — malfeytrias 21 § 33. —
ambas 13 § 37. — chamadas 17, prazio 60 § 38. — iulgando
38 § 39. — firmedume 48 § 40. — fim 16 § 41. — ficar 46 §
46. — ennos 9, outorgaronna 113 § 47. — ela 44, por lo 49,
as 68 § 49. — quelles 12 § 50. — eu 67 § 51. — meu (m.)
123, sou (m.) 40, sos 27, sua (f.) 27, suas 7 § 55. — dous 2 §
59. — sem 28 § 61. — renunciou 18, demetiu 18 § 65. — ujren
2, ueneron 97 § 66. — fezieran 9, uene 74, auenieron 17, prouguesse 30, quesier 44, posieron 60 § 68. — he 54, ye 98. fosse
26 § 69. — deu 48 § 71. — saban 2, correger 20 § 73. — dito
8 § 74.

A noter les formes *queyxumes* 7, *recuntta* 58, *veyga* 65 (§
9), *enton* 95, 99 et la graphie *ss* dans *ualiossa* 114, *pressente* 121. Notons aussi les mots *endizia* 81, 103 et *caliter* 81, 104,
107. — Ce document offre un mélange de formes différentes
qui semblent indiquer que le notaire n'écrivait pas dans son
propre dialecte: *malfetrias* 9, *malfeytrias* 21, 29, *yera*, *ye* 3, 98,
101 mais *he* 54 et en général *e* (*benes*, etc.), *diessem* 105, mais
deu, *ueneron*, etc. — *Los*, l. 60, a été écrit par erreur pour *las*.

b. Caractères du groupe III.

81. Il existe entre le groupe III et le groupe II à peu
près la même relation qu'entre ce dernier et le groupe I. Les

caractères qui, dans le groupe II, sont peu fréquents ou ne montrent que des traces sporadiques, passent ici à l'état de règles ou deviennent d'un usage fréquent. Mais le groupe III est pourtant caractérisé par certaines lois qui y sont appliquées avec plus de rigueur que les lois correspondantes des groupes précédents.

Le doc. II, de provenance incertaine et d'extension peu considérable pour ce qui est de la partie romane, révèle son origine occidentale tout particulièrement par les formes *vntre* 6, 9 et *conparou* 10. — Les autres documents peuvent être divisés en deux groupes, dont l'un ne comprend que deux documents, XIV et XCII, tous deux de Ponferrada. Le second de ces documents se distingue du premier, ainsi que de tout le reste du groupe, par son emploi fréquent de *u* final pour *o*, ce qui rend probable que le scribe était d'origine asturienne, supposition confirmée d'ailleurs par sa manière d'employer la diphtongue *ia* pour *ie*.[1] Les deux documents montrent la diphtongaison de l'e (tout en gardant quelques mots avec *e*). Exception faite pour ce trait, ils sont d'accord avec les autres documents du groupe III, qui proviennent d'Espinareda et de Cacabelos. D'après la définition que donne M. Menéndez Pidal du dialecte léonais (cf. pp. 4 et 12), la langue de ces documents n'est pas léonaise, mais galicienne, puisque les voyelles ouvertes n'y subissent pas la diphtongaison. Pour notre but, cela n'a pas d'importance, nous les avons reproduits surtout pour fournir quelques matériaux permettant de suivre la transition successive du léonais en galicien. Et si ces chartes se distinguent du léonais par l'absence de la diphtongaison, elles gardent souvent des traits léonais qui ne sont pas galiciens (*mn, you*, conservation de *l* et de *n* entre voyelles, etc.).[2] Ajoutons que les documents de Cacabelos se rapprochent davantage du portugais, montrant des exemples de la contraction *dos, das, o, a* de l'article, ainsi que la forme *eu* pour *ego*, forme qui n'apparaît que dans un doc. d'Espinareda, XCV, et qui, dans le groupe II, figure doc. XVII.

---

[1] Les deux particularités se trouvent pourtant réunies ailleurs que dans l'asturien, cf. M. P. pp. 19 et 26.

[2] Ces chartes appartiennent probablement à la variété du galicien que mentionne M. P. p. 4, et qui se parle dans la région de Villafranca.

Les caractères principaux du groupe III sont les suivants : $a + y > ey$ (§ 8), $au > ou$ (§ 20), l'*e* final persiste après d (§ 22), *lj, cl, gl* > $i(l)$ (§ 32), $ct > yt$ (§ 33), $lt > yt$ (§ 35), $ego > you$ ou *eu* (§ 51), *meum, suum > meu sou* (§ 55), *nostrum, vostrum > nosso, uosso* (§ 56), l'infinitif personnel (dont nous avons constaté un exemple déjà dans le doc. LX du groupe I) est d'un usage fréquent (§ 63), *-avit > ou* (§ 64). La diphtongaison de *e* n'ayant pas lieu, il est évident que les formes verbales en *-ieron*, etc. se terminent ici en *-eron*, etc., et, la 3e p. du parfait étant *-éo, -iu*, les formes en *-ioron* ne peuvent pas non plus exister ici.

Quant aux autres caractères, connus des groupes précédents ou constituant des traits galiciens, mais ne figurant que d'une façon sporadique dans nos documents, nous renvoyons au tableau précédent, ainsi qu'aux paragraphes respectifs des chapitres I et II.

Comparaison entre certaines formes du castillan, du léonais et du portugais.

82. Comme nous avons eu l'occasion de le dire déjà plus d'une fois, le léonais est un dialecte intermédiaire entre le castillan et le portugais. Il représente une étape de l'évolution linguistique antérieure à celle du castillan de la même époque et fort rapprochée de celle du portugais. Si l'on considère que, pendant l'époque qui nous intéresse, le castillan pénétrait depuis longtemps dans le domaine léonais, on pourra s'attendre à voir se refléter dans les productions littéraires de la région une certaine confusion, se traduisant par un mélange de formes anciennes et nouvelles. Il s'ensuit aussi que l'influence du dialecte nouveau sur celui qu'on parlait jusque là devait donner naissance à des formes dues à un croisement entre les deux dialectes, la nouvelle forme ne remplaçant pas toujours l'ancienne, mais la transformant à sa ressemblance. On doit aussi trouver représentées dans un dialecte de cette nature certaines étapes de l'évolution phonétique intermédiaires entre l'espagnol et le portugais, étapes qui prouvent que le léonais se développait dans le même sens que le castillan, mais plus lentement. Et on trouvera enfin un grand nombre de formes identiques à celles du portugais, mais qui n'ont pas encore eu à subir la concurrence sérieuse des formes castillanes. Tandis que le mélange de formes que nous avons nommé en premier lieu doit apparaître surtout dans la région qui est la plus exposée à l'influence castillane, c'est dans la région opposée qu'on doit trouver le plus grand nombre de formes anciennes.

Quant au mélange de formes, nous n'avons guère besoin d'en donner d'exemples, surtout comme nous avons plusieurs fois attiré l'attention sur l'usage différent qui règne non seulement dans des chartes différentes du même endroit, mais aussi très souvent dans la même charte. Rappelons seulement le mélange de formes non diphtonguées et de formes diphtonguées qu'on trouve si souvent dans le groupe I, et encore plus dans le groupe II. La diphtongaison était cependant celui des traits castillans qui, le plus tôt avait envahi le Léon, soutenue peut-être par une tendance du dialecte même à ce développement (§§ 10, 16).

Bien que les formes qui montrent que nous avons affaire, dans le léonais, à un dialecte de transition, se trouvent citées dans ce qui précède, nous croyons utile de terminer notre étude par le tableau des plus importantes de ces formes.

a. Formes résultant d'un croisement:

Port.	Léon.	Cast.
feito	*feycho* [1]	*fecho* §§ 8, 33
sem	*sien*	*sin* § 61
eu	*you*	*yo* § 51

b. Formes témoignant de l'étape d'évolution phonétique intermédiaire entre le castillan et le portugais où était arrivé le léonais au XIIIe siècle:

Port.	Léon.	Cast.
o	*uo*	*ue* §§ 16, 17
lh	*y, ll, lj*	*j, g* § 32
homem	*omre (omne)*	*hombre* § 40

c. Formes léonaises identiques aux formes correspondantes du portugais:

Port.	Léon.	Cast.
couto	*couto*	*coto* (§ 20)
bispo	*bispo*	*obispo* (§ 24)
herdade	*her(e)dade*	*heredad* (§ 22)

---

[1] Les formes léonaises de ce tableau se rapportent indifféremment aux trois groupes.

Port.		Léon.		Cast.	
Port.	*m(o)or*	Léon.	*maor*	Cast.	*mayor* (§ 30)
	deixar		*deyxar*		*dejar* (§ 34)
	muitos		*muytos*		*muchos* (§ 35)
	ambos		*ambos*		*amos* (§ 37)
	cheio		*xeno*		*lleno* (§ 38)
	julgar		*julgar*		*juzgar* (§ 39)
	fim		*fim*		*fin* (§ 41)
	(l)o		*lo*		*el* (§ 49)
anc. pg.)	*emno*		*enno*		*en el* (§ 47)
—	*comno*		*conno*		*con el* (§ 47)
	porlo		*pollo*		*por el* (§ 47)
	mèu		*meu*		*mi(o)* (§ 55)
	sêu (sou)		*sou*		*so* (§ 55)
	minha (mia)		*mia*		*mi* (§ 55)
	nosso		*nosso*		*nuestro* (§ 56)
	duas		*duas*		*dos* (§ 59)
	amarmos		*amarmos*		*amaremos* (§ 63)
	-irâo		*-iron*		*-ieron* (§ 66).

Corrections.

Page 12   l. 27   lire d'Erdemestaio
»   21   » 1   » om*b*res
»   34   » 48   » postérieurement
»   35   » 16   » om*b*re
»   43   » 29   » las mias casas
»   58   » 35   » es
»   66   » 3   » Jua*n*
»   68   » 25   » audie*runt*
»   80   » 40   » Jua*n*
»   82   » 35   » Yuanes
»   86   » 13   » generatjo*m*
»   »   » 21   » Leo*m*
»   »   » 26   » eago*m*
»   89 après le doc. LIX supprimer la phrase: Vu l'omission, etc.
»   91   l. 76 lire toda
»   »   » 81   » morauedis
»   99   » 41   » *qu*elos
»   102   » 60   » om*b*res
»   112   » 30   » 50
»   118   » 7   » ! ua
»   162   » 1   » IN dei
»   200   » 20   supprimer XLIII ye 35
»   »   » 22   ajouter XLIII ye 35
»   208   » 31   »   XCVI 6, 9
»   209   » 5   »   IC 15
»   » après l. 7   »   *outero* XCI 6, *oudiren* XCVI, 1
»   214   » 29   lire final
»   232 après l. 27   ajouter XLVII i = ǧ Cf. ayades 11, mayor 20.
»   233   » l. 18   supprimer XLVII, etc.
»   251   l. 23   lire forme de *quebrantar* sans métathèse
»   256   » 26   » la voyelle
»   281   » 13   » circonstances
»   298   » 14   » pénètrent
»   318   » 9   » propriétaire
»   328   » 5   » Toro (au lieu de *Potes*).

La nasale étant devant une consonne labiale indifféremment représentée par *m* ou par *n* (*sempre* ou *senpre*), on peut hésiter sur la façon de transcrire dans ce cas l'abréviation. Nous l'avons transcrite par *m*, si tous les exemples de la charte ne témoignent pas en faveur de *n*. Quelques inconséquences se sont pourtant glissées dans nos textes. Bien qu'elles n'aient aucune importance, ni pour la valeur des textes (puisque la résolution est imprimée en italiques) ni pour l'étude grammaticale, nous ferons observer ici qu'il vaudrait mieux lire doc. VII 13 noue*m*bre, VIII 6, 7, 8 *com*, XV 13 cu*m*plamos, 36 co*m*pra, XXIV 9 porno*m*brado, XXVI 35 reme*m*brancia, XXXIX 8 *companeros*, XLI 26 co*m*pra, 57 no*m*brados, 62 alu*m*brar, 74 ambas, LXVIII 42 tie*m*po, 46 e*n*bie, 54 no*n*bre 58 co*n*plida, LXXII 10 ca*n*biar, 17 alu*n*brar, co*n*plida, 30 co*n*plir, 61 co*n*plido, 62 sete*n*brio, 70 tie*n*po, 93 dezie*n*bre, LXXIX 11 et 22 se*n*pre, 21 tie*n*po, LXXXVII 14 *tiempo*, LXXXVIII 8 co*n*pradores, XCIV 10 palo*n*bares, C 31 co*n*prala, 41 *conplidamente*.

Table des matières.

Abréviations principales.

S. = Sahagun.
P. = Particulier.
E. = Ecclésiastique.
Indice = Indice de los documentos de Sahagún p. p. D. Vicente Vignau
      (voir p. 179).
Cartulario = Cartulario del monasterio de Eslonza (voir p. 179).
M. P. = Menéndez Pidal, El dialecto leonés (voir p. 176).
Gr. = Gröber, Grundriss der rom. Philologie.
M.-L. = Meyer-Lübke.
M.-F. = Morel-Fatio, Recherches sur le texte et les sources du Libro de
      Alexandre (voir p. 174).
Gessner = Gessner, Das altleonesische (voir p. 173).